中国皮卡汽车产业发展报告

ANNUAL REPORT ON DEVELOPMENT OF PICKUP TRUCK INDUSTRY IN CHINA

中国欧洲经济技术合作协会自主汽车行业分会 自主汽车网 编著

皮卡蓝皮书

BLUE BOOK OF PICKUP TRUCK

北京理工大学出版社
BEIJING INSTITUTE OF TECHNOLOGY PRESS

版权专有　侵权必究

图书在版编目（CIP）数据

中国皮卡汽车产业发展报告 / 中国欧洲经济技术合作协会自主汽车行业分会，自主汽车网编著． --北京：北京理工大学出版社，2021.11
　　ISBN 978 - 7 - 5763 - 0688 - 0

Ⅰ．①中… Ⅱ．①中… ②自… Ⅲ．①轻型载重汽车—汽车工业—产业发展—研究报告—中国 Ⅳ．①F426.471

中国版本图书馆 CIP 数据核字（2021）第 227715 号

出版发行 / 北京理工大学出版社有限责任公司	
社　　址 / 北京市海淀区中关村南大街 5 号	
邮　　编 / 100081	
电　　话 / （010）68914775（总编室）	
（010）82562903（教材售后服务热线）	
（010）68944723（其他图书服务热线）	
网　　址 / http://www.bitpress.com.cn	
经　　销 / 全国各地新华书店	
印　　刷 / 三河市华骏印务包装有限公司	
开　　本 / 710 毫米 × 1000 毫米　1/16	
印　　张 / 28.5	责任编辑 / 徐艳君
字　　数 / 428 千字	文案编辑 / 徐艳君
版　　次 / 2021 年 11 月第 1 版　2021 年 11 月第 1 次印刷	责任校对 / 周瑞红
定　　价 / 128.00 元	责任印制 / 李志强

图书出现印装质量问题，请拨打售后服务热线，本社负责调换

《中国皮卡汽车产业发展报告（2020—2021）》编委会

顾　问　何光远　 徐秉金 　赵庆亮　晋　杰　夏国强
　　　　　吕树盛

编　委（按姓氏首字母拼音排序）
　　　　　崔晓辉　储昭庆　崔　明　程　辉　曹　鹏
　　　　　方宜士　郭　敏　吕明利　李卫立　宋立兵
　　　　　宋　嘉　宋年秀　吴　炜　王　朔　袁建荣
　　　　　闫福平　杨建波　易　华　赵芳成　张微微
　　　　　张小强　张国利　张益勤

因势利导 蓄力而成

中国皮卡 领驭世界

何光远题

序

汽车产业是国民经济的重要支柱产业，对国民经济发展具有重要的意义。作为最大的全球性产业之一，汽车产业不仅是一个国家总体装备技术和制造水平的重要体现，同时也关系到钢铁、石油、化工、机械、电子等行业的协调同步发展。纵观全球，世界强国毫无例外的都是汽车强国。

中国的汽车产业正式起步于 20 世纪 80 年代中期，其间经历了从无到有、从小到大的发展格局，确立了中、重、轻、轿、微等品种齐全的完整产业体系，跃升为全球汽车第一产销大国。

纵观中国汽车产业发展历程，在 20 世纪 80 年代初期，中国汽车产业发展中存在的散、乱、差的现状得到了治理整顿，制定了汽车产业政策；确定乘用车"三大三小"发展规划，同时对当时存在的"缺重少轻"问题予以高度重视；自主品牌经过艰难起步和不断试错，最终走上自主创新的可持续发展之路。其中，皮卡车在企业自身努力和"新四化"的驱动下，迎来了新的发展机遇。

1984年年初，广汽和法国标致合资开创了中国皮卡车发展新纪元，填补了中国在轻型车发展系列里"小""微"车的空白。皮卡车在30多年的发展历程中，涌现出如中兴、长城、江铃、江西五十铃、郑州日产、上汽、长安、福田、江淮、庆铃等一批骨干企业，为市场提供两驱、四驱，手动挡、自动挡，燃油、燃气，单排、双排等不同需求的皮卡车。特别是2016年全国皮卡解禁试点工作的逐步铺开，进一步推动了皮卡车销量呈正向增长趋势，也体现了皮卡车市场巨大的发展潜力。

习近平总书记曾指出，"面向未来，增强自主创新能力，最重要的就是要坚定不移走中国特色自主创新道路"。自主创新既是中国汽车产业的特色，也是中国汽车产业发展的源动力，抓创新就是抓发展，谋创新就是谋未来。只有坚持自主开发产品，才有企业生存和发展的空间。

中国第一部"皮卡蓝皮书"已于2019年与广大读者见面，得到了社会的广泛关注。未来，"皮卡蓝皮书"将坚持在大量调查研究的基础上，以清晰的脉络、翔实的数据，全面解读中国皮卡车的政策，以及市场发展现状、趋势，展现皮卡车在市场竞争中顽强的生命力。同时，"皮卡蓝皮书"也是一部可持续性的科普及专业工具书，助推皮卡产业的发展和皮卡文化的传播。

在此，愿皮卡车企业坚定自主创新的决心和信心，不忘初心，把我国皮卡车做精、做细、做强、做大。

注:"三大三小"的"三大"指"一汽""二汽""上汽","三小"指"北汽""天汽""广汽"。

以上文字根据徐秉金会长文稿整理。

谨以此文字缅怀徐秉金会长对中国汽车工业和自主事业的贡献!

目 录

1 产业环境篇

1.1 2020年中国经济运行综述 …………………………………… 2

1.2 2020年汽车产业发展综述 …………………………………… 8

1.3 2020年商用车产业发展综述 ………………………………… 19

1.4 后疫情时代汽车产业发展趋势 ……………………………… 36

2 皮卡车产业篇

2.1 2020年国内皮卡车产业发展综述 …………………………… 44

2.2 皮卡车商用属性的变化 ……………………………………… 56

2.3 皮卡车消费心理与分析 ……………………………………… 59

2.4 政策标准变化后的皮卡车产业格局 ………………………… 61

3 国内市场篇

3.1 2020年皮卡车市场分析 ……………………………………… 64

3.2 2020年皮卡车进出口分析 …………………………………… 93

3.3 2020年二手皮卡车分析 ……………………………………… 97

3.4 2020年分省份各皮卡车品牌销量的市场份额分析 ………… 103

3.5 2020年皮卡车竞争格局分析 ………………………………… 124

3.6 我国皮卡车行业发展中存在的问题 ………………………… 198

3.7 皮卡车行业发展趋势展望 …………………………………… 200

4 区域市场篇

4.1	安徽省 2020 年皮卡车市场分析	208
4.2	北京市 2020 年皮卡车市场分析	213
4.3	福建省 2020 年皮卡车市场分析	215
4.4	甘肃省 2020 年皮卡车市场分析	220
4.5	广东省 2020 年皮卡车市场分析	225
4.6	广西壮族自治区 2020 年皮卡车市场分析	232
4.7	贵州省 2020 年皮卡车市场分析	237
4.8	海南省 2020 年皮卡车市场分析	242
4.9	河北省 2020 年皮卡车市场分析	246
4.10	河南省 2020 年皮卡车市场分析	251
4.11	黑龙江省 2020 年皮卡车市场分析	257
4.12	湖北省 2020 年皮卡车市场分析	262
4.13	湖南省 2020 年皮卡车市场分析	267
4.14	吉林省 2020 年皮卡车市场分析	273
4.15	江苏省 2020 年皮卡车市场分析	278
4.16	江西省 2020 年皮卡车市场分析	283
4.17	辽宁省 2020 年皮卡车市场分析	288
4.18	内蒙古自治区 2020 年皮卡车市场分析	293
4.19	宁夏回族自治区 2020 年皮卡车市场分析	298
4.20	青海省 2020 年皮卡车市场分析	302
4.21	山东省 2020 年皮卡车市场分析	307
4.22	山西省 2020 年皮卡车市场分析	312
4.23	陕西省 2020 年皮卡车市场分析	317
4.24	上海市 2020 年皮卡车市场分析	322
4.25	四川省 2020 年皮卡车市场分析	324
4.26	天津市 2020 年皮卡车市场分析	331
4.27	西藏自治区 2020 年皮卡车市场分析	333

4.28 新疆维吾尔自治区2020年皮卡车市场分析 …………… 337
4.29 云南省2020年皮卡车市场分析 …………………………… 342
4.30 浙江省2020年皮卡车市场分析 …………………………… 348
4.31 重庆市2020年皮卡车市场分析 …………………………… 353

5 国际市场篇

5.1 海外皮卡车市场扫描 ………………………………………… 358
5.2 中国皮卡车海外市场表现 …………………………………… 368
5.3 中外皮卡车产品对比 ………………………………………… 374
5.4 中国皮卡车出海形势分析 …………………………………… 385
5.5 中美关系对皮卡车出海的影响分析 ………………………… 387

6 自主研发篇

6.1 中国皮卡车技术应用现状 …………………………………… 394
6.2 中国皮卡车新能源技术 ……………………………………… 397
6.3 中国皮卡车智能化技术 ……………………………………… 398

7 企业访谈篇

7.1 安徽江淮汽车集团股份有限公司轻型商用车营销
    公司皮卡营销公司总经理助理储昭庆 …………………… 402
7.2 长城汽车皮卡品牌总经理崔晓辉 …………………………… 403
7.3 长城皮卡风骏营销总监崔明 ………………………………… 405
7.4 长城皮卡长城炮营销总监程辉 ……………………………… 408
7.5 重庆长安凯程汽车科技有限公司营销中心副总经理
    袁建荣 ………………………………………………………… 411
7.6 成都大运汽车集团有限公司广州分公司常务副总经
    理吕明利 ……………………………………………………… 413

7.7 福田汽车皮卡事业部营销副总裁兼营销公司总经理
　　 张微微 ·· 417
7.8 江铃汽车销售有限公司品牌事业部总经理赵芳成 ············· 420
7.9 江西五十铃汽车销售服务有限公司副总经理吴炜 ············· 427
7.10 五菱事业部品牌与市场总监张益勤 ··································· 430
7.11 郑州日产汽车有限公司副总经理张小强 ··························· 433

参考文献 ··· 438
附录　皮卡事业部介绍 ·· 439

1 产业环境篇

1.1 2020年中国经济运行综述

2020年是中国历史上极不平凡的一年。面对严峻复杂的国际形势、艰巨繁重的国内改革发展稳定任务,特别是新冠肺炎疫情的严重冲击,党中央统揽全局,保持战略定力,准确判断形势,精心谋划部署,果断采取行动,付出艰苦努力,及时作出统筹疫情防控和经济社会发展的重大决策。各地区各部门按照党中央、国务院决策部署,沉着冷静应对风险挑战,坚持高质量发展方向不动摇,统筹疫情防控和经济社会发展,扎实做好"六稳"工作,全面落实"六保"任务。我国经济运行逐渐改善、逐步恢复常态,在全球主要经济体中唯一实现经济正增长,脱贫攻坚战取得全面胜利,决胜全面建成小康社会取得决定性成就,交出一份人民满意、世界瞩目、可以载入史册的答卷。

1.1.1 统筹疫情防控和经济社会发展取得重大战略成果,实现经济总量再上台阶

2020年,新冠肺炎疫情百年不遇,世界经济深度衰退,多重冲击前所未有。面对重大考验,以习近平同志为核心的党中央坚持人民至上生命至上,以非常之举应对非常之事,构筑起疫情防控的坚固防线,统筹做好经济社会发展工作,取得了率先控制住疫情、率先复工复产、率先实现经济正增长的显著成绩,展现了我国经济的强大韧性和抗冲击能力。

(1) 经济总量突破百万亿大关

全年国内生产总值达101.6万亿元,比上年增长2.3%,是全球唯一实现经济正增长的主要经济体。按年平均汇率折算,2020年我国经济总量占世界经济的比重预计超过17%。经济恢复走在世界前列,在一季度国内生产总值大幅下降的情况下,二季度增速由负转正,增长3.2%,三

季度增长4.9%，四季度增长6.5%，走出了一条令世界惊叹的V型曲线，成为推动全球经济复苏的主要力量。

（2）三次产业全面恢复

全年第一产业增加值比上年增长3.0%，其中猪牛羊禽肉产量达7 639万吨，新增耕地灌溉面积43万公顷，新增高效节水灌溉面积160万公顷。第二产业增加值比上年增长2.6%，其中规模以上高技术制造业增加值增长7.1%，占规模以上工业增加值的比重为15.1%，比上年提高0.7个百分点。第三产业增加值比上年增长2.1%，占国内生产总值的比重达到54.5%，比上年提高0.2个百分点，其中信息传输、软件和信息技术服务业增长16.9%。

（3）发展基础持续加强

全年新建高速铁路投产里程2 521公里，"四纵四横"高铁主骨架全面建成，新改建高速公路里程12 713公里，港口万吨级码头泊位新增通过能力30 562万吨。5G大规模商用全面启动，年末全国互联网普及率达70.4%，全年移动互联网用户接入流量1 656亿GB，比上年增长35.7%。年末全国发电装机容量超过22亿千瓦，比上年末增长9.5%。

1.1.2 "六稳""六保"有力有效保证，经济基本盘稳固夯实

2020年，疫情影响波及产业发展、企业经营、就业民生等经济社会的方方面面。党中央、国务院审时度势，充分估计困难、风险和不确定性，强化底线思维，及时加大宏观政策应对力度，各地区各部门扎实做好"六稳"工作，全面落实"六保"任务，有序复工复产，大力助企纾困，积极稳岗扩就业，兜牢基本民生，稳住了经济基本盘，保持了社会大局稳定。

（1）保居民就业、保基本民生扎实有力

全年城镇新增就业1 186万人，超额完成年初预期目标。年末全国城镇调查失业率为5.2%，城镇登记失业率为4.2%，均低于预期目标。全年居民消费价格平均上涨2.5%，低于3.5%的预期目标。兜底保障力度加大，全年全国居民人均转移净收入比上年名义增长8.7%。

（2）能源供应保持稳定

原煤、原油、天然气产量分别比上年增长1.4%、1.6%、9.8%。产

业链供应链基本稳定。全年全国工业产能利用率为74.5%，其中一、二、三、四季度分别为67.3%、74.4%、76.7%、78.0%。

（3）保市场主体、保基层运转取得实效

市场主体活力不断激发，全年新登记市场主体2502万户，日均新登记企业2.2万户，年末市场主体总数达1.4亿户。企业效益较快恢复，全年规模以上工业企业实现利润64516亿元，比上年增长4.1%。创新设立财政资金直达机制，确保资金直达市县基层、直接惠企利民，全年下达资金1.7万亿元。

1.1.3 三大攻坚战取得决定性成就，显示发展底色更加亮丽

2020年，党中央、国务院紧紧扭住打好三大攻坚战重大战略任务，克服疫情不利影响，团结带领全国人民勠力同心真抓实干，着力抓重点、补短板、强弱项，加大精准脱贫力度，持续推进污染防治，积极防范化解重大风险，攻下最难的堡垒，啃下最硬的骨头，脱贫攻坚战取得全面胜利，全面建成小康社会取得伟大历史性成就。

（1）脱贫攻坚成果举世瞩目

按现行农村贫困标准计算，551万农村贫困人口全部实现脱贫。全年贫困地区农村居民人均可支配收入12588元，实际增长5.6%，增速分别比全国居民和全国农村居民快3.5、1.8个百分点。根据国家脱贫攻坚普查结果，中西部22省（自治区、直辖市）建档立卡户全面实现不愁吃、不愁穿，义务教育、基本医疗、住房安全有保障，饮水安全也有保障。

（2）污染防治成效显著

在监测的337个地级及以上城市中，全年空气质量达标的城市占59.9%，比上年提高13.3个百分点。细颗粒物（PM2.5）未达标城市年平均浓度37微克/立方米，比上年下降7.5%。全国地表水考核断面中，全年水质优良（Ⅰ~Ⅲ类）断面比例为83.4%，比上年提高8.5个百分点；劣（Ⅴ类）断面比例为0.6%，下降2.8个百分点。

（3）扎实推进防范化解重大风险工作

牢固树立底线思维，抓实化解地方政府隐性债务风险工作，年末全国地方政府债务余额256615亿元，控制在全国人大批准的限额之内。保持宏观杠杆率基本稳定，多渠道补充银行资本金，年末商业银行资本

充足率为 14.7%。

1.1.4 改革创新持续深化，助力发展潜能有效激发

2020 年，面对外部限制打压、一些关键核心技术受制于人的复杂局面，我们坚持用改革创新凝聚社会共识、增强内生动力、破解发展难题，持续深化"放管服"改革和重点领域改革，加快完善以企业为主体的技术创新体系，市场活力动力明显增强，创新发展第一动力深入人心。

（1）创新投入大幅增加

全年研究与试验发展经费支出 24 426 亿元，比上年增长 10.3%，占国内生产总值的比重为 2.40%，比上年提高 0.16 个百分点；其中基础研究经费比上年增长 12.6%，持续保持较快增长。世界知识产权组织报告显示，2020 年我国继续位列全球创新指数排名第 14 位，是前 30 名中唯一的中等收入经济体。

（2）科技实力显著增强

全年全国授予专利权 363.9 万件，比上年增长 40.4%。重大科技成果不断涌现，"嫦娥四号"首次登陆月球背面，"嫦娥五号"完成月表采样返回，"天问一号"探测器成功发射，"奋斗者"号完成万米载人深潜，北斗导航全球组网，量子计算原型系统"九章"成功研制，500 米口径球面射电望远镜正式开放运行。

（3）新动能逆势成长

全年规模以上高技术制造业增加值增速比全部规模以上工业快 4.3 个百分点，规模以上高技术服务业企业营业收入增速比全部规模以上服务业企业快 9.0 个百分点，高技术产业投资增速比全部投资快 7.9 个百分点。实物商品网上零售额占比持续提高，全年实物商品网上零售额 97 590 亿元，比上年增长 14.8%；占社会消费品零售总额的比重为 24.9%，比上年大幅提高 4.0 个百分点。

1.1.5 全面开放蹄疾步稳，确保开放水平不断提高

2020 年，贸易保护主义、单边主义盛行，经济全球化遭遇重大挑战。在国际大变局中，中国对外开放的大门不仅没有关闭，而且越开越

大。中国主动加强抗疫国际合作，积极参与经济全球化，在危机中育新机、于变局中开新局，不仅稳住了外贸外资基本盘，而且推动了全方位高水平对外开放新格局加快形成，对外经贸发展提质增效。

（1）贸易大国地位更加巩固

货物贸易规模再创新高，全年货物进出口总额 321 557 亿元，比上年增长 1.9%，其中出口增长 4.0%，进出口、出口总值双双创历史新高，继续稳居全球货物贸易第一。一般贸易占比继续提升，一般贸易进出口金额占货物进出口总额的 59.9%，比上年提高 0.9 个百分点。贸易格局更趋多元化，东盟跃升为我国最大货物贸易伙伴，对东盟的进出口比重达 14.7%，比上年提高 0.7 个百分点。为疫情防控国际合作贡献中国力量，2020 年 3 月份至年底，出口口罩 2 242 亿只、防护服 23.1 亿件、新冠病毒检测试剂盒 10.8 亿人份。服务贸易稳中提质，全年知识密集型服务进出口金额占服务进出口总额的比重达 44.5%，比上年提高 9.9 个百分点。

（2）利用外资表现亮眼

率先控制住疫情，及时推进复工复产，加之强大的产业配套能力和持续优化的营商环境，外商直接投资加速流入我国，利用外资规模逆势增长。全年实际使用外商直接投资金额 1 万亿元，比上年增长 6.2%，其中高技术产业实际使用外资增长 11.4%，利用外资含金量继续提高。《区域全面经济伙伴关系协定》成功签署，中欧投资协定如期达成，高标准自贸网络建设成效显著，目前，我国已与 26 个经济体签署了 19 个自贸协定。

（3）共建"一带一路"成效显著

全年对"一带一路"沿线国家进出口总额 93 696 亿元，比上年增长 1.0%；对"一带一路"沿线国家非金融类直接投资额 178 亿美元，增长 18.3%。截至 2021 年 1 月底，累计同 140 个国家和 31 个国际组织签署 205 份共建"一带一路"合作文件。

1.1.6 民生保障力度加强，实现人民生活水平稳步提升

2020 年，新冠肺炎疫情给人民生命安全和身体健康带来严重威胁，居民生活和工作秩序遭受较大冲击。党和政府始终坚持以人民为中心的发展思想，在发展中保障和改善民生，深入实施就业优先战略，加大转移支付，强化社会保障，居民基本生活保障有力，民生福祉持续增进。

(1) 居民收入与经济同步增长

全年全国居民人均可支配收入 32 189 元，比上年增长 4.7%，扣除价格因素，实际增长 2.1%，快于人均国内生产总值增速。农村居民收入较快增长，全年农村居民人均可支配收入比上年实际增长 3.8%，快于城镇居民 2.6 个百分点。

(2) 社会保障体系不断完善

社会保险覆盖面进一步扩大，年末全国参加城镇职工基本养老保险、城乡居民基本养老保险、基本医疗保险和失业保险人数分别比上年末增加 2 150 万人、978 万人、693 万人和 1 147 万人，全国基本养老保险参保人数近 10 亿人，基本医疗保险参保率稳定在 95% 以上。社会帮扶持续加力，全年临时救助 1 341 万人次，资助 8 990 万人参加基本医疗保险，实施直接救助 7 300 万人次，救助人次数均比上年明显增加。棚户区改造稳步推进，建档立卡贫困户脱贫攻坚、农村危房改造扫尾工程任务全面完成。

(3) 社会事业全面进步

教育文化繁荣发展，九年义务教育巩固率为 95.2%，比上年提高 0.4 个百分点，高中阶段毛入学率为 91.2%，提高 1.7 个百分点，全国规模以上文化及相关产业企业营业收入 98 514 亿元。医疗卫生力量显著增强，年末全国共有医疗卫生机构 102.3 万个、卫生技术人员 1 066 万人，比上年末增加 51 万人。截至年末，全国共有 8 177 家医疗卫生机构提供新型冠状病毒核酸检测服务，总检测能力达到 1 153 万份/天。全民健身理念深入人心，体育健身设施不断完善，群众体育蓬勃发展。年末全国共有体育场地 371.3 万个，比上年末增加 16.9 万个，全年全国 7 岁及以上人口中经常参加体育锻炼人数比例达 37.2%。

2020 年是"十三五"收官之年，是实现第一个百年奋斗目标的关键一年，经济总量突破 100 万亿元大关，人均国内生产总值连续两年超过 1 万美元。"十三五"时期，我国国内生产总值年均名义增量达到 6.5 万亿元，比"十二五"时期多 1.0 万亿元。居民收入与经济增长基本同步，现行标准下农村贫困人口全部脱贫。"十三五"时期，全国居民人均可支配收入年均名义增长 2 045 元，比"十二五"时期多增 156 元；5 575 万农村贫困人口实现脱贫，年均减贫 1 115 万人。重大发展战略稳步实施，重大改革开放举措加快推进，重大工程项目扎实建设，生态文明建设取得重大进展,全面建成小康社会取得伟大历史性成就。

2021年是"十四五"开局之年,是第二个百年奋斗目标新征程的开启之年。立足新发展阶段,贯彻新发展理念,构建新发展格局,我们必须迈好第一步,努力实现更高质量、更有效率、更加公平、更可持续、更为安全的发展。与此同时,也必须清醒认识到,当前我国发展的外部环境依然复杂严峻,不稳定不确定因素较多;国内发展不平衡不充分问题仍比较突出,人口老龄化加剧,基本公共服务水平有待提升,新冠肺炎疫情的影响未根本消除。我们更要增强机遇意识和风险意识,准确识变、科学应变、主动求变,坚持深化供给侧结构性改革这条主线,坚持扩大内需这个战略基点,着力培育强大国内市场,持续强化科学战略支撑,加快打造更高水平的对外开放,积极畅通国民经济循环,确保"十四五"开好局、起好步,以更加优异的成绩向党的百年华诞献礼。

2020年,突如其来的新冠肺炎疫情让汽车行业按下了"暂停键",在巨大的冲击下,全行业同舟共济,不畏艰难,坚决落实党中央、国务院的决策部署,扎实推进复工复产,加快转变营销方式,积极促进汽车消费,汽车市场逐步复苏,全年产销增速稳中略降,基本消除了疫情的影响,汽车行业总体表现出了强大的发展韧性和内生动力。全年汽车产销分别完成2 522.5万辆和2 531.1万辆,同比分别下降2%和1.9%,降幅比上年分别收窄5.5和6.3个百分点。

1.2 2020年汽车产业发展综述

1.2.1 汽车产业总体规模

(1)汽车产销规模

继2019年之后,2020年中国汽车行业产销量再次下滑,全年累计销售2 531.1万辆，同比下降1.9%。其中，2020年，乘用车产销分别完成1 999.4万辆和2 017.8万辆，同比分别下降6.5%和6%，降幅比上年分别收窄2.7和3.6个百分点；乘用车产销占汽车产销比重达到79.3%和79.7%，分别低于上年产销比重3.7和3.5个百分点。从乘用车四类车型产销情况看：轿车产销同比分别下降10%和9.9%；SUV产销同比分别增长0.1%和0.7%，SUV年度产销规模首次超过轿车；MPV产销同比分别下降26.8%和23.8%；交叉型乘用车产销同比分别下降1.7%和2.9%。2020年，受"国三"汽车淘汰、治超加严以及基建投资等因素的拉动，商用车全年产销呈现大幅增长。2020年商用车产销分别完成523.1万辆和513.3万辆，首超500万辆，创历史新高，商用车产销同比分别增长20.0%和18.7%，产量增幅比上年提高18.1个百分点，销量增速实现了由负转正。分车型产销情况看，货车是支撑商用车增长的主要车型，货车产销分别完成477.8万辆和468.5万辆，同比分别增长22.9%和21.7%；客车产销分别完成45.3万辆和44.8万辆，同比分别下降4.2%和5.6%。多年来对新能源汽车整个产业链的培育，各个环节逐步成熟，丰富和多元化的新能源汽车产品不断满足市场需求，使用环境也在逐步优化和改进，在这些措施之下，新能源汽车越来越受到消费者的认可。2020年，新能源汽车产销分别完成136.6万辆和136.7万辆，同比分别增长7.5%和10.9%，增速实现了由负转正。其中纯电动汽车产销分别完成110.5万辆和111.5万辆，同比分别增长5.4%和11.6%；插电式混合动力汽车产销分别完成26万辆和25.1万辆，同比分别增长18.5%和8.4%；燃料电池汽车产销均完成0.1万辆，同比分别下降57.5%和56.8%。

（2）汽车零售额

2020年，全社会消费品零售总额39.1万亿元，比上年名义下降3.9%，其中，除汽车以外的消费品零售额35.2万亿元，下降4.1%。

2020年，中国汽车类零售额达3.9万亿元，与去年同期相比维持稳定，低于社会消费品零售总额增速，占全国社会消费品零售总额的9.9%，较上年下降0.3个百分点，汽车零售额下降导致社会消费品零售总额增长放缓。

（3）汽车整车进出口

①汽车整车出口情况

2020年，受新冠疫情等的影响，中国汽车整车出口小幅下滑。全年总体出口99.49万辆（见表1-1），同比下降2.85%。乘用车出口75.9万辆，同比增长4.7%，其中，轿车出口19.0万辆，同比下降29.5%；SUV出口53.1万辆，同比增长29.7%；MPV出口1.2万辆，同比下降33.9%；交叉型乘用车出口2.5万辆，同比下降4.0%。商用车出口由正转负，全年累计出口23.5万辆，同比下降21.3%。其中，货车出口16.2万辆，同比下降12.1%；客车出口4.0万辆，同比下降35.2%。新能源车出口6.8万辆，同比增长83.0%。其中，纯电动车出口4.3万辆，同比增长95%；插电式混合动力车出口2.5万辆，同比增长78%。

表1-1 2011—2020年汽车整车出口量变化

年份	2011	2012	2013	2014	2015	2016	2017	2018	2019	2020
销量/万辆	87.1	101.0	94.1	92.7	70.9	72.9	89.6	104.1	102.4	99.4
同比增长/%	54.0	15.9	-6.8	-1.5	-23.5	2.9	22.9	16.1	-1.6	-2.8

数据来源：中汽协。

从出口区域来看，伊朗多年来一直是中国品牌汽车出口的重要市场，也是奇瑞、江淮等自主品牌在海外的第一大市场。奔腾、华晨、比亚迪、长安、奇瑞、东风、吉利、海马、哈弗、江淮、力帆、MG和众泰等众多车企都曾依托当地的企业进行属地化的生产和销售。2018年中国在伊朗出口了十几万辆汽车；2019年由于美国对伊朗的制裁、2020年由于新冠疫情肆虐，基本没有出口。2020年，汽车出口量位居前十的企业依次为上汽、奇瑞、东风、北汽、长安、长城、吉利、江淮、重汽和金龙，分别出口28.5万辆、9.6万辆、8.6万辆、8.0万辆、6.8万辆、6.5万辆、5.8万辆、4.5万辆、4.0万辆和2.5万辆，前十家累计销量84.8万辆，占出口总量的82.8%。其中，上汽一枝独秀，出口占比高达27.8%；吉利、长城、金龙、广汽、陕汽量虽不大，但增速很快；奇瑞、江淮、一汽、华晨、比亚迪、宇通有所下滑。

②汽车整车进口情况

2011—2020年，汽车整车进口量从77.1万辆上升至2014年的最高142.3万辆后，2016—2020年5年中出现4次下降的情况，2020年进口车市场延续2019年供需双降的局面，降幅有扩大的趋势，全年累计进口汽车86万辆（见表1-2），同比下降20%。

表1-2　2011—2020年汽车整车进口量变化

年份	2011	2012	2013	2014	2015	2016	2017	2018	2019	2020
销量/万辆	100.3	109.1	117.1	142.3	107.8	104.1	121.6	110.8	108.6	86
同比增长/%	30.1	8.8	7.3	21.6	-24.2	-3.4	16.8	-8.8	-2.0	-20

数据来源：中国海关。

从汽车进口量月度增速变化来看，一季度降、四季度增，二季度跌，三季度跌。

从品牌结构来看，分化趋势有所加剧。2020年，进口量前十品牌有一半实现正增长，其中，前三位依次是雷克萨斯、宝马和奔驰。2018年进口汽车销量排名奔驰占据第一位，远超之后的雷克萨斯和宝马，但2019年被雷克萨斯和宝马超越；雷克萨斯跃居至第一位，进口20.5万辆，同比增长达25.7%；而宝马则实现17.3万辆，同比增长7.8%；奔驰则同比下滑高达23.4%，以13.4万辆排在第三位。后续品牌中，林肯进口5.1万辆，同比增长14.5%；特斯拉表现突出，全年进口4.7万辆，同比增长226.6%，是增幅最大的品牌；保时捷进口8.2万辆，同比下降6.3%；奥迪5.8万辆，同比下降13.2%；路虎进口3.4万辆，同比下降32.5%，降幅最大；MINI进口3.0万辆，同比下降6.4%。

从排量结构看，小排量汽车正逐步扩大市场份额。2020年3.0L以下排量份额为86.0%，比2018年下降2%，其中1.5~2.0L排量份额下降3.6%，2.5~3.0L排量份额下降2.3%；1.5L以下排量份额提升了2.7%，2.0~2.5L排量份额提升了1.3%。

受汽车市场整体下行及宏观经济影响，2020年进口车市场终端销售延续去年下滑趋势，全年销售83.8万辆，同比下滑1.8%。其中，轿车销售39.9万辆，同比下滑8.1%，降幅扩大；SUV销售43.2万辆，同比增长8.6%，增幅继续加大；MPV销售7 644辆，降幅达65.2%。第一梯队竞争格局较为稳定，前三名依次是雷克萨斯、宝马、奔驰；第二梯队中，保时捷、奥迪、大众、路虎排在前列；第三梯队中，JEEP、斯巴鲁保持正增长。

（4）二手车交易情况

近几年，汽车转移登记数量持续增长。2020年，全国公安交管部门共办理机动车转移登记业务2 521万笔，其中，汽车转移登记业务2 481

万笔。近5年汽车转移登记与注册登记业务量的比值由0.59上升至1.02，反映出二手车交易市场日益活跃。

（5）机动车保有量

据公安部统计，2020年全国机动车保有量达3.72亿辆，其中汽车2.81亿辆；机动车驾驶人达4.56亿人，其中汽车驾驶人4.18亿人。2020年全国新注册登记机动车3 328万辆，新领证驾驶人2 231万人。

截至2020年年底，全国汽车保有量达2.81亿辆。2020年全国新注册登记汽车2 424万辆，比2019年减少153万辆，下降5.95%；其中，载货汽车新注册登记416万辆，比2019年增加65万辆，增长18.43%，再创10年来新高。摩托车新注册登记826万辆，比2019年增加249万辆，增长43.07%，近两年保持快速增长，尤其受疫情影响，2020年出现大幅增长态势。全国新能源汽车保有量达492万辆，占汽车总量的1.75%，比2019年增加111万辆，增长29.18%；其中，纯电动汽车保有量400万辆，占新能源汽车总量的81.32%。新能源汽车增量连续3年超过100万辆，呈持续高速增长趋势。

全国有70个城市的汽车保有量超过百万辆，同比增加4个城市，31个城市超200万辆，13个城市超300万辆；其中，北京、成都、重庆超过500万辆，苏州、上海、郑州超过400万辆，西安、武汉、深圳、东莞、天津、青岛、石家庄超过300万辆。

（6）机动车驾驶人数

近5年，全国机动车驾驶人数量呈现持续大幅增长趋势，年均增量超过3 000万人。截至2020年年底，全国机动车驾驶人数量达4.56亿人，其中汽车驾驶人达4.18亿人。受新冠肺炎疫情影响，2020年全国新领证驾驶人（驾龄不满1年）数量达2 231万人，占全国机动车驾驶人总数的4.90%，比2019年减少712万人，下降24.19%。

驾驶人数量超过1 000万的有19个省份，分别是广东、山东、江苏、河南、四川、浙江、河北、湖北、湖南、安徽、云南、广西、江西、辽宁、福建、陕西、北京、山西、贵州，共计3.68亿人，其中广东超过4 000万人，山东超过3 000万人，江苏、河南、四川、浙江、河北6省超过2 000万人。

从机动车驾驶人的年龄结构来看，2020年26~50岁的驾驶人数量为3.27亿人，占比达71.71%；51~60岁的驾驶人数量为6 086万人，占比13.35%；其他占比14.94%。

1.2.2 汽车工业经济运行态势

2020年伊始，突如其来的新冠肺炎疫情，对于原本就下行压力加大的国内经济而言无疑是雪上加霜。总体来看，汽车行业表现大大好于预期，主要基于以下三方面的原因，一是国家和地方政策大力的支持，二是行业企业自身不懈的努力，三是市场消费需求的强劲恢复。受汽车市场的带动，汽车工业重点企业（集团）经济效益指标总体保持稳中有进的态势，在年初出现同比大幅下降后，自二季度开始好转，其中产出指标和收入指标持续上行，利润指标在二、三季度保持上行，在四季度出现波动，具体呈现以下特点：

（1）工业经济效益综合指数高于上年同期

2020年，汽车工业重点企业（集团）工业经济效益综合指数为568.3点，比上年同期提高25.9点。从2020年工业经济效益综合指数的变动情况来看，一季度321.9；上半年481，比一季度提高159.1；前三季度为547.5，比上半年提高66.5；全年为568.3，比前三季度提高20.8。从2020年各月累计经济效益综合指数走势来看，全年呈上升走势，年底略微下探（见图1-1）。从汽车工业重点企业（集团）工业经

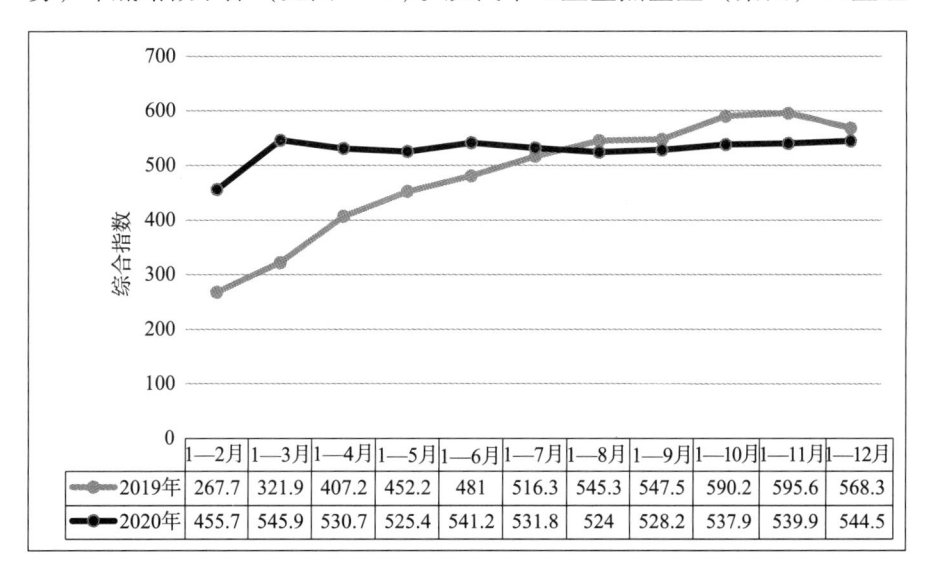

	1—2月	1—3月	1—4月	1—5月	1—6月	1—7月	1—8月	1—9月	1—10月	1—11月	1—12月
2019年	267.7	321.9	407.2	452.2	481	516.3	545.3	547.5	590.2	595.6	568.3
2020年		455.7	545.9	530.7	525.4	541.2	531.8	524	528.2	537.9	539.9	544.5

图1-1　2020年汽车工业重点企业（集团）工业经济效益综合指数变动

济效益综合指数的构成情况来看,与上年相比,全员劳动生产率、资产保增值率、资产负债率高于上年,总资产贡献率、流动资产周转率、成本费用利润率和产品销售率均低于上年水平(见表1-3)。

表1-3 2020年汽车工业重点企业(集团)工业经济效益综合指数构成情况

指标名称	本期	同期	增减变动情况	指标名称	本期	同期	增减变动情况
总资产贡献率/%	9.8	11.0	-1.2	工业产品销售率/%	99.0	99.9	-0.9
资产负债率/%	61.2	59.2	2.0	资产保增值率/%	102.6	102.0	0.6
流动资产周转率/%	1.6	1.7	-0.1	全员劳产率/(万元/人)	77.4	71.6	5.8
成本费用利润率/%	7.1	8.4	-1.3	工业经济效益综合指数	568.3	542.4	25.9

(2)产出指标中3个指标保持增长

2020年,汽车工业重点企业(集团)累计完成工业增加值7 736.5亿元,同比增长2.5%,增加额为191.6亿元;累计完成工业总产值3 7025.7亿元,同比增长7.2%,增加额为2 489.6亿元;累计完成工业销售产值36 663.5亿元,同比增长6.3%,增加额为2178.3亿元。

从2020年汽车工业重点企业(集团)产出指标增长变动走势来看,各月累计工业增加值增速、工业总产值增速和工业销售产值增速全年呈上升走势。上半年工业增加值增速、工业总产值增速和工业销售产值增速的降幅分别比一季度进一步收窄了28.6、28.1和26.5个百分点;前三季度工业增加值增速的降幅比上半年继续收窄13.4个百分点,工业总产值增速和工业销售产值增速与上半年相比均实现了由负转正;全年工业增加值增速与前三季度相比实现了由负转正,工业总产值增速和工业销售产值增速比前三季度扩大了5.1和4个百分点(见图1-2~图1-4)。

(3)企业利润呈现下降

2020年,汽车工业重点企业(集团)累计实现营业利润2 827.4亿元,同比下降9.2%,下降额为286.8亿元;累计实现利润总额2 791.9亿元,同比下降10.8%,下降额为336.2亿元;累计实现利税总额4 931.4亿元,同比下降3.3%,下降额为166.3亿元。

从2020年汽车工业重点企业(集团)利润、利税总额增长率来看,

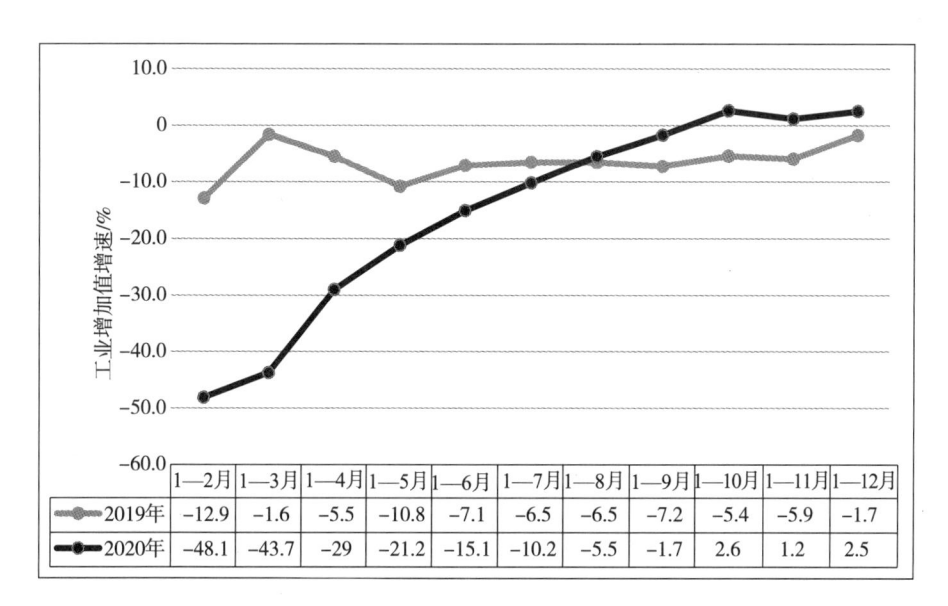

图 1-2 2020 年汽车工业重点企业（集团）工业增加值增速变动

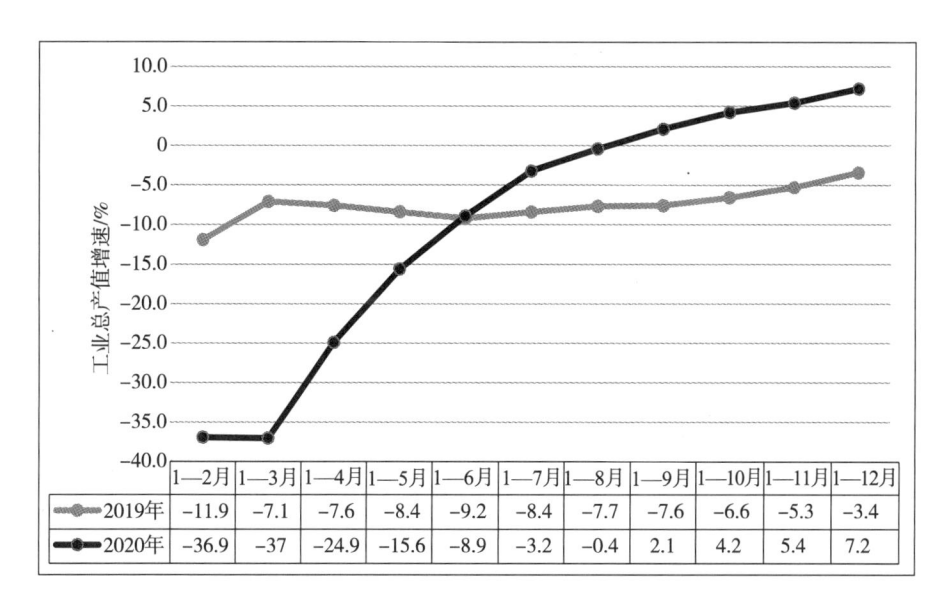

	1—2月	1—3月	1—4月	1—5月	1—6月	1—7月	1—8月	1—9月	1—10月	1—11月	1—12月
2019年	-12.9	-1.6	-5.5	-10.8	-7.1	-6.5	-6.5	-7.2	-5.4	-5.9	-1.7
2020年	-48.1	-43.7	-29	-21.2	-15.1	-10.2	-5.5	-1.7	2.6	1.2	2.5

图 1-3 2020 年汽车工业重点企业（集团）工业总产值增速变动

	1—2月	1—3月	1—4月	1—5月	1—6月	1—7月	1—8月	1—9月	1—10月	1—11月	1—12月
2019年	-11.9	-7.1	-7.6	-8.4	-9.2	-8.4	-7.7	-7.6	-6.6	-5.3	-3.4
2020年	-36.9	-37	-24.9	-15.6	-8.9	-3.2	-0.4	2.1	4.2	5.4	7.2

各月增速均位于负增长区间，全年基本呈上升态势，年底略微有所下降。从具体数据上看，一季度利润总额、利税总额同比分别下降 87% 和 72%；上半年利润总额、利税总额同比分别下降 32.5% 和 25.4%，降幅

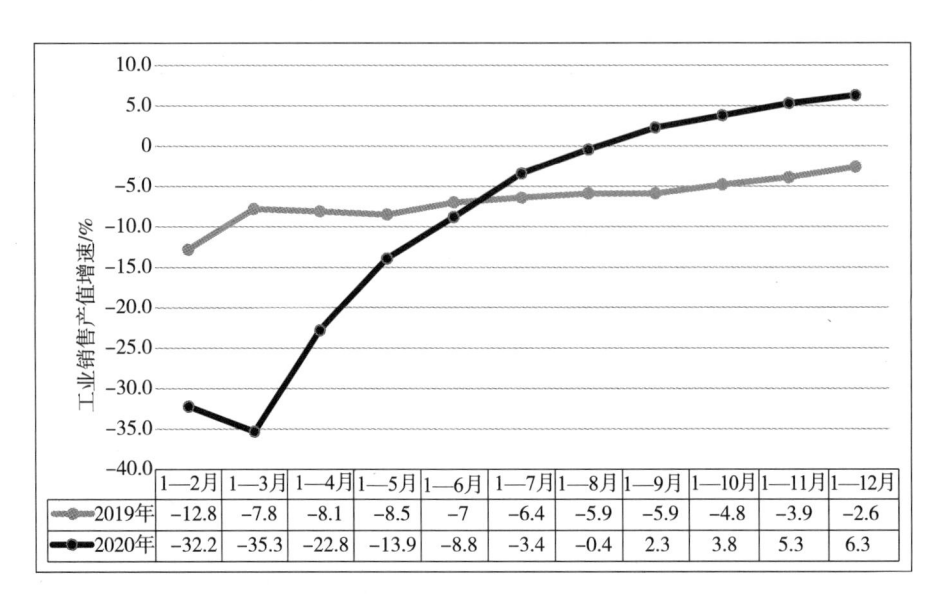

	1—2月	1—3月	1—4月	1—5月	1—6月	1—7月	1—8月	1—9月	1—10月	1—11月	1—12月
2019年	-12.8	-7.8	-8.1	-8.5	-7	-6.4	-5.9	-5.9	-4.8	-3.9	-2.6
2020年	-32.2	-35.3	-22.8	-13.9	-8.8	-3.4	-0.4	2.3	3.8	5.3	6.3

图1-4　2020年汽车工业重点企业（集团）工业销售产值增速变动

较一季度大幅缩小54.5和46.6个百分点；前三季度利润总额、利税总额同比下降2.7%和1%，降幅较上半年继续收窄29.8和24.4个百分点；全年利润总额、利税总额同比分别下降10.8%和3.3%，降幅较前三季度扩大8.1和2.3个百分点（见图1-5和图1-6）。

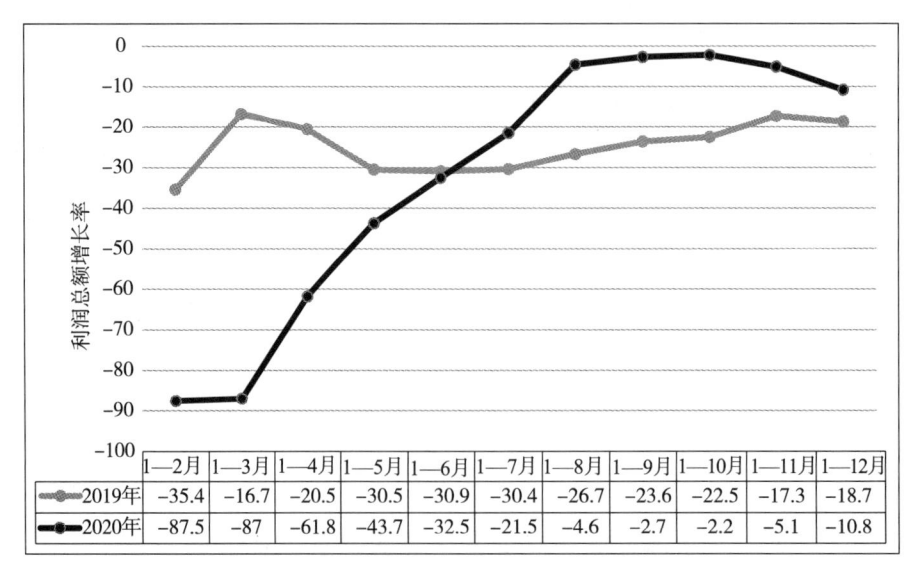

	1—2月	1—3月	1—4月	1—5月	1—6月	1—7月	1—8月	1—9月	1—10月	1—11月	1—12月
2019年	-35.4	-16.7	-20.5	-30.5	-30.9	-30.4	-26.7	-23.6	-22.5	-17.3	-18.7
2020年	-87.5	-87	-61.8	-43.7	-32.5	-21.5	-4.6	-2.7	-2.2	-5.1	-10.8

图1-5　2020年汽车工业重点企业（集团）利润总额增长率变动

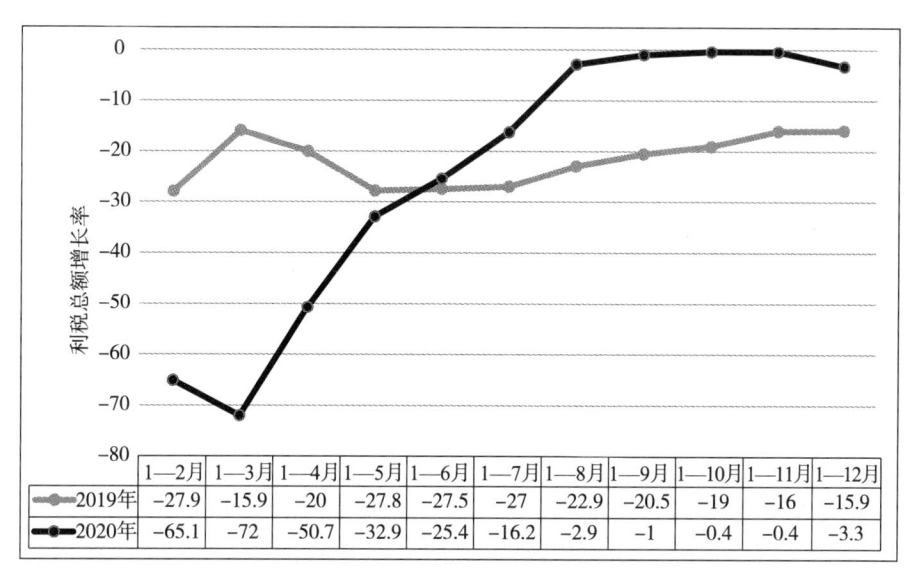

图 1-6 2020 年汽车工业重点企业（集团）利税总额增长率变动

	1—2月	1—3月	1—4月	1—5月	1—6月	1—7月	1—8月	1—9月	1—10月	1—11月	1—12月
2019年	-27.9	-15.9	-20	-27.8	-27.5	-27	-22.9	-20.5	-19	-16	-15.9
2020年	-65.1	-72	-50.7	-32.9	-25.4	-16.2	-2.9	-1	-0.4	-0.4	-3.3

结合产出指标和收入指标来看，四季度产出指标和营业收入的变化态势（见图 1-7）与利润指标出现了背离，主要原因为：一是产出指标和营业收入全年呈上升发展态势主要源于汽车产销从二季度以来一直保持稳定的增长态势，且持续好于预期，从而拉动营业收入、工业总产值、工业销售产值以及工业增加值的增速不断上行。二是部分企业的子公司

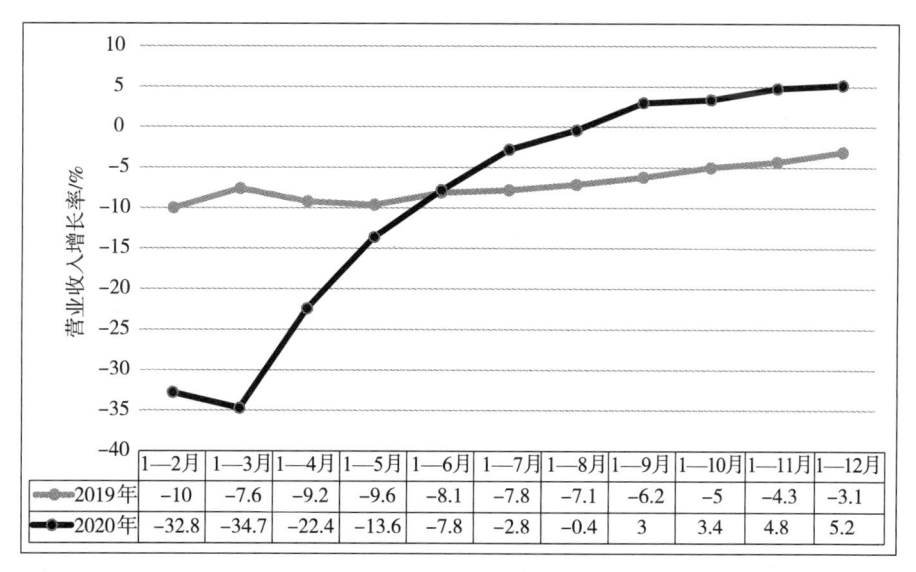

	1—2月	1—3月	1—4月	1—5月	1—6月	1—7月	1—8月	1—9月	1—10月	1—11月	1—12月
2019年	-10	-7.6	-9.2	-9.6	-8.1	-7.8	-7.1	-6.2	-5	-4.3	-3.1
2020年	-32.8	-34.7	-22.4	-13.6	-7.8	-2.8	-0.4	3	3.4	4.8	5.2

图 1-7 2020 年汽车工业重点企业（集团）营业收入增长率变动

分红点在 2019、2020 年内不一致，从而影响利润增速变化，原本利润指标自二季度开始一直同产出指标、收入指标保持一致的发展态势，但到 11 月开始出现下行；三是部分企业调整统计口径，导致利润明显减少；四是个别企业年底发生了一些非常规性支出（如违约金、赔偿金等），影响了年终利润总额的计算。

从计算营业利润的几个主要经济指标来看，营业收入累计值为 42 446.8 亿元，同比增长 5.2%；营业成本累计值为 35 362.7 亿元，同比增长 6.4%；营业税金及附加累计值为 1 139.8 亿元，同比增长 2.2%；销售、管理、研发以及财务等费用加总的累计值为 4 143.2 亿元，同比增长 3.4%。四项费用中呈现增长的是管理费用和研发费用。2020 年汽车工业重点企业（集团）研发费用累计实现 769.2 亿元，同比增长 14.1%，这说明企业对未来行业前景的向好充满信心；管理费用为 1 533.3 亿元，同比增长 6.7%；其余的两项费用均下降，其中销售费用为 1 716.5 亿元，同比下降 3.3%，财务费用为 15.4 亿元，同比下降 38.8%。此外，投资收益呈现微降，累计实现 1 144.8 亿元，同比下降 0.4%。

从细分的企业情况来看，2020 年营业收入由高到低排名分别为：上汽集团、中国一汽、东风公司、北汽集团、广汽集团、中国长安、华晨汽车、中国重汽、吉利控股、比亚迪汽车、陕汽集团、江汽集团、奇瑞汽车、宇通集团、金龙集团、庆铃汽车、东南汽车。从利润总额完成情况来看，2020 年 17 家汽车工业重点企业（集团）中有 16 家企业实现盈利，这 16 家企业中有 6 家企业实现利润总额同比正增长，这 6 家企业分别为中国一汽、北汽集团、中国重汽、陕汽集团、江汽集团和宇通集团，有 2 家企业实现扭亏为盈，它们是中国长安、比亚迪汽车；此外，有 1 家企业呈现亏损，亏损额较去年同期有所扩大。

（4）应收账款和存货呈现明显增长，应收票据基本与同期持平

2020 年年末，汽车工业重点企业（集团）应收账款为 3 634.6 亿元，同比增长 16.8%，增加资金占用 521.8 亿元；存货为 3 209.8 亿元，同比增长 8.2%，增加资金占用 241.8 亿元；应收票据为 3 096.8 亿元，同比微降 0.6%。汽车工业重点企业（集团）应收账款、存货、应收票据占流动资产的比重为 36.9%，比上年末下降 1.5 个百分点。

（5）负债呈现较大幅度增长

2020 年年末，汽车工业重点企业（集团）负债总计为 30 621.2 亿

元，同比增长11.3%，增长额3117.5亿元。其中应付账款和应付票据增长较明显，应付账款为8 426.7亿元，同比增长12.2%，应付票据为3 530.9亿元，同比增长17.1%；短期借款较同期有所下降，为2 455.3亿元，同比下降9%。应付账款和应付票据的提高从侧面反映了上游企业的资金回笼周期加长，这将在一定程度上增加上游企业的运营风险。

1.3 2020年商用车产业发展综述

1.3.1 商用车产业发展现状

（1）建立了完整的商用车产业发展体系

商用车产业是我国起步最早、发展时间最长的，是汽车产业最早进行重点突破的领域。60多年来，我国商用车企业在自主创新过程中不断发展，已经建立起覆盖全产业链的研发、制造、销售、服务体系，形成了种类相对齐全、配套相对完整的产业体系。随着改革开放的深入，尤其是进入21世纪，通过市场竞争、体制改革、合资合作、技术引进、设备采购、自主创新及政府支持等，我国商用车企业逐渐做大做强，在传统燃油市场、LNG燃料市场形成了一定竞争优势，在新能源商用车发展方面获得了重大进展，市场由培育期进入了成长期。

（2）商用车产业向高质量发展转变

2020年商用车产销分别完成523.1万辆和513.3万辆，首超500万辆，创历史新高，商用车产销同比分别增长20.0%和18.7%，产量增幅比上年提高18.1个百分点，销量增速实现了由负转正，占世界商用车销量比重的18.7%左右，排名第二位。其中重型载货车、客车、新能源客车、新能源载货车连续多年位居世界第一，国内销售车型几乎全部是中国品牌。中国商用车不仅在国内市场上长期占据主流地位，而且还迈开脚步、走向世界，中国的许多企业将销售市场拓展到国外，逐步成长为全球化企业。中国商用车产业不断发展壮大，在国民经济中的地位和作用持续增强，对推动经济增长、促进社会就业、加强国防、改善民生福祉等做出了突出贡献。

我国商用车产业正面临从高速增长向高质量发展转变的重要阶段。中国的商用车市场一直受到政策法规与市场需求的双重影响，在日趋严格的环保、安全、节能等法规和国际竞争形势加剧等因素的影响下，商用车市场集中度不断提高、头部用户加速壮大，商用车市场向着更加节能减排、安全、环保、高效的方向发展，整体市场将呈创新技术、多元模式、精细运营趋势，未来的竞争将越来越多地围绕细分市场展开，进行精细化运营。产品依然是核心竞争力，但产品设计、生产和销售等将更多地倾听用户声音；营销模式、服务模式将不断创新，市场竞争链条将进一步延伸，从单纯产品销售转向提供整体解决方案。新技术储备充足且自主研发实力强的企业将在未来的市场竞争中取胜。

1.3.2 商用车产业发展环境

（1）运营环境

中国政府多部门对商用车进行管理。例如认证方面，工业和信息化部、交通运输部、市场监督管理总局、生态环境部等四个部门认证管理内容重复、交叉严重，导致部分政策、法规、标准制定和执行不统一，且重事前认证、轻事中事后监管，加重了企业的成本负担。据不完全统计，整车行业每年在产品准入领域支出的监测认证费用超过 45 亿元。其中，除了完成国家强制标准要求的样车制作、试验监测费用，部门多重管理导致的重复支出费用约占 30%。此外，汽车企业应对 CCC 产品认证准入时，需额外向认证机构支付监测费用 10% 作为服务费，初步估算行业企业每年需为此支付近 3 亿元，同时也延长了新产品上市 3~6 个月的时间。例如在上路执法和运营费用等方面，公安部、交通运输部、国务院保险监督管理机构等的规定存在部分交叉，且标准不同，认证标准不统一，造成了部分车型"大吨小标"等现象的发生。

中国政府从能源安全、环保等角度推进新能源汽车发展，不断出台新能源汽车鼓励政策，例如补贴政策、路权政策等，并禁止新企业进入传统燃油车市场。

中国市场开放程度进一步提高，国外企业可以通过合资、兼并中国商用车企业，新建新能源车企，新建专用车企业等方式进入商用车市场，参与竞争，加上关税的降低，使中国商用车面临的竞争呈现国际化趋势。

世界单边主义时有抬头，而商用车具有典型的产地化政策性，CKD（全散件组装）出口等目的国保护模式将逐步增多。

未来 10 年中国商用车的国内产销规模仍将保持在 400 万辆以上；同时，国外商用车整体市场规模在 2000 万辆以上，随着共建"一带一路"，中国商用车企业可以"走出去"，参与到更大的全球市场中。

（2）使用环境

中国油品、尿素、天然气质量欠佳。从 2019 年 5 月开始，生态环境部会同市场监督管理总局、公安部、商务部，在京津冀及周边"2+26"城市以及秦皇岛、承德、张家口共 31 个城市重点区域强化监督，共排查发现 1466 个黑加油站点。其中，各地按要求已清理取缔 905 个，此次排查仍然发现 561 个黑加油站点（其中，固定加油站点 428 个，流动加油罐车 13 个）。从排查情况来看，河北省黑加油站点问题较为突出，11 个城市均发现了黑加油站点问题，且黑加油站点数量最多，占黑加油站点总数的 40%。商用车"国六"产品对油品要求提高，在没有油品的保证下，商用车实施"国六"后大概率会影响车辆运行效率。商用车在部分地区超载超限较普遍，国道、普通道路，尤其是中短途超载超限普遍存在，重点车型如轻型载货车、自卸、搅拌车等，也出现了如无锡重载车辆压塌桥梁的重大事故。公安和交通部门执法标准不统一，公安部门按货车吨位计算，交通部门按轴计算，由于认定标准不同，计算出来的超载率相差较大，且各地执法也不统一。司机疲劳驾驶为普遍现象，中国商用车司机月均行驶里程和驾驶时间远高于欧美发达国家和地区，成为道路安全的重大隐患。根据交通运输部的交通事故统计分析，21% 的事故来自疲劳驾驶，为此 2018 年交通运输部会同有关部门针对营运货车驾驶员疲劳驾驶等不安全的驾驶行为开展了专项治理行动，有效减少了驾驶员疲劳驾驶等不安全的驾驶行为，坚决防范和遏制重特大运输安全事故的发生。相对激进的排放政策、车辆强制淘汰和限行政策导致商用车全生命周期缩短，相关政策引导企业提供更多短期 TCO（总拥有成本）低的产品。商用车维修水平有待提升，商用车在"三包"期以外的维修基本交由较低资质或无资质维修厂处理，使产品性能等存在一定的安全隐患。

1.3.3 商用车产业运行情况

（1）市场销量

中国商用车销量规模由 2005 年的 179 万辆增长至 2020 年的 513.3 万辆，历年销量占世界商用车总销量的 8.71%～18.7%，平均值为 15.95%，2017—2020 年平均占比维持在 16% 以上（见图 1-8）。

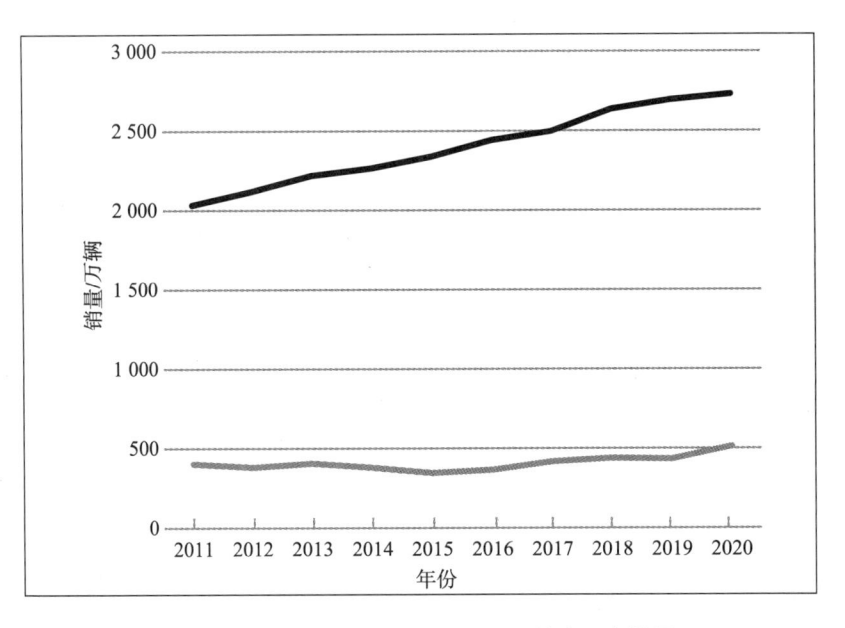

图 1-8 2011—2020 年中国和世界的商用车销量

中国商用车 1953—1982 年为发展期，实现了从无到有，中型商用车得到了发展；1983—2008 年为引进期和成长期，引进奥地利斯太尔重型汽车、奔驰、五十铃、德国尼奥普兰、瑞典沃尔沃、斯堪尼亚、日本三菱、日野、丰田以及韩国大宇等项目，实现了中国商用车"重、中、轻、微、客"全面发展；2009—2020 年为壮大期，实现了从有到大，中国商用车以自主开发、技术引进、合资合作、兼并等方式，在商用车产品领域实现了快速发展；2021—2030 年为高质量发展期，力争实现商用车从大到强的高质量发展。

(2) 进出口

2020年，中国商用车出口量为23.5万辆，占汽车总出口量的23.62%。据不完全统计，近几年，商用车出口量基本在30万辆左右。在商用车主要出口品种中，载货车占比80%左右，客车占比20%左右，其中亚非拉是我国商用车的主要出口地区。商用车进口量基本在2万辆以下，占中国市场销量的比重不到0.5%。进口来源地主要为欧洲、美洲和亚洲。进口车型以载货车中的中重型载货车、轻型载货车（含皮卡）为主，约占90%，客车的主要进口地在亚洲，约占10%。

(3) 产能利用率

从行业看，商用车产能利用率低于汽车行业平均水平和乘用车。根据国家发展改革委等的相关数据，2015年我国汽车产量占比超过98%的37家主要汽车企业（集团）共形成汽车产能3 122万辆，其中乘用车产能575万辆、商用车产能547万辆。同年，我国汽车实际销量2 460万辆，产能利用率78.8%；乘用车销量2 114.6万辆，产能利用率82.1%；商用车销量345.1万辆，产能利用率63.1%。从企业看，国内主流商用车企业产能利用率呈下降趋势。2020年国内商用车企业整体产能利用率为75.3%，较"十二五"末的2015年下降5.1个百分点。其中，与2015年相比，除上汽商用车（不含五菱）产能利用率小幅增长外，北汽福田（含戴姆勒）、江淮汽车、东风汽车（不含日产）等主要商用车企业产能利用率均小幅下降，厦门金龙、宇通客车等客车企业产能利用率下降幅度高于货车企业（见表1-4）。

表1-4 国内上市商用车部分代表企业产能利用率情况

企业	2015年 产能/万辆	产量/万辆	产能利用率/%	2020年 产能/万辆	产量/万辆	产能利用率/%
北汽福田	53.1	48.1	90.7	56.5	49.3	87.3
上汽商用车	28.3	12.5	44.2	42.7	21.4	50.1
江淮汽车	31.0	24.2	78.0	34.7	26.4	76.1
东风汽车	11.8	11.0	93.8	16.0	13.8	86.6
厦门金龙	8.0	8.9	111.5	7.9	6.5	82.1
宇通客车	6.5	6.8	104.0	6.5	6.3	96.6
合计	138.7	111.5	80.4	164.3	123.7	75.3

(4) 经营指标

2020年,中国商用车销售513.3万辆,同比增长18.7%(见表1-5)。

表1-5 中国商用车2020年产销结构

指标名称	生产量			销售量		
	12月产量/辆	1—12月累计/辆	累计增长/%	12月销量/辆	1—12月累计/辆	累计增长/%
商用车	509 118	5 231 161	19.96	456 144	5 133 338	18.69
柴油汽车	345 693	3 569 822	24.40	283 857	3 481 193	22.78
汽油汽车	136 545	1 407 588	12.31	145 863	1 399 496	11.27
其他燃料汽车	26 880	253 751	6.70	26 424	252 649	9.06
客车	61 670	452 725	-4.16	62 171	448 191	-5.58
客车非完整车辆	2 022	18 072	-40.10	2 026	18 081	-40.36
货车	447 448	4 778 436	22.89	393 973	468 5147	21.69
半挂牵引车	76 768	850 573	46.34	51 477	834 917	47.79
货车非完整车辆	80 097	763 287	31.05	50 674	709 765	25.63

商用车属于重资产行业,据不完全统计,2018—2020年中国商用车资产总规模均超过9 000亿元。2020年商用车重点企业(一汽解放、东风汽车、中国重汽、陕汽集团、北汽福田、江淮汽车、上汽商用车、江铃股份、庆铃汽车、宇通客车、中通客车、金龙集团、中集集团)的营业收入为4 948.71亿元,净利润为132.28亿元,平均利润率为2.67%,约为欧美发达国家和地区同类企业的30%~50%。

(5) 从业人员

据不完全统计,2020年中国商用车重点企业合同制员工为24.84万人。商用车行业属于高技术行业,2020年中国商用车行业从业人员中,生产人员占比为35.98%,设计人员占比为5.15%,技术人员占比为25.31%(见图1-9)。据不完全统计,2020年商用车重点企业(一汽解放、东风汽车、中国重汽、陕汽集团、北汽福田、江淮汽车、上汽红岩、江铃股份、庆铃汽车、宇通客车、金龙集团、中通客车、中集集团)研发人员占比为4%~22%,大部分企业研发人员占比为10%~20%。

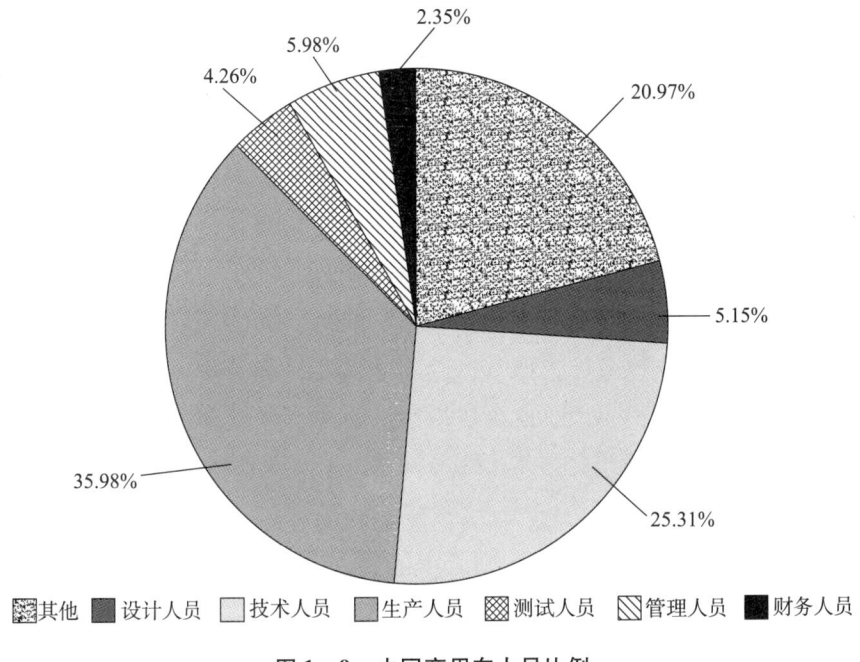

图 1-9　中国商用车人员比例

1.3.4　商用车产品及技术发展情况

（1）各类型产品发展

我国载货车的设计水平已接近世界先进水平，尤其在成本、承载性能、适应性、覆盖度、产销规模、性价比等方面表现突出；但核心技术，例如芯片、供油系统、排放后处理、新能源等方面仍受制于国外企业，整车可靠性、NWH、燃油经济性方面与欧美发达国家和地区还有一定差距。

现代中国客车行业用近 50 年的时间走过了欧洲近代客车行业 100 年的历程，已经形成较完整的客车研制开发和生产体系，产品覆盖所有品种。无论是造型还是功能与质量，中国制造的客车都完全适应国内市场需求，并以经济、适用的特点批量出口到世界各地。客观地讲，中国客车制造的技术水平已接近世界先进水平。但由于中国仍然属于发展中国家，客车技术装备整体上还处于国际市场的中低水平，各类客车仍然有很大的技术改进空间。新技术在客车领域的应用正在迅速提升中国客车的技术水平，经济的快速发展和巨大的市场需求，使中国在客车制造领域从全球客车最大的制造中心向技术和制造中心并举的方向转型发展。

中国挂车和专用车生产企业分布广，数量大，市场竞争充分，能够满足国内用户的需求，部分企业技术水平达到国际一流；但是国内规范有序的市场环境没有形成，导致产品良莠不齐、附加值低。当前市场竞争加剧，企业盈利水平下降，部分企业生存现状堪忧，同时少部分企业利用技术和规模优势成长为世界性企业，例如中集等。

（2）产品可靠性评估

中国现阶段重型载货车 B10 寿命最长为 150 万公里，落后于欧美发达国家的 200 万公里；大总成可靠性能满足中国及其他发展中国家用户需求，但零部件索赔频次远高于欧美发达国家（见表 1-6）。

表 1-6　欧洲与中国主销重型载货车对比

项目	欧洲主销重型载货车	中国主销重型载货车
B10 寿命	120 万~200 万公里	80 万~150 万公里
12MIS	800	>1 500

中国现阶段轻型载货车 B10 寿命最长为 50 万公里，落后日本的 70 万公里；大总成可靠性能满足中国及其他发展中国家用户需求；零部件索赔频率次高于日、韩等发达国家（见表 1-7）。

表 1-7　日本与中国主销轻型载货车对比

项目	日本主销轻型载货车	中国主销轻型载货车
B10 寿命	50 万~70 万公里	30 万~50 万公里
3MIS	40	>120

中国现阶段客车可靠性跟欧美发达国家相比尚有差距，主要就是"小毛病"相对较多。

中国专用车产品的可靠性问题还是比较严峻。一方面，专用车生产企业为快速响应市场需求，往往将关注点放在产品交货周期以及产品用户满足度方面，忽视了产品的可靠性问题，大多数投放于市场的产品未进行可靠性试验，而是在用户使用端才进行检验；另一方面，专用车产品具有批量小、品种多的特点，大多是面向用户的个性化定制，每种产品的差异性较大，企业针对单一产品进行个性化可靠性试验，无形中将增加产品的生产成本。专用车市场竞争越来越激烈，粗制滥造的产品将逐渐被市场淘汰。面对激烈的市场竞争，企业应逐渐转变生产管理方式，更加注重产品质量及可靠性；产品质量监管方也应对产品的可靠性提出更高的要求，促使生产企业加大在产品可靠性方面的投入力度。

（3）商用车传统技术发展

在开放合作的背景下，我国商用车坚持以自主开发为主，在发动机、变速箱、后桥、整车匹配、整车电控技术、后处理控制、轻量化、长换油、免维护、产品工况适应性、驾驶室等方面取得重大进展，主流企业研发体系建设完成，孵化了相对完整的产业链条，大大缩短了与欧美发达国家的技术差距；特别是在发动机功率、排放、轻量化、热效率、新能源等部分已经与美同步，但是在 AMT、电子安全部件、发动机后处理、喷油系统等方面与欧美发达国家还有较大的差距。

（4）产品新技术融合发展

近年来我国在新能源领域，如动力电池及驱动电机、整车轻量化、网联化、智能驾驶、燃料电池动力系统等关键技术领域都取得了不同程度的突破，以智能网联和新能源为代表的部分技术接近或达到了国际先进水平。

（5）重点企业技术发展现状

一汽解放拥有国内最强大的商用车自主研发体系，拥有世界级的发动机、变速箱和车桥动力总成，并具有体系节油、10 万公里长换油、轻量化自主大总成、自主电控、自主后处理、世界级保用标准、轮端 50 万公里免维护、新能源、智能驾驶十大自主核心技术优势，还有国内率先使用的固态氨技术，被用户誉为"解放卡车，挣钱机器"。在技术方面，一汽解放拥有强大的自主研发体系，设有国家重点实验室、院士和博士后工作站，是中国唯一掌握世界级整车及三大动力总成核心技术的商用车企业。目前解放 J7、J6P 和 JH6 等是中高端载货车市场上认可度最高，也是市场份额最大的车型，机、箱、桥、驾驶室、车架等核心总成开发技术属国内领先，J6 整车和奥威发动机开发获得了国家科学技术进步奖一等奖和中国汽车工业特等奖。在坚持自主发展道路的同时，一汽解放通过开放合作模式，加强与国内外优秀供应商的合作，特别是在智能网联和新能源等新兴技术方面，近三年来先后与国际优秀供应商开展了战略合作，充分发挥在各自领域的优势，为消费者带来了更先进的技术和产品。在合作的过程中，一汽解放更多的是资源整合，而不是简单的"拿来主义"。比如，针对发动机电控技术，一汽解放通过采购分总成或者分部件，依靠解放自身强大的研发能力，将其集成起来为我所用，这样做的一个好处是采购成本大幅降低。

中国重汽在商用车整车匹配及车身技术、关键总成及核心零部件技术、整车及总成零部件试验检测、车用电子应用技术、车用新材料新工艺应用开发等方面拥有独特技术优势。近年来，中国重汽先后承担了"欧六"重型柴油机开发及应用、道路应急抢通关键技术研究与应用示范、满足国六标准的柴油车排放控制关键技术及系统集成、提高中载及重载卡车能效关键技术中美联合研究、高环境适应性的公路客车燃料电池动力系统和整车集成技术、重型柴油车排放污染控制技术等国家级课题或项目，与清华大学、吉林大学、中国北方车辆研究所等40余家科研院所及企业开展了产学研用合作，整车研发水平与国际接轨，关键总成零部件接近国际水平。中国重汽近年来承担国家重点研发计划专项5项、国家科技支撑计划项目2项、国家"863计划"项目3项、省部级研发项目1项、市级科技发展计划项目3项、重大横向委托项目100余项，完成各类工程化开发项目300余项，其中18项科研成果获得市级以上奖励；已完成国家、行业和地方标准43项。

陕汽集团按照正向研发理念，以用户需求为导向，推进传统产品优化改进和新产品开发，扎实推进X、H、M、L四大平台全系列"国六"产品开发，X5000上市后得到认可，研发推广了以CNG、LNG、纯电动、混合动力、氢燃料电池等为动力的多款节能与新能源汽车，实现了由以传统燃料为主向传统能源、新能源、清洁能源协同发展的转变，实现了智能化、网联化的转变，成功开发出了IA级智能重型载货车和燃料电池整车产品。先后承担了3个国家"863计划"项目、2个国家科技支撑项目，拥有150余项替代能源及新能源汽车专利技术，主持编写了2项国家天然气汽车标准。"重型商用车动力总成关键技术及应用"项目荣获国家科技进步一等奖。

北汽福田是中国品种最全、规模最大的商用车企业。北汽福田重型载货车产品技术拥有与戴姆勒合作的整车技术、与康明斯合作的发动机技术等核心产品竞争力。北汽福田与ZF合作的AMT，是目前国内重型载货车AMT市场份额最高的产品，市场占比达到了75%。北汽福田重型载货车产品在传统燃油车领域重点研究开发的轻量化、降油耗车型已经进入推广应用阶段。在清洁能源车型方面，福田重型载货车已有 NG 类产品在国内和海外市场成熟应用。在新能源产品开发方面，北汽福田重型载货车已经开发出了 6×4 纯电动牵引车并投入实际用户工况试运营，效果反映良好。在新能源研究方面，北汽福田成立专门的新能源研究院，并建立了福田智蓝新能源事业部。在智能网联方面，北汽福田重型载货车参加了全国汽车标准化技术委员会智能网联汽车分技术委员会（TC1140SC34）组织的智能网联汽车自动驾驶列队跟驰活动。北汽福田重型载货车仅 EST 项目就获得授权专利 30 项，其中发明专利 17 项、实用新型专利 13 项。中卡产品是基于智能互联特质与百万量级用户数据及使用工况正向互联、整合全球高端中轻型载货车领先技术、针对高效物流用户打造的全新平台中高端卡车产品，它采用平台化、模块化设计，在整车动力系统、底盘系统、电子电器系统和车身四个系统性能上全面升级，实现运输效率、经济性、安全性、智能化等性能的全面提升。

宇通客车坚持电动化、智能化、网联化的发展方向，开发插电式、纯电动、燃料电池三大动力系统，重点突破系统集成、车载能源、电驱动系统、整车控制、电附件等共性核心技术，自主研发的新能源客车综合技术处于国际先进水平，其中在整车节能与控制技术、高压隔离电源变换技术、高密度电驱动控制技术等方面处于国际领先水平。目前，宇通自主研发的新能源客车动力系统已成为行业主流动力系统，形成了具有国际竞争力的 6~18 米系列化新能源客车产品。2019 年 8 月 30 日，宇通第 12 万辆新能源客车成功交付，同日发布了新造型智慧公交 E 系列和 U 系列，助力行业建立完整的高端智慧公交新标准体系，引领新能源客车向高端化、智能化发展。宇通自主研发燃料电池电—电混合动力匹配与控制等多项核心技术。2018 年，CEFUNDP 项目氢燃料电池公交车在郑州正式上线运营。

（6）关键零部件技术应用

a. 轻量化。自 2001 年开始，15 个省市高速公路开始实施记重收费，高强度钢板单层车架、前后少片钢板弹簧悬架、高强度钢车厢、新结构轻量化转向系统、1000 升和 1350 升大容量 LNG 单罐、铝合金壳体变速箱、铝合金飞轮壳体、无内胎等开始被大面积应用。

b. 长换油。发动机、变速箱和后桥 10 万公里长换油几乎成为重型公路载货车主流。部分厂家纷纷储备15万公里发动机，20万公里变速箱和后桥，甚至40万公里、80万公里长换油产品。

c. 安全性技术开始得到大面积应用。在 GB 7258—2017、营运达标车型的强制法规下，部分用户安全意识提升，FCW、LDW、EBS、AEBS、ACC、液力缓速器、发动机制动、右转弯提醒、北斗车载终端、限速四方位影像、车队管理系统等成为提高车辆安全性的重要保障之一。

d. 电子芯片、后处理系统、燃油共轨系统等普遍采用国际供应商标准。

e. 智能网联、纯电动化产业在中国获得较大发展：一汽解放、东风汽车等已经实现标配车联网，纯电动客车和城市物流领域开始大面积应用，电机、电池、控制等零部件大部分实现国产化。

f. 发动机、变速箱、后桥传动系统应用。从2001年的6~7升排量的180马力，到2013年的9~10升排量的380马力，再到2019年的11~13升大排量的460马力、500马力、550马力的发动机成为公路用载货车主流，主流企业纷纷储备并开发出15~16升大排量柴油和NG发动机。2019年一车多用，兼顾节油和二手车残值的车型得到了用户的认可，重型牵引车在动力升级方面进一步加速，尤其天然气公路用车功率升级到430马力。

g. 产品适应性改进。中重型载货车企业以用户需求为中心，力争不同生命周期的TCO最低，普遍采用独立暖风技术、独立冷风技术、零耗油技术、220 V逆变器等。

1.3.5 商用车产业国际化发展情况

（1）海外市场国际环境分析

从国际竞争来看，商用车生产呈现明显的区域性，中国、欧洲、美国、印度、日韩等国家或地区的销售情况也呈现明显的区域性，本土品牌在市场中体现出较高的市场占领能力。同时，针对发展中国家的贸易壁垒增加，部分市场大幅提高整车进口环节税费，或提高汽车进口、组装和认证方面的门槛，以限制汽车进口规模，导致市场进入难度提升。随着"一带一路"建设的推进、相关合作伙伴经济合作的加强，中国商用车的市场机会将随着沿线国家因城市化进程带来的运输业发展而增多。同时，随着中国商用车质量的不断提高和服务的日益完善，相较于欧美商用车的优势将会在一定程度上得到加强，中国商用车有机会进入高端市场。

(2) 产业国际化发展路径

①政策支持

通过政策支持和鼓励组建有竞争的国际化大集团、大企业，提高产业集中度并制定出口导向战略，打造世界级整车企业或零部件企业。攻克难关，支持突破关键技术和产业链短板。鼓励高校、科研机构和中国商用车重点企业实现关键核心技术的前瞻性研究和商业化落地，如新能源客车进入欧美市场。加强二手商用车出口业务，实现海外新的突破。中国商用车具有价格优势，二手车更具价格和承载优势，应通过简化出口企业审批，简化整车、配件出口业务流程来实现中国商用车的国际化发展。

②企业战略

先进企业战略目标是成为世界一流企业，通过建立敏捷型组织，坚持自主开发和开发合作相结合的方式，也可以通过兼并重组国外先进企业，着力于产品质量、技术、管理、商业模式、制度创新等，使产品性能达到世界一流。尤其是要在提高产品可靠性的基础上，实现掌握和控制核心总成和关键零部件、营销服务网络具有国际竞争力，不同生命周期 TCO 最低，助力用户实现效用最大化、体验最佳化。中国企业应联合进行产品开发，实现零部件通用，扩大规模，避免在国内市场出现价格战；实现制造端向前一体化，涉足利润较高的关键零部件领域，如供油、后处理、电子安全芯片等；向后一体化，加强金融、保险、服务、备品、二手车、运输解决方案、咨询等业务，实现从传统制造者向智慧运输工具解决方案提供者转变，牢牢守住国内市场。

企业海外战略要实现以下四点：一是战略转型，从"走出去"到"走进去"再到"走上去"，从贸易型出口模式向经销型出口模式转变，依托网络和资源深耕当地市场，从产品驱动转变为品牌驱动，提升海外品牌知名度和影响力；二是模式转型，根据市场需要，从单一整车出口模式逐步转化为整车和本地化生产双轮驱动模式，提升产品竞争力；三是共享平台，通过兼并重组、控股等方式，依托海外平台和资源，实现资源共享和优化，强化深度合作，借助海外企业品牌影响力和知名度提升我国企业的综合竞争力；四是"借帆出海"，加强与央企的合作，共同探索和搭建合作模式和合作平台,实现互利共赢,推进战略合作和项目协作,联合出海。在国际化发展中,真正做到有量有质地提升突破,在全球竞争中扮演更重要的角色,在保持和扩大亚非拉市场20%以上份额的基础上,进入欧洲市场,力争2030年欧洲市场占有率达到5%以上。

1.3.6 商用车产业发展趋势

中国商用车市场企稳,全球商用车市场稳步发展。中国商用车市场规模未来十年将保持在400万~450万辆。随着物流业在世界范围内的迅猛发展和发展中国家基础建设的推进,全球商用车销量出现连续增长,2005年全球商用车销量为2 051.6万辆,2019年全球商用车销量为2 695.5万辆,年均复合增长率为2.0%,预计未来十年市场规模将达到3 000万辆。

(1) 商用车市场集中度不断提升

行业竞争加剧,产业集中度不断提高。我国商用车市场高速增长态势已结束,现有厂家众多,产能远大于市场需求量,没有规模和技术优势的企业将逐步被淘汰;再加上国际竞争加剧等因素影响,产业集中度将不断提高,预计最终将形成10家左右的国际化商用车集团。

中重型载货车市场竞争进一步加剧,产业加速整合。随着政府加强事中事后监管和排放、安全、节油法规标准的持续升级,中重型载货车产业门槛大幅提升,国内产品供大于求的现象更加突出,具备技术和规模优势的企业愈发领先,引致产业集中度提升,预计到2030年中国中重型载货车市场将形成3~5家头部企业集团,产业集中度达到95%以上。

轻型载货车市场竞争逐步回归理性,各类型产品转化明显。在"国三"至"国四"阶段,受新能源补贴及较低准入门槛的影响,不少新兴品牌和企业陆续进入轻型载货车领域,但伴随国五和国六排放标准的加码、新能源补贴的逐步退坡以及行业主管部门对"大吨小标""超载超限"治理的不断深入,弱势品牌与长期经营不善的车企逐渐无法跟上竞争升级的节奏,行业前十品牌的集中度逐步提高。

专用车市场竞争格局调整,企业加快产品转型升级。国内专用车整体市场中,企业受到地方保护主义的影响越来越大,生产格局调整的趋势将不可避免，一部分企业会在市场竞争中逐步被淘汰出局，另一部分企业则会采取兼并重组的形式进而形成新的竞争格局。竞争带来新产品和新技术的导入和应用，企业加快调整产品布局，加快产品转型升级。

新能源商用车市场短期来看集中度下降，长期来看传统车企仍具备竞争优势。基于双积分政策、新能源补贴政策、国六排放标准和更加严格透明的执法，汽车产业竞争加剧，同时新能源物流车也迎来了前所未有的发展机遇，体现为行业集中度下降，行业进入门槛降低，很多新兴企业凭借着在智能化和电动技术等方面的优势进入汽车行业。但未来，伴随传统车企业务战略调整完成，技术储备的释放，特别是在开发体系、验证、市场渠道、品牌、核心零部件等方面的优势，将使它们重新在新能源汽车市场获得竞争优势，进而淘汰新进入且没有抓住机会发展起来的新兴车企，进一步提升行业集中度。

（2）商用车产品由中低端向中高端升级

政府在安全、节油、排放、一致性等方面监管加严，同时消费需求升级，共同促进产品动力提升、产品可靠性提升、产品安全部件提升等，导致产品单价不断提升。如中国主销重型牵引车的单价在十年间由 25 万元左右提高到 38 万元左右，未来十年或将提高至 50 万元左右。

环保监管加严，多技术路线并存。商用车产业践行绿色发展，排放标准持续提升。政府打响蓝天保卫战和柴油车污染治理攻坚战，同时大力推广新能源汽车，鉴于商用车工况多样性、多技术路线并存的特点，政策引导用户选择采用纯电动、混合动力和燃料电池等技术路线的产品。

（3）商用车专业化、多元化发展

轻型载货车购车主体将逐渐从第一方、第二方自备物流企业向第三方物流公司、车货匹配平台转变。与用户组织化趋势相同，用户买车形式也将发生变化，分散出资、集中购买将成为发展趋势。通过加入物流公司车队和平台，使用环节组织化、规模化成为趋势。由于国家鼓励政策陆续出台和完善，同时在路权、通行证等方面给予优惠，共同配送的物流车辆使用效率将越来越高，车辆使用强度将越来越大，产品的专业化趋势也将越发明显。

皮卡在新技术领域的应用加快。市场消费需求变化迅速，促进皮卡产品的乘用化和越野、改装等多元化发展。2019 年之后皮卡进入乘用皮卡时代，皮卡产品逐渐向智能化、网联化、电动化升级。各企业加速布局高端品牌，新材料、新技术、新理念不断被应用，品牌文化发展趋势明显。各主流皮卡企业在乘用化、高端化、智能化、新技术和新材料等方面的投入加大，也逐渐证明企业在适应市场的变化，同时也在引领皮卡市场并推动皮卡产业的多元化发展。

专用车领域，伴随着市场的不断细分，用户特征也出现跨领域的细分。在运输领域，集团用户逐渐增加；在城市和区域物流领域，催生了以地方为特色的支线物流公司；在房车领域，专业旅游公司、房车营地和一些酒店运营管理企业的介入促使房车市场需求多样化；在环卫车领域，环卫承包公司对环卫车辆的需求呈现更加专业化和精细化的特征；在特种作业车辆领域，个体消费者通过购买特种作业车辆，挂靠服务公司，市场出现个体采购和集团采购两种方式。

（4）商用车中高端和定制化产品增多

伴随着商用车的消费升级，我国商用车通过产品动力提升、产品可靠性提升、产品安全部件提升等，引致产品单价不断提升。未来拥抱互联网的新生代将成为商用车市场的主要消费群体，个性化需求增加，再加上头部用户的增加，定制化产品将成为未来发展方向。在中重型载货车领域，一方面，随着国家物流枢纽建设加快、高速公路按车（轴）收费实施，车辆的通行效率将大大提升，高速公路上平均车速提升，对中重型载货车性能和品质的要求更高，促进中重型载货车高端化发展；另一方面，国内中重型载货车用户结构发生变化，用户组织化明显，"80后""90后""00后"成为司机主体，引致车辆品质提升需求增加；同时，随着国家调整运输结构，持续推动"公转铁、公转水"运输，少部分中低端中重型载货车将被替代，高端物流中重型载货车和专用车市场将稳步增长。

（5）商用车运输效率不断提升

中国商用车用户以散户为主，主要进行散货运输，运输效率低下，经营效益不佳。随着运输监管的不断规范和互联网经济的不断发展，用户主体将向专业物流公司、三方物流平台转变，物流运输专业化水平不断提升，产品货物运输不断优化，运输资源不断整合，运输效率将大幅提升。

（6）商用车竞争走向全球化

中重型载货车呈现明显的区域性，本土品牌在市场中体现出较高的市场占领能力。国内中重型载货车企业普遍进行合资和合作，国内竞争呈现国际化趋势。在国家"一带一路"建设背景下，国内中重型载货车企业实施国际化战略，在保证原有亚非拉发展中国家的市场份额的基础上，通过自主、合资、兼并重组等方式进入欧美市场，利用自身的经济性和新能源产品削弱欧美发达国家现有的竞争优势。轻型载货车企业加快全球化步伐，伴随着企业自身产品竞争力的不断提升，以及在新能源领域的应用创新，通过合资合作以及海外投资的方式进入发展中国家市场，如东南亚、南美以及非洲等。但由于盈利能力偏弱、合规成本高，企业长期处于价格竞争与法规应对的怪圈里，缺少中高端品牌，还无法同国外先进轻型商用车企业如五十铃等在商业层面及产业链层面展开直接的竞争。

受国内客车市场萎缩、新能源产品市场迅速发展影响，中国客车厂家越来越多地参与到海外市场的竞争与订单争夺中，且竞争日益白热化。

(7) "四化"和轻量化成为商用车发展趋势

政府在安全、节油、环保方面的监管日益严格，且随着科技快速发展，新业态下客流、物流、工程建设方面的竞争不断加剧，对商用车发展提出了全新要求，商用车产品及商业模式逐步电动化、智能化、网联化、共享化。

短期内中重型载货车电动化主要应用于环卫等短距离运输，自动驾驶局限在封闭场景，但智能化将覆盖全系产品，柴油车、NG车或者混合动力仍是中重型载货车的主流。

轻型载货车的新能源产品在技术路线方面追求多元化发展，在各厂商坚持以纯电动技术路线为主的情况下，部分燃料电池技术产品和增程式技术产品发展迅速。持续推进轻型载货车的物流标准化，共同配送、互联网+、智慧物流以及无车承运人等创新业务模式成为推广重点，自动化及信息化新技术被积极应用。

我国新能源客车经过近几年的快速发展，累计销量超过40万辆，成为世界新能源客车产销量第一的国家。另外，相较于纯电动客车和插电式混合动力客车，氢燃料电池客车具有燃料加注快、续驶里程长、零排放等优点，氢燃料电池汽车是未来新能源汽车的重要发展方向。

新能源物流车的技术路线上呈现多元化发展趋势。干线、支线物流要求续驶里程长，面临着里程焦虑、充电困难等问题，这将主要通过应用混合动力和氢燃料电池来予以解决，但在技术没有取得突破前，燃油车仍是主要的运输工具。针对城市配送、短途城乡物流，主要选择纯电动产品和小部分混合动力产品，因为短途运输里程焦虑不严重，且城市对环保要求较高。

汽车产业作为全球化大生产的典型，疫情后表现出一些新的发展特点。目前来看，疫情并未改变汽车产业电动化、智能化、共享化转型的主要趋势，但会改变趋势实现的节奏及速度，还可能使一些短期表现延展为新的长期趋势。在后疫情时代，全球汽车产业将经历一个明显的重构过程，包括增长轨迹重构、产品结构重构、产业布局重构、汽车社会重构，并最终体现为竞争格局重构。

1.4 后疫情时代汽车产业发展趋势

1.4.1 增长轨迹重构

增长轨迹重构，很可能已进入一个 5 年左右的调整恢复期。过去 20 年，主要是依靠中国市场爆发式增长的拉动，全球汽车产业总体上处于稳步增长阶段。在这期间，只经历过两次明显的回落过程。第一次是受国际金融危机冲击，2008 年、2009 年新车销量分别同比下降 4.5% 和 4%，但后续在中国市场引领下实现了快速恢复。第二次是受经济增长乏力和逆全球化的关联共振影响，叠加共享出行发展等因素，2018 年、2019 年新车销量分别同比下降 0.3% 和 4.5%。若没有疫情，2020 年本有望实现企稳回升。数据分析公司 LMC Automotive 在疫情前预测认为，主要是由于新兴市场的触底反弹，2020 年全年 6 吨以下轻型车销量同比将增长 0.7%，并带动整个汽车市场销量增长。

疫情给全球汽车产业以史无前例的重创。自疫情全球蔓延以来，特别是2020年上半年，重要工厂停产、部分零部件断供、4S店门可罗雀、一些企业意向裁员等负面消息持续不断。对资产重、排产周期长的汽车产业而言，这种急速释放巨大冲击的影响是灾难性的。根据OICA（世界汽车组织）统计，2020年上半年全球新车销量仅为2 940.5万辆，同比大幅下滑25.5%，其中最严重的3月和4月分别同比下降39%和37.7%。2020年二季度，全球最大的17家汽车企业营业亏损总计接近110亿欧元，而2019年同期的利润约220亿欧元。全球汽车市场在三季度有所回暖，但2020年全年同比仍大幅下降，只有个别市场能基本持平。中国自2020年4月以来产销持续增长，1—9月产销分别完成1 695.7万辆和1 711.6万辆，同比降幅持续收窄到7%以内。欧洲市场经历较大起伏，2020年1—9月乘用车销量同比下降28.8%，1—8月商用车销量同比下降28.2%。美国市场保持复苏节奏，2020年1—9月轻型车销量同比减少了19%。

考虑到疫情发展仍有很大不确定性，再加上逆全球化思潮对经济增长的负面影响，全球汽车产业的复苏之路不会平坦。例如，德国汽车工业协会（VDA）2020年8月表示，根据其对汽车零部件行业的调查，疫情目前对企业的冲击依然很大，产能利用率仅为50%~75%的企业占比约2/3，计划裁员的企业占比接近60%，计划裁员10%以上的企业占比约1/3；很多企业认为会进入一个较长的困难期，预期要到2022年才能恢复至疫情前水平的企业占比约50%，认为还要到2023年的企业占比约10%。综合来看，全球汽车产销预计到2022年前后才能恢复至2018年的水平，2018—2022年这5年是一个调整恢复时期，未来几年的市场竞争将更为激烈。

1.4.2　产品结构重构

产品结构重构方面，电动化、智能化转型显著提速。电动汽车、无人驾驶是新一轮科技革命和产业变革的标志性产品和技术，在疫情前已取得较好的商业化进展。全球电动汽车2019年销量再创新高，达到210.2万辆，占汽车总销量的2.6%；保有量在2014—2019年年均增长约60%，截至2019年年末达到716.8万辆，约占汽车总保有量的1%。同时，无人驾驶被主要国家及相关企业放到重要战略位置予以大力推动，

L2级别技术已基本成为新车标配，L3级别技术也开始在少数车型上搭载，"软件定义汽车"的趋势越发明显。

疫情中数字技术应用的超常规增长，以及多个国家推行的"绿色复苏"政策，为电动化、智能化转型注入了强大动力。疫情为数字技术应用提供了巨大空间，使得试错过程和成本被大幅压缩，在线消费、视频会议、基于数据的城市管理等很多新业态的发展从渐进式上升"直线拉高"为指数型增长，数字经济转型明显加速。这种变化，无疑有利于无人驾驶等智能技术的创新和应用。同时，气候变化与流行病之间有着直接且紧密的关联，疫情进一步凸显了应对气候变化问题的极端重要性和紧迫性。正因如此，欧盟、韩国等都推出了以"绿色复苏"为主的经济发展计划及配套政策，其中一个重要方面就是交通运输行业的低碳化、电动化转型。例如，德国在2020年年中推出了高额购车补贴、税费减免等优惠政策。中国也继欧洲之后公布了实现"碳中和"目标的时间表。在电动汽车和传统燃油车角力僵持时，这些新政策无疑将成为"破局者"。

在重大结构转型中实现复苏和新的发展，将是后疫情时代全球汽车产业的一个关键特征。尽管整个汽车市场遭遇重创，但电动汽车发展势头不减。2020年1—12月，在全球电动汽车销量靠前的14个国家里，电动汽车销量同比正增长的有10个，其中德国、意大利、法国同比增幅都超过100%；挪威电动汽车销量占汽车总销量比重已超过50%，瑞典超过20%，荷兰接近15%，德国也接近10%。从新兴产业发展规律看，政策推动下大规模民用市场一旦开启，新投资的持续性和韧性会更强，产业发展通常会进入高速增长阶段。

同时，智能化发展也取得了新的阶段性突破。例如，百度在长沙、北京等地向公众开放无人驾驶出租车服务，谷歌旗下无人驾驶公司Waymo在美国凤凰城进一步开放了没有安全员的无人驾驶出租车服务。考虑到算力提升、高精度地图发展、相关基础设施协同以及规制优化等软硬件环境的向好变化，无人驾驶汽车商业化步伐将持续加快。

1.4.3　产业布局重构

产业布局重构方面，区域化、周边化、本地化回流势头有增无减。

每当发生导致全球汽车产业出现"断点"的重大事件后,产业链安全可控的问题总会成为各方关注的焦点。2011年3月东日本大地震发生后,由于部分车用电子元器件等零部件的生产遭遇中断,全球不少整车生产企业被迫减产甚至停产。这种影响持续了近一年时间,引发了对部分零部件生产布局高度集中的忧虑,以及对"零库存"生产方式的反思。自2018年以来,受中美经贸摩擦及国际经贸环境不确定性增大的影响,各方对产业链安全风险的关注迅速升温。例如,美国汽车工业集团(AIAG)和汤森路透近期对约200位汽车供应链专家的调查显示,贸易政策和规制要求的变化被认为是最主要的影响因素,而应对策略则是在前端积极游说并参与政策制定、在后端实施多元化的供应链布局。

在全球化发展本已遭遇回潮的情况下,疫情凸显了产业分工布局的安全逻辑,汽车产业链全球化布局的动力进一步被减弱。疫情发生以来,由于国内政治经济压力陡然增大等原因,不少国家都在强调不断泛化的"经济主权"概念,对安全可控的重视阶段性压倒了经济效率。欧洲多国提出要推动粮食、生物科技产品以及更多"关键产业"的本地化生产,一些国家以"安全原因"拒绝他国企业进入本土5G市场,法国提出接受财政救助的本国汽车企业应把生产、研发迁回本土。欧盟委员会在2020年9月初发布了第四版"关键原材料"清单,新增了锂、锶等电动汽车大量使用的原材料,并提出要通过强化研发、开采、循环利用以及推动供应来源多元化等措施来减少对国外尤其是中国的依赖。因疫情出现的这些新变化,大都构成了汽车产业全球化发展的阻力。

受上述因素影响,作为一个兼具现实重要性和长远战略性的产业,汽车产业链有可能出现碎片化、周边化、本地化发展特征。有研究认为,疫情很可能对欧盟的政府和市场关系带来深刻改变,并使其呈现出政府干预更强、市场开放度减弱的状态。在这种形势下,由于汽车产业经济产值大、技术含量高、吸纳就业多、与人民生活紧密相关的特性,要求回流本土的声音会越发高涨,这将对产业布局的调整方向带来重要影响。

1.4.4 汽车社会重构

汽车社会重构方面,汽车与城市形态、能源系统的关系面临重大调整。随着汽车产品以及经济社会发展理念、环境的改变,汽车社会构建的重点已在变化。在汽车社会比较成熟的欧美发达国家，千人汽车保有量长期稳定在600~800辆，城市分布及其形态基本固化，交通基础设施更新缓慢，如何在这些条件限制下构建智能交通系统、减少碳排放成为汽车社会建设的重点。例如，丰田、大众等企业都提出了到2050年实现汽车全生命周期零排放的发展目标。在汽车社会尚不成熟的国家特别是中国，汽车对人们工作、生活方式以及城市形态的影响仍在持续释放，交通安全、城市拥堵、能源消耗、环境污染等问题出现了新的技术解决方案，建设成熟汽车社会的任务更重，但机遇也更好。正因如此，中国已成为汽车产业变革最为迅猛的国家之一。

后疫情时代人们工作和生活方式的快速调整，以及新技术、新产品的普及，为汽车社会的构建指引了新方向。未来汽车在人类社会中的定位，可以从出行需求、城市形态、能源消费、环境影响等纬度来梳理。从出行需求和城市形态看，最直观的影响是，自疫情发生以来，由于人们对健康出行格外重视，"去公交化"现象在很多国家都曾出现，这在一定程度上拉动了新车销售，但同时对共享出行发展带来了阻力或至少提出了新的要求。更深远的影响是，在后疫情时代，随着远程办公方式被提倡和接受，城市作为工作和生活中心的地位面临挑战，再加上"线上第一"习惯及文化的形成，社会出行需求总量有可能不升反降。从能源消费和环境影响看，疫情客观上推动了电动汽车、可再生能源的发展以及整个社会的数字化转型，这为电动汽车与电网充放电双向互动、电动汽车消纳可再生能源发电、无人驾驶商业化运营等奠定了坚实基础，有助于尽快构建起一个更加绿色、更加智能、更为安全的城市交通和能源系统。

1.4.5 竞争格局重构

竞争格局重构方面，市场规模、基础设施、政府规制是三个决定性因素。上述四个方面的重构，最终都体现为全球汽车产业竞争态势及格局的重大变化。从国家间竞争角度看，国内市场规模大小、基础设施推进速度和融合程度、政府规制选择的适应性和引领性，将是三个决定性因素。

内外联通的大规模国内市场，将成为重大战略性资源。这是全球汽车产业增长轨迹重构、产品结构重构、产业布局重构的自然推导。市场规模越大越开放，抵御产销大幅波动的韧性越强，对全球产业链的影响力和吸附力越大，新技术新产品实现规模经济和范围经济效应的速度越快，国内竞争就越有活力，也就更有可能在全球汽车产业竞争格局重构中占得先机、赢得优势。后疫情时代，是汽车产业销量承压和增量调整的关键时期，国内市场规模的重要性将前所未有。

基础设施建设的推进及融合，将成为关键前提条件。汽车产业变革发展高度依赖基础设施，重点包括三大类：一是道路、充电桩、换电站和加氢站等硬件，及对其智能化改造以提高车路、车网（电网）、车车的实时交互协同能力；二是5G、卫星导航、云计算等涉及通信、定位、算力的新一代信息基础设施；三是支撑科学研究、技术开发、产品研制的科技基础设施。在后疫情时代各国债务约束趋紧的情况下，如何快速推进相关基础设施建设并着力提高相互融通性，将成为提升汽车产业国际竞争力的关键之一。

政府规制方向和力度的选择，将成为重要影响因素。在全球化遭遇波折的情况下，很多国家都面临着更加开放还是收缩封闭的抉择。对汽车产业这种聚合了全人类智慧的竞争性行业而言，更加开放是具有战略眼光的表现，也是唯一正确的选择，选择收缩封闭的国家只会在竞争中落伍。同时，因为汽车产业内部正经历迅猛变革，对健康安全、能源环境、劳动就业等的外部影响也在快速变化，政府规制的适应性和引领性就尤为重要，新能源汽车积分管理对电动化转型的推动、网约车包容审慎监管对共享化转型的促进都是典型例证。在后疫情时代技术条件越发成熟的情况下，规制创新的作用甚至会大于技术创新。

2　皮卡车产业篇

2.1　2020年国内皮卡车产业发展综述

2020年年初国内出现了SARS后最大规模的疫情，为了有效防止疫情扩散以及做好疫情防控，全国范围内大面积停工停产，这对国内经济造成严重打击，第一季度出现了有统计以来的第一次GDP负增长。为了快速对冲疫情对经济的不利影响，国家采取了宽信用、宽货币的金融政策，同时对中小企业采取税费减免、贷款延期等财政政策。超预期的财政和货币政策，加上中央和地方纷纷推出的促进消费的政策，使得2020年汽车市场表现超出预期。

2020年以来，主体宏观杠杆率大幅增高，成为国内经济发展的一大隐忧。为了对冲疫情对经济的不利影响，在超预期的金融政策下，政府、居民及实体经济三大部门宏观杠杆率明显提升，这是未来我国经济发展的最大隐忧。

由于经济复苏缺乏实体经济的有效改善，根基不够牢固，中央提出政策"不急转弯"的要求，货币政策只是做出适当性调整。2020年中央经济工作会议用很大的篇幅描述了我国经济基础不够牢固的判断，主要有以下三大原因：

一是虽然国内疫情得到了有效控制，但是全球疫情已经远远超出预期，确诊人数仍在不断攀升，峰值拐点迟迟没有出现，而且印度、南美和非洲地区，由于医疗资源和公共卫生水平相对低下，未来可能出现更大规模的爆发。

二是疫情冲击下产生的衍生风险不断增多。国际货币基金组织的数据显示，2020年全球债务已升至226万亿美元，增加了14%。全球主要经济体的债务负担能力一旦出现问题，将会产生更大范围的风险传染。

三是金融风险隐患上升。从主要经济指标分析，金融市场的表现已经与经济基本面脱节，金融市场不能有效地与实体经济形成互补和支撑。

针对复杂的国内外形势，国家对货币政策做出了相应调整，保持货币供应量和社会融资规模增速同名义经济增速基本匹配。2020年11月份M2增速为10.7%，预计2021年M2的整体增速为9%。2020年11月份社会融资规模增速为13%，预计2021年为11.3%。在保持货币供应量稳定的同时保持宏观杠杆率基本稳定，2020年实体经济杠杆率已经提升至270%，处于较高水平。同时银行系统多渠道补充资本金，主要是为了化解银行债务问题，担心因此引发系统性金融风险。深化利率和汇率的市场化改革，货币工具的运用更加灵活，汇率市场化仍将推升人民币一定程度升值，不利于汽车企业海外出口。

汽车行业上下游产业联络长，对经济影响显著，国家着力推出政策促进汽车消费，但是相比2008年为了对冲经济危机影响推出的政策要缓和。2008年为了促进汽车消费，国务院公布《汽车行业调整振兴规划》，提出实施"汽车下乡"政策，在强刺激下，2009年汽车销量大幅提升。2020年为了对冲疫情影响，国家推出了一揽子的刺激政策，包括宽松货币政策、NEV补贴延长至2022年、鼓励汽车下乡、放开汽车限购、鼓励皮卡车取消限行促进消费。这一系列的刺激政策基本稳住2020年的汽车消费，汽车制造业工业增加值同比增长6.3%，高于同期全国规模以上工业企业增加值4个百分点。但是相比2009年的刺激政策，相对偏中等。

疫情影响与产业结构升级调整叠加，对于乘用车产销造成了很大的影响。3月底4月初疫情基本得到有效控制，影响乘用车需求的主要原因是宏观经济的低迷和行业发展周期因素。但是7月后销量同比保持了7%以上的强势增长，主要原因是宏观经济的复苏和出口市场回暖超过预期，同时年底前新能源汽车市场的翻倍增长，也为汽车市场带来一针强心剂。

伴随经济的复苏，2020年商用车市场大幅增长，在新老基建开工、商用车排放升级、超载治理、国家推动国三排放标准以下车型报废更新等政策作用下，物流运输和工程基建领域的商用车需求快速回升。2020年除了微型商用车小幅降低，其他级别的商用车同比出现了20%以上的增长。

新老基建投资的增加，工程基建类车辆市场回暖，重启经济的同时带动了商用车的发展。预计2021年新基建规模3.2万亿，同比增长

18%，工程基建类车辆从中收益最大。

"国三"车辆加快退出市场，促进车辆淘汰更新。"国三"车辆退出市场主要源于两方面的联动，其中环境治理为主要因素，国务院《打赢蓝天保卫战三年行动计划》中提到，2020年年底前，全国重点地区加快淘汰国三及以下排放标准运营柴油货车100万辆以上。2020年3月31日国务院常务会议上，提出促进汽车消费的三大举措：将新能源汽车购置补贴和免征购置税政策延长两年；中央财政采取以奖代补，支持京津冀等重点地区淘汰国三及以下排放标准柴油货车；对二手车经销商企业销售旧车，从2020年5月1日至2023年年末按销售额0.5%征收增值税。此外，各地也纷纷出台汽车促消费政策，通过汽车消费拉动当地整体商品零售额。

2020年，皮卡车市场全年销量42.55万辆，同比增长7%。相对于乘用车市场的负增长，皮卡车市场是2020年汽车市场抢眼的细分市场。皮卡车由于年初的疫情影响，皮卡车市场销量呈现前低后高的销量走势，第一季度三个月同比下降分别是32%、75%、16%。但是随着国内疫情得到有效控制，复工复产的大规模展开，4月份皮卡车市场销量便实现了销量正增长，5月份累计销量追平去年，下半年一直保持皮卡车的强势增长。

皮卡车市场能够取得如此抢眼的成绩，主要有两方面的原因：一方面在商务部下发的促进汽车消费通知文件中，历次点名提出鼓励各地政府放开皮卡车限行，起到促进消费的目的。皮卡车作为商乘两用的跨界车型，因为身份属性归为货车，所以城市交通管理过程中一直将其作为货车管理，在城市交通中行驶区域和行驶时间受到限制。所以通过地方政府的交通管理政策的调整，是成本最低的促进消费的手段，而且相应的城市也越来越多。另一方面原因是为了拉动经济，工程基建项目大规模落地，带动了周边产业的复苏。皮卡车的主要用户群体基本上是从事工程基建周边产业的工作。两方面的利好叠加，使皮卡车出现了最好的市场表现。

2021年第一季度同样延续2020年的增长态势，3月甚至达到52 120辆的历史最高水平。从销量表现来看，皮卡车市场的未来发展机会值得看好。

2.1.1 市场现状

随着市场变化和产业政策的不断优化，皮卡车产业正在进入一个新的发展阶段。近几年皮卡解禁政策逐步落地，比如皮卡车取消车身喷字及不用贴反光条、皮卡车可以办 ETC、双证取消（道路运输证和驾驶员从业资格证）以及越来越多的城市取消皮卡车进城限制等，这些政策的放宽使皮卡车细分市场的活跃度及销量开始展现出不俗的发展潜力。针对皮卡车，发改委、工信部等国家多部委也多次发文，从政策导向方面，促进皮卡车解禁，拉动皮卡车消费。2019 年 1 月 29 日，国家发改委、工信部、民政部、财政部等十部门联合印发《进一步优化供给推动消费平稳增长 促进形成强大国内市场的行动方案（2019 年）》，其第四条内容提到"稳步推进放宽皮卡车进城限制范围。在评估河北、辽宁、河南、云南、湖北、新疆 6 省区放开皮卡车进城限制试点政策效果基础上，稳妥有序扩大皮卡车进城限制范围"。2019 年 11 月，发改委再次提出推进汽车行业发展政策，在举行"发布宏观经济运行情况并回答记者提问"的例行发布会中，针对新华社记者提出的"提振消费举措"问题回复，"切实稳住传统领域消费。一方面，稳住汽车等消费大头。破除汽车消费限制，探索推行逐步放宽或取消限购的具体措施，推动汽车限购政策向引导使用政策转变"。

此外，地方政府也陆续出台鼓励皮卡车消费的政策，先后有重庆、济南、武汉等城市出台皮卡车解禁的交通管理政策，皮卡车解禁的政策呈现出遍地开花的态势。

由于政策的向好以及市场需求增加的双重叠加，皮卡车市场持续走高。虽然 2019 年由于国六排放标准的提前实施，导致市场产品供给出现一段时间的短缺，但是 2020 年各个企业的产品陆续完成产品线的补位，市场销量达到 45.69 万辆，在疫情影响的大背景下，实现了微增长。

2.1.2 市场格局

皮卡车市场格局"马太效应"增强，头部企业占比不断增加。销量前五的生产企业长城汽车、江铃汽车、郑州日产、江西五十铃和上汽大通已经能够占据超过八成的市场份额。相比2019年，前五家的市场份额总和增长12.47%（见表2-1）。

表2-1 2019—2020年皮卡车主要生产企业的销量和市场份额

车型	2020年销量/辆	2019年销量/辆	2020年市场份额	2019年市场份额
长城皮卡	225 002	148 830	45.83%	32.91%
江铃皮卡	65 204	59 366	13.28%	13.13%
郑州日产皮卡	43 849	45 788	8.93%	10.12%
江西五十铃皮卡	37 874	31 325	7.71%	6.93%
上汽大通皮卡	27 861	26 495	5.67%	5.86%
江淮皮卡	22 223	21 383	4.53%	4.73%
河北中兴皮卡	16 459	23 941	3.35%	5.29%
北汽福田皮卡	16 379	15 649	3.34%	3.46%
长安凯程皮卡	11 687	15 575	2.38%	3.44%
庆铃皮卡	9 267	10 558	1.89%	2.33%
黄海皮卡	7 488	19 037	1.53%	4.21%
北汽制造皮卡	1 243	1 487	0.25%	0.33%
福迪皮卡	5 60	3 817	0.11%	0.84%
卡威皮卡	326	504	0.07%	0.11%
一汽皮卡	191	270	0.04%	0.06%
东风皮卡	149	1 415	0.03%	0.31%
其他	5 239	26 770	1.07%	5.92%
总计	491 001	452 210	100%	100%

数据来源：中国汽车工业协会。

头部企业长城汽车，连续23年皮卡车销量第一。2020年长城炮的持续发力，使得长城皮卡的销量在原有销量基础上实现了一个大步跨越，2020年销量同比增长51.18%，市场份额从长期一直以来的30%提升至接近50%。长城皮卡在2020年以前基本保持30%的市场份额，市场优势相对薄弱，甚至在2017年出现与江铃皮卡接近的情况，主要原因是长城汽车在推出长城风骏后，始终使用该产品平台进行升级改款。2014—2015年主流皮卡车企业都纷纷推出了自己的新一代皮卡产品，例如北汽福田的拓路者、江铃汽车的域虎、江淮汽车的帅铃。相比老产品，新一代的皮卡车造型更加时尚、更加威猛，尺寸更大，操控驾驶感也有了本质的提升。在这轮产品更新过程中长城汽车反而略显消极。互联网上流传的一句话："当真正的强者回身面对后，任何力量不可阻挡。"长城汽车的皮卡车业务正好印证了这句话。2019年年底前长城汽车推出全新一代皮卡车长城炮，不仅仅是产品的更新，更是对整个行业的更新。长城炮在推出基础商用版的同时，同步推出了乘用版和越野版，乘用和越野两个版本的亮相和推出正式吹响了皮卡车行业的乘用化、高端化的号角。随着汽车的普及，消费者对于汽车产品已经度过了对功能和价格的需求阶段，随着换购潮的到来，消费者对于产品品质的要求日益增高，长城炮的推出正好迎合了消费者日渐提升的对产品高品质的要求。皮卡车长期以来都是以低端工具车的形象呈现在消费者面前，但是长城炮在产品的用材、品质做工、安全舒适配置等方面远超竞争对手，所以迅速得到了市场的认可，势如破竹般将市场份额提高了20%，成为名副其实的皮卡车行业领导品牌。

2020年江铃皮卡的整体销量和市场份额仅仅有小幅的增长。江铃皮卡作为行业的传统强势品牌，通过多年的发展形成了低端宝典、高端域虎系列的产品格局。随着国六排放标准升级，老款宝典逐渐退出历史舞台，使江铃皮卡在8万元左右的低端市场出现了空缺。虽然高端产品有域虎7和域虎9，但是高端市场的市场容量相对较小，导致一段时间江铃皮卡的销量受到一定的影响。2020年8月新宝典的上市，彻底扭转了销售局面。目前江铃已经形成宝典、域虎的双线产品。

江西五十铃和上汽大通，都实现了销量的同比增长。郑州日产的销量和市场份额都有小幅的降低，但是销量基础大，仍然占据第三的市场地位。

尾部企业的销量进一步萎缩。传统皮卡车企业如中兴汽车、黄海汽车、庆铃汽车等，都出现了大幅的销量下滑。

皮卡车市场容量虽然有一定幅度的增长，但是从整体规模上来看，40万辆的整体容量不足以支撑更多的企业在这个市场取得很好的经济收益。除了头部企业能够凭借规模优势在这个细分市场获得可靠的经济收益，年销售规模不足1万辆的企业，基本上不能实现营收平衡。所以皮卡车行业的"马太效应"愈加明显。

2.1.3 地域分布

皮卡车市场的地域分布有着明显的地域差异。华北和西南地区的皮卡车销量分别占整体市场销量的22%和21%，远远领先于其他区域；华中、华南和西北三个地区的销量属于第二梯队，销量相当；华东和东北属于皮卡车的弱势区域，分别仅占整体市场销量的8%和7%（见图2-1）。

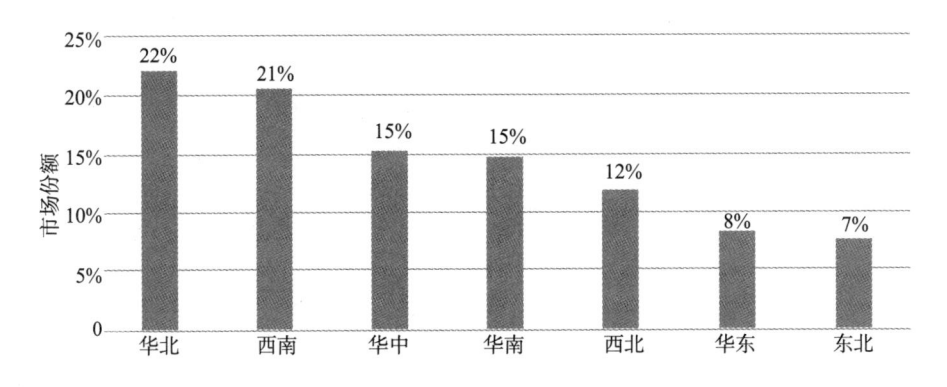

数据来源：中国汽车工业协会

图2-1 皮卡车市场地域分布

华北地区主要销量贡献来自河北、山东，主要原因是两个省份对于皮卡车的政策相对宽松，同时，两个省份也是人口大省，所以，皮卡车的整体销量表现最好。

华北地区同样是长城皮卡的主战场，不论是销量还是市场份额，其他地区都无法与其相比。长城皮卡在该地区的市场份额是其他地区的两倍，可见长城汽车在华北地区的优势。形成这样的局面，很大原因是长城汽车的本土优势。

西南地区销量最好的省份是四川和云南。除了政策宽松，西南地区山多地少的地理环境，是皮卡车发挥能拉货、能越野长处的区域，所以皮卡车在西南地区表现优异。

华东地区虽然经济强势，但是由于近些年环保治理的力度不断加大，原来的皮卡车用户都是一些小微企业主，由于环保不达标不得不停业整顿，或者是考虑搬迁，所以导致华东地区皮卡销量持续下降。

除了四川省，长城皮卡在西南地区的优势相对不够突出。2019年长城炮上市后，长城皮卡在云贵川三省的市场份额有一定程度的增长。但是随着江铃新宝典、瑞迈经典等高性价比产品投入市场，西南地区的市场竞争日趋激烈，使得2020年下半年长城汽车的市场份额小幅下滑，基本上与年初水平相当。

2.1.4 重点企业发展情况

（1）长城汽车

长城皮卡2019年实现销售148 830辆，市场份额为32.91%，同比增长7.85%；2020年实现销售225 002辆，市场份额为45.83%，同比增长51.18%。

长城皮卡自2019年市场品牌独立以来，陆续推出风骏7和长城炮两个系列产品；同时，在产品的高端化、乘用化方面做出积极大胆的投入，分别推出了乘用炮和越野炮。长城皮卡的产品线实现了8万~20万元各个功能领域的全产品线覆盖。凭借多年积累的市场口碑，长城皮卡在2020年实现了一次销量上的升级跨越。

针对低端工具市场，长城汽车坚持以紧凑、务实为原则。风骏系列坚持主打高性价比，在10万元以下的细分市场，形成风骏5和风骏7的错位组合。由于皮卡车天生具有工具属性，10万元以下工具需求始终维持在一个相对稳定的份额，长城皮卡凭借风骏5和风骏7的高性价比，始终牢牢占据该细分市场一半以上的市场份额，这也是长城汽车能够实现销量突破的基盘。

风骏5经典版的定位清晰，是一台工具型皮卡车。无论是低廉的价格，还是朴素的颜值，风骏5经典版都在认真地扮演好自己的角色。因为它的坚持和专注，使得并不算时髦的风骏5经典版在强手如林的市场中屹立不倒。

从风骏7身上，可以看出未来中端国产皮卡车的发展方向，在保留实用性的同时，增加车辆的品质感。从外观和内饰上，风骏7努力向乘用化设计看齐。风骏7的目标人群，是那些对皮卡车有实用性需求，且对车辆品质有更高需求的用户。因此，风骏7能凭借自身特点，很好地把握住这部分用户群体。风骏7的车型种类繁多，配置组合十分丰富，用户可以更加精准地找到自己的需求，形成类似于定制化的购车效果。风骏7同样提供了汽油＋柴油发动机的动力选项，能够应对不同用户的需求。

长城炮2019年上市以来，快速得到了市场的认可，迅速弥补了长城皮卡10万元以上产品线的不足。长城炮作为长城的新一代产品，在产品的功能配置、用材用料和品质做工等方面，都是以乘用车的标准打造，引领了行业高端化、乘用化的趋势。为了满足更高端用户和越野爱好者的需要，长城炮陆续推出了乘用炮和越野炮，第一个实现多版本的皮卡产品系列。

长城炮正式开启了自主皮卡车按属性划分车型的先河。长城炮共分为三个车系，即乘用版、商用版、越野版，针对的主要人群分别是有通勤需求的用户、有功能性需求的用户以及有玩乐越野需求的用户。

针对高端乘用和越野细分市场，长城皮卡除了提供差异化的产品，还在积极地倡导休闲娱乐、越野自驾的皮卡车流行文化，先后组织了全国各地的皮卡车用户组建当地的皮卡车群。这些皮卡车群能够自发地组织皮卡车的越野、自驾等活动。同时，长城皮卡与路亚、机车等其他行业实现了异业联盟，将皮卡车的使用场景具体化，让更多的人知道怎么用皮卡、玩皮卡。

（2）江铃汽车

江铃皮卡2019年实现销售59 366辆，市场份额为13.13%，同比下降18.43%；2020年实现销量65 204辆，市场份额为13.28%，同比增长9.83%。

江铃汽车作为国内最主要的轻型商用车厂商之一，皮卡车一直是其核心业务。多年来，江铃汽车通过不断的努力为消费者奉上高品质的车型，同时将皮卡车进取和务实的品牌精神诠释得淋漓尽致。

江铃皮卡从2019年形成域虎3、域虎5、域虎7，以及更加高端的域虎9品系。产品定位上同样顺应趋势，采用了高定位的策略。由于江铃宝典在市场上具有良好的口碑和知名度，老款产品退市后，迅速上市全新一代的新宝典，使江铃皮卡在低端市场快速地稳固销量。截至2021年第一季度，江铃宝典已经占据江铃皮卡一半的销量。

江铃宝典可以说是江铃皮卡的功勋元老，上市之初，新车便凭借着出色的质量、稳定性获得了市场的广泛认可。因此，江铃宝典车系才可以市场中奋战近 20 年，成为中国皮卡历史的经典车型之一。

江铃域虎 3 是域虎家族的入门产品，从定价和定位来看，江铃域虎 3 的主要用途是工具型皮卡车。而与同级别工具型皮卡车相比，江铃域虎 3 显得更加时尚，也更加符合时下的潮流。受制于价格定位，江铃域虎 3 的配置较为基础，不过，全系标配的多功能方向盘、多媒体中控屏还是比较能够提升档次的。

江铃域虎 5 在域虎车系中起到了承上启下的作用，在实用性方面，江铃域虎 5 与江铃域虎 3 的车身尺寸差不多，也提供了长短货箱两种车型。配置上，江铃域虎 5 比江铃域虎 3 有了一定的升级，比如全系支持蓝牙电话功能，前后均采用盘式刹车。因此，江铃域虎 5 可以兼顾部分乘用需求。

江铃域虎 7 的定位更加高端，车身尺寸比域虎 3、域虎 5 略短，证明其更加偏重于日常道路驾驶。而在配置方面，皮质座椅、胎压显示、大灯高度调节、电动后视镜调节功能均为全系标配，更多舒适性配置的加入，进一步提升了江铃域虎 7 的整体驾乘质感。

江铃域虎 9 是域虎家族最新的旗舰产品，厂家也将其定位于美式风格高端皮卡。无论是整体设计还是功能配置，江铃域虎 9 都达到了目前国产皮卡车的最高标准。从驾驶质感来说，江铃域虎 9 与 SUV 的行驶体验已经有了诸多相似之处。

（3）郑州日产

郑州日产皮卡 2019 年实现销售 45 788 辆，市场份额为 10.13%，同比下降 4.55%；2020 年实现销售 43 849 辆，市场份额为 8.93%，同比下降 4.32%。

郑州日产实行双品牌发展战略，拥有 NISSAN、东风两大品牌，多年来稳居国内皮卡市场前三位。郑州日产是首批（河南首家）获得国家"新能源汽车生产资质"的整车生产企业，为适应"清洁城市、绿色交通、舒适出行、便捷物流"的城市管理新要求，持续开发多款宜商宜乘的新能源车，其中锐骐系列纯电动皮卡车多年来稳居电动皮卡车销量冠军。

锐骐 6 从 2018 年上市后，迅速承接老款锐骐的销量，最近两年一直维持一个稳定的销量水平。2020 年郑州日产对老款锐骐进行升级改款，推出新一代锐骐，主打低端工具车市场。新锐骐是郑州日产阵营中的入门车款，它主打实用性与经济性。而作为一款工具型皮卡车，锐骐提供了两种货箱规格。外观上，其整体设计还是比较时尚的，粗犷的车身轮廓以及平直的车身线条，都为车辆整体的气势加分不少。内饰造型则更加张扬，中控台布局很有层次感，中控面板的配色也十分新颖。由于定位入门，因此车辆配置并非锐骐的主打项目。空调、大灯高度调节、电动后视镜调节等功能为全系标配。

锐骐 6 的定位高于锐骐，并且与纳瓦拉出自同平台，更加亲民的售价为它带来了更好的性价比。锐骐 6 的外观中加入了更多的镀铬装饰，同时车身造型更加饱满，内饰设计较为夸张，大胆的造型风格更加符合年轻人的胃口。

纳瓦拉是合资皮卡车型中最受欢迎的产品之一，在皮卡车向乘用化发展的过程当中，纳瓦拉起到了不可忽视的作用。它在造型上沿袭了日产乘用车家族的设计风格，为车辆带来了精致豪华的质感。

（4）江西五十铃

江西五十铃皮卡 2019 年实现销售 31 325 辆，市场份额为 6.93%，同比下降 10.52%；2020 年实现销售 37 874 辆，市场份额为 7.71%，同比增长 20.91%。

江西五十铃成立于 2013 年，2014 年引进五十铃最新第 7 代皮卡车型 D‑MAX，并秉承着五十铃汽车一贯坚持的"耐久、可靠、安全、低使用成本"特点，使江西五十铃在皮卡车领域站稳市场，开始进入快速发展阶段。

2020 年江西五十铃快速成长，产品系列不断扩充，从最初的 D‑MAX 系列到瑞迈，再到瑞迈经典款、五十铃铃拓，在"国六"阶段基本形成了覆盖 8 万~20 万元价格带的产品供给。同时，江西五十铃的渠道快速扩张带来渠道库存容量的扩大，五十铃在轻型商用车领域的溢价能力为五十铃的产品多样化提供了充分的空间。

瑞迈 S 是江西五十铃的入门皮卡车，它的目标用途十分明确，就是能干活的工具型皮卡车。不过，这款定位于干粗活的皮卡车，长相倒是完全不"粗鲁"。由于与 D‑MAX 出自同平台，瑞迈 S 在外观上同样保持了很强的线条感，饱满的车身设计让它看上去显得非常精壮。在内饰上，瑞迈 S 同样足够舍得下本儿，中控台用料非常扎实，并且配合上部分软性材质，有效地提升了车内的质感。在配置方面，也能看出瑞迈 S 的诚意，后视镜电动调节、中控大屏、倒车影像均为全系标配。但是，车身稳定控制系统全系均未配备。

在江西五十铃皮卡家族中，铃拓定位于中端车型，主打铃拓宜家宜商。在颜值上，铃拓比瑞迈S更精致，比D-MAX更收敛。铃拓的内饰风格更加偏向于乘用车，半悬浮式的中控屏幕或中控面板，为车辆提升了很强的科技感和档次感。在功能配置上，铃拓与瑞迈S的差异并不算大，但是作为更高级别的车型，全系配备车身稳定控制系统。

D-MAX是国内最为原汁原味的五十铃皮卡，它也是一款全球车型，其第四代产品五十铃TF以及衍生车型曾经在我国风靡一时。由于主打高端路线，D-MAX在保持大气外观设计的同时，通过精致化的细节处理，让车辆具有了不错的豪华气质。

内饰设计方面，D-MAX的造型与铃拓如出一辙。目前，江西五十铃旗下的D-MAX、铃拓以及mu-X均采用了相似的内饰设计风格，此种造型将成为接下来江西五十铃产品的家族化特征。在配置上，D-MAX表现出旗舰车型的水准，并在中高配车型上配备了车身稳定控制系统。

（5）上汽大通

上汽大通皮卡2019年销售24 965辆，市场份额为5.86%；2020年销售27861辆，市场份额为5.67%，同比上涨5.16%。

上汽大通旗下产品线十分丰富，包含了SUV、MPV、轻客、皮卡等车型。得益于上汽集团的深厚实力，上汽大通的产品在品质方面的表现，得到了广泛认可，其皮卡车的整体质感自然也是主流水准。

上汽大通皮卡的设计和定位比较模糊，整体来看，上汽大通T60和上汽大通T70的外观十分相似，价格的重叠度也很高。另外，上汽大通T60造型硬朗，给人的感觉偏向中庸，它的用途也很多样，既能当工具车，又能当通勤车。

车辆的内饰造型同样中规中矩。由于车辆定价区间很大，因此上汽大通T60的配置跨度也很高。与此同时，上汽大通T60还提供了2.0T、2.4L的汽油发动机，以及2.8T的柴油发动机，并匹配了手动或自动变速箱，动力组合丰富。可以看出，上汽大通T60的定位如同"万金油"一样，能够满足用户的多种需求。

上汽大通皮卡的优势比较明显，来自上汽的高要求品控，让车辆获得了更好的品质感，其整体工艺水准表现得非常不错。然而，上汽大通皮卡需要解决的问题也不少，比如让外型更加符合潮流，拉开上汽大通T60和上汽大通T70这对"双胞胎"的配置差异化等。有实力的同时，如果能够增加新意，那么上汽大通皮卡还将再上一个台阶。

（6）江淮汽车

江淮皮卡2019年销售21 383辆，市场份额为4.73%，2020年销售22 223辆，市场份额为4.53%，同比上涨3.93%。

江淮汽车拥有多款商用车和乘用车产品，皮卡车型也包含在其中。在国内的市场中，江淮皮卡的综合表现一直可圈可点，并且获得了较为稳定的销量。

帅铃T6是江淮汽车的入门皮卡车，主要专注于10万元左右的皮卡车市场。虽然帅铃T6定位于一款工具型皮卡车，但是在它的身上并非毫无设计感，帅铃T6的造型有着同级车型中少见的柔美腔调，圆润的线条很容易给用户带来亲切感。

帅铃T8的车型定位高于帅铃T6，车辆的整体配置也得到了升级，拥有更大的车身、更豪华的内饰，以及更丰富的配置，不仅能够满足工作使用需求，同时还能满足家用通勤、越野玩乐等需要。

2.2　皮卡车商用属性的变化

近几年，皮卡车在新技术领域的应用快速发展，市场消费需求更替变化迅速，促进皮卡车向乘用化、越野、改装等多元化方面发展。皮卡车技术和产品质量的快速提升带动了皮卡车市场的消费升级，而皮卡车市场的消费升级又进一步促使皮卡车政策的开放，政策的开放又将刺激优质的皮卡车企业加大人才培育与技术研发投入，进一步提升产品质量。企业、消费者与政府不断加深对皮卡车的密切关注，促使中国皮卡车产业茁壮成长。

皮卡车的商用属性完全是由于中国汽车的划分体系中，区分出商用和乘用两大分类。皮卡车型由于开放式货箱被划分为商用车品类；但是市场端对商用车概念的解读，应该是使用汽车作为主要盈利手段、作为营业过程中的工具，这个概念更加贴近汽车行驶证中营运和非营运的区别。国内皮卡车由于具有双排的乘坐空间占据了车身的绝大比例，导致自身的货箱尺寸相对较小，而且货箱中有两个占据空间的轮包突起，使得皮卡车的运输空间和储存便利性受到很大的限制。所以皮卡车的运输效率非常低，作为货运属性存在很大的劣势，市场上基本上很难找到一款皮卡车的行驶证是营运性质的。但是由于皮卡车具备一定的运输能力，同时载重方面的优势和越野能力突出，因此皮卡车是机动性能突出的全能型产品。皮卡车在市场上主要承担的角色其实是辅助中小企业、私营业主完成主营业务的工具车，例如五金、建材等私营业主，往往会购买一辆皮卡配送货物。结合商用乘用的划分，普遍上将这类用途的皮卡车定性为商用属性。

皮卡车的乘用属性典型代表应该是美系全尺寸皮卡。美系全尺寸皮卡车高大威猛的形象，加上不菲的销售价格，使其成为一种彰显个性的高端汽车产品。由于购买该类产品的用户都是家庭的第二辆车以外的代步工具，基本上不会承担运输货物的任务，同时，该类产品能够满足长途穿越、极限越野等需求，与乘用越野车的定位属性相同，所以将该类皮卡车定性为乘用属性的皮卡车。

此处谈论的商用属性变化趋势，表述为皮卡车在使用过程中运输货物的场景比例变化趋势更加严谨和准确。无论是高端的美系皮卡车还是低端的国产皮卡车，它们在物理功能属性上不存在差别，有差别的只是使用的人不同而已。

由于皮卡车具备满足乘用和商用两种需求的先天能力，所以在乘用和商用中间地带存在着大量的需求。纯粹地将皮卡车作为生意和工作中的工具车，这部分的使用场景相对比较固定，典型的用户集中在工程、矿场、企业工厂中，皮卡车作为后勤保障车，完成日常工作中零散物资的运输工作，皮卡车在这个过程中有着不可取代的地位。微型卡车虽然性价比更高，但是无法适应工程矿场的恶劣路况环境；轻型卡车虽然有一定的适应能力，但是尺寸大，机动灵活性太差，而且使用效率也非常低。所以皮卡车的这类需求始终相当稳定。这部分的变化主要取决于整体经济规模水平以及固定资产投资规模的变化。这类宏观数据往往不会出现大幅的波动，所以这类皮卡车的需求每年的变化幅度都不会很大。

购买皮卡车的主流用户基本上将皮卡车作为辅助主营业务的工具车。由于皮卡车的前部造型与越野 SUV 是同源，所以从感知上与货车有着本质的差别。用户在日常生活中，也会将皮卡车作为代步工具，例如，弓先生就是一个这样的用户。弓先生从事的是在煤矿挖山皮的工作，就是将煤矿表面的土质层通过挖掘机清理干净，形成露天的煤矿。弓先生从事该工作将近 20 年，承包的工程量比较稳定，每年的收入能够达到百万元左右。弓先生家里有雷克萨斯 LX、沃尔沃 XC90，平时代步、购物都是驾驶这两辆车。他家里还有两台风骏，一台长城炮，皮卡车就是弓先生进矿山的工作车。皮卡车皮实耐用，在矿上磕磕碰碰的也不心疼，而且平时货箱里会拉一些矿上需要的杂物。雷克萨斯 LX 虽然也能进矿里，但是矿上路况复杂，各种不确定因素也多，磕碰一下在心理上、经济上都会损失严重。由于现在的长城炮内外观与乘用车没有差别，功能配置也和乘用车是一个档次，所以弓先生除了出席一些生意上的商务场合用雷克萨斯 LX，平时都是以长城炮作为自己的代步车。弓先生平时爱好越野，因此也对长城炮进行了一定的越野改装，加装了拖车钩、防雨棚、工兵铲等越野装备。现在皮卡车成了弓先生日常使用最多的车型。弓先生的例子，其实是反映了皮卡车市场普遍存在的一个现象。由于皮卡车的质量越来越好，产品的造型、功能配置与乘用车没有差别，原来的皮卡车用户越来越多地将皮卡车作为乘用代步车来使用。商用的使用场景还是原来那几个，没有增加和减少，只不过乘用的场景越来越多，这便是皮卡车商用属性比例降低的一个主要原因。

皮卡车作为越野玩具，也是乘用属性权重增加的一个主要原因。由于各个企业的油耗限制压力和 NEV 积分考核，越野车成为每个汽车企业不得不舍弃的一个负担。由于越野车采用的都是非承载车身，整车油耗高导致企业的积分压力非常大，积分负担远大于单车带来的利润，市场上的越野车越来越少导致这部分需求出现了很大的空缺。正是在这样的背景下，具有越野功能的皮卡车型成了最大的替代品。此时推出的皮卡产品又有很大程度的产品升级，正好与越野爱好者形成了一个很好的供给与需求的对接。以长城炮的越野版为例，上市后便实现了月销超 2 000 辆的成绩。长城炮越野版的售价在 15 万~20 万元，与主销的皮卡车型有 5 万~8 万元的售价差距，可以看出皮卡车越野爱好者构成这部分市场，是一个全新的细分领域，是皮卡车市场增长出来的一个细分市场。这部分市场也是典型的乘用属性。这部分需求能够占整体市场3%~5%，而且是一个不断增长的细分市场。这个趋势也是造成商用属性占比降低的另一个原因。

皮卡车的商用属性是由于各个行业上下游配合间隙大造成的，随着行业发展越来越成熟，皮卡车的商用属性会进一步的降低。皮卡车在各个行业基本上从事的是一个零散物资配送、后勤物资运输的角色，但是物资配送最高效、最经济的方式还是集中配送。由于现有的物流配送体系还没有发展到非常细的颗粒度，所以无法实现货物运输最后需求端的触达，这样的不足给皮卡车这种机动性能好的产品一个很大的生存空间。皮卡车和低端电动三轮车其实在这个维度上是承担了相同的角色，只是运输的货物不同而已。从长远来看，每个行业发展的规律都是高效集约，像皮卡车这种低效率运输方式肯定是被淘汰挤压的对象。建筑工地的皮卡车就是一个很好的例子，以前建筑工地的后勤部门都会采购一辆皮卡车作为日常的后勤保障车，负责每天工地厨房的食品采购、工地上安防物资的采买和其他临时物资的采购。随着各种中央厨房行业的兴起，工地的厨房基本不需要外出采购，中央厨房都能够负责每天的食品配送，而且其他的临时物资也都有配送服务，所以车皮卡存在价值越来越低。建筑公司在开工之初，考虑到投入产出经济效益，越来越倾向于轻资产化管理，所以采购皮卡车的也就越来越少。这样的价值逻辑在其他行业同样存在，皮卡车的商用属性持续变低也将是一个必然的趋势。

2.3　皮卡车消费心理与分析

2020年主要皮卡车生产企业纷纷加大中高端乘用型、商用型和越野型皮卡车领域的资金投入，消费需求逐步回归。

随着近几年两会代表对皮卡解禁的提议，国内多个省市相继发布放宽皮卡进城限制的文件，加上一些政策的落地，使皮卡细分市场的活跃度及销量开始展现出不俗的发展潜力。

皮卡车与普通轿车和 SUV 相比，不管是在实用性还是通过性上都有不小的优势，而且如今很多皮卡车的乘坐舒适性和豪华性不输高端品牌乘用车。所以，除了当作工具车，越来越多的用户也选择皮卡车去自驾游，去越野，去穿越，皮卡车乘用化的趋势越来越明显。基于用户的需求和用车场景，各制造商也相继推出了乘用化皮卡车，比如长城炮乘用版和越野版、江铃域虎 9、上汽大通 T70、长安凯程 F70、郑州日产锐骐 6 等，市场反响强烈，也刺激国内皮卡车市场进入了新的上升期。多项皮卡车利好政策推动了国内皮卡车市场以及旅游休闲经济的发展，但部分解禁的皮卡车市场只能算是小步快跑，要大踏步实现销量与走势的双赢，还需在政策空间上更加宽松。由于没有专门针对皮卡车的技术标准，使该类车辆属性尚不清晰，政府鼓励政策难以有效实施，导致皮卡车仍有一些枷锁捆绑在身上，比如一年一检、高速节假日不免费、高速公路限速、15 年强制报废，给用户出行及用车带来不少困扰。

10 万元以下的低端工具市场虽然需求相对稳定，但是能够提供该价位皮卡车的企业越来越少。随着排放法规的不断升级，阶段油耗限值将进一步加严，导致整车成本持续提高，所以未来该细分市场将继续走低。

10 万~15 万元成为市场的主力，相比 2019 年，市场份额提高 13%。该价位段皮卡车的用户为私营业主和中小企业主，皮卡车作为辅助主营业务的工具车，日常满足业务上的物资配送和工具运输，由于皮卡车本身宜商宜家，用户平时也会作为代步工具使用。该类用户基本上会从商务社交的角度考虑自身的身份认同，在选择产品的时候希望产品能够为自己彰显经济实力，所以会在产品的选择上相对有一部分务虚的成分。

15 万元以上的皮卡市场原来都是被合资品牌占据，随着国内各车企的高端皮卡车型上市，国产品牌在市场上得到了一定的认可。该细分市场也呈现百花齐放的态势，但是用户主力需求还是越野车型。由于皮卡车企业能够提供更加专业的越野升级方案和售后服务，所以有越野需求的用户直接选择这个价位的产品。

2.4 政策标准变化后的皮卡车产业格局

我国皮卡车产业已发展30余年，拥有20余个皮卡车品牌。随着政策管理的逐步放宽，我国企业开始加大对皮卡车产业的投入，对产品研发、生产、试验验证、技术升级、市场服务升级等多方面都大力投入。2018年，我国皮卡车市场容量接近50万辆，仅占我国汽车市场销售总量的1.67%，虽然与美国、澳大利亚、泰国等皮卡车市场有很大差距，但是我国皮卡车发展潜力巨大是毋庸置疑的。

在我国一、二线城市区域以及广大的乡镇农村市场，皮卡车普及率仍然较低，皮卡车主要分布在三、四线城市和一、二线城市的郊区，皮卡车用途主要为工具车和部分小企业的商业运输车，皮卡车的乘用功能在城市家用市场和农村广大的农牧市场仍然具有很大发展潜力。我国10万元以下级别皮卡车在皮卡车保有量中仍占主要部分；随着老旧皮卡车的淘汰，皮卡车在农牧市场和城市家用市场的深耕，伴随我国皮卡车的全面进城解禁，20万元以上级别的高端皮卡车将形成20万辆左右的市场容量，10万~20万元的皮卡车市场容量未来将增长到50万辆左右，10万元以下级别的皮卡车市场容量将持续增长至80万辆，未来5年到10年我国皮卡车市场能达到150万辆规模。

从我国皮卡车进城限制解禁试点6省份的皮卡车销售数据分析看，皮卡车进城限制解除后，6省份皮卡车销量大幅增加，并且占比逐年提升（见图2-2）。

皮卡车进城限制解禁，将缓解私人拉货压力，极大减少人货混装的情况，降低人货混装出现的风险。皮卡车进城限制解禁，将推动产业发展，刺激消费，带动微小企业发展。受解禁政策的影响，皮卡车不再受限制，皮卡车越来越受欢迎，车企也将提升皮卡车的品质，皮卡车亦轿亦卡的多用途功能将得到全面发挥。城市配送行业小商户和创业者大量

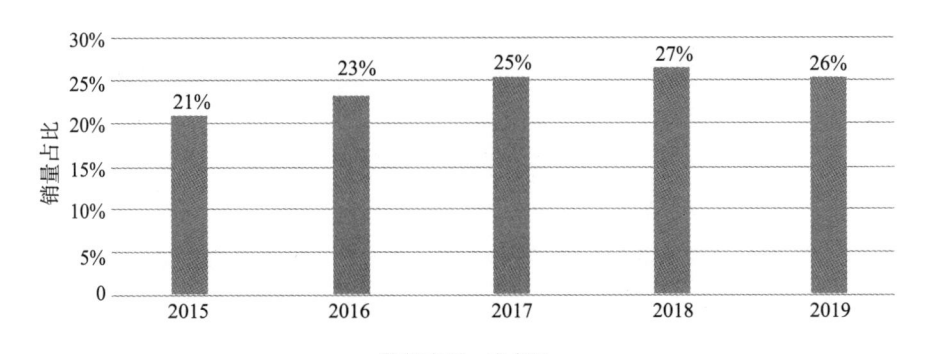

```
30% ┤
                                          27%
                                 25%               26%
25% ┤         23%
     21%
20% ┤
15% ┤
10% ┤
 5% ┤
 0% ┴─────┬─────┬─────┬─────┬─────
    2015  2016  2017  2018  2019
```

数据来源：皮卡网

图 2−2　皮卡车进城限制解禁试点 6 省份的皮卡车历年销量占比

购买皮卡车用于拉货，普通消费者则购买用于出行、旅游等，在二、三线中小城市及经济条件较富裕农村地区则购买皮卡车作为农用车和微型客车、微型卡车更新替代车型，皮卡车消费将大增。皮卡车进城限制解禁，将带动周边配套服务产业的发展，推动整个皮卡车产业发展。

3　国内市场篇

3.1 2020年皮卡车市场分析

3.1.1 总体市场分析

2020年，全国16家主要皮卡车生产企业累计生产479 457辆车，同比增长14%；累计销售478 434辆车，同比增长9%（见图3-1）。2020年由于新冠肺炎疫情因素和北京需求波动导致同比下滑较大。近几年皮卡车成为乘商结合的消费新热点，持续表现较强，但近期皮卡车企业分化，主力车企强势提升，部分传统皮卡车企业面临巨大的增长压力。

数据来源：乘联会

图3-1 2010—2020年全国16家主要皮卡车生产企业销量情况

2009年1月14日，国务院公布了《汽车行业调整振兴规划》。3月1日，为了拉动消费，各地推出了汽车下乡政策，并将原定一年的财政补贴政策延迟到2010年。当时，皮卡车的应用场景主要集中在三、四线及以下城市或农村地区。因此，在汽车下乡政策的利好下，2010年皮卡车销量为37.9万辆，同比增速达48%。

2011年，汽车下乡利好政策逐步消退，不过新车型的推出，以及皮卡车企业的服务创新再次推动了皮卡车消费热潮。2011年，皮卡车行业累计销售38.3万辆，同比增长1%。其中，长城皮卡继续以121 736辆、同比增长18%的成绩保持皮卡年度总冠军，市场份额达30.9%。位列二、三的郑州日产皮卡、江铃皮卡也分别销售62 053辆、56 332辆，实现同比增长16.2%、4.3%，各占据15.7%、14.3%的市场份额。

从新品来看，长城风骏2.5TCI、日产锐骐ZD30、中兴威虎F1、坤程皮卡、福田全新拓路者等皮卡车型得到了消费者的青睐和认可。除了新车的上市，一些皮卡车企业推出的创新服务，也是推动2011年皮卡车销量增长的主要原因之一。比如长城汽车推出的"服务快递"、江铃汽车推出的JMC Cares个性化服务体系，都获得了不错的效果并转化为销量。

2012年，虽然补贴政策已经消退，但汽车下乡和以旧换新政策余温未退，加上终端价格、车型细分、油价等多重因素，当年的皮卡车销量依然有小幅增长，同比增速达8%。相比乘用车而言，皮卡车销量仍呈正向增长的态势。

2013年，全国皮卡车销量达到42.1万辆，同比增长2%。在"微增长"的大环境下，皮卡车市场表现较为平稳。当年销量的增长原因可以归结为四点：一是城镇化的进一步加速；二是"十二五"规划下新基建项目的增加；三是高性能皮卡车催生的消费者再购升级需求；四是中东、南美等进口关税较低的国家给皮卡车出口带来的机遇。

2014年，皮卡车销量达40.2万辆，同比下滑5%，呈明显的下降趋势。在皮卡车行业补贴政策退出，新品推出速度放缓，一、二线城市对皮卡车严控等多重因素影响下，消费者对皮卡车的购买需求也不再旺盛。此外，内需的低迷导致了全国经济放缓，包括房地产、汽车在内的行业都出现了下滑的趋势。

2015年，国内汽车行业的低迷仍在持续，同时，新能源汽车的加入，以及对新能源车大力度的补贴政策，进一步挤占了皮卡车的市场份额。因此，2015年皮卡车销量下落到32.9万辆，比2014年减少了7.3万辆，同比下降了18%。

2016年，皮卡车解禁政策的推出，无疑对于市场的激活起到了决定性的作用，同比增长5%，销量有所回升，为34.7万辆。毕竟第一批试点省份对于政策的解读、研判、发布依然需要时间,由此导致了2016年皮卡车市场呈现即将探底反弹的形势。

随着皮卡车解禁试点工作的逐步推进,2017年、2018年皮卡车销量出现了反弹,销量分别是41.0万辆、44.8万辆,同比分别增长18%、9%。特别是从2018年开始,皮卡车型不再强制要求喷字和贴反光条、货车"三检合一"、异地跨省检验等利好政策,进一步激活了皮卡车市场,加上皮卡车生产企业在乘用化、高端化、智能化上的发力,让皮卡车市场再次"焕新"。2018年下半年,国内汽车行业开始逐渐进入"寒冬期",北京小客车指标门槛的进一步加大,也催生了北京皮卡车市场的"岁末狂欢"。

2019年,皮卡车解禁的城市数量进一步扩大;同时,普通货运车辆道路运输证和从业资格证的取消、皮卡车ETC办理的放开,以及发改委联合生态环境部和商务部联合印发的《推动重点消费品更新升级车畅通资源循环利用实施方案(2019—2020)》中,要求地级及以下城市2020年前取消皮卡车进城限制等政策,为未来的皮卡车市场提供了更加有力的支持。不过,国家发改委发布的《2019年新型城镇化建设重点任务》进一步放开了城市的落户政策,释放了房地产的需求,加上2019年国六排放标准的实施,让皮卡车企业没有足够的切换时间。多重因素的叠加导致2019年皮卡车销量回落到43.7万辆,同比下降了2%。

2020年,突如其来的新冠肺炎疫情被迫让社会秩序和各产业进入停滞状态,而皮卡车市场在2020年的销量却再次回升,为47.8万辆,同比增长9%。销量的增长主要集中在下半年,一方面源于国家层面对促进汽车消费的重视,另一方面也源于各地新基建的新一轮启动和人们消费意识的改变。随着经济互暖、产业复苏以及皮卡车市场"新四化"趋势的日渐明显,2021年皮卡车市场将有望突破50万辆。

2020年皮卡车市场走势相对起步较低,相对于2019年12月的异常走强,这是由于2020年疫情因素的干扰。皮卡属于生产资料车型,在春节之前一般购买皮卡车的相对较少,春节之后皮卡车销售进入旺季,这是工程项目和单位的购买需求带来的增长点。乘用车的销量代表了中国消费者的生活品质以及追求,但是商用车的销量代表了中国小企业、小私营业主的发展状况,只有商用车的需求上来了,基础民生问题得到解决,乘用车市场才能有恢复的可能。

皮卡车市场也直接反映了小私营业主的发展情况，总体来看（见图3-2），2020年上半年，以长城皮卡为代表的皮卡车市场，已经成为疫情趋缓后汽车市场率先回暖的先头兵。2020年前4个月皮卡车市场主要受到疫情的影响，导致销量同比跌幅较大。从5月开始，受疫情后抑制消费及受疫情影响工程建设项目等的陆续开工影响，皮卡车销量持续环比上升，主要是疫情抑制的小私营业主用车需求的释放，以及消费和环保因素的促进。

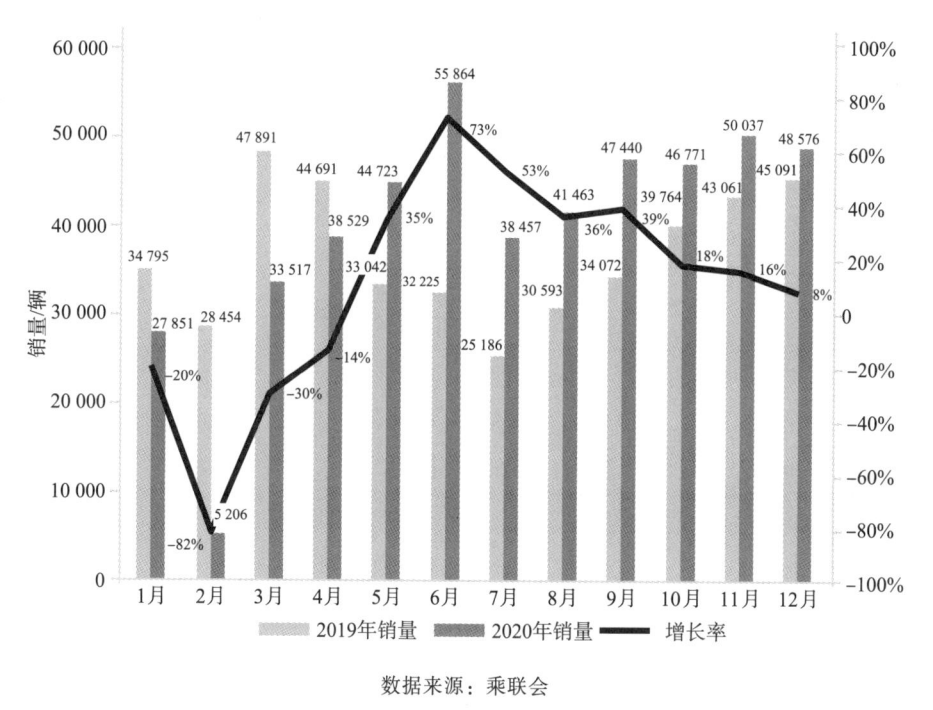

数据来源：乘联会

图3-2 2019年和2020年皮卡车销量

从分省份销量数据来看（见表3-1），2020年虽然受到新冠疫情的影响，但是除北京以外其他省份皮卡车销量都呈增长态势。北京市2020年皮卡车销量为负，主要是由北京市皮卡车限行导致，从2019年高峰时年均3.3万辆下降到2020年的8 000辆。皮卡大省广东省、河北省、山东省、四川省和云南省2020年仍然保持强劲的势头，销量维持在2万辆以上。甘肃省、黑龙江省、辽宁省和重庆市2020年皮卡车市场迈上了一个新的台阶，达到了年均销量1万辆。福建省、广西壮族自治区、贵州省、河南省、湖南省、湖北省、江西省、新疆维吾尔自治区和浙江省将向着年均 2 万辆的目标发起冲击,2020 年前半年虽受疫情的冲击,下半年才逐渐恢复生产和生活,但这 9 省份 2020 年的皮卡车销量仍然良好,在维持 2019 年销量的基础上前进了一步。其他省份 2020 年皮卡车市场也保持良好的发展势头,都在 2019 年销量的基础上有所提升。

表 3-1 2015—2020 年各省份皮卡车销量(保险数)

单位:辆

省份	2015 年	2016 年	2017 年	2018 年	2019 年	2020 年
安徽省	7 615	8 926	11 221	10 360	9 033	9 483
北京市	2 189	3 078	4 162	11 996	33 801	8 088
福建省	16 034	17 142	16 463	13 401	12 725	13 141
甘肃省	8 792	8 821	7 978	8 171	8 653	10 527
广东省	24 502	22 218	24 643	23 843	20 255	20 676
广西壮族自治区	12 680	14 782	16 770	16 030	17 260	18 387
贵州省	11 836	15 465	21 319	18 508	13 260	13 360
海南省	5 162	6 157	8 092	7 272	7 690	8 706
河北省	12 099	12 561	17 306	20 427	20 471	25 878
河南省	8 749	9 856	10 030	14 537	13 713	16 177
黑龙江省	8 829	9 318	9 126	8 371	9 825	12 698
湖北省	11 895	13 354	16 022	14 997	15 802	16 237
湖南省	13 916	14 212	17 387	17 343	16 359	17 375
吉林省	3 691	3 820	5 361	4 652	4 335	5 810
江苏省	7 201	7 382	8 104	8 010	7 540	9 212
江西省	16 425	15 058	14 603	12 664	12 505	13 287
辽宁省	6 545	7 490	9 199	9 367	9 849	12 561
内蒙古自治区	11 053	11 471	13 177	12 905	14 595	21 829
宁夏回族自治区	7 313	6 979	6 945	5 916	5 769	5 980
青海省	4 128	3 689	3 861	3 551	3 103	3 721
山东省	15 866	14 201	17 474	18 224	20 229	24 261
山西省	5 292	6 056	8 036	7 514	7 394	9 675
陕西省	7 789	8 419	10 419	10 830	9 524	9 710

续表

省份	2015年	2016年	2017年	2018年	2019年	2020年
上海市	1 368	1 705	1 218	1 271	1 094	1 409
四川省	16 362	18 981	23 039	23 170	25 326	27 666
天津市	1 849	1 364	1 673	1 523	1 656	2 229
西藏自治区	6 229	6 983	8 169	9 906	8 179	7 221
新疆维吾尔自治区	11 361	10 814	15 000	12 496	15 292	18 940
云南省	16 681	21 086	26 371	27 685	24 765	25 932
浙江省	16 741	10 516	10 224	10 455	11 921	13 705
重庆市	8 899	8 180	8 940	9 520	8 560	11 597

从各省份市场份额来看（见表3-2），2020年除了北京受限行政策影响大幅下降，其他省份市场份额仍维持以往水平，没有太大变动。全国皮卡车市场保持稳步向前发展的趋势没有变化。

表3-2 2015—2020年各省份皮卡车市场份额（保险数）

省份	2015年	2016年	2017年	2018年	2019年	2020年
安徽省	2%	3%	3%	3%	2%	2%
北京市	1%	1%	1%	3%	9%	2%
福建省	5%	5%	4%	4%	3%	3%
甘肃省	3%	3%	2%	2%	2%	3%
广东省	8%	7%	7%	6%	5%	5%
广西壮族自治区	4%	5%	5%	4%	4%	4%
贵州省	4%	5%	6%	5%	3%	3%
海南省	2%	2%	2%	2%	2%	2%
河北省	4%	4%	5%	5%	5%	6%
河南省	3%	3%	3%	4%	4%	4%
黑龙江省	3%	3%	2%	2%	3%	3%
湖北省	4%	4%	4%	4%	4%	4%
湖南省	5%	4%	5%	5%	4%	4%
吉林省	1%	1%	1%	1%	1%	1%

续表

省份	2015年	2016年	2017年	2018年	2019年	2020年
江苏省	2%	2%	2%	2%	2%	2%
江西省	5%	5%	4%	3%	3%	3%
辽宁省	2%	2%	2%	2%	3%	3%
内蒙古自治区	4%	4%	4%	3%	4%	5%
宁夏回族自治区	2%	2%	2%	2%	1%	1%
青海省	1%	1%	1%	1%	1%	1%
山东省	5%	4%	5%	5%	5%	6%
山西省	2%	2%	2%	2%	2%	2%
陕西省	3%	3%	3%	3%	2%	2%
上海市	0	1%	0	0	0	0%
四川省	5%	6%	6%	6%	6%	7%
天津市	1%	0	0	0	0	1%
西藏自治区	2%	2%	2%	3%	2%	2%
新疆维吾尔自治区	4%	3%	4%	3%	4%	5%
云南省	5%	7%	7%	7%	6%	6%
浙江省	5%	3%	3%	3%	3%	3%
重庆市	3%	3%	2%	3%	2%	3%

3.1.2 市场环境分析

2020年整体政策层面延续了2019年对皮卡车的政策，政策对皮卡车市场比较有利。从年初吉林省皮卡车解禁、重庆市皮卡车解禁、宁波市皮卡车解禁、抚州市开放皮卡车城市路权、江苏省优化皮卡车进城管控，到江西全省皮卡车解禁，再到最近的武汉市皮卡解禁、唐山市皮卡车解禁、鄂尔多斯市皮卡车解禁等，再加上此前试点的五省一自治区解禁，眼下，皮卡车解禁正在全国多点开花，不管是西南山区、东部沿海、华中腹地还是长三角经济重心等地均有城市放开皮卡车进城。在国家"推动取消皮卡车进城限制"的政策鼓励下，国内皮卡车市场真正未来可期！

（1）皮卡车市场取消营运证的利好

皮卡车市场的外部政策环境随着轻卡的改善而大幅提升，很好地促进了消费需求。2018年12月24日，交通运输部发文宣布，从2019年1月1日起取消4.5吨以下的普通货运车辆营运证和驾驶员从业资格证。通知中明确规定，2019年1月1日取消4.5吨及以下双证，并且相关部门不能以驾驶员"无证经营"和"未取得相应从业资格证件，驾驶道路客货运输车辆"为由实施行政处罚。对于皮卡车用户而言，以后购买蓝牌轻卡的确可以不用再选择挂靠了，能免去不少的费用。取消营运证，营运车可以改为非营运，保金明显少于营运车辆，所以取消营运证后，购买非营运保险的成本大幅降低。

（2）皮卡车反光条取消

在发改委等十部委发布的《进一步优化供给推动消费平稳增长 促进形成强大国内市场的行动方案（2019年）》中明确提出，在评估河北省、辽宁省、河南省、云南省、湖北省、新疆维吾尔自治区放开皮卡进城限制试点政策效果的基础上，稳妥有序扩大皮卡车进城限制范围。一系列政策方案的推出，让皮卡车进城成为可能，同时也带动了皮卡车销量的快速提升。在发布的GB 7258—2017中，皮卡车被定义成了多用途货车，不再被强制要求粘贴反光条标志，和货运车辆区分开来，这也是利好。

（3）皮卡车解禁

皮卡的禁行问题一直被广大用户所关注，但是好在政策逐渐放宽。如前所述，在2020年也有一些城市对皮卡车解禁；从销量和市场反馈来看，解禁政策起到了积极的推动作用。

（4）购车补贴

在国家多次指出"积极稳定汽车等传统大宗消费"之后，促进汽车消费的利好政策已经箭在弦上。佛山市人民政府办公室发布《关于印发佛山市促进汽车市场消费升级若干措施（试行）的通知》，成为新冠肺炎疫情间全国率先出台措施鼓励汽车消费的城市。佛山市促进汽车市场消费升级若干措施于3月1日实施，除了优化登记手续、推动车辆报税、上牌无缝衔接，还对新车进行了现金补贴奖励，从鼓励购买，提升服务到提升用车消费环境多处入手，多管齐下提振消费。具体措施是：鼓励国六排放标准汽车的消费；简化购车登记手续，提升服务效能；加快柴油货车污染治理；推动停车设施建设；营造汽车放心消费环境；提升汽车金融服务质效；推动车辆报税、上牌无缝衔接。此外，佛山促进汽车市场消费升级最直接的措施是对消费"国六"新车进行鼓励，并推出了三项现金补贴。

3月3日，广州市政府发布《广州市坚决打赢新冠肺炎疫情防控阻击战努力实现全年经济社会发展目标任务的若干措施》，对抗击疫情、推动复工复产、促进经济发展等提出了全面细致的组合举措。其中，在促进消费扩容提质中，广州市政府提出，要提振汽车消费，自2020年3月至12月底，对消费者购买新能源汽车给予每辆1万元综合性补贴，对置换或者购买"国六"新车的给予3 000元补助。这是继佛山推出购车补贴之后，又一个出台措施鼓励汽车消费的城市。

3.1.3 市场份额分析

2020年皮卡车主要生产企业的市场表现较好（见图3-3），长城汽车平稳地保持绝对优势地位，江铃汽车、郑州日产、江西五十铃、上汽大通等保持平稳，河北中兴、黄海汽车等发力不足。

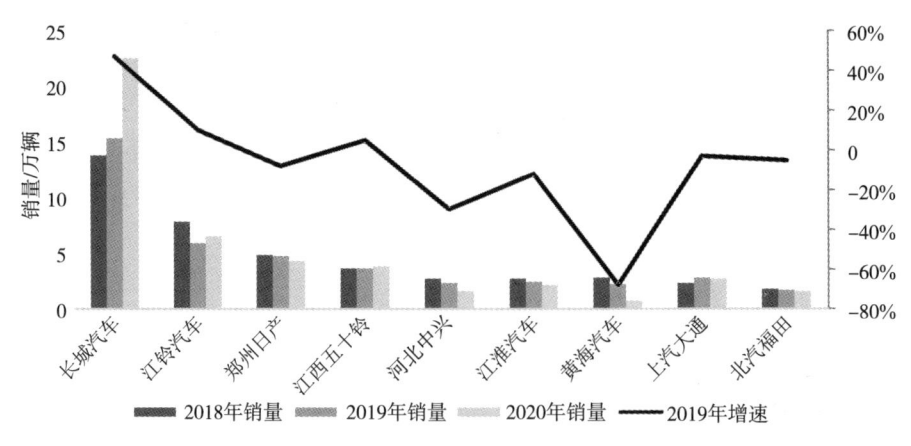

图3-3 2018—2020年皮卡车主要生产企业市场销量和市场份额

从市场份额（见表3-3）可以看出，虽然各品牌市场份额仍处于此消彼长之中，但是第一梯队与第二梯队市场份额有拉大迹象，长城汽车近三年市场份额逐渐拉开与第二名江铃汽车和第三名郑州日产的差距，2020年市场份额已经达到46%，占据中国皮卡市场的近半壁江山。第二名江铃汽车市场份额由2018年的18%下降到2020年的13%，市场份额掉了5个百分点。第三名郑州日产市场份额由2018年的11%下降到2020年的9%，市场份额掉了2个百分点。后面第三梯队的江西五十铃、上汽大通近三年市场份额保持相对稳定，分别为8%和6%，在此消彼长中拉近了与第二梯队的差距。而后面的江淮汽车、河北中兴、北汽福田、长安凯程和黄海汽车在竞争中显现出颓势，市场份额都有所下降。未来随着这些企业新产品的投放，相信皮卡车市场的竞争将日益白热化。

表3-3 2018—2020年皮卡车主要生产企业市场份额

生产企业	2018年	2019年	2020年
长城汽车	31%	34%	46%
江铃汽车	18%	14%	13%
郑州日产	11%	10%	9%
江西五十铃	8%	8%	8%
上汽大通	5%	6%	6%
江淮汽车	6%	6%	4%
河北中兴	7%	5%	3%
北汽福田	4%	4%	3%
长安凯程	3%	4%	2%
黄海汽车	6%	5%	2%

数据来源：乘联会。

(1) 长城汽车

当下我国皮卡车行业整体实力有了大幅提升，行业中强有力的竞争对手越来越多，最好的证明就是销量。2020年，长城皮卡销售22.5万辆，同比增长51%，国内市场份额近50%，也就是说，在国内每卖出两辆皮卡，就有一辆是长城皮卡。在2020年销量成绩单中，长城炮连续8个月销量过万，与风骏5、风骏7携手包揽了单车型销量榜的前三名。可以说长城皮卡现有车系和每款车型都是成功的，是国内最受欢迎的，说明产品是长城皮卡销量持续走强的根本原因。

分车型来看（见表3-4），2020年风骏5两驱柴油、风骏5两驱汽油、风骏7两驱汽油和风骏7四驱柴油四款车型销量分别下滑56%、21%、9%和18%，其他车型全年都保持增长态势，尤其是长城炮系列两驱和四驱柴汽油全年保持高速增长。2020年长城皮卡不断扩充皮卡线的产品矩阵，相继推出了长城炮越野皮卡、长城炮越野皮卡拖挂版、长城炮黑弹、长城野装炮、长城炮乘用皮卡、长城旅装炮、长城炮商用皮卡、长城救援炮、长城电装炮、2021款长城风骏7和长城风骏5平底货箱版11款产品。

表3-4 2019—2020年长城皮卡分车型产销情况

品牌型号	2020年产量/辆	2019年产量/辆	同比增长	2020年销量/辆	2019年销量/辆	同比增长
风骏5 两驱柴油	18 094	39 718	-54%	16 823	38 249	-56%
风骏5 两驱汽油	13 587	18 803	-28%	14 945	18 829	-21%
风骏5 四驱柴油	11 959	6 211	93%	10 631	5 923	79%
风骏5 四驱汽油	6 983	5 437	28%	7 460	5 187	44%
风骏7 两驱柴油	31 790	28 798	10%	32 201	27 327	18%
风骏7 两驱汽油	5 736	5 971	-4%	5 203	5 706	-9%
风骏7 四驱柴油	16 995	24 106	-29%	19 139	23 321	-18%
风骏7 四驱汽油	3 558	3 714	-4%	3 722	3 380	10%
长城炮两驱柴油	20 709	2 643	684%	20 726	2 620	691%
长城炮两驱汽油	10 035	3 160	218%	9 954	3 201	211%
长城炮四驱柴油	53 503	5 866	812%	53 505	5 521	869%
长城炮四驱汽油	30 606	7 472	310%	30 693	6 957	341%
其中出口	0	0	0	19 880	17 631	13%
合计	223 555	151899	45%	225 002	146 221	51%

（2）江铃皮卡

2020年，江铃皮卡取得了十分不错的销量成绩，新宝典上市两个月销量便破万，从品牌力和产品力看都是必然结果。目前，江铃皮卡精简产品阵列的动作已经完成，新宝典、域虎7和域虎9布局各个细分领域，产品根据不同用户有差异，价位不重叠，在核心技术上借与福特合作的优势极力引入福特技术。

2020年江铃皮卡宝典产品销量同比大增192%，域虎销量同比下降18%（见表3-5）。2020年江铃皮卡推出了三款产品，分别是域虎9柴油版、域虎7和新宝典。域虎9柴油版于2020年4月2日正式上市，搭载福特 PUMA 2.0T 柴油发动机,并且可以选择 8 速自动变速箱,这也是国内首款配备 8AT 的柴油皮卡车。在皮卡车乘用化的浪潮中,江铃汽车推出的 8AT 柴油皮卡域虎 9,为高端皮卡车市场再增一员猛将。全地形管理系统加上 8 种不同驾驶模式,让越野玩家有了新选择;而达到 L2 级别的自动驾驶功能也让这款车在智能化方面先人一步。

表 3-5　2019—2020 年江铃皮卡分车型产销情况

品牌型号	2020 年产量/辆	2019 年产量/辆	同比增长	2020 年销量/辆	2019 年销量/辆	同比增长
宝典	22 393	7 874	184%	22 074	7 556	192%
域虎	43 796	50 374	-13%	41 054	49 874	-18%
其中出口	0	0	0	2 056	1 936	6%
合计	66 189	58 248	14%	65 184	59 366	10%

2020 年 8 月 25 日,我国皮卡车发展史上经典的创富型皮卡,以"皮实、耐用、低油耗"著称的高口碑皮卡车型宝典的全新一代产品新宝典正式上市,并做出了我国皮卡车行业首个发动机终身质保的承诺,给用车损耗强度极大及身处复杂环境中的用户提供有力的保障,这既是江铃汽车服务可靠的表现,同时也彰显出企业对皮卡车品质拥有超强自信。

(3) 郑州日产

作为国内皮卡车界的元老级企业,郑州日产的车型一直在可靠性、专业性方面屡传佳话,做出了元老应该树立的榜样。而面对国内自主企业的多方位夹击,郑州日产更是凭借着全球化的标准和 28 年高端皮卡车制造经验,常年名列前茅。皮卡村的建设,也证明了郑州日产皮卡在百姓心中的口碑,以及深入一线的营销能力。

2020 年郑州日产除锐骐 6 销量同比增长 50% 外(见表 3-6),其他产品包括纳瓦拉和锐骐在内销量同比下滑 37% 和 41%。由于是合资企业,郑州日产旗下的皮卡车型无一例外都拥有国际化的背景,铸造了非常可靠稳定的品质,在国内皮卡车市场中口碑非常不错。锐骐皮卡一直是郑州日产的中坚力量,自 2005 年诞生以来,锐骐凭借着卓越的性能和可靠的品质赢得了市场与口碑的双赢。2020 年,郑州日产没有故步自封,频频推出新车抢占市场,而且每一款车都是消费者急缺的品类。

表3-6 2019—2020年郑州日产皮卡分车型产销情况

品牌型号	2020年产量/辆	2019年产量/辆	同比增长	2020年销量/辆	2019年销量/辆	同比增长
纳瓦拉	11 653	17 917	-35%	11 369	17 973	-37%
锐骐	5 892	9 775	-40%	6 225	10 544	-41%
锐骐6	26 308	17 633	49%	26 277	17 548	50%
其中出口	0	0	0	2 040	1 898	7%
合计	43 853	45 325	-3%	43 871	46 065	-5%

(4)江西五十铃

五十铃是全球著名的皮卡车品牌之一,拥有百余年历史积淀,主销车型D-MAX更是全球最火爆的皮卡车之一。2020年,江西五十铃倡导全球高端皮卡车生活方式,努力推动和呼吁皮卡车政策解禁,并履行企业社会责任,发起"点亮计划"公益项目。在产品层面,江西五十铃不断推陈出新,全面践行皮卡车创富行动。

2020年,江西五十铃皮卡车销售38 292辆,同比增长21%,这是自2015年以来,江西五十铃连续第六年取得销量正增长(见表3-7)。凭借过硬的产品品质和五十铃品牌的良好口碑,江西五十铃在我国中西部核心皮卡车消费区域十分畅销,市场影响力与日俱增。目前,主打货用工具属性的瑞迈系列、宜商宜家的多用途车型铃拓,以及指向纯家用和越野定位的D-MAX组成了全面完整的皮卡矩阵,三款系列产品各司其职,最大化覆盖目前的用户需求。

表3-7 2019—2020年江西五十铃皮卡分车型产销情况

品牌型号	2020年产量/辆	2019年产量/辆	同比增长	2020年销量/辆	2019年销量/辆	同比增长
D-MAX	19 351	15 257	27%	18 667	15 177	23%
瑞迈	20 276	16 278	25%	19 625	16 414	20%
合计	39 627	31 535	26%	38 292	31 591	21%

2020年,全新一代五十铃D-MAX正式亮相,在皮卡车大国泰国的市场份额位列第一。7月3日,更高端、更有个性的D-MAX 1.9T特装版上市。6月17日,2020智能版瑞迈S上市,进一步完善了江西五十铃

JIM皮卡车的产品矩阵。9月9日，江西五十铃2020款"国六"经典瑞迈上市。12月1日，江西五十铃"国六"铃拓AT车型正式上市，让江西五十铃不断加码新产品。

（5）上汽大通

2020年，上汽大通皮卡销量保持了较高的增长势头，车型总销量进入了国内排行榜的前五名。上汽大通皮卡产品虽然算不上丰富，但是它们仍然凭借着良好的车型品质获得了用户的认可。

2020年上汽大通持续发力国内及海外市场，全年销量保持5%的增长（见表3-8）。2020年9月，上汽大通T70澳洲版正式上市，在澳洲市场表现出色。上汽大通皮卡还结合国内使用场景做出了优化，更加适合国内用户的使用需求。

表3-8　2019—2020年上汽大通皮卡产销情况

2020年产量/辆	2019年产量/辆	同比增长	2020年销量/辆	2019年销量/辆	同比增长
27 273	26 740	2%	27 861	26 495	5%

为了丰富车型选择，上汽大通T70推出了汽油版，2.4 L汽油发动机成本更低，可以进一步降低售价，让上汽大通T70 2.4 L汽油版车型拥有更高的性价比。此外，上汽大通T70旅行版提供ECO、POWER、NORMAL三种驾驶模式，适合城市、山路、高速等多种路况。上汽大通T70越野版在普通版车型上进行了多处优化，针对通过性、四驱性能、悬挂以及轮胎方面都做了越野化处理。据悉，接下来或将推出T90以及T70 PRO等，进一步丰富产品线，并且开始向高端皮卡车市场发力。

（6）江淮汽车

从产品实力、企业战略和用户反馈来看，对于江淮皮卡，市场和用户都应该给予重视。2020年江淮汽车发生了比较大的策略转变，未来产品走向也会产生变动。

2020年江淮皮卡销量同比下滑11%（见表3-9）。2020年下半年，江淮汽车正式对外界宣布，皮卡业务将从江淮帅铃品牌剥离，下设T系列和悍途系列。自此，江淮皮卡未来将形成"T"系列和"悍途"两大产品品牌多种车型的阵列，"悍途"布局探索高端乘用化领域，"T"系列则暂由T6和T8两个已经被市场认可的热销车系带队，主打实用型市场，重点服务商用及两用用户。

表 3-9 2019—2020 年江淮皮卡分车型产销情况

品牌型号	2020年产量/辆	2019年产量/辆	同比增长	2020年销量/辆	2019年销量/辆	同比增长
汽油双排二驱	2 562	2 969	-14%	2 524	2 944	-14%
汽油双排四驱	1 402	1 349	4%	1 377	1 327	4%
柴油双排二驱	8 157	10 428	-22%	8 039	10 381	-23%
柴油双排四驱	9 804	9 823	-0.2%	9 759	9 719	0.4%
合计	21 925	24 569	-11%	21 699	24 371	-11%

2020 年 10 月，江淮汽车在湖北恩施正式发布悍途品牌以及宣布 T8 PRO 全球上市。在发布会上，江淮汽车正式推出了全新高端品牌——悍途，于 9 月底江淮汽车在北京车展展示的全新宽体大皮卡也随之正式亮相，该车正是旗下悍途品牌的最新产品。2020 年 12 月下旬，悍途开启全国预售，国内高端皮卡市场再添一员大将。此外，作为 T8 的升级版车型，江淮 T8 PRO 主要针对配置进行了大幅增补。2020 年，T8 和 T6 车系新增了多款车型。

（7）河北中兴

河北中兴皮卡 2020 年对旗下的产品线进行了梳理，既有定位高端家用的领主乘用版车型，也有适合商用的领主商用版车型；在领主系列之外，还拥有两个不同级别的工具型皮卡车，比如非常传统的工具型皮卡车威虎，和与微卡、微面等车型进行差异化竞争的小老虎车型。

2020 年河北中兴皮卡各产品线基本上延续去年下跌的趋势，全年销量下滑 25%（见表 3-10）。虽然 2020 年河北中兴皮卡销量不及预期，但是从 2020 年河北中兴对皮卡产品线做了清晰的梳理和定位，战略意图更加清晰；而且河北中兴皮卡也在与时俱进，不断开拓新的车型来迎合市场需求。

表 3-10 2019—2020 年河北中兴皮卡分车型产销情况

品牌型号	2020年产量/辆	2019年产量/辆	同比增长	2020年销量/辆	2019年销量/辆	同比增长
威虎柴油两驱	3 504	5 789	-39%	2 517	4 842	-48%
威虎柴油四驱	1 826	2 652	-31%	1 010	2 103	-52%

续表

品牌型号	2020年产量/辆	2019年产量/辆	同比增长	2020年销量/辆	2019年销量/辆	同比增长
威虎汽油两驱	2 975	3 155	-6%	2 517	2 147	17%
威虎汽油四驱	1 045	1 417	-26%	821	1 024	-20%
领主柴油两驱	2 772	4 656	-40%	2 347	4 082	-42%
领主柴油四驱	1 687	2 284	-26%	1 379	2 129	-35%
领主汽油两驱	1 625	2 263	-28%	1 215	1 914	-36%
领主汽油四驱	826	983	-16%	606	894	-32%
其中出口	0	0	0	4 047	2 953	37%
合计	16 260	23 199	-30%	16 459	22 089	-25%

（8）北汽福田

2020年，北汽福田皮卡销量喜人，全年销量同比增长近5%（见表3-11）。庞大的皮卡车型矩阵和高节奏的新车推广速度，让北汽福田皮卡始终保持火热的市场活力，也能够为用户提供更丰富且更具针对性的车型选择。

表3-11 2019—2020年北汽福田皮卡分车型产销情况

品牌型号	2020年产量/辆	2019年产量/辆	同比增长	2020年销量/辆	2019年销量/辆	同比增长
拓陆者	14 796	17 177	-14%	16 379	15 649	5%
其中出口	0	0	0	1 895	3 838	-51%
合计	14 796	17 177	-14%	16 379	15 649	5%

今年以来，北汽福田陆续推出了工程版、海鲜版、重载版、高原版、低货台版、快捷版、清风版、平箱版等多个针对特定使用场景的车型，丰富的用车场景设定，能够更加精准地满足用户的用车需求，为他们带来更好的用车体验。面向商用创业用车，北汽福田通过走访大量市场，掌握不同场景下用户需求，以模块化量身定制，为他们提供更契合实际需求、助力创业致富的用车解决方案。多款场景化车型，将更加专业地满足用户多用途需求，为用户打造创业致富用车解决方案的同时，为他们带来更有宽度的皮卡生活。现如今，北汽福田皮卡不仅是用户事业上的创富伙伴，还是用户生活的精神寄托。保持了合理的产品发展速度，

北汽福田皮卡将继续稳固良好的市场竞争力。

(9) 长安凯程

作为国内皮卡市场中的新生力量,长安凯程 F70 以中欧合作基因、高水准设计能力以及出色性能优势在皮卡车领域独树一帜,不仅给用户带来了舒适、安全、便捷、高效的用车体验,还为行业带来了更为先进的造车理念和技术成果。辅以价格、性价比和实用性方面的优势和市场成功经验的神骐 F30,使得长安皮卡在 2021 年的市场表现尤为值得关注。

2020 年长安皮卡销量为 11 687 辆,同比下滑 25%(见表 3 - 12)。长安凯程在长安汽车品牌向上的总体战略中定位为智慧物流商用品牌。长安凯程 F70 是由长安汽车与欧洲第一商用车品牌 PSA(标致雪铁龙)携手打造,深度链合中、法、美、德、日等全球顶级技术资源及优质供应商资源,按照 ECE 欧洲经济委员会汽车法规进行安全设计,适应全球 100 多个国家的道路、环境及法规的高端皮卡车型。

表 3 - 12 2019—2020 年长安凯程皮卡产销情况

2020 年产量/辆	2019 年产量/辆	同比增长	2020 年销量/辆	2019 年销量/辆	同比增长
13 370	15 985	-16.4%	11 687	15 575	-25.0%

2020 年,长安凯程 F70 持续完善着产品系,自动挡和长货箱均已上市,不仅如此,还针对国内皮卡车市场的特点和用户需求研发了多款"特别版车型"。长安凯程 F70 掀背式货箱皮卡是出厂自带货箱盖的车型,不涉及违法改装,更无须办理改装申报流程,用户可正常上牌验车,省时省事省心。长安凯程 F70 乘用皮卡按运动型乘用车过审,货箱部分变成了封闭式高箱,产品型号上隶属"6"字头,享受乘用车相关政策,不存在一年一审和强制报废。

长安凯程 F70 是长安凯程的首款皮卡车力作,但并不是长安汽车的第一款皮卡车产品,也不是目前皮卡车市场上唯一的长安皮卡车型。在皮卡车政策解禁前,长安汽车曾着重推出以性价比和货运属性强为特点的工具型皮卡车,时至今日整合成了神骐 F30 车系。随着长安汽车整体战略的发展,神骐系列于去年划归到长安凯程品牌旗下,与长安凯程 F70 形成组合,广泛针对全领域皮卡车市场。

（10）黄海汽车

2020 年黄海皮卡整体销量表现一般，全年销量 7 000 台左右（见表 3-13）。黄海皮卡在 2020 年只推出了一款黄海 N1S 柴油"国六"版车型。

表 3-13　2019—2020 年黄海皮卡分车型产销情况

品牌型号	2020 年产量/辆	2019 年产量/辆	同比增长	2020 年销量/辆	2019 年销量/辆	同比增长
N1 系列柴油	7 515	5 294	42%	7 165	6 505	10%
黄海汽车合计	7 515	5 294	42%	7 165	6 505	10%

面对销量不尽如人意的情况，黄海皮卡并未坐以待毙。2020 年 8 月，黄海汽车开展了代号为"曙光行动"的市场营销活动，希望通过更加实惠的价格，提升车辆的性价比，从而获得更强的市场竞争力。目前，黄海皮卡旗下拥有 N1、N2、N3、N7 系列的多款皮卡产品，而为了进一步拓宽产品线，增加更广的用户人群，黄海皮卡或将推出 N5 车型。新车的出现，将为黄海皮卡家族带来新鲜的血液，也将为皮卡车市场带来新的活力。

3.1.4　动力类型分析

2020 年柴油皮卡车总计销量达 301 803 辆，汽油皮卡车总计销量为 112 705 辆，柴油与汽油皮卡车市场份额之比约为 3∶1。由此看来，柴油车型目前在国内皮卡车市场中依然占据高地。我国传统皮卡车用户依然热衷于柴油皮卡车型，尤其在我国西南地区广受欢迎，因为柴油皮卡车在动力爆发、用车成本等方面有着明显优势。同时，高端汽油皮卡车市场份额也进一步扩大，带动更多一、二线城市的皮卡车消费。目前，高端豪华皮卡车层出不穷，作为首款搭载五连杆悬架的长城炮在驾驶、乘坐等体验方面更是不输 SUV，一车多用的皮卡车未来甚至有望抢占 SUV 的市场份额。

从各省份分析来看，柴油皮卡车型明显"一家独大"的地区有广西壮族自治区、云南省、贵州省、湖南省、重庆市、江西省、海南省、广东省，以上地区的市场中，柴油与汽油皮卡车市场份额之比超过 10∶1，广西壮族自治区、云南省两地的柴油皮卡车的销量最为突出，柴油与汽油皮卡车市场份额之比例更是达 20∶1 以上。在海南省，有 90% 的皮卡车销量来自柴油皮卡车，当地对柴油皮卡车的欢迎度可见一斑。

在 31 个省份中，仅北京市、陕西省、宁夏回族自治区、青海省、西藏自治区五个地区中的汽油皮卡车销量大于柴油皮卡车的销量。由于政策原因，北京市 2019 年皮卡车销量迎来巅峰，同时带动了高端皮卡车消费，长城汽车、郑州日产、上汽大通、长安凯程等皮卡企业均从中获利（见表 3-14）。在河北省，皮卡市场增量多是来自汽油皮卡车，有两种原因可以解释这种情况：一方面是河北本土企业长城皮卡新品的投放，另一方面则是皮卡车乘用化、家用化的趋势。在广西壮族自治区和贵州省，柴油四驱版皮卡车占比达一半左右，这是受地势、环境因素的影响，由于多山且道路湿滑的情况较多，四驱皮卡可以完美胜任这些复杂路况，助力用户高效运输。

表 3-14　2019—2020 年各省份不同动力类型皮卡车销量（保险数）

单位：辆

省份	柴油 2019 年	柴油 2020 年	汽油 2019 年	汽油 2020 年	纯电动 2019 年	纯电动 2020 年
安徽省	7 286	7 509	1 745	1 970	2	4
北京市	66	130	33 670	7 896	65	62
福建省	10 142	10 846	2 556	2 256	27	39
甘肃省	5 375	7 093	3 278	3 429		5
广东省	14 390	15 029	5 826	5 388	39	259
广西壮族自治区	16 455	17 262	804	1 125	1	0
贵州省	12 546	12 476	713	781	1	103
海南省	7 072	7 673	607	1 003	11	30
河北省	12 750	13 651	7 702	12 200	19	27
河南省	9 677	10 911	4 034	5 250	2	16
黑龙江省	6 349	10 364	3 476	2 333	0	1
湖北省	13 939	14 365	1 862	1 860	1	12
湖南省	15 244	16 078	1 079	1 277	36	20
吉林省	3 278	4 623	1 057	1 187	0	0

续表

省份	柴油 2019年	柴油 2020年	汽油 2019年	汽油 2020年	纯电动 2019年	纯电动 2020年
江苏省	4 572	5 182	2 966	3 902	2	128
江西省	11 531	11 940	971	1 341	3	6
辽宁省	8 477	10 732	1 371	1 829	1	0
内蒙古自治区	8 709	13 860	5 886	7 968	0	1
宁夏回族自治区	1 413	2 300	4 299	3 671	57	9
青海省	698	797	2 406	2 923	0	1
山东省	15 050	17 185	4 791	7 049	388	27
山西省	5 123	6 131	2 270	3 544	1	0
陕西省	4 056	4 062	5 455	5 583	13	65
上海市	684	839	405	568	5	2
四川省	20 790	22 592	4 361	5 008	175	66
天津市	803	1 071	833	1 152	20	6
西藏自治区	716	475	7 463	6 743	0	3
新疆维吾尔自治区	9 323	13 329	5 969	5 575	0	26
云南省	23 446	24 463	1 317	1 461	2	8
浙江省	8 027	8 319	3 888	5 377	6	9
重庆市	7 954	10 516	604	1 056	2	25
总计	258 655	301 803	123 663	112 705	879	960

此外，柴油皮卡车市场份额明显增大的地区有湖南省、贵州省、广西壮族自治区、四川省、湖北省等地，其中黑龙江省的柴油皮卡车市场份额更是高达67%，且吉林省、辽宁省、内蒙古自治区、新疆维吾尔自治区等高寒、高海拔地区，柴油皮卡车市场份额也得到进一步扩大。此前，受高压、寒冷等因素的影响，我国柴油皮卡车在高寒地区不适应，这些地区以售卖汽油皮卡车型为主。近年来，国内柴油车技术迎来了突飞猛进的发展，已经足以适应高寒地区，加之这些地区的汽车暖库建造更加完善，柴油车用车成本低，更多的用户愿意选购柴油车型。与此同时，在山西省、浙江省、河北省等地，汽油皮卡车的市场份额也有提升。

3.1.5 驱动类型分析

2020年年初虽然新冠肺炎疫情对整个汽车市场造成了一定影响,但是全年皮卡车行业还是保持了增长。2020年两驱皮卡车销量有所下滑,同比下滑7%,四驱皮卡车销量同比大增29%,两驱与四驱皮卡车销量接近,各占据皮卡车销量的半壁江山(见表3-15)。

从各省份数据来看,2020年两驱皮卡车只有海南省、河北省、河南省、江苏省、江西省、山东省、山西省、上海市、天津市、浙江省和重庆市全年保持正增长,其他省份相比2019年销量都有所下滑;而四驱皮卡车只有北京市和西藏自治区销量同比下滑,其他省份都保持正增长。四驱皮卡车虽然价格比两驱皮卡车高出一些,但销量已经赶超两驱皮卡车销量,预计未来随着消费者需求更加个性化,对动力、通过性能需求更加强烈,四驱皮卡车的需求潜力会逐步释放。

表3-15 2019—2020年各省份两驱和四驱皮卡车销量(保险数)

省份	两驱皮卡车 2019年销量/辆	两驱皮卡车 2020年销量/辆	同比增长	四驱皮卡车 2019年销量/辆	四驱皮卡车 2020年销量/辆	同比增长
安徽省	7 218	6 700	-7%	1 815	2 783	53%
北京市	2 4008	5 000	-79%	9 793	3 088	-68%
福建省	10 712	10 707	0	2 013	2 434	21%
甘肃省	4 228	4 197	-1%	4 425	6 330	43%
广东省	16 641	15 391	-8%	3 614	5 285	46%
广西壮族自治区	7 997	7 477	-7%	9 263	10 910	18%
贵州省	6 911	6 117	-11%	6 349	7 243	14%
海南省	6 864	7 140	4%	826	1 566	90%
河北省	14 754	15 737	7%	5 717	10 141	77%
河南省	8 115	8 171	1%	5 598	8 006	43%
黑龙江省	1 318	1 030	-22%	8 507	11 668	37%
湖北省	8 319	7 792	-6%	7 483	8 445	13%
湖南省	11 532	11 055	-4%	4 827	6 320	31%

续表

省份	两驱皮卡车 2019年销量/辆	两驱皮卡车 2020年销量/辆	同比增长	四驱皮卡车 2019年销量/辆	四驱皮卡车 2020年销量/辆	同比增长
吉林省	855	679	−21%	3 480	5 131	47%
江苏省	6 026	7 077	17%	1 514	2 135	41%
江西省	9 827	9 899	1%	2 678	3 388	27%
辽宁省	4 721	4 638	−2%	5 128	7 923	55%
内蒙古自治区	4 846	4 831	0	9 749	16 998	74%
宁夏回族自治区	4 299	3 452	−20%	1 470	2 528	72%
青海省	933	858	−8%	2 170	2 863	32%
山东省	16 335	17 422	7%	3 894	6 839	76%
山西省	3 289	3 382	3%	4 105	6 293	53%
陕西省	3 078	2 369	−23%	6 446	7 341	14%
上海市	963	1 190	24%	131	219	67%
四川省	10 925	10 247	−6%	14 401	17 419	21%
天津市	1 083	1 274	18%	573	955	67%
西藏自治区	4 924	4 300	−13%	3 255	2 921	−10%
新疆维吾尔自治区	5 146	4 520	−12%	10 146	14 420	42%
云南省	5 699	5 298	−7%	19 066	20 634	8%
浙江省	10 524	11 092	5%	1 397	2 613	87%
重庆市	3 766	4 672	24%	4 794	6 925	44%
总计	218 638	203 714	−7%	164 627	211 764	29%

3.1.6 宽窄体分析

2020年是不平凡的一年，国内汽车市场遭遇疫情冲击，百姓生活受到严重影响，不过，皮卡车市场却在经济下行的环境中逆流而上。随着多地陆续解禁皮卡车限行，以及众多车企在皮卡产品创新和淘汰方面的集中发力，2020年的皮卡车市场展现出一片利好局面。销量是体现皮卡车市场繁荣的最佳佐证，纵使困难重重，但皮卡车销量仍然稳中有升，成为国内车市中一股冲劲十足的力量。从车型结构上来看，还是全尺寸宽体皮卡车大行其道，全年销量290 314辆，同比大增34%，而窄体皮卡车销量还在持续萎靡，全年销量125 126辆，同比下滑28%。五菱皮卡的入局不知能否给持续萎靡的窄体皮卡车注入新的活力。

从各省份数据来看（见表3-16），2020年全国31个省份窄体皮卡车全部负增长，而宽体皮卡除了北京市由于限行政策保持负增长，其他30个省份宽体皮卡车保持正增长。尤其是甘肃省、河北省、吉林省、内蒙古自治区、宁夏回族自治区和山西省对宽体皮卡车的需求旺盛，同比2019年宽体皮卡车市场份额都增长80%以上。

表3-16　2019—2020年各省份宽体和窄体皮卡车销量（保险数）

省份	2019年销量/辆	2020年销量/辆	同比增长	2019年销量/辆	2020年销量/辆	同比增长
	外廓宽≤1.8米			外廓宽>1.8米		
安徽省	4 090	2 790	-32%	4 943	6 693	35%
北京市	14 381	3 070	-79%	19 419	5 018	-74%
福建省	6 252	4 823	-23%	6 473	8 318	29%
甘肃省	5 672	4 948	-13%	2 981	5 579	87%
广东省	8 290	5 593	-33%	11 965	15 083	26%
广西壮族自治区	8 230	6 694	-19%	9 030	11 693	29%
贵州省	3 840	2 570	-33%	9 420	10 790	15%
海南省	3 019	1 801	-40%	4 671	6 905	48%
河北省	12 247	10 985	-10%	8 224	14 893	81%
河南省	7 331	5 289	-28%	6 382	10 888	71%
黑龙江省	4 675	3 476	-26%	5 150	9 222	79%
湖北省	5 842	3 929	-33%	9 960	12 308	24%
湖南省	6 834	5 106	-25%	9 525	12 269	29%
吉林省	2 513	2 101	-16%	1 822	3 709	104%
江苏省	2 931	2 084	-29%	4 609	7 128	55%
江西省	5 881	4 375	-26%	6 624	8 912	35%
辽宁省	4 540	3 510	-23%	5 309	9 051	70%

续表

省份	2019年销量/辆	2020年销量/辆	同比增长	2019年销量/辆	2020年销量/辆	同比增长
	外廊宽≤1.8米			外廊宽>1.8米		
内蒙古自治区	8 837	8 218	−7%	5 758	13 611	136%
宁夏回族自治区	4 575	3 514	−23%	1 194	2 466	107%
青海省	1 438	1 013	−30%	1 665	2 708	63%
山东省	10 100	7 487	−26%	10 129	16 774	66%
山西省	4 147	3 666	−12%	3 247	6 009	85%
陕西省	5 862	4 202	−28%	3 662	5 508	50%
上海市	209	125	−40%	885	1 282	45%
四川省	9 792	8 161	−17%	15 534	19 505	26%
天津市	774	729	−6%	882	1 500	70%
西藏自治区	2 776	1 501	−46%	5 403	5 720	6%
新疆维吾尔自治区	4 868	3 640	−25%	10 424	15 300	47%
云南省	5 418	3 612	−33%	19 347	22 320	15%
浙江省	4 082	1 993	−51%	7 839	11 712	49%
重庆市	4 137	4 157	0	4 423	7 440	68%
总计	173 583	125 162	−28%	216 899	290 314	34%

3.1.7 货箱结构分析

皮卡车作为一种多用途车型，非常强调车辆的实用性，货箱作为皮卡车区别于其他部分车型的最大特点，是皮卡车的代表性标志，皮卡车的一切功能用途大多也是基于货箱展开。而运输载物能力则是体现皮卡车好坏与否的一个直观标准，货箱尺寸所展现的承载能力对皮卡车而言尤为重要，因此消费者在购买皮卡车时，货箱大小成了左右消费者购买的重要因素。

纵观国产皮卡车，货箱尺寸种类繁多，并且我国没有一个标准的货箱尺寸衡量标准，往往都是生产企业自己定义货箱尺寸的分类。国产皮卡车的货箱长度集中在1.38~1.975米，骐铃T100和神骐F30的某些车型货箱长度在 2 米以上。市面上可以买到的皮卡车可以分为长箱、标箱和短箱三类，其中以长箱车型最受消费者喜爱。

当统计皮卡车销量数据时，根据对货箱长短界定标准的差异，会产生一个非常有意思的现象，导致国内消费者对长、短货箱的喜好程度出现两个完全相反的呈现结果。见表 3 - 17，当货箱长短的界定标准为 1.68 米时，国内市场长、短货箱的皮卡车的市场份额符合国内消费的购买行为，即长货箱车型更受消费者喜爱，市场份额达到了 63.27%。云南省、四川省、山东省、广东省、河北省等皮卡车销量位居前列的省份中，均是长货箱车型更受消费者的喜爱，市场份额在 58~74%，其他大部分地区同样是货箱长度大于 1.68 米的车型销量更佳，长货箱可以充分满足消费者的运输装载需求。

表 3 –17　2019—2020 年各省份不同货箱结构的皮卡车销量（保险数）

省份	2019 年销量/辆	2020 年销量/辆	同比增长	2019 年销量/辆	2020 年销量/辆	同比增长	2019 年销量/辆	2020 年销量/辆	同比增长
	货箱长≤1.68 米			1.68 米＜货箱长≤1.85 米			货箱长＞1.85 米		
安徽省	5 332	5 234	-2%	3 053	3 840	26%	587	321	-45%
北京市	30 816	6 930	-78%	2 324	885	-62%	475	127	-73%
福建省	8 780	8 416	-4%	3 195	4 248	33%	673	422	-37%
甘肃省	6 930	7 014	1%	1 442	3 305	129%	248	183	-26%
广东省	14 141	13 015	-8%	4 917	7 091	44%	963	389	-60%
广西壮族自治区	11 820	11 264	-5%	4 752	6 666	40%	679	442	-35%
贵州省	6 897	5 948	-14%	5 489	6 972	27%	833	417	-50%
海南省	5 371	4 405	-18%	1 971	4 105	108%	333	168	-50%
河北省	15 717	17 915	14%	3 617	6 832	89%	1 076	1 042	-3%
河南省	10 457	10 153	-3%	2 631	5 540	111%	549	380	-31%
黑龙江省	7 058	6 129	-13%	2 442	6 388	162%	169	150	-11%
湖北省	9 944	9 554	-4%	4 736	6 206	31%	963	341	-65%
湖南省	9 594	8 775	-9%	5 725	7 858	37%	961	689	-28%

续表

省份	2019年销量/辆	2020年销量/辆	同比增长	2019年销量/辆	2020年销量/辆	同比增长	2019年销量/辆	2020年销量/辆	同比增长
	货箱长≤1.68米			1.68米<货箱长≤1.85米			货箱长>1.85米		
吉林省	3 134	3 333	6%	1 008	2 369	135%	158	71	−55%
江苏省	4 134	4 711	14%	2 488	3 579	44%	454	371	−18%
江西省	7 562	7 931	5%	4 415	5 083	15%	441	158	−64%
辽宁省	6 014	6 081	1%	3 418	6 236	82%	358	202	−44%
内蒙古自治区	11 412	12 893	13%	2 593	8 541	229%	509	350	−31%
宁夏回族自治区	4 894	4 462	−9%	709	1 412	99%	150	103	−31%
青海省	2 533	2 835	12%	505	826	64%	45	51	13%
山东省	13 842	14 612	6%	5 237	8 979	71%	800	515	−36%
山西省	5 956	6 730	13%	1 139	2 668	134%	247	165	−33%
陕西省	7 558	6 724	−11%	1 545	2 676	73%	339	214	−37%
上海市	676	908	34%	361	433	20%	19	39	105%
四川省	14 463	13 568	−6%	9 200	12 604	37%	1 463	1 117	−24%
天津市	1 134	1 474	30%	337	582	73%	61	48	−21%
西藏自治区	6 791	5 638	−17%	1 177	1 532	30%	107	40	−63%
新疆维吾尔自治区	9 015	9 958	10%	5 309	8 191	54%	890	683	−23%
云南省	14 161	12 399	−12%	9 357	12 888	38%	910	578	−36%
浙江省	6 141	7 318	19%	4 519	5 248	16%	715	441	−38%
重庆市	4 779	5 719	20%	3 258	5 541	70%	449	274	−39%
总计	267 056	242 046	−9%	102 869	159 324	55%	16 624	10 491	−37%

当皮卡车货箱长短的界定标准为 1.7 米时，统计数据出现了戏剧性的变化，长、短货箱皮卡车的市场份额完全对调过来，短货箱车型的市场份额高达 69.49%，除了浙江省长货箱车型的市场份额达到了 50%，其

他所有省份的消费者都更喜欢短货箱车型，这和以往形成的市场认知完全不同，一时间短货箱车型似乎才是中国消费者购买皮卡车时的首要选择，然而消费者的真实需求却是更喜欢能满足装载运输需求的长货箱车型。

造成这一矛盾现象的一个主要原因就是长城皮卡在两种不同标准下严重影响了销量的真实性。长城风骏5、风骏7的货箱长度分别为1.38米和1.68米两种，风骏6的货箱长度为1.545米，而长城炮乘用皮卡车货箱长度为1.52米，长城炮商用皮卡车货箱长度为1.52米和1.76米两种。当按照1.65米划分货箱长短时，长城风骏5和风骏7的销量将被分为长、短货箱车型两类；而按照1.70米划分货箱长短时，风骏7和风骏5全年共计12万辆左右的销量将都被计为短货箱车型销量。2020年国内皮卡车全年销量是41.2万辆（保险数），将近1/4销量的变动足以造成巨大的影响。

可以说长城皮卡一家的销量几乎左右了国内皮卡车市场长、短货箱车型的市场份额，当以长城风骏系列的货箱长度为统计标准时，国内长、短货箱车型销量才会与事实相符合，否则就会出现有违市场规律的现象。随着国产皮卡车逐渐向更大、更长的方向发展，最终也许会和国际皮卡车市场的标准接轨，因此判定长、短货箱的具体标准是不断变化发展的，但长城皮卡的货箱长度仍是重要的参考依据。

由汽标委整车分技术委员会组织制定的汽车推荐性国家标准《多用途货车通用技术条件》已于2021年5月实施，其中明确了多用途货车（皮卡车）的术语定义、尺寸、质量、功能以及性能等有关要求，以解决多用途货车与微型货车、轻型货车等类型车辆难以区分的问题，同时对多用途货车的客用属性以及牵引功能等方面进行明确规定。标准首先从整车标志、比功率、尺寸、装载质量、爬坡能力等方面对皮卡车做出了明确规定，提出了货箱长度不大于1.85米。而根据此标准，则有10 491辆皮卡车不符合新的标准，相比2020年皮卡车的销量，此部分皮卡车占比还是比较小的，可以忽略不计。

3.1.8 价格结构分析

随着中国经济的不断发展，居民收入的不断提高，消费者对皮卡车的消费需求也不断增长。国产皮卡车价格带位于6万~20万元。随着消费者对皮卡车要求的不断提高，皮卡车生产企业最近几年也陆续推出了中高端皮卡车，比如长城炮、江铃域虎7、上汽大通T60、五十铃D-MAX、郑州日产纳瓦拉等。从价格区间来看，9万元以上中高端皮卡车走强。2020年，皮卡车市场主销车型价格区间主要集中在8万~10万元，市场份额达73%（见图3-4），10万元以上车型的市场份额稳步提升，达到18%，8万元以下车型的市场份额萎缩至9%。"国六"实施后，皮卡车整体售价进一步向高价位集中，新品多投放在中高端市场。

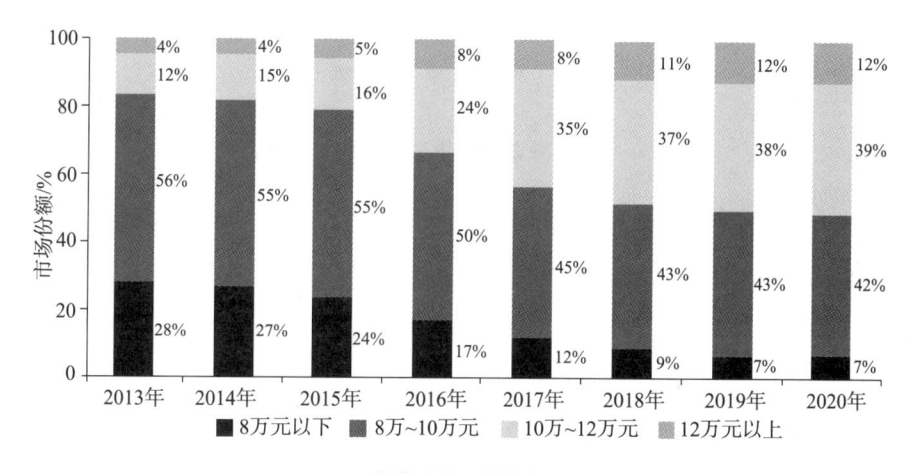

图3-4 2013—2020年不同价格区间的皮卡车的市场份额

数据来源：乘联会

随着皮卡车进城政策、车管政策和国家土地管理政策的逐渐放开，叠加经济和消费者收入的不断提高，未来皮卡车消费趋势将朝着商乘两用和硬派越野发展，皮卡车消费价格还将逐渐走高。8万元以下皮卡车将逐渐萎靡到7%的市场份额；8万~10万元的工具型皮卡车消费将稳定保持在40%的市场份额；10万~12万元的商乘两用皮卡车将快速增长到40%左右的市场份额；12万元以上的硬派越野也将快速增长，保持12%左右的市场份额。

3.1.9 客群结构分析

2020年我国皮卡车主要销售到工程建筑、批发零售、农副水产、生产制造、装修装潢、车辆维修、交通运输、采矿业、林场农业和住宿餐饮这十大行业（见图3-5）。

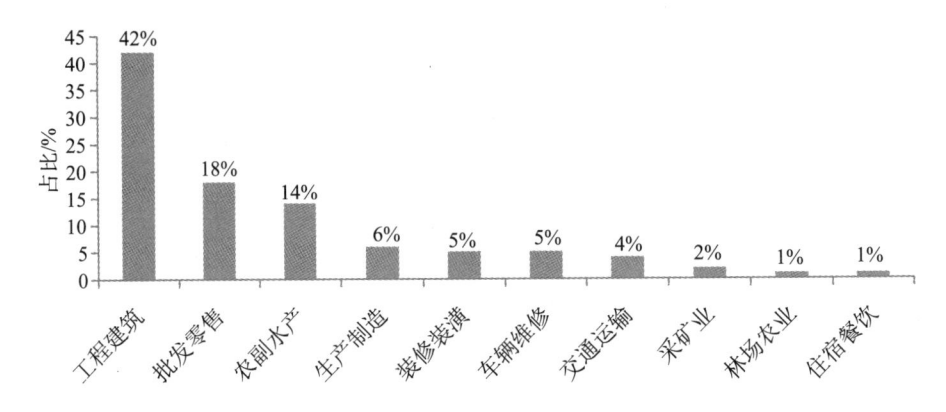

图3-5 2020年我国皮卡车销售行业占比

皮卡车的第一大用户群体来自工程建筑行业，占全年销售的42%；这类用户的用车场景有一大半是在非铺装路面的建筑工地等地方，所以他们更看重皮卡车的性价比、底盘质量、油耗和通过性等相关属性。第二大用户群体来自批发零售行业，占全年销售的18%；这类用户主要为中小企业主，用车场景主要为城市近郊的铺装路面，所以他们更关注皮卡车的性价比、质量、操控性能和油耗等属性。第三大用户群体来自农副水产行业，占全年销售的14%；这类用户主要为沿海城市的小商小贩，用车场景在海鲜等批发市场，所以他们更关注皮卡车的性价比、质量、耐腐蚀性、操控性能和油耗等属性。前三大客户群体已占皮卡车销量的74%，剩下的生产制造、装修装潢、车辆维修和交通运输行业的用户分别占6%、5%、5%和4%，相对比较平均；这四类用户群体主要是行业大客户，集中在制造行业、电力行业、政府机关，他们对品牌形象、加速能力、安全性、舒适性、噪声等因素最为关注。这四类用户群体的关注重点不是价格，而是产品性能与平台，他们的采购方式也是面对市场集中采购，主要是由公共事业单位、大型企业进行统一招标。最后，占比最小的是林场农业和住宿餐饮业的用户，均占1%。

3.2 2020年皮卡车进出口分析

3.2.1 皮卡车出口情况

按照乘联会的统计数据，2020年我国皮卡车共出口42 301辆，同比增长4%（见图3-6）。目前，我国皮卡车出口产品呈现出了"多元性、层次化"的特点，皮卡车不但在功能上趋于多样化，在设计和操作性能上也逐渐趋于豪华。在排放技术上，皮卡车已完全与国产乘用车同步发展，发动机尾气排放标准从"国一"至"国六"与时俱进，无人驾驶技术也正在研发之中。

图3-6 2015—2020年我国皮卡车出口量

目前，中国品牌皮卡车已出口到全球100多个国家和地区，覆盖了欧洲、中南美、中东、亚洲、非洲及大洋洲等地区。在南美、亚洲、中东和非洲地区，皮卡车主要以低价切入市场，作为个人或私营业主的工具车在使用；在大洋洲地区，中国品牌皮卡车中高端车型出口占比较高，也是以个人用户为主。短期内，海外市场仅作为皮卡车销量的一种补充。南美门槛较低，易切入；东南亚运输限制较高；大洋洲技术要求较高，对国内主机厂有一定的挑战。从销售国家来看，非洲主要是南非、塞内加尔、尼日利亚、喀麦隆、阿尔及利亚等国，中东主要是伊拉克、沙特、伊朗等国；中南美主要是智利、秘鲁、乌拉圭等国，俄联邦主要是俄罗斯及几个联邦国家，还有欧洲部分国家以及东南亚所有国家，大洋洲以澳大利亚为主。

从企业来看，长城汽车2020年出口皮卡车已经达到了19 800台，占到我国全年出口量的近一半，其次是上汽大通，全年出口达到12 383辆（见表3-18），长城和大通已成为我国皮卡车出口的第一集团，两家出口已占全年出口的75%以上；然后是第二集团的河北中兴，2020年出口皮卡车4 047辆；最后是第三集团的江铃汽车、郑州日产和北汽福田，全年分别出口2 056辆、2 040辆和1 895辆。2020年受新冠肺炎疫情影响北汽福田出口量下降较多，同比下降51%；上汽大通、江铃汽车和郑州日产同比稳中有升；而长城汽车和河北中兴出口势头较好，2020年出口增幅较大，受疫情影响较小。

表3-18 2015—2020年皮卡车出口企业销量统计

单位：辆

企业	2015年	2016年	2017年	2018年	2019年	2020年
长城汽车	7 198	5 976	10 079	13 490	17 631	19 800
上汽大通	0	0	3 566	8 639	12 364	12 383
中兴汽车	3 031	1 928	4 100	3 548	2 953	4 047
江铃汽车	1 145	1 148	1 551	1 363	1 936	2 056
郑州日产	1 909	4 470	6 066	2 169	1 898	2 040
北汽福田	0	0	4 786	5 401	3 838	1 895

3.2.2 出口车型简介

（1）上海大通

2017年，上汽大通皮卡开始进入海外市场，首先到达的就是澳新市场，车型是T60；之后，又逐渐出口进入智利等国家；近几年，上汽大通皮卡陆续进入菲律宾、泰国等东南亚国家。值得注意的是，上汽大通皮卡在大部分海外市场悬挂的是老款车标，而在泰国直接换装名爵

（MG）车标，目的也是迎合当地的品牌口碑。

(2) 长城汽车

作为国内皮卡市场的老大，长城皮卡自然也不会仅限于在国内销售，同样出口非常多的国家。长城皮卡1998年正式进军海外市场，在国内皮卡车中算比较早的。也正是同年，长城皮卡首次出口伊拉克、叙利亚。2008年，长城皮卡出口古巴，以4 500辆的成绩创造了当时行业出口数量最大、金额最高的纪录。现在，长城皮卡已经不仅限于出口，还在很多国家有了自己的工厂，已经能够实现在海外开展组装业务。

欧洲的皮卡车市场非常挑剔，已有的车型显然个个都是强有力的竞争对手。长城风骏皮卡柴油版在2011年进入了意大利市场，也打开了国产皮卡车进军欧洲市场的序幕。2017年，长城风骏5被乌克兰军方采购，作为军队车辆使用。自从出口以来，长城皮卡被很多国家政府和军方采购，包括乌拉圭政府、巴基斯坦军方等。

另外，长城炮也是长城皮卡出口的主力军之一。而且，长城炮作为目前国内中高端皮卡车的代表车型之一，出口到外国可以直接与国际大厂的皮卡车竞争，超高的配置和性价比赢得不少国外消费者的喜欢。

(3) 河北中兴

河北中兴早在1991年就已经用数十辆皮卡车敲开了伊拉克国门，出口到了海外，自此便成为国内皮卡的出口大户，真正是一个墙内开花墙外也香的品牌。至于出口的车型，前期是以威虎TUV0G3这种皮实耐造型皮卡车为主。2009年，河北中兴向利比亚出口7 000辆皮卡车，并在伊朗建立了中东生产基地，便于更快速地融入当地市场，这应该是最早在国外建厂的中国皮卡车企业。

在中兴领主这款车出现后，河北中兴有了新产品，并将其陆续推向海外市场，先后在东南亚的老挝和非洲的苏丹市场登陆，占据了不少民用市场。

(4) 长安凯程

长安凯程F70在国内的皮卡车市场中仍然算是一款全新的车型，但也不要小看这款车，前不久，这款车就在南美洲的智利上市，但名字不叫长安凯程F70，而是挂着长安乘用车的车标，更名为悍途。

(5) 江淮汽车

江淮汽车也在2015年开始出口汽车，主要市场是智利、厄瓜多尔、巴拉圭、安哥拉,以及东南亚、中东等多个国家和地区,而皮卡车的出口是从 2016 年年初开始的,主要车型也是江淮皮卡国内在售的帅铃 T6 和 T8 两款。2019 年,江淮皮卡的出口开始增长,仅上半年就出口皮卡车将近 3 500 辆,全年皮卡车出口将近 6 000 辆。相比河北中兴皮卡和长城皮卡,江淮皮卡出口的历史应该还算年轻。

(6) 北汽福田

北汽福田也是很早就出口海外的车企之一,曾经推出过一款拓陆者 E3 泰国版。2012 年,北汽福田进军澳洲市场,而当时的车型正是福田拓陆者。北汽福田还与澳大利亚进口销售商 FAA 合作,共同建立北汽福田在澳洲的营销网络。2016 年,福田拓陆者还赢得了巴基斯坦国家警察局 400 多辆的皮卡警车的订单。同年年底,福田拓陆者在泰国工厂正式下线,与长城汽车、河北中兴一样,北汽福田也有海外工厂下线的皮卡车型了。2019 年 6 月,北汽福田 2020 款全新拓陆者在哥伦比亚 KD 工厂正式下线。

(7) 江铃汽车

作为国内皮卡车销量常年稳居第二的江铃汽车,出口皮卡车肯定也是不容置疑的事情,在 1995 年,江铃汽车就先后向阿联酋、沙特、伊拉克、约旦、埃及等国家出口旗下的 JMC 和五十铃皮卡、全顺商务车等。2001 年,江铃汽车开始向阿尔及利亚输出江铃汽车产品,如 JMC 皮卡和轻卡。同年,江铃汽车推出了首款拥有自主知识产权的皮卡——江铃宝典;2002 年 4 月,就开始出口这款皮卡车。2015 年年初,江铃汽车还获得了国家质检总局授予的出口免检证书,相当于出口检验合格率连续三年以上达到百分之百。江铃汽车获得了国家级的认同,这对江铃皮卡的出口无疑是最好的背书。

把产品卖到国外,让全球都能看到中国的价值,看到中国的工业技术在不断进步,显然国内的皮卡车企业在这方面优先于乘用车企业。虽然出口的皮卡车在数量上远不如国外的传统老牌车企多,但这需要时间的积累,经过时间的考验,中国的皮卡车一定会在全球范围内流行起来。

3.2.3 皮卡车进口情况简介

根据海关数据,2020 年我国进口 6 542 辆皮卡车,进口量锐减,主要受新冠肺炎疫情影响,海外生产停滞,我国需求也受到抑制。未来随着新冠肺炎疫情得到控制、消费升级等因素影响,海外高端皮卡车需求将逐步释放。受销售方面的约束,我国的进口皮卡车绝大部分是来自港口的进口车,且都是大排量、高端大皮卡车。我国汽车进口税率比较高,包括排量税(4.0 L 排量以上为 105%)、关税、消费税等,综合税率达 143.75%。就是说,平行进口车商进口一辆车假如到岸价为 100 万元,那么所有成本为 243.75 万元。但我国皮卡车进口是按农用器械进口征税,所以少了排量税,豪华皮卡车的价格算下来其实并不高。我国法律规定,货车 15 年强制报废,不管是不是运营货车;另外,年检不能享受 6 年一检的新规,而是每年一检,10 年后进入引导报废期,半年一检。这就造成了高端皮卡车不保值,改装后检车困难,每年都要花钱进行年检。

3.3　2020 年二手皮卡车分析

3.3.1　二手皮卡车交易分析

二手车交易对于拉动新车销售,促进经销商转型升级、拓展业务范围,都有着重要作用。总体来看,中国二手车交易量还很小,市场规模还不大,而二手皮卡车在整个二手车市场中是更难发展的一个板块。但伴随着我国皮卡车解禁、皮卡车取消粘贴反光条、取消喷字等利好政策的出台,越来越多的人将购车目光投在皮卡车型上,皮卡车的用户群体扩大,直接影响着二手皮卡车的交易。

(1) 全国二手车市场现状

2020 年全国二手车市场累计交易量为 1 434.14 万辆,同比下降 4%。其中,基本型乘用车交易 858.68 万辆,同比下降 0.3%;客车交易 123.37 万辆,同比下降 13%;载货车交易 132.61 万辆,同比下降 3%;

SUV 交易 137.07 万辆，同比下降 7%；MPV 交易 83.19 万辆，同比下降 13%；交叉型乘用车交易 33.93 万辆，同比下降 9%。

2020 年受到疫情等因素影响，仅低速货车较去年同期略有增长，其余车型相比同期均有明显下降。从全年数据来看，2020 年二手乘用车销量以国四排放标准为主，平均占比为 48.37%，同比下降 2.43%；其次是国五排放标准，平均占比为 34.04%，同比增长 5.70%；国三、国二排放标准车辆平均占比分别为 13.17% 和 4.36%，同比分别下降 2.01% 和 1.22%；国一排放标准的车辆占比仅为 0.07%，同比下降 0.03%。从价格方面来看，3 万元及以下的车辆同比增长 3.94%，3 万~5 万元的车辆同比增长 1.73%，5 万~8 万元的车辆同比下降 0.35%，8 万~12 万元的车辆同比下降 0.74%，12 万~15 万元的车辆同比下降 1.84%，15 万~30 万元的车辆同比下降 1.73%，30 万元及以上的车辆同比下降 1.01%。12 万~15 万元、15 万~30 万元的车辆同比下降较为明显，3 万元及以下的车辆同比增幅最大。从区域来看，一线城市销量占比 13.14%，同比增长 0.24%，二线城市销量占比 42.75%，同比增长 0.89%，三线城市销量占比 17.77%，同比下降 0.53%，四线城市销量占比 15.71%，同比下降 0.69%，五线城市销量占比 10.64%，同比增长 0.08%。2020 年二手车销量与去年相比，三、四线城市有小幅下降，一、二、五线城市有所增长。

2020 年开年，受假期和疫情双重影响，2 月份二手车转籍率呈最低点，仅为 14.86%。随着疫情防控的好转以及复工复产的不断推进，从第二季度开始跨区域流通整体呈现缓慢增长的趋势，7~12 月连续 6 个月好于去年同期。12 月二手车转籍比例为 28.88%，再创年内新高，转籍比例同比增长了 3.77 个百分点。2020 年全年二手车转籍总量为 393.80 万辆，转籍比例为 27.46%，同比下降了 0.41 个百分点。

（2）二手皮卡车市场现存问题分析

影响二手皮卡车市场发展有多个因素，除了我国整体二手车市场存在的市场信息不透明、市场诚信度低、区域发展不平衡等通病，还有三大问题如鲠在喉。

①15 年报废、一年两检政策的限制

根据市场调研，影响我国二手皮卡车市场的发展除限迁政策以外，还有 15 年强制报废、一年两审等政策的束缚。由于皮卡车的保值率普遍低于乘用车，持车用户迟迟不舍出售；而由于强制报废的缘故，购车用户对二手皮卡车望而却步，担心自己使用车的期限过短。这样一来，我国的二手皮卡车市场难以运作起来。

②分布广、缺乏中介环节

皮卡车用户在国内分布很广，而且皮卡车本身是一个较小众的车型，这就造成了国内的二手皮卡车市场成为"长尾市场"。车辆都掌握在每个个体车主手中，很难汇聚到一起，难以形成一个庞大的规模。在传统的交易链条里，皮卡车缺乏一个能够汇聚起这些碎片化车源的环节，从而无法为二手车市场提供稳定的货源。而汇聚流量，需要强大的互联网做支撑。

根据大数据分析，目前有一个巨大的二手皮卡车潜在用户群体，他们正在寻找二手皮卡车，甚至抛出了自己的具体需求，但难以找到合适的车源，而这并不意味着没有车源。电商的繁盛逐渐成就二手车平台，可是在众多的平台中，想寻找一辆满意的二手皮卡车却如同大海捞针。将想售车的用户和想买车的用户连接起来，还缺一个可靠权威的中介环节。

③缺乏专业的第三方认证和评估机构

关于第三方认证和评估机构，它是脱离开买卖双方独立存在的，为消费者买卖二手车提供必要的技术支持。有权威机构提供检测和认证，将使得二手车交易更加具有权威性和可靠性。然而我国二手皮卡车市场第三方认证和评估机构的不健全和缺失，降低了评估结果的客观性与公正性，从而不能给消费者提供可靠的信息。如果一旦正式引入第三方认证和评估机构，就必然需要专业的从业人员和公司来处理，一旦形成人事机构，第三方认证和评估机构的检测和认证都需要缴纳费用，对交易市场的大多数小作坊式的二手车商户来说，他们不愿意花费这笔钱做认证，主要原因是他们认为这种认证"并没有什么用"。

因此，国内的二手皮卡车市场发展任重道远，需要克服的问题很多。全面取消二手车限迁政策后，希望国家能够重视皮卡车用户群体，取消皮卡车 15 年强制报废，扩大皮卡车使用权限，政府、经销商和原车主的多方配合，才会使我国的二手皮卡车市场迎来井喷式的发展。

3.3.2 二手皮卡车保值率分析

目前，我国汽车保有量达到 3.72 亿辆，二手车市场潜力巨大。全面取消二手车限迁政策能明显带动二手车的交易量，对于广大二手车车主来说更是利好的消息：对准备购买二手车的用户来说，价格会更加便宜，手续也更为简单；对于二手车卖家来说，卖不上价还会有损失的情况将会减少很多。无论新车还是二手车交易的，二手车保值率都是重要的参考标准之一。

对比国产皮卡车保值率，长城风骏稳坐第一。国内皮卡车市场格局一直比较稳定，长城皮卡盘踞冠军宝座20年；江铃皮卡在销量上虽与长城皮卡有不小差距，但也紧随其后多年力扛亚军大旗；郑州日产算是后来者居上，销量表现一直不错。

核心汽车媒体统计了2019年销量前五名的国产皮卡品牌保值情况，虽然各大核心媒体给出的保值率可追溯到10年之久，但介于皮卡车属于工具车范畴以及广大车主实际使用经验，选取了每个品牌使用5年以内的皮卡车保值率：

a. 长城风骏5系列二手车，年限在1~5年，保值率为51%~78%。

b. 长城风骏6系列二手车，年限在1~5年，保值率为50%~76%。

c. 江铃宝典系列二手车，年限在1~5年，保值率为47%~74%。

d. 江铃域虎系列二手车，年限在1~5年，保值率为44%~76%。

e. 郑州日产锐骐系列二手车，年限在1~5年，保值率为35%~73%。

综合以上数据，长城风骏5、风骏6系列车型，是五款车型中保值率最高的皮卡车。

想要获得高保值率，无外乎在产品性能上下功夫。长城皮卡皮实耐用、节省油耗，深得用户信赖。皮卡车用户多来自工程基建及建筑基地、批发零售及机械加工、农牧渔业、煤矿、油气田矿区等行业，对于汽车的质量、油耗、安全性要求较高。

长城皮卡上市20余年，皮实耐用、吃苦耐劳的特点，与很多用户不谋而合。不少用户反馈，跑了三五年的车，基本上没大修过，车子性能也好。风骏5系列通过了欧盟整车型式认证，整车采用高强度车身，四门安装防撞钢梁，车顶均安装防撞钢梁以及高强度梯形车架，镀锌板材质车身成功接受720小时烟雾实验检验，质量可与欧标媲美，十分可靠。长城皮卡不仅在国内大获认可，还成为中国高端皮卡车的代表，出口至非洲、意大利、澳大利亚等全球100余个国家和地区，还因可靠的耐用性被印刷到了古巴的国库券上。

布局中高端市场的风骏6，在皮实耐用的基础上，让车身更加安全智能化，全系标配ESP、双安全气囊、胎压监测、倒车雷达影像、手机互联等配置，还有MP5＋GPS、多功能行车电脑、自动恒温空调等智能化配置，大大提升了整个皮卡车行业的品质。长城皮卡省油也是出了名的，2010年中国汽车运动联合会与CCTV共同举办的"全国城市汽车节油极限挑战赛"中，参赛选手张锁强、孙周宾驾驶风骏赛车胜出，两位选手只用5.88升的油耗就完成了从海口到三亚全长230公里的路程。长城皮卡之所以具备超强的产品性能，是因为团队对研发的大力投入。到2020年，长城汽车投入300亿元打造全球化的研发体系，研发出更高科技、更多符合消费者需求的产品。

随着皮卡解禁的幅度不断加大，以及产品研发的持续投入，相信长城风骏以及整个皮卡车产品的保值率将全面提升。届时，皮卡车在整个汽车市场将占据不可小觑的地位。

3.3.3 二手皮卡车龄分析

随着国人生活水平的不断提升，二手车市场容量不断扩大，信息透明度不断提高，加之国家政策的不断释放，整个二手车市场呈现了一片繁荣。对于消费者来说，追求最高经济化是他们选择购买多少年车龄二手车的重要因素，对于二手皮卡车消费者同样如此。

车龄3年以内的二手车从价格或者从保值率的角度来说，性价比最高。新车第1年的折旧率，基本上是在裸车价的15%到30%之间；根据不同车型，第2年，基本上在第1年的基础上再折旧10%；第3年之后，每年都比较平缓，基本上在前一年的基础上再折旧5%左右。由此可见，第一个3年内，二手车价格跌幅最大，车龄3年以内的二手车是非常经济的一个选择。现在大多数的车质保期为3年，购买质保期内的二手车，去4S店更换零部件，对于以后用车的成本和维护都有好处。另外，3年的时间车辆磨合期基本上已过，车况是属于比较好的状态，如果没出过事故，购买之后可以去4S店进行简单的维护和保养，例如打蜡、清洁内饰、更换机油、检查空气滤清器、各种小易损件、雨刮片、轮胎等，没太大问题就可以直接驾驶，和新车并不会有明显的差别。如果购买3年车龄内的皮卡车，再使用3年，也比较容易销售。根据汽车流通协会公布的数据，近期的二手车交易当中，车龄在3~6年的二手车是最受欢迎的，占到总交易量的50%左右。所以追求性价比的话，车龄3年以内的二手车是一个不错的选择。

3~6年车龄的二手车，价格便宜，基本只有新车裸车价的一半，10万元的车子5万元钱就可以买到而且还不用交购置税。这种二手车相对于车龄1~3年的车来说，车况会有一定的差距，因为过了质保期，不是所有人都会继续在4S店进行保养，有一些不太常见的项目，就因为疏忽，或者因为价格原因而选择放弃了。3~6年车龄的二手车核心的关键词就是总价比较低，是否维修需要提前进行考虑，同样车龄的车，保养得好与否，直接对用车成本有非常大的影响，由于没有质保，需要自费维护和保养。

车龄6~10年的二手车，基本上属于高龄车。6~10年的车，优点是价格非常便宜，很有可能原价40万元的车，过了10年，15万元就可以买到。但是缺点也很明显，购买回来，需要去修，更换新的配件。按照40万元的车子配件来算，换一根轴承，需要2万元左右，其他零部件在这个阶段也特别容易损坏。购买6~10年车龄二手皮卡车的人很多是因为非常喜欢这个车子，但是市面上没有了，比如老款的奔驰G–Class、路虎卫士等这种车型，本身市面上就少见。从转卖的角度，6~10年的车和6年以内的车是完全不一样的。前6年基本上是在自然流通的市场上就把它转卖掉了。6~10年的车，一种情况就是被二手车商购得，把用户想要转手的车像买废铁一样买走；另一种情况就是朋友或者熟人之间的互相转让，这也是比较常见的一种情况。

综合来看，如果买车是为了日常家用，购买3年以内的二手车性价比是最高的，相对新车要便宜很多，购置税也不用交，质保还有一段时间，可到4S店全部更换新配件，体验最好。只要接受二手车的款式，购买这种经济型的车用于家庭是非常好的选择。3~6年的二手车，如果需要买一些空间稍大的皮卡车，级别比较高的，可以考虑。例如只有10万元的预算，只能买个紧凑型的两厢车或者三厢车，但是又想要空间大的SUV，甚至是MPV，预算就不够，这个时候选择3~6年的这种大级别的中型车SUV、MPV，是非常理想选择。一方面，司机驾驶会更加谨慎，车况也会保存的得较好；另一方面，价格较低，比较符合自己的预算。

因此家用或者对车内空间有更高需求的用户，选 3~6 年车龄的二手皮卡车比较划算。如果只是为了玩车、改装，对车的要求不高，买 6~10 年的二手车是非常合理的选择，而且价格比较便宜。

因此，城市里面代步的，想要更舒适一些，3 年以内的足够满足要求；想要空间大一点，家里人较多，经常出去游玩，或者做生意的，3~6 年的比较不错；拿来玩的，基本上 6~10 年是比较好的选择。

3.4　2020 年分省份各皮卡车品牌销量的市场份额分析

（1）安徽省

从 2020 年安徽省各皮卡车品牌销量的市场份额来看（见图 3-7），长城皮卡依然保持着高销量，市场份额达 49.17%；江铃皮卡和江西五十铃皮卡虽然位居第二、第三，但市场份额分别只有 20.12% 和 7.74%，而其他皮卡品牌的市场份额均为个位数。

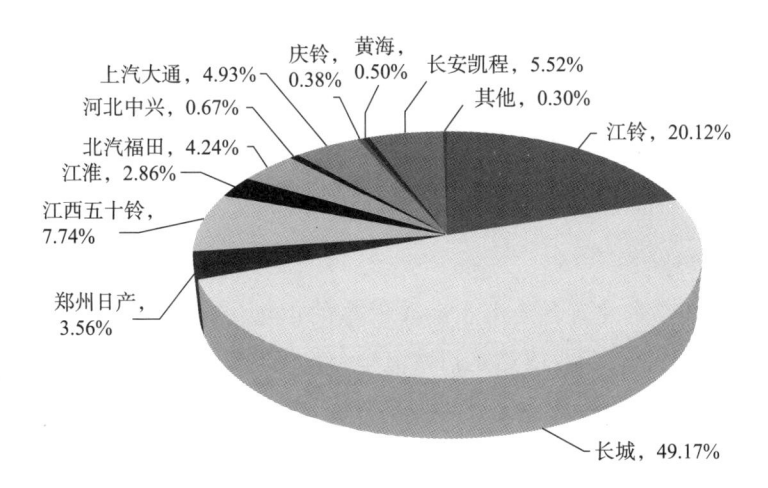

图 3-7　2020 年安徽省各皮卡车品牌销量的市场份额

值得注意的是，根据安徽省一些城市发布的多用途货车不限行的规定，"6"字头皮卡车参照小型普通客车进行管理，不受限行。而江铃汽车、江西五十铃汽车、北汽福田、庆铃汽车均有"6"字头皮卡车产品，因此也为销量做出了一定的贡献。

（2）北京市

2020年，北京对于皮卡车的限制措施进一步加大。除北京城区以外，6月份，密云、怀柔、房山、延庆等区县也对皮卡车的行驶进行了进一步的限制，一些销售皮卡车的4S店索性停止销售皮卡车，这也导致了销量的断崖式下降。

2020年，长城皮卡、长安凯程皮卡、北汽福田皮卡在北京市场保持了销量的前三名（见图3-8）。在单品上，长城炮、长城风骏7、郑州日产锐骐6、江西五十铃铃拓、江铃域虎5等部分车型与2019年相比销量有小幅提升，不过，其他车型销量均有所下降。

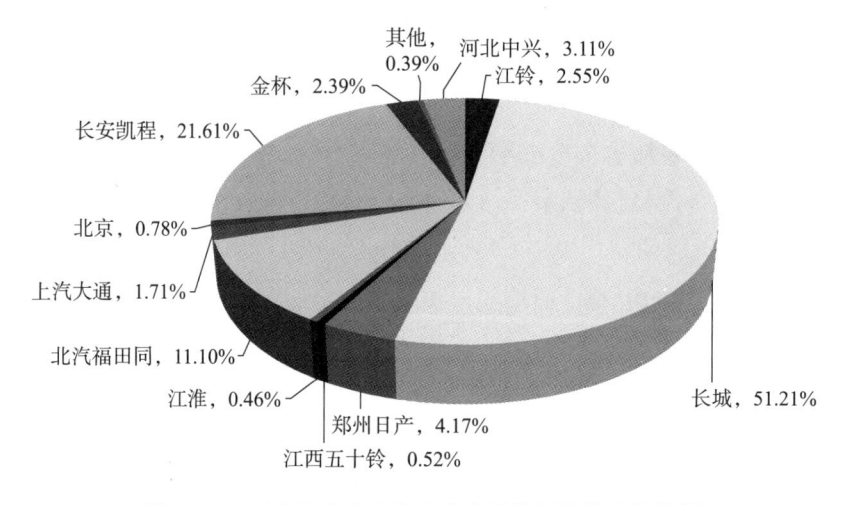

图3-8 2020年北京市各皮卡车品牌销量的市场份额

（3）福建省

从2020年福建省各皮卡车品牌销量的市场份额来看（见图3-9），销量最好的皮卡车企业依然是长城汽车，市场份额为47.86%；其次是江铃汽车、郑州日产和江西五十铃，这三家皮卡车的销量占比较为接近，分别为13.99%、12.93%、10.74%，彼此间竞争还是比较激烈的；其他皮卡车品牌的市场份额都在5%以内。

据悉,从 2021 年开始,福州市皮卡车将不再受载货汽车的限行规定。作为福建省的省会城市,福州市此举无疑将对省内其他城市皮卡车解禁相关政策的制定提供了必要的参考与示范作用。

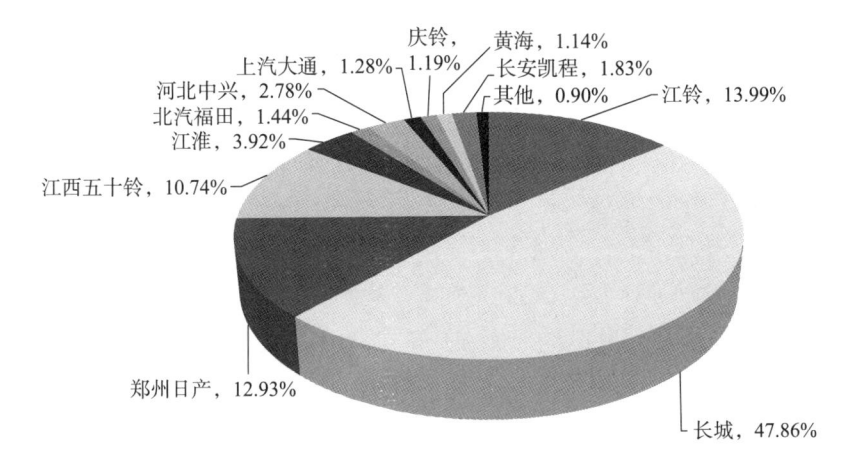

图 3-9 2020 年福建省各皮卡车品牌销量的市场份额

(4) 甘肃省

甘肃地处黄土高原、青藏高原和内蒙古高原三大高原的交会地带,属于多山的省份,全省山地和丘陵总占地面积达到 78.2%,加上 2020 年脱贫攻坚和新基建项目的需求,皮卡车的需求较为旺盛。2020 年甘肃省皮卡车销量为 10 301 辆,同比增长 22.11%,仅次于重庆市。

从图 3-10 中可以看出,市场份额最高的皮卡车品牌是长城汽车,达到 69.73%,与其他皮卡车品牌拉开了不小的距离。江铃皮卡 2020 年

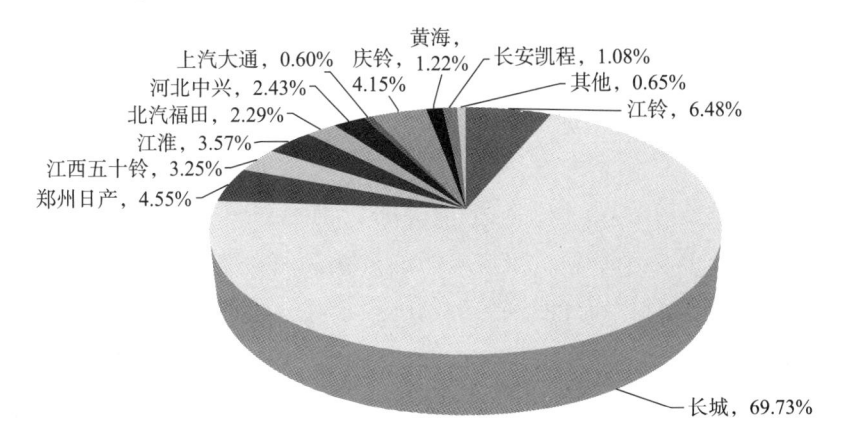

图 3-10 2020 年甘肃省各皮卡车品牌销量的市场份额

在甘肃省市场上也只占到了 6.48%，郑州日产皮卡、江西五十铃皮卡、江淮皮卡都只有不到 5% 的市场份额，而且相互之间的差距并不大，给这四家皮卡车企业在甘肃省市场上带来了更大的挑战。

（5）广东省

2020 年，广东省的皮卡车销量在全国各省份中排名第 6 位，虽然同比有所下降，但总销量接近 2 万辆。从各品牌皮卡车销量的市场份额来看（见图 3-11），长城皮卡占到 51.57% 的市场份额；江铃皮卡与郑州日产皮卡的市场份额接近，分别是 14.37%、12.29%，江西五十铃皮卡的市场份额为 10.14%，这三家皮卡车生产企业的占比呈阶梯状，分别相差 2 个百分点，2021 年，能否在产品、营销、价格、服务上赢得珍贵的 2 个百分点和更多的用户，扩大在广东省的市场份额，也会是这三家企业重点考虑的问题。

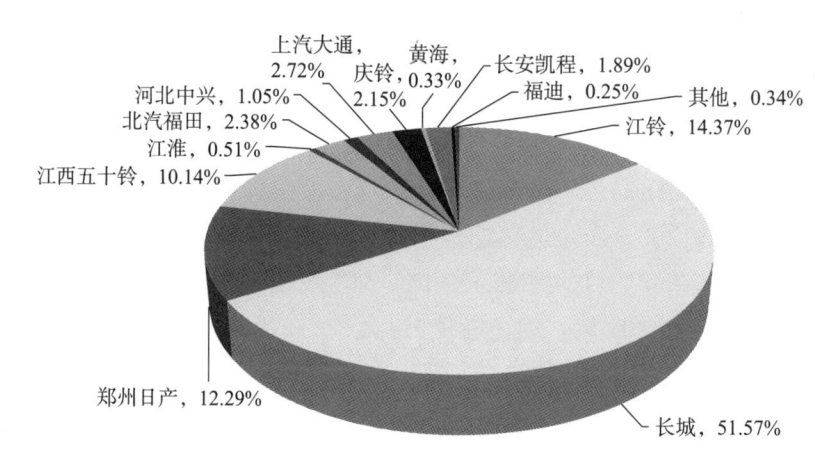

图 3-11　2020 年广东省各皮卡车品牌销量的市场份额

（6）广西壮族自治区

作为皮卡车的销量大省，广西壮族自治区在 2020 年的销量同比增长了 7.21%，达到 18 055 辆。一方面源于以旧换新、汽车下乡等政策支持，另一方面也是消费者对于皮卡车的全新认识。随着皮卡车解禁工作的持续推进，广西壮族自治区的解禁呼声很高，也加快了取消皮卡车进城限制的速度。

从图 3-12 中可以看出，长城皮卡的市场份额占到 47.41%，江铃皮卡占到了 17.91%，位居第二，江西五十铃皮卡和郑州日产皮卡以

10.99%、8.91%的市场份额紧随其后。江淮皮卡、河北中兴皮卡、北汽福田皮卡、庆铃皮卡、长安凯程皮卡等虽然市场份额不高，但依然保持着稳定的用户群体。

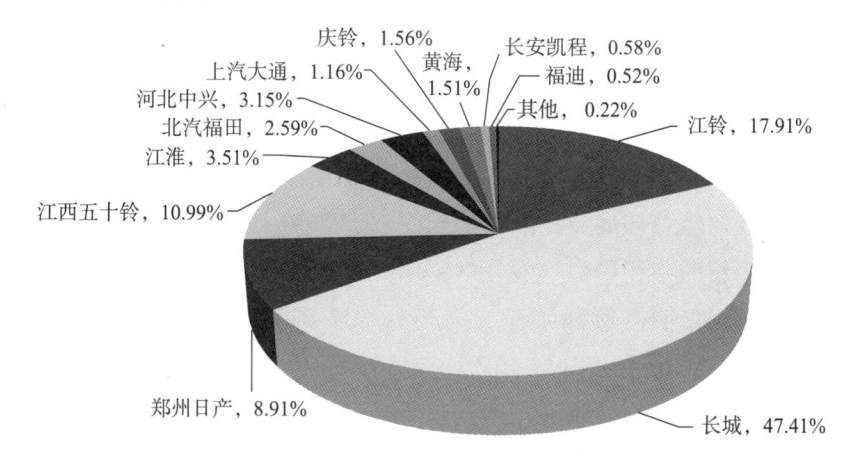

图 3-12　2020 年广西壮族自治区各皮卡车品牌销量的市场份额

（7）贵州省

贵州省作为皮卡车的销量大省，在皮卡解禁政策的落实上非常到位。除全省内皮卡车可以凭 ETC 免称重通行高速公路以外，皮卡车在省会贵阳的通行限制几乎全被取消。

从 2020 年贵州省各皮卡车品牌销量的市场份额来看（见图 3-13），长城皮卡和江铃皮卡的市场份额占据了半壁江山，其中长城皮卡的市场份额占 28.07%，江铃皮卡的份额为 23.14%。其次，江西五十铃皮卡的

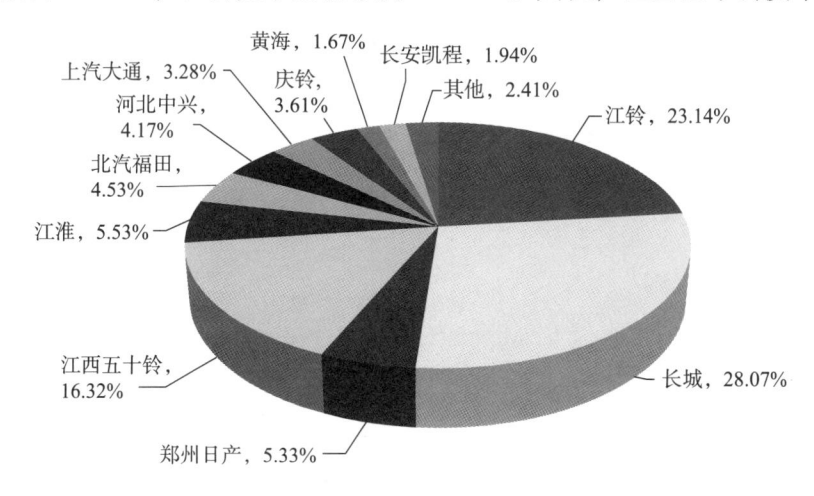

图 3-13　2020 年贵州省各皮卡车品牌销量的市场份额

市场份额占到16.32%，排名第三。而郑州日产皮卡、江淮皮卡的市场份额均在5%左右。北汽福田皮卡、河北中兴皮卡、上汽大通皮卡、庆铃皮卡、黄海皮卡、长安凯程皮卡等则在第三梯队中。

（8）海南省

海南省皮卡车市场一直受到各家车企的重视，不论是私营业主、自驾出行，皮卡车都是最为合适的车型。加上近年来自由贸易港的建设和辐射效应，不论是企业落地、人才引进还是招商引资工作，都为海南省皮卡车市场的培育和增长提供了必要的基础支撑。从2020年海南省各皮卡车品牌销量的市场份额（见图3-14）可以看出，长城皮卡的销量接近一半，市场份额占到48.50%，郑州日产以17.95%的市场份额位居第二，而后是江铃皮卡，占到10.99%，江西五十铃、北汽福田、河北中兴、黄海汽车、上汽大通等品牌的皮卡车所占市场份额差距不大，江淮汽车、长安凯程、庆铃汽车等品牌的皮卡车在海南市场也均有涉足。可见在海南市场中占有一席之地，对于皮卡生产企业说很重要。

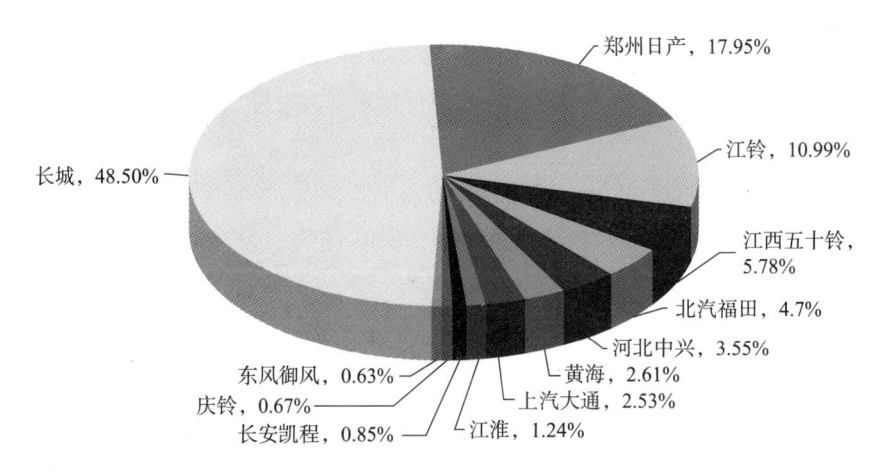

图3-14　2020年海南省各皮卡车品牌销量的市场份额

（9）河北省

2020年，河北省皮卡车销量为25 370辆，同比增长28.78%，在全国各省份的销量排行中位列第三。河北省部分城市已经取消了皮卡车进城限制，进一步激活了皮卡车市场。

河北省是长城汽车的根据地，2020年在河北省各皮卡车品牌销量的市场份额（见图3-15）中，长城皮卡以68.01%的绝对优势排名首位，江铃皮卡有着 10.32% 的市场份额，其他皮卡车品牌相比之下，市场份额均在 6% 以下。可见，长城汽车在河北省的品牌知名度和忠诚度很高。

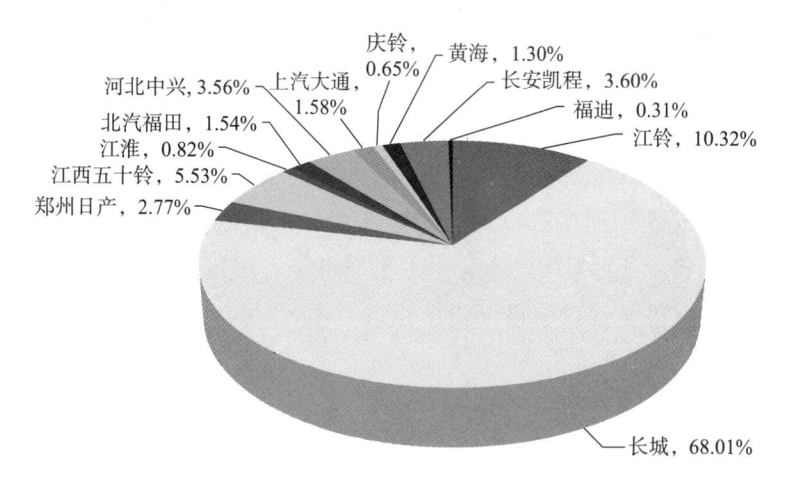

图 3-15　2020 年河北省各皮卡车品牌销量的市场份额

（10）河南省

2016 年，河南省作为第一批放宽皮卡车进城限制试点工作的省份之一，在政策制定上已经走在了前列，各城市根据实际情况，对全面解禁、部分时段解禁和部分区域解禁都做出了明确规定，而且相关方案中明确要求本土企业郑州日产在研发技术、产品质量、尾气排放等方面要提升。

正是因为政策的支持和郑州日产在产品力上的不断提升，2020 年郑州日产皮卡才能在河南省的销量排名第二，市场份额为 12.09%（见图 3-16）。

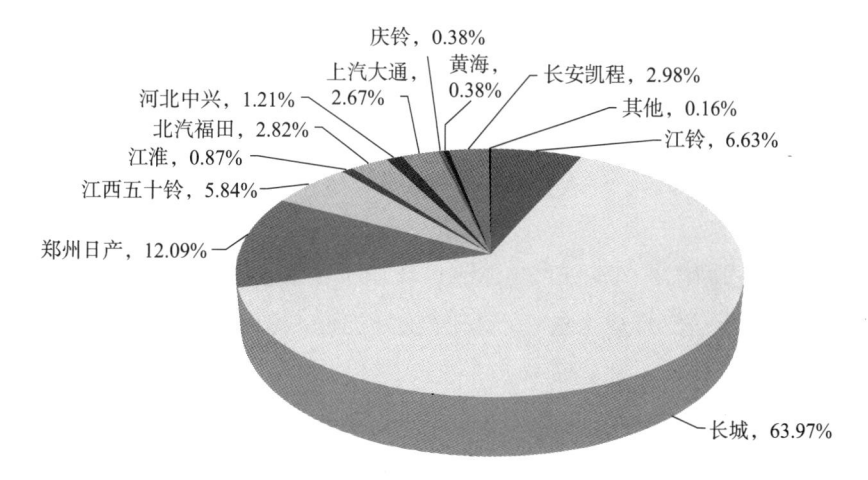

图 3-16　2020 年河南省各皮卡车品牌销量的市场份额

排名第一的依然是长城皮卡，占到 63.97%。虽然郑州日产皮卡的市场份额与长城皮卡有着不小的差距，但与江铃汽车、江西五十铃等同梯队品牌在河南省皮卡车市场上还是拉开了一定的差距。

(11) 黑龙江省

从 2020 年黑龙江省各皮卡车品牌销量的市场份额可以看出（见图 3-17），长城皮卡以 60.74% 位居第一，江铃皮卡以 15.68% 排名第二，江西五十铃皮卡和郑州日产皮卡以 8.50%、5.05% 的市场份额位居第三、第四。北汽福田皮卡、河北中兴皮卡、上汽大通皮卡、庆铃皮卡、黄海皮卡、长安凯程皮卡在黑龙江省的市场份额相近，在此梯队中市场竞争较为激烈。

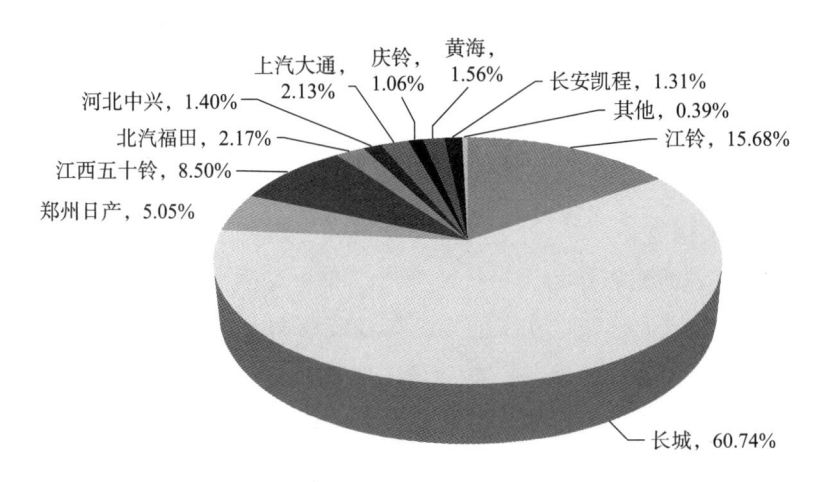

图 3-17　2020 年黑龙江省各皮卡车品牌销量的市场份额

(12) 湖北省

同样作为皮卡车解禁试点省份，湖北省从 2017 年 2 月 24 日开始逐步放宽各市区对皮卡车的进城限制。2020 年 8 月 4 日，宜昌市取消了皮卡车的进城限制，也为其他省内城市提供了可参考的模板。

从图 3-18 中可以看出，长城皮卡和江铃皮卡依然保持了较高的市场份额，分别为 34.23% 和 27.30%；江西五十铃皮卡、郑州日产皮卡、上汽大通皮卡、江淮皮卡的市场份额较为接近，属于第二梯队；庆铃皮卡和长安凯程皮卡、北汽福田皮卡在第三梯队，从市场份额看，有着比较激烈的竞争态势。

(13) 湖南省

2020 年，湖南省皮卡车销量为 16 835 辆，同比增长 5.41%。随着全

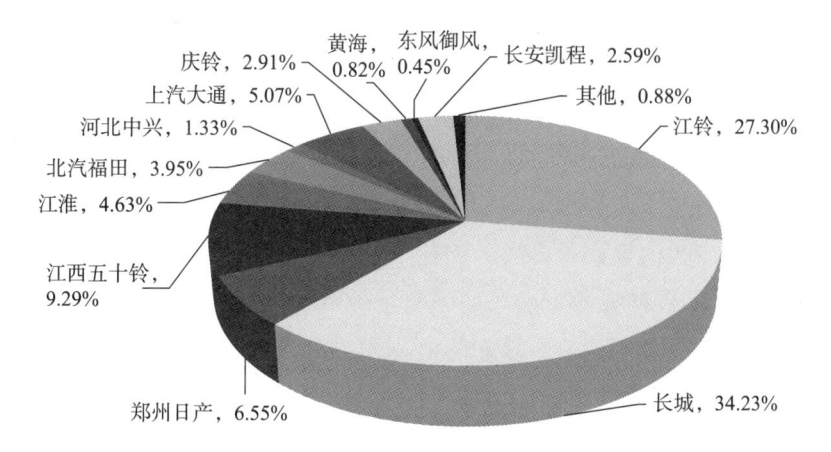

图 3-18　2020 年湖北省各皮卡车品牌销量的市场份额

国皮卡车解禁省市数量的增加，湖南省部分城市也将在 2021 年有望发布皮卡车解禁的相关政策。此外，三一重工作为湖南省知名企业，未来是否会在皮卡车市场分一杯羹，也尚未可知。

从 2020 年湖南省各皮卡车品牌销量的市场份额来看（见图 3-19），长城皮卡的销量很稳定，以 44.21% 的市场份额稳居首位，江铃皮卡和江西五十铃皮卡分别以 18.92%、11.3% 的市场份额位居第二、第三。相比其他省份，河北中兴皮卡在湖南省的销量表现要好于其他省份，占到 6.18% 的市场份额，郑州日产皮卡紧随其后，占到 5.09%。从数据上看，在湖南市场，郑州日产是河北中兴强有力的竞争对手。

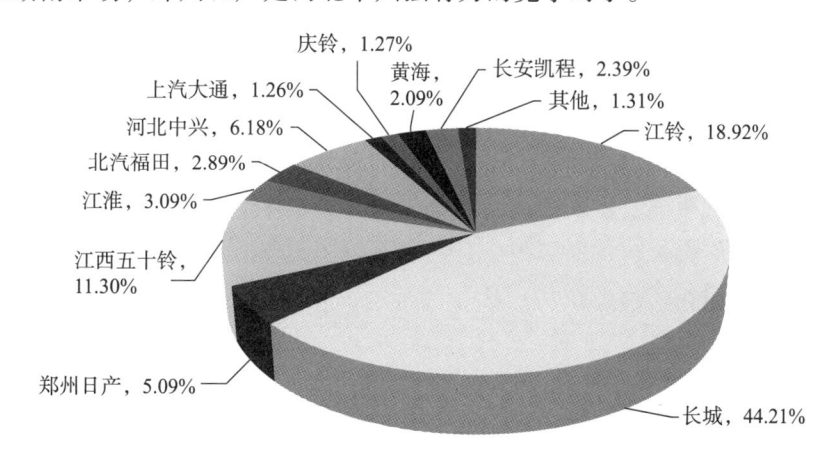

图 3-19　2020 年湖南省各皮卡车品牌销量的市场份额

(14) 吉林省

在全国范围内,吉林省的皮卡车市场并不景气,2020 年销量也比较靠后。2020 年 1 月 9 日,吉林省人民政府办公厅印发《关于加快发展流通促进商业消费的若干举措》,对符合要求的皮卡车做出了放宽进城限制范围、取消皮卡车进城和通行限制的相关政策和措施,为省内皮卡车市场的进一步激活提供了必要的支持。

从 2020 年吉林省各皮卡车品牌销量的市场份额来看(见图 3 - 20),长城汽车毫无悬念地以 68.52% 的市场份额稳居首位,与其他皮卡车品牌拉开了很大的差距。虽然江西五十铃、江铃汽车排名第二和第三,但从数据上看市场份额均为个位数。

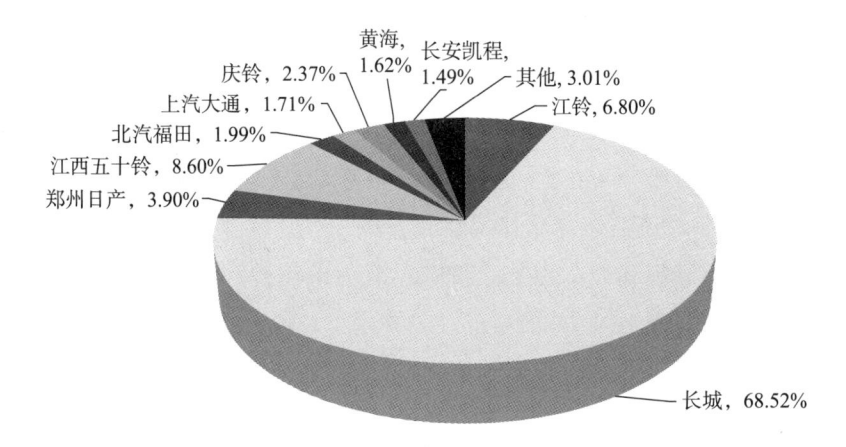

图 3 - 20 2020 年吉林省各皮卡车品牌销量的市场份额

(15) 江苏省

2020 年,江苏省人民政府办公厅印发《关于积极应对疫情影响促进消费回补和潜力释放若干举措》,鼓励地级及以下城市放宽皮卡车进城的限制,并且明确要求不能出台新的限购限行政策。虽说 2020 年江苏省皮卡的销量不到 8 000 辆,但上述政策的逐步推行,以及各家皮卡车企业在产品乘用化、高端化、智能化等方面的提升,会有效激活江苏省的皮卡车市场。

见图 3 - 21,2020 年长城皮卡在江苏省占到 40.18% 的市场份额;江铃皮卡和郑州日产皮卡以 18.39%、14.76% 的市场份额排在第二、第三位;其他品牌皮卡车的市场份额均在个位数。江西五十铃、上汽大通、长安凯程三家的市场份额较为接近，相互之间差距在2%以内，竞争状态比较胶着。

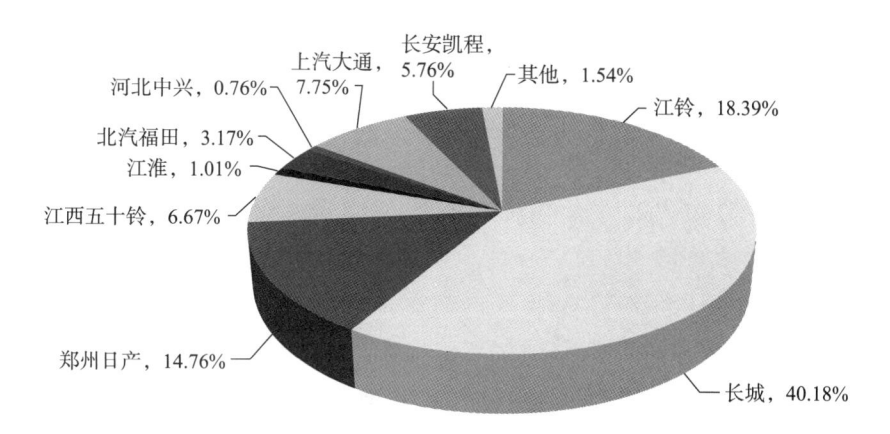

图 3 - 21　2020年江苏省各皮卡车品牌销量的市场份额

（16）江西省

江西省对于皮卡车的解禁工作，从政府层面非常支持。不仅在2020年4月印发通知，提出在全省范围内取消皮卡车进城限制措施，而且还将皮卡车纳入政府采购目录，有效地激活了江西省的皮卡车市场。南昌、抚州、赣州分别发布了取消皮卡进城限制的通告和相关文件。

从2020年江西省各皮卡车品牌销量的市场份额来看（见图3 - 22），与其他省份不同，长城皮卡的市场份额为28.49%，位居第二，而首位则是江铃皮卡，占到了江西省皮卡车市场份额的49.88%，江西五十铃也以

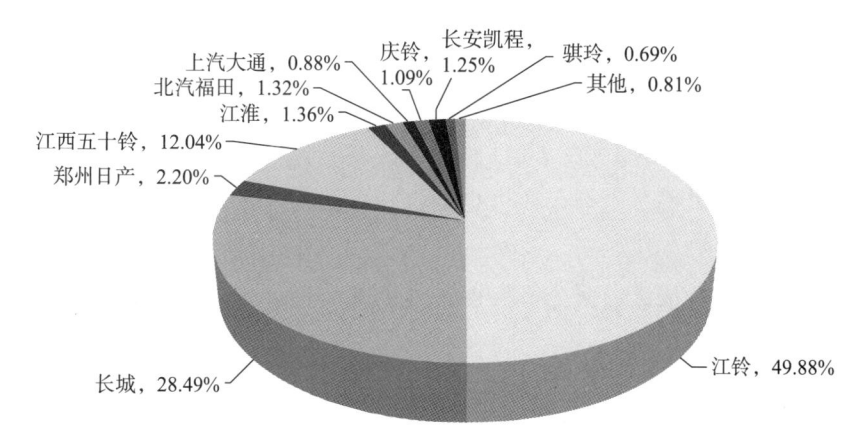

图 3 - 22　2020年江西省各皮卡车品牌销量的市场份额

12.04% 的市场份额位居第三。无疑,江铃汽车和江西五十铃作为本土企业,有着较高的市场份额,除了自身过硬的产品力,还离不开政策层面的有力推动。

(17) 辽宁省

辽宁省作为第一批皮卡车解禁试点的省份,早在 2016 年就对沈阳、丹东、锦州、铁岭等城市陆续推出了相关方案,在放宽、取消进城限制方面做出了明确规定。从 2020 年辽宁省的皮卡车销量看,同比增长 29.57%,销量为 12 401 辆,仅次于黑龙江省的销量排名。

从 2020 年辽宁省各皮卡车品牌销量的市场份额来看(见图 3-23),长城皮卡在辽宁省的市场份额占到 51.2%,江铃皮卡和江西五十铃皮卡分别为 12.67%、10.48%,其他品牌皮卡车的市场份额均在个位数,且差距并不大,处于同一梯队。

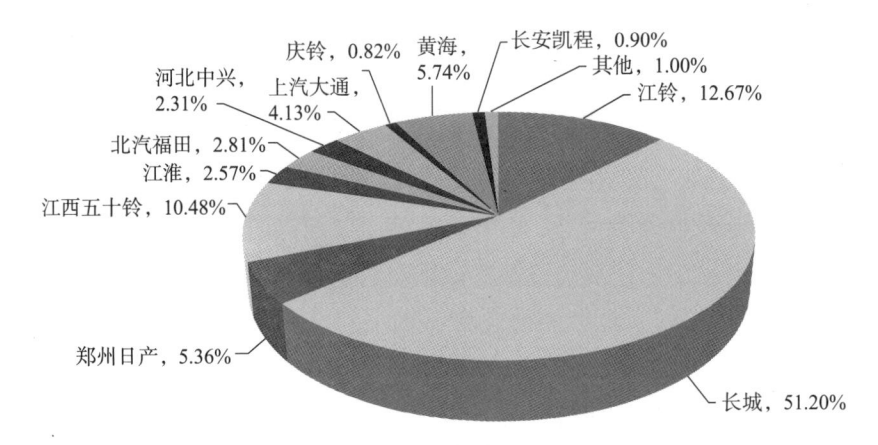

图 3-23 2020 年辽宁省各皮卡车品牌销量的市场份额

(18) 内蒙古自治区

内蒙古自治区的山地、高原、丘陵、沙漠等地貌,最为匹配的车型莫过于皮卡车,很多皮卡车赛事也会选在内蒙古自治区举办,以体现皮卡车的性能优势。2020 年,内蒙古自治区皮卡车销量为 20 970 辆,同比增长 49.3%。自治区内多个盟市也在筹划或者已经推出取消皮卡车进城限制的相关规定。

从 2020 年内蒙古自治区各皮卡车品牌销量的市场份额来看(见图 3-24),长城皮卡以其品牌知名度和不错的产品力占有 70.34% 的绝对优势,郑州日产皮卡、江西五十铃皮卡和江铃皮卡均顺序排在长城皮卡之后，市场份额分别是7.82%、6.11%、5.57%。北汽福田、长安凯程皮卡也有一定的市场份额，但相对较低。

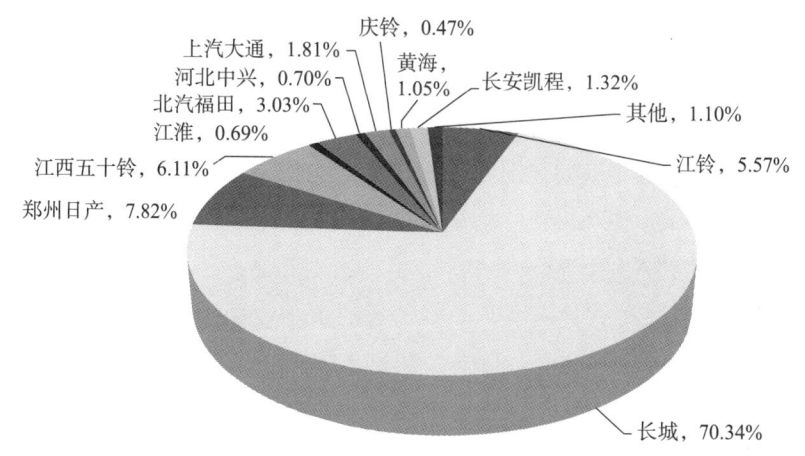

上汽大通，1.81%　庆铃，0.47%
河北中兴，0.70%　黄海，1.05%　长安凯程，1.32%
北汽福田，3.03%　　　　　　　其他，1.10%
江淮，0.69%
江西五十铃，6.11%　　　　　　江铃，5.57%
郑州日产，7.82%

长城，70.34%

图3-24　2020年内蒙古自治区各皮卡车品牌销量的市场份额

（19）宁夏回族自治区

有着"塞上江南"之称的宁夏回族自治区，虽然地形地貌非常适合皮卡车行业的发展，但由于当地消费者除了长城汽车，对其他品牌认知度不高和销售渠道渗透性不佳等原因，导致2020年宁夏回族自治区的皮卡车销量不到6 000辆。

当地消费者对于长城汽车的认知度较高，因此其品牌市场份额占到80.54%（见图3-25）。因为宁夏回族自治区皮卡车销量总体不高，所

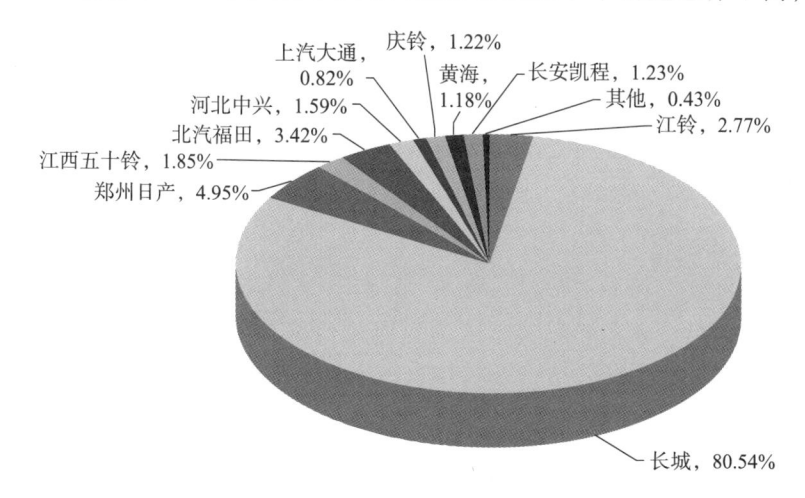

上汽大通，0.82%　庆铃，1.22%
　　　　　黄海，1.18%　长安凯程，1.23%
河北中兴，1.59%　　　　　　其他，0.43%
北汽福田，3.42%　　　　　　江铃，2.77%
江西五十铃，1.85%
郑州日产，4.95%

长城，80.54%

图3-25　2020年宁夏回族自治区各皮卡车品牌销量的市场份额

以郑州日产、北汽福田、江铃汽车等品牌的市场份额都没有超过 5%。不过，宁夏回族自治区作为"丝绸之路"要道的优势，以及更多皮卡车企业在产品"新四化"上的投入，加上文旅的加持，有望进一步激活宁夏回族自治区的皮卡车市场。

（20）青海省

青海省一直以来对于皮卡车就没有太多的限制，但销量相比其他省份而言一直不高。2020 年，青海省销量虽然同比增长了 23.68%，但总销量也没有达到 4 000 辆。

从 2020 年青海省各皮卡车品牌销量的市场份额来看（见图 3 – 26），长城皮卡市场份额占到 51.06%，其次是郑州日产皮卡，市场份额为 11.21%，北汽福田、江淮、河北中兴等品牌皮卡车的市场份额都是个位数。其中，北汽福田皮卡在青海省的市场表现要好于在其他省份，达到了 7.79%，排名第三，仅次于郑州日产皮卡的市场份额。

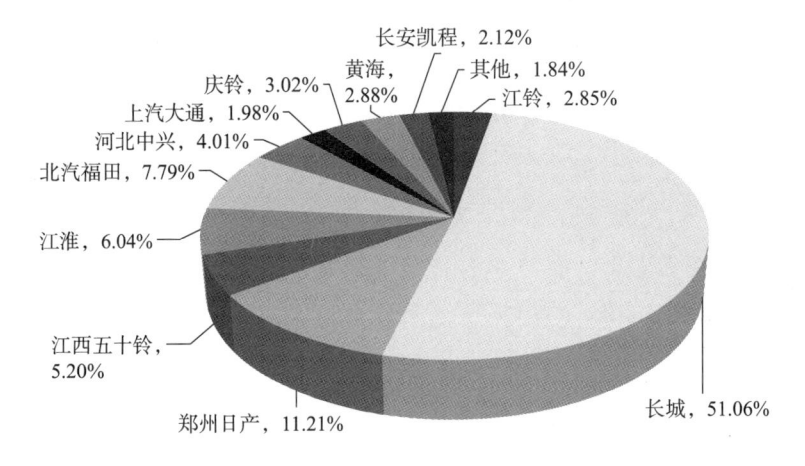

图 3 – 26　2020 年青海省各皮卡车品牌销量的市场份额

（21）山东省

山东省对于皮卡车的包容性和开放性很大。2019 年 6 月，济南作为省会城市，对皮卡车的解禁态度为省内其他城市做出了示范。烟台、临沂、淄博等城市也陆续发布文件，对皮卡车进城限制进行了松绑。

从 2020 年山东省各皮卡车品牌销量的市场份额来看（见图 3 – 27），长城皮卡为 60.38%，江铃皮卡为 13.65%，江西五十铃皮卡为 10.09%，而郑州日产皮卡在山东省的市场份额还不到江铃皮卡的一半。

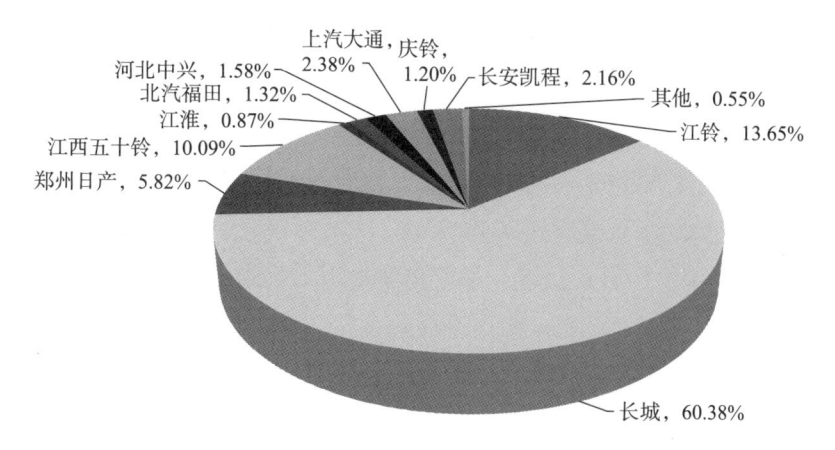

图 3-27　2020 年山东省各皮卡车品牌销量的市场份额

(22) 山西省

山西虽为能源大省，且地貌丰富，但以往对皮卡车的需求相对并不旺盛。2020 年，山西省皮卡车销量不到 1 万辆，与 2019 年相比有 30% 左右的大幅提升。随着皮卡车乘用化、高端化、智能化趋势的发展，以及山西省文旅市场的进一步开发，山西省皮卡车市场也将逐渐被激活。

从 2020 年山西省各皮卡车品牌销量的市场份额来看（见图 3-28），长城皮卡以 64.60% 稳居首位，江铃皮卡虽然位居第二，但只有 13.20% 的市场份额，其他品牌皮卡车的市场份额均在 10% 以下。可见，品牌在占有市场一定份额的同时，更需要在产品、营销、服务上进行创新，才有可能获得新的机会。

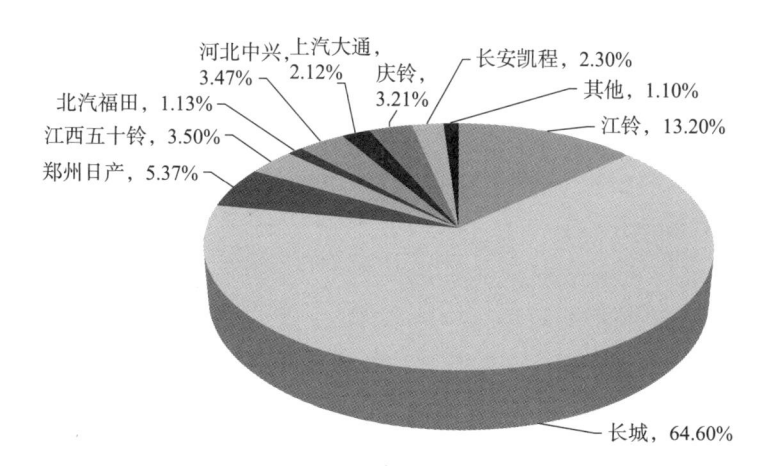

图 3-28　2020 年山西省各皮卡车品牌销量的市场份额

(23) 陕西省

在 2020 年之前，陕西省的皮卡车销量与其他省份相比并不高。2020 年 5 月 12 日，陕西省人民政府办公厅发布通知，明确提出了要适当放宽或全面取消皮卡车进城限制，并且鼓励皮卡车消费。

正是由于政策的推动，2020 年陕西省皮卡车销量同比才有小幅增长。从 2020 年山西省各皮卡车品牌销量的市场份额来看（见图 3-29），长城皮卡以 61.92% 占据首位，江西五十铃皮卡、郑州日产皮卡、江铃皮卡分别以 8.63%、8.17%、6.92% 的市场份额占据了剩余市场份额的大部分，也呈现出比较胶着的竞争局势。如前所述，在新政策的引导和相关消费政策的利好刺激下，2021 年的山西省各皮卡车品牌销量的市场份额也会发生一定的变化，庆铃汽车、北汽福田、河北中兴等品牌也有着进一步增大市场份额的可能性。

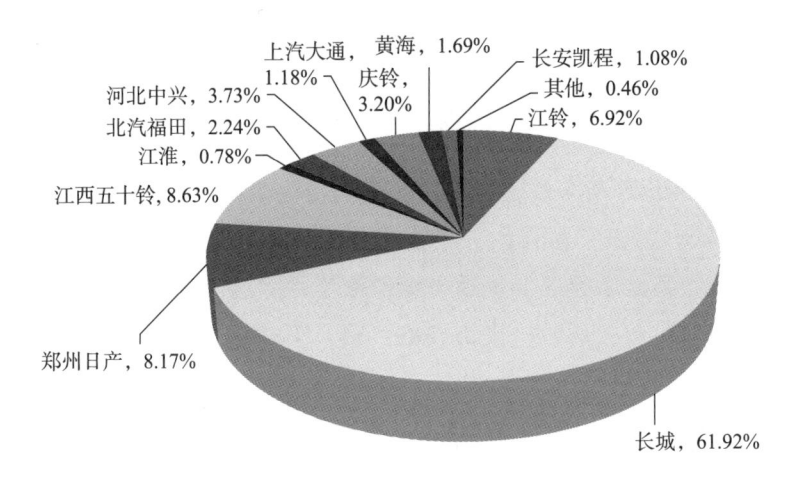

图 3-29　2020 年陕西省各皮卡车品牌销量的市场份额

(24) 上海市

上海作为一线城市，对于皮卡车的解禁政策曾一度引起了不小的社会反响，以往只能以小货车身份登记上牌的皮卡车，如今既可以按照货车上牌，也可以按照非营运性质的"沪 C"牌照上牌。上海市此举对其他同级城市的效仿和皮卡车解禁都会起到强有力的推动作用。

和其他省份不同，2020 年上海市各皮卡车品牌销量的市场份额（见图 3-30）中，江铃皮卡以 32.36% 排在首位，其次是郑州日产皮卡和上汽大通皮卡，而长城皮卡仅以 13.63% 位居第四。

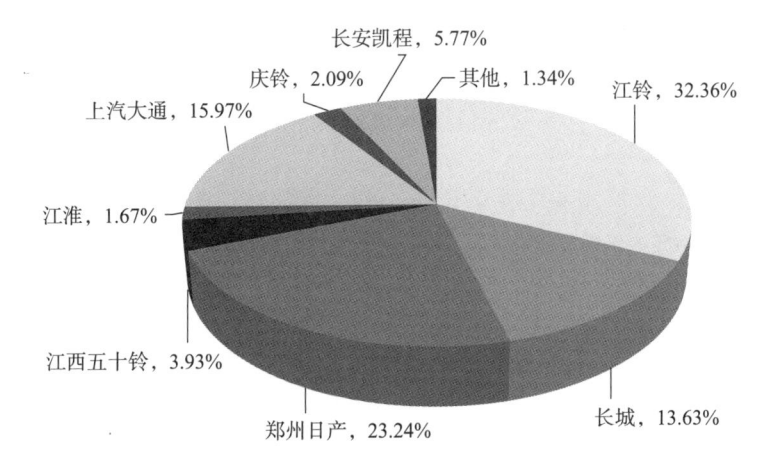

图 3-30 2020 年上海市各皮卡车品牌销量的市场份额

"沪 C"牌照属于上海市远郊区的牌照，因此购买皮卡车作为代步或者通勤的比例较小。当地购买皮卡商用的也较少，大多以越野、自驾为主，高端化、乘用化、智能化的皮卡车很受欢迎。

（25）四川省

作为皮卡车的销量大省，四川省在 2020 年的皮卡车销量超过 25 000 辆，位居全国各省份之首。究其原因，是地形地貌导致结实耐用的皮卡车相比其他车型更加适用，成了购车者的刚需。

见图 3-31，2020 年长城皮卡在四川省有着 45.60% 的市场份额，江铃皮卡和江西五十铃皮卡分别以不到 1% 的差距位居第二、第三，郑

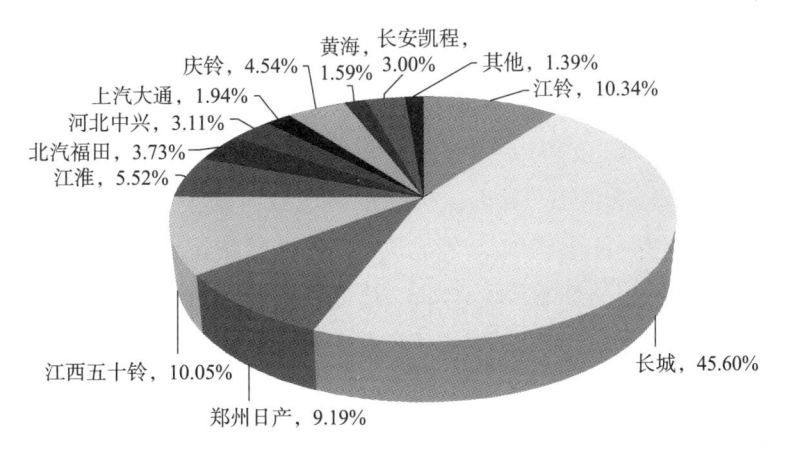

图 3-31 2020 年四川省各皮卡车品牌销量的市场份额

州日产皮卡、江淮皮卡、庆铃皮卡、北汽福田皮卡、长安凯程皮卡也有着一定的市场份额。四川省的高销量必然会催生中国皮卡车文化的进一步传播，皮卡车的个性化定制在四川省也将会得到进一步发展。

（26）天津市

2020年，天津市皮卡车的销量不到2 000辆。在2020年天津市各皮卡车品牌销量的市场份额（见图3-32）中，长城皮卡占据57.06%的市场份额，江铃皮卡以12.22%的市场份额排在第二位，其他品牌皮卡车的市场份额都在10%以下，可以看出当地消费者对于皮卡车的需求并不旺盛。

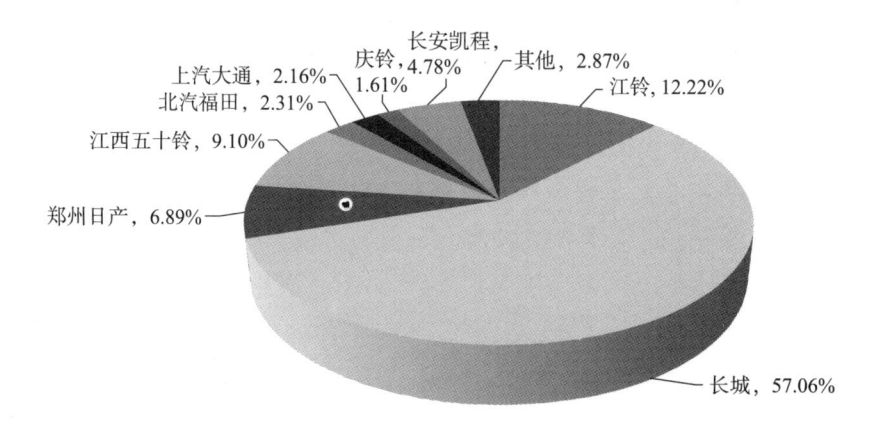

图3-32　2020年天津市各皮卡车品牌销售的市场份额

（27）西藏自治区

西藏自治区在2020年的皮卡车销量较以往有所下降，但各皮卡车品牌在这里均有布局。西藏自治区地处高原地区，人均全年可支配收入2万元（2019年），由此可以分析出，价格实惠且耐用的皮卡车相对其他车型而言更容易让当地人接受。

从图3-33中也可以看出，长城皮卡虽然占据了45.15%的市场份额，但河北中兴、江淮汽车、黄海汽车、江铃汽车、郑州日产、江西五十铃、北汽福田等品牌的皮卡车都以其过硬的产品力和体验式营销，在西藏自治区皮卡车市场中占有一定的市场份额。从数据上来看，竞争还是比较激烈的。

（28）新疆维吾尔自治区

作为第二批皮卡车解禁的试点省份，新疆维吾尔自治区近年来逐步

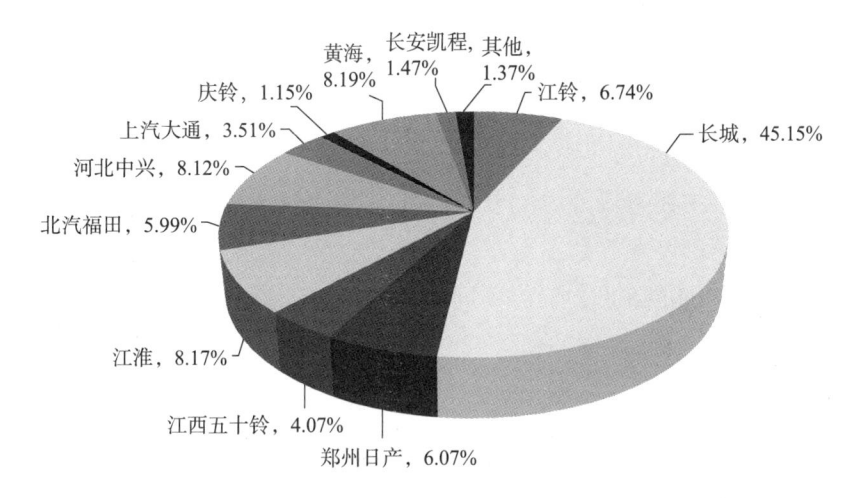

图 3-33　2020 年西藏自治区各皮卡车品牌销量的市场份额

落实、修正、完善皮卡车解禁的相关政策和规定。2020 年，新疆维吾尔自治区出台了促进汽车消费增长的 15 项措施，对于皮卡车进城限制在原有规定上有所调整，对乌鲁木齐、喀什等地皮卡车进城政策放宽或者放开，并对原有不限行地区制定相关规定。皮卡车解禁工作的不断细化推进，也让新疆维吾尔自治区皮卡车销量在 2020 年同比增长了 25.35%，销量近 2 万辆。

从 2020 年新疆维吾尔自治区各皮卡车品牌销量的市场份额来看（见图 3-34），长城皮卡的市场份额为 36.42%，郑州日产皮卡、江西五十

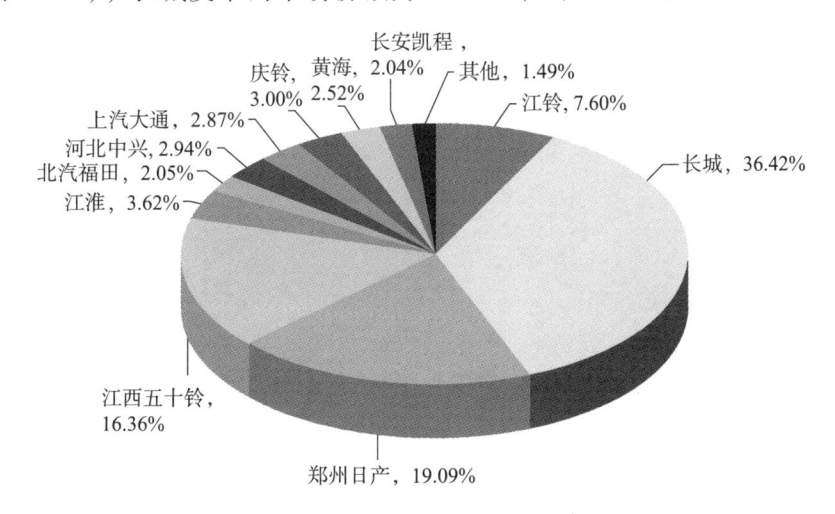

图 3-34　2020 年新疆维吾尔自治区各皮卡车品牌销量的市场份额

铃皮卡分别以19.09%、16.36%的市场份额紧随其后,江淮皮卡、北汽福田皮卡、河北中兴皮卡、上汽大通皮卡、庆铃皮卡、黄海皮卡、长安凯程皮卡的市场份额相差不多。

(29)云南省

云南是继四川省以外的皮卡车销售大省,2020年的销量仅比四川省少了1 734辆。作为首批皮卡车解禁试点省份,云南省是首个发布皮卡车解禁方案细则的省份,针对不同地区的特点,制定了相应的放宽或者放开方案,加上省内的多地形特点,有效地激活了皮卡市场,云南省也成了各家皮卡车企业的必争之地。

从2020年云南省各皮卡车品牌销量的市场份额来看(见图3-35),长城汽车、江铃汽车、郑州日产和江西五十铃作为头部企业,竞争态势比较激烈,特别是郑州日产和江西五十铃,市场份额相差不到1%。第二梯队的江淮汽车和北汽福田同样以6.64%、6.22%的市场份额在赛跑,河北中兴、上汽大通、庆铃汽车、长安凯程也呈现出竞争的格局。随着各家车企新品和销售渠道的进一步布局,相信2021年云南省的皮卡车销量也会呈现增长态势,而各家车企的市场份额也将随之发生变化。

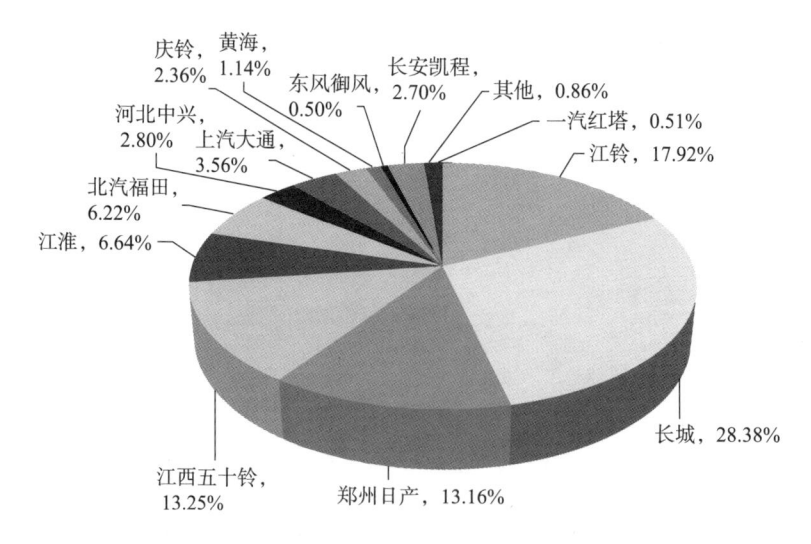

图3-35 2020年云南省各皮卡车品牌销量的市场份额

(30)浙江省

位于长三角地区的浙江省,土地资源和海洋资源非常丰富。早期,皮卡车作为工具车发挥了重要的作用。随着城市化的发展,作为工具车的皮卡车逐步被乘用车所取代。2020年2月，宁波市放宽了皮卡车进城的限制。虽然只是放宽，但一旦经过市场调研和政策调整，不排除在省内其他城市推行的可能性，毕竟商用和乘用的皮卡车对于浙江的用户而言，确有需求。

从2020年浙江省各皮卡车品牌销量的市场份额来看（见图3-36），长城皮卡占据32.15%的市场份额，不过，江铃皮卡以27.96%的份额位居第二，与长城皮卡的差距并不大。郑州日产皮卡和江西五十铃皮卡共同占据了23%左右的市场份额。与其他省份不同，上汽大通皮卡在浙江省的市场份额占到6.19%，与其销售渠道布局不无关系。

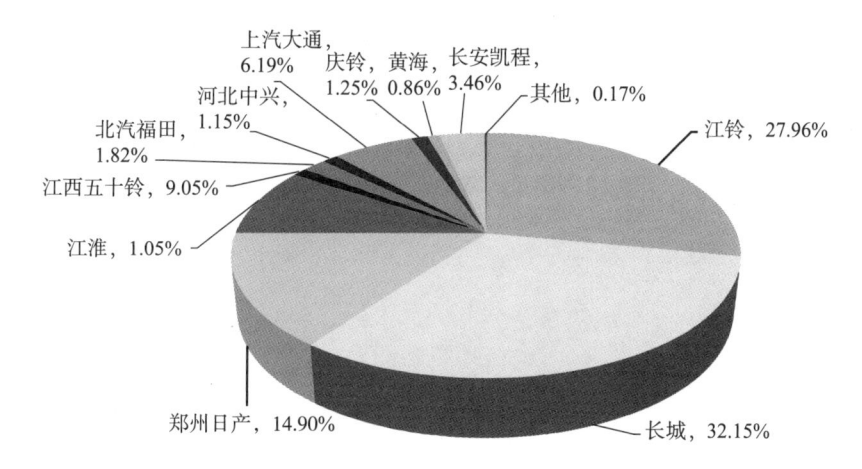

图3-36 2020年浙江省各皮卡车品牌销量的市场份额

（31）重庆市

"择时启动皮卡车进城放行试点"的重庆市，在2020年正式提出"放宽便利皮卡车进城限制"，意味着作为直辖市的重庆，成为首个放宽皮卡车进城限制的直辖市。其实，作为"山城"，皮卡车更加适合在重庆市行驶。此外，重庆汽车工业的根基，让这座城市不仅可以生产皮卡车，还有望成为皮卡车消费大省。

从2020年重庆市各皮卡车品牌销量的市场份额来看（见图3-37），长城皮卡占据了56.31%的市场份额，江铃皮卡、江西五十铃皮卡的市场份额相差不多，分别为9.46%、8.61%。值得一提的是，庆铃汽车作为本土企业，其皮卡车以9.27%的市场份额位居第三。其他品牌皮卡车的市场份额都在5%以内。可见，本土企业有着不小的竞争优势。长安凯程皮卡虽然 2020 年在重庆市的市场份额只有 3.68%，不过随着企业对皮卡车业务的重视程度逐步提升，加上技术的支持，2021 年的市场份额值得期待。

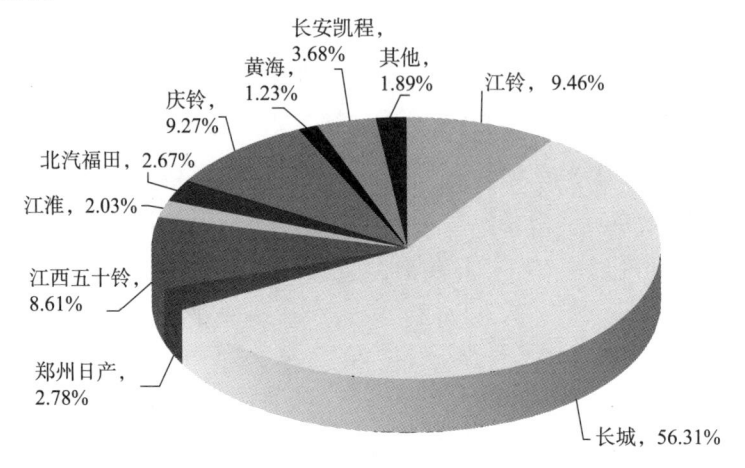

图 3-37　2020 年重庆市各皮卡车品牌销量的市场份额

3.5　2020 年皮卡车竞争格局分析

3.5.1　全国总体竞争格局

2020 年上半年受疫情影响，居民一部分生活需求被抑制，生产处于半停工状态；随着下半年疫情逐渐得到控制，汽车市场也随之被打开。从全国 31 个省份各生产企业的销量数据来看（见表 3-19），长城皮卡一家独大，在全国 30 个省市都处于领跑地位，唯独上海市江铃皮卡销量好于长城皮卡。第二名的位置则被江铃皮卡所占据，在全国 31 个省市中，除北京市、贵州省、河南省、吉林省、宁夏、青海和新疆这 7 个省份江铃皮卡未占据第二，其他省份江铃皮卡销量都排名第二。郑州日产和江西五十铃则排在第三和第四位,且两者之间的差距非常近。接下来的江淮汽车、北汽福田、长安凯程和上汽大通四家生产企业的销量也彼此靠近,形成激烈的竞争态势。

表3-19 2020年各省主要品牌皮卡车销量(保险数)

单位:辆

省份	江淮皮卡	北汽福田皮卡	长安凯程皮卡	河北中兴皮卡	江铃皮卡	江西五十铃皮卡	上汽大通皮卡	长城皮卡	郑州日产皮卡
安徽省	888	363	466	57	1 741	725	449	4 158	449
北京市	0	897	1 653	235	205	56	201	3 915	450
福建省	652	187	228	348	1 767	1 425	201	6 008	1 703
甘肃省	450	240	112	251	686	338	0	7 185	557
广东省	552	473	359	199	2 780	1 965	554	10 032	2 699
广西壮族自治区	706	476	0	574	3 243	1 994	245	8 611	1 655
贵州省	771	648	250	543	3 001	2 113	442	3 626	767
海南省	208	362	71	297	943	491	274	4 116	1 524
河北省	267	404	913	941	2 649	1 457	409	17 304	850
河南省	311	435	453	184	1 040	935	442	9 730	2 419
黑龙江省	0	274	163	269	1 953	1 057	269	7 549	711
湖北省	819	675	404	216	4 297	1 467	853	5 362	1 155
湖南省	772	521	403	1 043	3 194	1 915	218	7 467	957
吉林省	0	113	85	80	400	489	100	3 908	250
江苏省	324	461	456	61	1 654	606	699	3 192	1 481
江西省	211	190	160	0	6 462	1 603	118	3 664	293
辽宁省	325	361	111	289	1 581	1 305	514	6 353	701
内蒙古自治区	270	643	275	164	1 186	1 303	492	14 771	1 847
宁夏回族自治区	0	200	72	96	163	108	50	4 717	344
青海省	219	276	75	142	105	184	0	1 808	541
山东省	763	319	496	370	3 176	2 512	579	13 925	1 487
山西省	31	119	215	325	1 250	367	217	6 065	602

续表

省份	江淮皮卡	北汽福田皮卡	长安凯程皮卡	河北中兴皮卡	江铃皮卡	江西五十铃皮卡	上汽大通皮卡	长城皮卡	郑州日产皮卡
陕西省	149	217	0	401	662	828	108	5 666	931
上海市	20	10	69	0	403	54	246	165	363
四川省	1 529	1 026	803	852	2 789	2 712	523	12 229	2 745
天津市	31	52	94	0	329	190	45	1 144	210
西藏自治区	585	429	105	580	492	290	252	3 225	472
新疆维吾尔自治区	837	393		692	1 409	2 965	523	6 605	3 710
云南省	1 700	1 601	689	716	4 596	3 392	1 038	7 250	3 394
浙江省	261	301	414	0	3 426	1 153	851	3 854	2 377
重庆市	253	333	418	0	1 094	988	240	6 412	359
总计	13 904	12 999	10 012	9 925	58 676	36 987	11 152	200 016	38 003

备注：表中数据"0"代表该车型销量未进入该地区销量前十名，故未统计该车型销量数据。

从畅销车型来看（见表3-20），2020年最畅销的无疑是长城汽车推出的长城炮系列皮卡，全年销量达到了9.1万辆，接下来第二和第三名也是长城汽车带来的，分别是风骏5和风骏7系列，全年销量为5.8万辆和4.7万辆。第四为郑州日产的锐骐6系列，全年销量2.1万辆。第五名和第六名为江铃汽车推出的域虎系列皮卡，全年销量分别为1.5万辆和1.7万辆。从分省来看，由于各省资源禀赋、人口及消费习惯差异等因素影响，所以畅销车型各有差异。

表3-20 2020年各省主要皮卡车型销量（保险数）

单位：辆

省份	大通T60	风骏5	风骏7	铃拓	纳瓦拉	锐骐6	瑞迈	新宝典	域虎5	域虎7	长城炮
安徽省	426	317	2 036	0	349	0	0	407	670	447	1 804
北京市	0	450	592	0	244	189	0	0	0	0	2 873
福建省	0	2 736	1 047	430	0	894	687	0	0	0	2013
甘肃省	0	3 042	1 410	0	0	434	0	0	230	184	2 577
广东省	0	945	4 285	577	1 171	1 247	577	791	1 191	624	4 799

续表

省份	大通T60	风骏5	风骏7	铃拓	纳瓦拉	锐骐6	瑞迈	新宝典	域虎5	域虎7	长城炮
广西壮族自治区	0	3 067	2 437	1 085	0	929	683	0	691	1 317	2 496
贵州省	436	1 687	0	734	0	556	1 243	0	597	1 236	1 574
海南省	261	208	1 527	203	0	1 372	0	0	324	402	2 378
河北省		4 262	5 736	0	0	427	447	871	860	588	7 305
河南省	402	1 260	3 639	0	860	1 242	307	0	421	0	4 829
黑龙江省	265	1 594	1 507	517	0	471	341	0	501	1 091	4 310
湖北省	841	1 741	913	695	0	606		709	636	1 516	2 616
湖南省	0	2 678	1 531	772	0	600	979	0	628	880	3 202
吉林省	0	1 093	760	265	0	137	109	0	114	187	1 884
江苏省	589	404	1 243	0	700	627	293	464	707	0	1 545
江西省	0	1 689	587	0	0	0	810	1 169	919	1 190	1 334
辽宁省	492	1 700	1 392	617	0	415	399	0	319	566	3 140
内蒙古自治区	447	4 795	3 098	501	562	1 184	492	0	0	568	6 707
宁夏回族自治区	0	2 660	794	0	183	106	0	0	0	0	1 246
青海省	0	735	186	0	313	188	83	0	0	0	865
山东省	0	1 995	5 047	887	0	890	1 030	974	1 182	722	6 879
山西省	0	1 236	2 183	0	250	291	0	318	529	293	2 619
陕西省	0	2 878	1 024	0	313	500	379	0	271	0	1 737
上海市	221	0	35	0	177	127	0	181	165	0	109
四川省	0	5 599	1 446	1 107		1 674	1 338	0	786	881	5 048
天津市	0	273	369	0	145	63	84	65	106	0	502
西藏自治区	216	728	506	0	320	0	165	0	0	0	1 975
新疆维吾尔自治区	515	2 697	0	775	638	2 353	1 485	0	0	608	3 432
云南省	1 022	2 169	750	1 739	0	2 621	1 164	0	1 324	2 321	4 111
浙江省	672	0	1 301	0	1 237	845	449	995	1 608	456	2 250
重庆市	238	3 352	0	427	0	219	416	0	270	447	2 813
总计	7 043	57 990	47 381	11 331	7 462	21 207	13 960	6 944	15 049	16 524	90 972

备注：表中数据"0"代表该车型销量未进入该地区销量前十名，故未统计该车型销量数据。

3.5.2 区域竞争格局

(1) 安徽省竞争格局分析

2020年在安徽省内，江淮皮卡的销量为888辆，仅次于长城皮卡和江铃皮卡（见表3-21）；长城皮卡年销4 158辆，领先第二名的江铃皮卡2 417辆，销量同比增长30%，市场份额也同比增长19%，达到44%；北汽福田皮卡、江铃皮卡、江西五十铃皮卡和上汽大通皮卡也表现较好，销量同比增长133%、14%、20%、25%和30%，伴随着销量的增长，这些皮卡车生产企业的市场份额也同比增长113%、4%、10%和15%。

表3-21 2020年安徽省皮卡车主要生产企业竞争格局（保险数）

主要生产企业	销量/辆	同比增长	市场份额	同比增长
江淮汽车	888	-30%	9%	-36%
北汽福田	363	133%	4%	113%
长安凯程	466	-13%	5%	-21%
河北中兴	57	-60%	1%	-63%
江铃汽车	1 741	14%	19%	4%
江西五十铃	725	20%	8%	10%
庆铃汽车	58	0	1%	0
上汽大通	449	25%	5%	15%
长城汽车	4 158	30%	44%	19%
郑州日产	449	-12%	5%	-20%

分城市看（见表3-22），长城皮卡销量在安徽省各城市中保持领先。从各城市年销量来看，省会城市合肥保持领先，年销1 797辆；紧随其后的是阜阳市，年销1 050辆；蚌埠市、六安市和安庆市这三个城市销量相近，年销量分别为753辆、857辆和692辆；滁州市、淮南市和宣城市年销500辆左右；亳州市、池州市、马鞍山市、芜湖市和宿州市年销量310~420辆。

表 3-22　2020 年安徽省分城市皮卡车主要生产企业竞争格局（保险数）

单位：辆

城市	江淮汽车	北汽福田	黄海汽车	长安凯程	河北中兴	江铃汽车	江西五十铃	上汽大通	长城汽车	郑州日产	合计
安徽省合计	888	361	39	466	42	1 741	725	449	4 158	449	9 318
安庆市	68	49	0	48	16	137	64	37	259	14	692
蚌埠市	31	9	6	18	0	172	57	46	372	42	753
亳州市	68	3	12	42	14	61	6	26	126	12	370
池州市	16	26	0	22	5	95	17	8	114	7	310
滁州市	32	50	0	24	0	112	62	15	198	38	531
阜阳市	177	40	0	70	4	68	63	29	560	39	1050
合肥市	188	62	0	97	0	372	174	84	676	144	1 797
淮北市	8	39	0	5	0	47	15	16	111	19	260
淮南市	74	15	3	4	0	79	32	3	254	26	490
黄山市	2	1	2	13	0	42	13	3	86	7	169
六安市	70	46		37	0	104	101	100	490	25	857
马鞍山市	35	1	0	12	1	140	31	3	185	3	411
铜陵市	36	9	4	5	2	43	18	8	164	4	293
芜湖市	38	2	0	21	0	62	23	6	192	43	387
宿州市	30	0	8	24	0	85	21	19	129	9	325
宣城市	15	9	4	24	0	122	28	46	242	17	507

备注：表中数据为各城市皮卡车销量排名前十的数据；数据为"0"代表该品牌车型未进入该地区销量前十名。后面各省分城市皮卡车主要生产企业和主销车型竞争格局表中数据同理。

分车型看（见表 3-23），在安徽省内长城汽车的风骏 7 最受欢迎，年销 2 036 辆，其次是长城炮，年销 1 804 辆；紧随其后的是江铃汽车的域虎 5 和江淮汽车的帅铃 T6，年销量分别为 614 辆和 627 辆；江铃汽车的新宝典、域虎 7 和郑州日产的纳瓦拉年销量 300~370 辆；长城汽车的风骏 5、江西五十铃的瑞迈和铃拓年销量为 130~220 辆。

表 3-23　2020 年安徽省分城市主销车型竞争格局（保险数）

单位：辆

城市	风骏5	风骏7	铃拓	纳瓦拉	瑞迈	帅铃T6	新宝典	域虎5	域虎7	长城炮	合计
安徽省合计	215	2 036	138	300	196	627	365	614	361	1 804	6 656
安庆市	0	142	0	0	0	46	37	46	28	94	393
蚌埠市	51	152	0	26	23	23	40	60	58	169	602
亳州市	0	71	0	0	0	57	11	27	20	48	234
池州市	0	51	7	0	0	10	15	38	40	56	217
滁州市	0	102	27	31	0	29	30	31	42	84	376
阜阳市	30	243	28	39	0	120	0	0	0	287	747
合肥市	0	378	0	123	76	131	98	148	0	251	1 205
淮北市	11	47	0	18	8	0	8	31	7	53	183
淮南市	22	104	0	16	15	50	20	0	22	128	377
黄山市	0	45	8	5	0	0	15	11	12	37	133
六安市	40	263	28	0	36	39	0	0	36	187	629
马鞍山市	14	96	16	0	8	31	31	77	26	75	374
铜陵市	17	79	0	0	12	32	0	29	10	68	247
芜湖市	11	91	0	42	18	34	12	21	24	90	343
宿州市	0	75	11	0	0	25	23	34	21	51	240
宣城市	19	97	13	0	0	0	25	61	15	126	356

（2）福建省竞争格局分析

2020 年在福建省内（见表 3-24），长城皮卡销量为 6 008 辆，是第二名江铃皮卡的 3 倍多，销量同比增长 19%，市场份额也同比增长 13%，达到 47%；长安凯程皮卡、江铃皮卡和江西五十铃皮卡也表现较好，销量同比增长分别为 10%、9% 和 6%，伴随着销量的增长，这些皮卡车生产企业的市场份额也同比增长 5%、4% 和 1%；江淮皮卡、北汽福田皮卡、河北中兴皮卡和郑州日产皮卡销量同比下跌 13%、7%、10% 和 14%，市场份额同比萎缩 17%、11%、15% 和 18%。

表 3-24　2020 年福建省皮卡车主要生产企业竞争格局（保险数）

主要生产企业	销量/辆	同比增长	市场份额	同比增长
江淮汽车	652	-13%	5%	-17%
北汽福田	187	-7%	1%	-11%
长安凯程	228	10%	2%	5%
河北中兴	348	-10%	3%	-15%
江铃汽车	1767	9%	14%	4%
江西五十铃	1 425	6%	11%	1%
上汽大通	201	0	2%	0
长城汽车	6 008	19%	47%	13%
郑州日产	1 703	-14%	13%	-18%

分城市看（见表 3-25），长城皮卡年销量在福建省各城市中除龙岩市外都保持领先。从各城市年销量来看，省会城市福州保持领先，年销 3 072 辆；龙岩市、南平市、宁德市、泉州市、三明市、厦门市和漳州市年销量均已经跨过千辆大关，分别为 1 024 辆、1 051 辆、1 578 辆、1 771 辆、1 300 辆、1 094 辆和 1 069 辆；莆田市年销量为 609 辆。

表 3-25　2020 年福建省分城市皮卡车主要生产企业竞争格局（保险数）

单位：辆

城市	江淮汽车	北汽福田	黄海汽车	长安凯程	河北中兴	江铃汽车	江西五十铃	上汽大通	长城汽车	郑州日产	合计
福建省合计	652	131	133	223	347	1 767	1 425	179	6 008	1 703	12 568
福州市	90	0	87	88	164	519	294	139	1 464	227	3 072
龙岩市	52	0	0	7	12	298	122	0	242	291	1 024
南平市	41	0	0	15	13	177	85	5	522	193	1 051
宁德市	47	34	31	25	5	74	99	0	1 209	54	1578
莆田市	87	22	7	13	0	113	78	0	176	113	609
泉州市	48	43	0	39	34	217	185	0	862	343	1 771
三明市	85	11	0	0	67	173	331	11	447	175	1 300
厦门市	15	9	0	14	29	99	132	24	598	174	1 094
漳州市	187	12	8	22	23	97	99	0	488	133	1 069

分车型看（见表3-26），在福建省内长城汽车的风骏5最受欢迎，年销量2 736辆；其次是长城炮，年销2 013辆；紧随其后的是长城汽车的风骏7，年销1 018辆；江西五十铃的瑞迈年销687辆；江西五十铃的铃拓和江淮汽车的帅铃T6年销量分别为402辆和257辆；江铃皮卡在福建省表现不好，无论是工具皮卡车新宝典还是商乘两用皮卡车域虎7，年销量仅达到100辆左右。

表3-26 2020年福建省分城市主销车型竞争格局（保险数）

单位：辆

城市	风骏5	风骏7	铃拓	纳瓦拉	瑞迈	帅铃T6	新宝典	域虎7	长城炮	总计
福建省合计	2 736	1 018	402	108	687	257	105	97	2 013	7 423
福州市	716	248	0	0	101	0	0	0	463	1 528
龙岩市	114	0	46	0	56	0	62	47	90	415
南平市	222	74	42	0	34	0	0	30	216	618
宁德市	482	300	35	0	45	35	22	20	353	1 292
莆田市	62	40	28	0	45	57	0	0	71	303
泉州市	428	131	50	49	108	0	0	0	273	1 039
三明市	259	49	112	0	198	62	0	0	116	796
厦门市	272	99	51	28	55	0	21	0	216	742
漳州市	181	77	38	31	45	103	0	0	215	690

（3）甘肃省竞争格局分析

2020年在甘肃省内（见表3-27），长城皮卡销量为7 185辆，一马当先，是第二名江铃皮卡的10倍之多，销量同比增长35%，市场份额也同比增长8%，达到69%；北汽福田皮卡、江铃皮卡和郑州日产皮卡也表现较好，销量同比增长88%、15%和91%，伴随着销量的增长，这些皮卡车生产企业的市场份额也同比增长50%、-8%和53%；江淮皮卡、黄海皮卡、长安凯程皮卡、河北中兴皮卡、江西五十铃皮卡和庆铃皮卡销量同比下跌10%、26%、7%、20%、16%和1%，市场份额同比萎缩28%、40%、26%、36%、33%和21%。比较有意思的是，江铃皮卡销量同比增长15%，但市场份额却同比下跌8%，这是因为江铃皮卡销量同比增长低于全省皮卡车销量同比增长。

表3-27 2020年甘肃省皮卡车主要生产企业竞争格局（保险数）

主要生产企业	销量/辆	同比增长	市场份额	同比增长
江淮汽车	450	-10%	4%	-28%
北汽福田	240	88%	2%	50%
黄海汽车	125	-26%	1%	-40%
长安凯程	112	-7%	1%	-26%
河北中兴	251	-20%	2%	-36%
江铃汽车	686	15%	7%	-8%
江西五十铃	338	-16%	3%	-33%
庆铃汽车	428	-1%	4%	-21%
长城汽车	7185	35%	69%	8%
郑州日产	557	91%	5%	53%

分州市看（见表3-28），长城皮卡年销量在甘肃省各州市中保持领先。从各州市年销量来看，省会城市兰州保持领先，年销2791辆；紧随其后的是庆阳市、白银市和酒泉市，年销量分别为1 013辆、958辆、802辆；定西市、陇南市、天水市、张掖市和武威市这五个城市年销量相近，年销量为460~700辆。

表3-28 2020年甘肃省分州市皮卡车主要生产企业竞争格局（保险数）

单位：辆

州市	江淮汽车	北汽福田	黄海汽车	长安凯程	河北中兴	江铃汽车	江西五十铃	上汽大通	长城汽车	郑州日产	合计
甘肃省合计	450	240	123	108	249	686	338	46	7 185	556	9 981
白银市	59	9	24	6	15	20	3	0	813	9	958
定西市	23	6	7	22	8	19	0	3	512	5	605
甘南藏族自治州	5	2	0	0	0	0	0	0	36	7	50
嘉峪关市	0	0	0	1	4	3	1	2	28	5	44
金昌市	0	10	2	10	8	6	5	2	169	0	212
酒泉市	7	36	0	0	22	77	21	18	581	40	802

续表

州市	江淮汽车	北汽福田	黄海汽车	长安凯程	河北中兴	江铃汽车	江西五十铃	上汽大通	长城汽车	郑州日产	合计
兰州市	159	74	44	44	27	257	146	0	1812	228	2 791
临夏回族自治州	1	1	2	2	0	2	1	1	330	1	341
陇南市	16	10	10	2	4	2	3	0	409	11	467
平凉市	0	0	2	0	2	30	6	1	715	5	761
庆阳市	2	19	15	0	5	24	45	3	690	210	1 013
天水市	148	33	4	19	0	73	10	6	275	9	577
武威市	7	29	0	2	83	67	48	0	446	15	697
张掖市	23	11	13	0	71	106	49	10	369	11	663

分车型看（见表3-29），在福建省内长城汽车的风骏5最受欢迎，年销3 042辆，其次是长城炮，年销2 577辆，紧随其后的是风骏7，年销1 410辆；江西五十铃的瑞迈和铃拓、江淮汽车的帅铃T6、江铃汽车的域虎5和域虎7年销量为80～220辆。

表3-29　2020年甘肃省分州市主销车型竞争格局（保险数）

单位：辆

州市	风骏5	风骏7	铃拓	纳瓦拉	瑞迈	帅铃T6	新宝典	域虎5	域虎7	长城炮	总计
甘肃省合计	3 042	1 410	89	9	151	222	19	212	178	2 577	7 909
白银市	393	174	0	0	0	29	0	0	0	217	813
定西市	213	88	0	0	0	16	0	0	0	196	513
甘南藏族自治州	10	7	0	6	0	4	0	0	0	16	43
嘉峪关市	16	4	0	0	0	0	1	0	2	8	31
金昌市	56	22	0	0	0	2	0	0	4	88	172
酒泉市	234	66	0	0	0	0	16	30	14	281	641
兰州市	837	374	52	0	64	92	0	66	66	578	2 129
临夏回族自治州	137	124	0	0	0	0	0	1	0	61	323

续表

州市	风骏5	风骏7	铃拓	纳瓦拉	瑞迈	帅铃T6	新宝典	域虎5	域虎7	长城炮	总计
陇南市	233	55	0	0	0	6	0	0	0	115	409
平凉市	252	130	0	3	3	0	2	19	6	319	734
庆阳市	320	105	0	0	34	0	0	0	0	229	688
天水市	114	80	0	0	0	75	0	36	15	68	388
武威市	99	120	19	0	24	0	0	27	23	224	536
张掖市	128	61	18	0	24	0	0	33	48	177	489

（4）广东省竞争格局分析

2020年在广东省内（见表3-30），长城皮卡销量为10 032辆，一马当先，是第二名江铃皮卡的3倍之多，销量同比增长45%，市场份额也同比增长38%，达到49%；江西五十铃皮卡也表现较好，销量同比增长6%；江淮皮卡、北汽福田皮卡、长安凯程皮卡、河北中兴皮卡、江铃皮卡、庆铃皮卡、上汽大通皮卡和郑州日产皮卡销量同比下跌21%、11%、22%、3%、14%、26%和30%，市场份额同比萎缩25%、16%、26%、8%、18%、30%和33%。

表3-30　2020年广东省皮卡车主要生产企业竞争格局（保险数）

主要生产企业	销量/辆	同比增长	市场份额	同比增长
江淮汽车	552	-21%	3%	-25%
北汽福田	473	-11%	2%	-16%
长安凯程	359	-22%	2%	-26%
河北中兴	199	0	1%	0
江铃汽车	2 780	-3%	14%	-8%
江西五十铃	1 965	6%	10%	0
庆铃汽车	664	-14%	3%	-18%
上汽大通	554	-26%	3%	-30%
长城汽车	10 032	45%	49%	38%
郑州日产	2 699	-30%	13%	-33%

分城市看（见表3-31），长城皮卡年销量在广东省各城市中除汕尾市外都保持领先。从各城市年销量来看，省会城市广州市和经济特区深

圳市旗鼓相当，年销量分别为 2 718 辆和 2 600 辆；紧随其后的是东莞市，年销量达到了 1 907 辆；惠州市和清远市的年销量也超过了 1 000 辆；佛山市、河源市、江门市、揭阳市、茂名市、梅州市、韶关市、阳江市、湛江市、肇庆市、中山市和珠海市这些城市年销量也保持相对稳定，保持在 600～1 000 辆。

表 3-31　2020 年广东省分城市皮卡车生产企业竞争格局（保险数）

单位：辆

城市	江淮汽车	北汽福田	黄海汽车	长安凯程	河北中兴	江铃汽车	江西五十铃	上汽大通	长城汽车	郑州日产	合计
广东省合计	543	472	43	356	174	2 780	1 965	554	10 032	2 699	19 618
潮州市	1	9	0	2	2	19	28	0	94	19	174
东莞市	76	9	0	42	15	187	145	43	1 191	199	1 907
佛山市	23	35	0	25	0	96	120	22	467	162	950
广州市	0	65	0	69	0	325	160	122	1 426	551	2 718
河源市	30	59	0	8	6	88	103	4	322	74	694
惠州市	29	82	0	28	4	313	141	33	572	212	1 414
江门市	0	2	0	11	0	70	133	13	286	67	582
揭阳市	44	0	0	5	50	96	105	10	210	42	562
茂名市	2	0	23	13	0	111	51	30	602	97	929
梅州市	114	43	0	20	0	135	114	41	243	82	792
清远市	0	11	0	3	0	239	235	17	503	82	1 090
汕头市	1	3	0	17	20	48	15	5	134	67	310
汕尾市	1	1	0	2	0	29	11	1	19	7	71
韶关市	47	9	0	0	0	117	33	14	501	43	764
深圳市	42	83	0	47	0	471	196	86	1 167	508	2 600
阳江市	36	6	0	0	18	56	31	15	482	43	687
云浮市	0	1	0	3	0	5	9	0	133	16	167
湛江市	83	21	20	10	0	114	132	39	387	97	903
肇庆市	7	16	0	30	0	45	103	3	551	145	900
中山市	3	4	0	13	6	149	30	12	475	82	774
珠海市	4	13	0	8	53	67	70	44	267	104	630

分车型看（见表3-32），在广东省内长城汽车的长城炮最受欢迎，年销接4 799辆，其次是风骏5，年销4 285辆；紧随其后的是江铃汽车的域虎5和郑州日产的纳瓦拉，年销量分别为1 169辆和1 105辆；江铃汽车的新宝典和长城汽车的风骏5年销量分别为744辆和847辆；江西五十铃的铃拓和瑞迈、江淮汽车的帅铃T6、江铃汽车的域虎7年销350～500辆，年销量比较接近。

表3-32　2020年广东省分城市主销车型竞争格局（保险数）

单位：辆

城市	风骏5	风骏7	铃拓	纳瓦拉	瑞迈	帅铃T6	新宝典	域虎5	域虎7	长城炮	总计
广东省合计	847	4 285	415	1 105	436	356	744	1 169	496	4 799	14 652
潮州市	12	43	7	0	7	0	0	12	0	39	120
东莞市	106	499	48	64	0	67	68	73	0	586	1 511
佛山市	51	196	36	88	0	0	33	41	0	220	665
广州市	131	615	0	351	0	0	92	120	82	679	2 070
河源市	0	170	0	0	35	20	23	33	26	149	456
惠州市	0	188	42	126	47	0	101	122	78	353	1 057
江门市	0	142	30	42	33	0	0	38	22	124	431
揭阳市	0	64	35	0	30	33	28	34	28	140	392
茂名市	32	327	36	0	0	0	29	56	22	243	745
梅州市	0	84	0	35	41	102	52	52	0	138	504
清远市	48	249	44	0	97	0	0	116	73	206	833
汕头市	21	70	0	14	0	0	9	22	12	43	191
汕尾市	0	3	0	3	0	0	7	18	10	15	56
韶关市	49	192	0	22	0	31	24	44	41	260	663
深圳市	172	364	0	234	72	0	137	227	78	630	1 914
阳江市	31	229	26	12	0	25	18	26	0	222	589
云浮市	12	68	5	3	0	0	2	0	0	53	143
湛江市	0	195	66	0	21	78	28	66	0	176	630
肇庆市	80	286	40	17	27	0	0	18	0	184	652
中山市	60	227	0	26	0	0	67	51	24	188	643
珠海市	42	74	0	68	26	0	26	0	0	151	387

(5) 广西壮族自治区竞争格局分析

2020年在广西壮族自治区内（见表3-33），长城皮卡销量为8 611辆，是第二名江铃皮卡的2倍有余，销量同比增长16%，市场份额也同比增长6%，达到48%；江淮皮卡、北汽福田皮卡、江铃皮卡、江西五十铃皮卡和郑州日产皮卡也表现较好，销量同比增长46%、72%、12%、6%和1%，伴随着销量的增长，这些皮卡车生产企业的市场份额也同比增长34%、58%、2%、-3%和-8%；河北中兴皮卡和庆铃皮卡的销量同比下跌40%和46%，市场份额同比萎缩45%和50%。江西五十铃皮卡和郑州日产皮卡销量同比增长6%和1%，但市场份额却同比下跌3%和8%，这是因为这两家生产企业销量同比增长低于全区销量同比增长。

表3-33　2020年广西壮族自治区皮卡车主要生产企业竞争格局（保险数）

主要生产企业	销量/辆	同比增长	市场份额	同比增长
江淮汽车	706	46%	4%	34%
北汽福田	476	72%	3%	58%
黄海汽车	274	0	2%	0
河北中兴	574	-40%	3%	-45%
江铃汽车	3 243	12%	18%	2%
江西五十铃	1 994	6%	11%	-3%
庆铃汽车	294	-46%	2%	-50%
上汽大通	245	0	1%	0
长城汽车	8 611	16%	48%	6%
郑州日产	1 655	1%	9%	-8%

分州市看（见表3-34），长城皮卡年销量在广西壮族自治区各州市中保持领先。从各州市年销量来看，省会城市南宁市保持领先，年销4 106辆；紧随其后的是百色市，和南宁市有近600辆的差距；桂林市、河池市、柳州市和梧州市年销量也超过了1 000辆。

表 3-34　2020年广西壮族自治区分州市皮卡车主要生产企业竞争格局（保险数）

单位：辆

州市	江淮汽车	北汽福田	黄海汽车	长安凯程	河北中兴	江铃汽车	江西五十铃	上汽大通	长城汽车	郑州日产	合计
广西壮族自治区合计	706	476	265	41	569	3 243	1 994	232	8 611	1 655	17 792
百色市	181	97	71	18	46	833	383	53	1 452	323	3 457
北海市	34	24	28	0	7	81	35	0	382	55	646
崇左市	8	8	3	0	11	38	16	0	73	35	192
防城港市	30	7	5	0	40	24	24	10	193	19	352
贵港市	40	13	42	5	31	60	102	0	321	237	851
桂林市	74	42	14	0	24	286	198	0	536	60	1 234
河池市	106	72	15	0	98	504	200	0	504	142	1 641
贺州市	19	10	5	0	17	106	82	0	556	37	832
来宾市	7	19	5	5	13	129	13	0	135	28	354
柳州市	58	20	7	0	48	322	161	41	600	52	1 309
南宁市	117	125	57	0	201	505	493	102	2 030	476	4 106
钦州市	9	8	0	3	30	69	106	0	674	28	927
梧州市	11	16	0	10	0	142	99	26	693	118	1 115
玉林市	12	15	13	0	3	144	82	0	462	45	776

分车型看（见表3-35），在广西壮族自治区内长城汽车的风骏5最受欢迎，年销3 067辆，其次是长城炮，年销2 496辆，而长城的另一款工具型皮卡风骏7紧随长城炮之后，排名第三，年销量达2 437辆；紧随其后的是江铃汽车的域虎7和江西五十铃的铃拓，年销1 000辆以上；江西五十铃的瑞迈、江淮皮卡的帅铃T6和江铃皮卡的域虎5年销量为400~560辆。

表 3-35　2020 年广西壮族自治区分城市主销车型竞争格局（保险数）

单位：辆

城市	风骏5	风骏7	铃拓	纳瓦拉	瑞迈	帅铃T6	新宝典	域虎5	域虎7	长城炮	总计
广西壮族自治区合计	3 067	2 437	1 079	9	557	415	294	519	1 266	2 496	12 139
百色市	469	548	281	0	0	124	79	176	489	293	2 459
北海市	129	97	20	0	0	30	19	25	0	119	439
崇左市	35	20	0	9	11	7	0	0	21	16	119
防城港市	91	45	18	0	0	30	0	0	0	54	238
贵港市	66	75	59	0	38	26	0	0	0	149	413
桂林市	198	120	103	0	66	57	40	46	102	202	934
河池市	144	157	99	0	87	89	0	154	211	158	1 099
贺州市	196	152	48	0	27	0	16	29	46	177	691
来宾市	65	25	0	0	0	0	13	37	60	36	236
柳州市	245	151	76	0	73	52	60	52	130	135	974
南宁市	792	547	247	0	178	0	0	0	142	594	2 500
钦州市	213	196	39	0	0	39	0	0	26	228	741
梧州市	266	177	60	0	0	0	44	0	39	188	774
玉林市	158	127	29	0	0	38	0	23	0	147	522

（6）贵州省竞争格局分析

2020 年在贵州省内（见表 3-36），长城皮卡销量为 3 626 辆，领先第二名的江铃皮卡 625 辆，销量同比增长 26%，市场份额也同比增长 21%，达到 29%；北汽福田皮卡和郑州日产皮卡也表现较好，销量同比增长 17% 和 4%，伴随着销量的增长，北汽福田的市场份额也同比增长 12%；江淮皮卡、河北中兴皮卡、江铃皮卡、江西五十铃皮卡和庆铃皮卡销量同比下跌 7%、6%、2%、2% 和 17%，市场份额同比萎缩 11%、9%、6%、6% 和 20%。

表3-36　2020年贵州省皮卡车主要生产企业竞争格局（保险数）

主要生产企业	销量/辆	同比增长	市场份额	同比增长
江淮汽车	771	-7%	6%	-11%
北汽福田	648	17%	5%	12%
长安凯程	250	0	2%	0
河北中兴	543	-6%	4%	-9%
江铃汽车	3 001	-2%	24%	-6%
江西五十铃	2 113	-2%	17%	-6%
庆铃汽车	466	-17%	4%	-20%
上汽大通	442	0	4%	0
长城汽车	3 626	26%	29%	21%
郑州日产	767	4%	6%	0

分州市看（见表3-37），长城皮卡和江铃皮卡的年销量在贵州省各州市中互有领先。从各州市年销量来看，省会城市贵阳市保持领先，年销3 422辆；紧随其后的是遵义市、铜仁市和黔东南苗族侗族自治州，年销量保持在1 400~1 750辆；毕节市、六盘水市、黔南布依族苗族自治州和黔西南布依族苗族自治州这四个城市年销量相当，年销量为820~920辆；安顺市年销量为595辆。

表3-37　2020年贵州省分州市皮卡车主要生产企业竞争格局（数据来源：保险数）

单位：辆

州市	江淮汽车	北汽福田	黄海汽车	长安凯程	河北中兴	江铃汽车	江西五十铃	上汽大通	长城汽车	郑州日产	合计
贵州省合计	771	642	179	108	543	3 001	2 113	434	3 626	767	12 184
安顺市	13	0	33	14	15	177	129	0	200	14	595
毕节市	62	25	9	8	26	287	195	0	200	24	836
贵阳市	125	300	85	0	110	538	384	165	1 436	279	3 422
六盘水市	53	74	0	16	92	161	193	29	222	45	885
黔东南苗族侗族自治州	73	52	0	38	52	506	252	73	307	79	1 432

续表

州市	江淮汽车	北汽福田	黄海汽车	长安凯程	河北中兴	江铃汽车	江西五十铃	上汽大通	长城汽车	郑州日产	合计
黔南布依族苗族自治州	73	32	0	0	56	232	144	10	334	37	918
黔西南布依族苗族自治州	119	77	0	32	61	139	162	50	149	38	827
铜仁市	69	33	0	0	51	507	354	50	323	139	1 526
遵义市	184	49	52	0	80	454	300	57	455	112	1 743

分车型上来看（见表 3-38），贵州省内长城汽车的风骏 5 和长城炮更受欢迎一些，其次是江西五十铃的瑞迈、江铃汽车的域虎 7，其中风骏 5 年销 1 687 辆，长城炮年销 1 574 辆，瑞迈和域虎 7 年销 1 240 辆；江西五十铃的铃拓年销 734 辆，江淮汽车的帅铃 T6 和江铃汽车的域虎 5 年销量为 400~750 辆。

表 3-38　2020 年贵州省分州市主销车型竞争格局（保险数）

单位：辆

州市	风骏5	风骏7	铃拓	瑞迈	帅铃T6	新宝典	域虎5	域虎7	长城炮	总计
贵州省合计	1 687	77	734	1 243	416	95	485	1 236	1 574	7 547
安顺市	78	18	33	88	0	0	33	76	104	430
毕节市	86	0	56	134	34	28	77	110	103	628
贵阳市	878	0	167	173	0	0	0	238	518	1 974
六盘水市	95	0	70	114	33	0	0	60	98	470
黔东南苗族侗族自治州	137	0	81	160	0	67	92	234	133	904
黔南布依族苗族自治州	106	59	46	89	57	0	34	66	159	616

续表

州市	风骏5	风骏7	铃拓	瑞迈	帅铃T6	新宝典	域虎5	域虎7	长城炮	总计
黔西南布依族苗族自治州	65	0	56	97	81	0	50	41	65	455
铜仁市	120	0	134	201	62	0	124	239	153	1 033
遵义市	122	0	91	187	149	0	75	172	241	1 037

(7) 海南省竞争格局分析

在海南省内（见表3-39），2020年长城皮卡销量为4 116辆，是第二名郑州日产皮卡的2倍有余，销量同比增长42%，市场份额也同比增长24%，达到48%；江淮皮卡、北汽福田皮卡、江铃皮卡、江西五十铃皮卡也表现较好，销量同比增长25%、93%、3%、10%和42%，伴随着销量的增长，这些皮卡车生产企业的市场份额同比增长9%、68%、-10%、-4%和24%；黄海皮卡、上汽大通皮卡和郑州日产的销量同比下跌43%、14%和13%，市场份额同比萎缩50%、25%和24%。江西五十铃皮卡和江铃皮卡的销量同比增长10%和3%，但市场份额却同比下跌4%和10%，这是因为这两家生产企业销量同比增长低于全省销量同比增长。

表3-39　2020年海南省皮卡车主要生产企业竞争格局（保险数）

主要生产企业	销量/辆	同比增长	市场份额	同比增长
江淮汽车	208	25%	2%	9%
北汽福田	362	93%	4%	68%
黄海汽车	219	-43%	3%	-50%
长安凯程	71	0	1%	0
河北中兴	297	0	3%	0
江铃汽车	943	3%	11%	-10%
江西五十铃	491	10%	6%	-4%
上汽大通	274	-14%	3%	-25%
长城汽车	4 116	42%	48%	24%
郑州日产	1 524	-13%	18%	-24%

分城市看（见表3-40），长城皮卡年销量在海南省各城市中除三沙

市外都保持领先。从各城市年销量来看，省会城市海口市保持领先，年销 4 624 辆，占据了海南省销量的半壁江山；紧随其后是的是三亚市，年销 2 261 辆。海口市和三亚市占据了海南省销量的 80%；可以说得海口和三亚者得海南。

表 3-40　2020 年海南省分城市皮卡车主要生产企业竞争格局（保险数）

单位：辆

城市	江淮汽车	北汽福田	黄海汽车	长安凯程	河北中兴	江铃汽车	江西五十铃	上汽大通	长城汽车	郑州日产	合计
海南省合计	208	362	219	16	297	943	491	274	4 116	1 524	8 450
儋州市	5	7	1	0	15	84	15	4	168	46	345
海口市	96	237	111	0	245	387	182	177	2 416	773	4 624
海南省省直辖	53	80	15	16	16	148	74	30	546	241	1 219
三沙市	0	0	0	0	0	0	0	0	0	1	1
三亚市	54	38	92	0	21	324	220	63	986	463	2 261

分车型看（见表 3-41），在海南省最受欢迎的是长城炮，年销 2 378 辆；其次是工具型皮卡长城汽车的风骏 7，年销 1 527 辆；排名第三的是江铃的域虎 7，年销 402 辆；江铃汽车的另外一款皮卡域虎 5 全年表现尚可，年销 324 辆。

表 3-41　2020 年海南省分城市主销车型竞争格局（保险数）

单位：辆

城市	风骏5	风骏7	铃拓	纳瓦拉	瑞迈	帅铃T6	新宝典	域虎5	域虎7	长城炮	总计
海南省合计	190	1 527	203	1	19	42	7	324	402	2 378	5 093
儋州市	8	61	8	0	0	0	7	39	30	99	252
海口市	129	867	94	0	0	0	0	135	135	1 417	2 777
海南省省直辖	0	220	46	0	19	42	0	59	58	308	752
三沙市	0	0	0	1	0	0	0	0	0	0	1
三亚市	53	379	55	0	0	0	0	91	179	554	1 311

(8) 河北省竞争格局分析

2020 年在河北省内（见表 3-42），长城皮卡销量为 17 304 辆，一马当先，是第二名江铃皮卡的 6 倍有余，销量同比增长 62%，市场份额也同比增长 24%，达到 68%；江铃皮卡、上汽大通皮卡和郑州日产皮卡也表现尚可，销量同比增长 15%、14% 和 25%；江淮皮卡、北汽福田、黄海皮卡、长安凯程皮卡、河北中兴皮卡和江西五十铃的销量同比下跌 30%、19%、33%、32%、28% 和 3%，市场份额同比萎缩 46%、38%、49%、48%、45% 和 26%。江铃皮卡、上汽大通皮卡和郑州日产皮卡销量同比增长 15%、14% 和 25%，但市场份额却同比下跌 12%、13% 和 4%，这是因为这 3 家生产企业销量同比增长低于全省销量同比。

表 3-42　2020 年河北省皮卡车主要生产企业竞争格局（保险数）

主要生产企业	销量/辆	同比增长	市场份额	同比增长
江淮汽车	267	-30%	1%	-46%
北汽福田	404	-19%	2%	-38%
黄海汽车	329	-33%	1%	-49%
长安凯程	913	-32%	4%	-48%
河北中兴	941	-28%	4%	-45%
江铃汽车	2 649	15%	10%	-12%
江西五十铃	1457	-3%	6%	-26%
上汽大通	409	14%	2%	-13%
长城汽车	17 304	62%	68%	24%
郑州日产	850	25%	3%	-4%

分城市看（见表 3-43），长城皮卡年销量在河北省各城市中保持领先。从各城市年销量来看，作为长城皮卡大本营的保定市一马当先，年销量达到了 4 823 辆；紧随其后的是唐山市和省会城市石家庄，年销量分别达到了 3 838 辆和 3 611 辆；然后是沧州市和邯郸市，年销量分别为 2 821 辆和 2 287 辆；承德市、衡水市、廊坊市、邢台市、秦皇岛市和张家口市这六个城市的年销量分别为 1 066 辆、1 048 辆、1 490 辆、1 763 辆、1 326 辆和 1 386 辆。

表 3-43　2020 年河北省分城市皮卡车主要生产企业竞争格局（保险数）

单位：辆

城市	江淮汽车	北汽福田	黄海汽车	长安凯程	河北中兴	江铃汽车	江西五十铃	上汽大通	长城汽车	郑州日产	合计
河北省合计	235	390	315	913	939	2 649	1 455	409	17 304	850	25 459
保定市	13	27	27	93	199	257	189	19	3 941	58	4 823
沧州市	39	39	0	50	105	574	167	40	1 733	74	2 821
承德市	0	7	39	52	26	128	0	19	730	65	1 066
邯郸市	67	38	41	241	71	163	179	76	1 352	59	2 287
衡水市	3	0	0	27	118	103	66	43	667	21	1 048
廊坊市	0	19	0	37	27	77	66	20	1 202	42	1 490
秦皇岛市	2	4	4	58	0	162	109	10	921	56	1 326
石家庄市	62	128	0	146	98	440	170	90	2 258	219	3 611
唐山市	0	51	70	87	99	507	310	29	2 569	116	3 838
邢台市	12	77	44	92	157	167	126	25	991	72	1763
张家口市	37	0	90	30	39	71	73	38	940	68	1 386

分车型看（见表 3-44），在河北省内长城炮最受欢迎，年销 7 305 辆，其次是长城汽车的风骏 7，年销 5 736 辆，而长城汽车的另一款工具型皮卡车风骏 5 排名第三，年销量达 4 262 辆；紧随其后的是江铃皮卡的域虎 5、新宝典和域虎 7，年销 849 辆、826 辆和 518 辆；江西五十铃的瑞迈年销 363 辆；江西五十铃的铃拓、江淮皮卡的帅铃 T6 和郑州日产的纳瓦拉年销量为 70~200 辆。

表 3-44　2020 年河北省分城市主销车型竞争格局（保险数）

单位：辆

城市	风骏5	风骏7	铃拓	纳瓦拉	瑞迈	帅铃T6	新宝典	域虎5	域虎7	长城炮	总计
河北省合计	4 262	5 736	150	186	363	73	826	849	518	7 305	20 268
保定市	1 002	1 177	0	0	58	0	91	69	72	1 762	4 231
沧州市	375	593	0	0	50	0	199	186	128	765	2 296

续表

城市	风骏5	风骏7	铃拓	纳瓦拉	瑞迈	帅铃T6	新宝典	域虎5	域虎7	长城炮	总计
承德市	144	232	0	42	0	32	40	34	354	878	
邯郸市	420	526	0	0	75	45	46	58	0	406	1 576
衡水市	198	249	0	0	28	0	0	53	22	220	770
廊坊市	303	266	0	16	0	0	20	35	0	633	1 273
秦皇岛市	108	351	30	0	35	0	36	56	43	462	1 121
石家庄市	701	724	0	87	0	0	144	149	85	832	2 722
唐山市	652	942	120	0	61	0	205	164	74	975	3 193
邢台市	172	342	0	0	56	0	53	39	60	477	1 199
张家口市	187	334	0	41		28	0	0	0	419	1 009

（9）河南省竞争格局分析

2020 年在河南省内（见表 3-45），长城皮卡销量为 9 730 辆，优势明显，是第二名郑州日产的皮卡 4 倍有余，销量同比增长 50%，市场份额也同比增长 22%，达到 61%；长安凯程皮卡和江西五十铃皮卡也表现较好，销量同比增长 20% 和 22%；江淮皮卡、河北中兴皮卡、江铃皮卡、上汽大通皮卡和郑州日产皮卡销量同比下跌 20%、35%、26%、9% 和 3%，市场份额同比萎缩 35%、2%、47%、40%、26% 和 21%。长安凯程皮卡和江西五十铃皮卡销量同比增长 20% 和 22%，但市场份额却一个同比下跌 2%，一个保持不变，这是因为这两家生产企业销量同比增长低于全省销量同比增长。

表 3-45　2020 年河南省皮卡车主要生产企业竞争格局（保险数）

主要生产企业	销量/辆	同比增长	市场份额	同比增长
江淮汽车	311	-20%	2%	-35%
北汽福田	435	0	3%	0
长安凯程	453	20%	3%	-2%
河北中兴	184	-35%	1%	-47%
江铃汽车	1 040	-26%	6%	-40%

续表

主要生产企业	销量/辆	同比增长	市场份额	同比增长
江西五十铃	935	22%	6%	0
庆铃汽车	67	0	0	0
上汽大通	442	-9%	3%	-26%
长城汽车	9 730	50%	61%	22%
郑州日产	2 419	-3%	15%	-21%

分城市看（见表3-46），长城皮卡年销量在河南省各城市中保持领先。从各城市年销量来看，省会城市郑州市保持领先，年销3 436辆；紧随其后的是的是洛阳市、南阳市和新乡市，都跨过了千辆大关，年销量分别为1 793辆、1 506辆和1 161辆；商丘市、信阳市和驻马店市的年销量在一个水平上，分别为991辆、898辆和936辆。

表3-46 2020年河南省分城市皮卡车主要生产企业竞争格局（保险数）

单位：辆

城市	江淮汽车	北汽福田	黄海汽车	长安凯程	河北中兴	江铃汽车	江西五十铃	上汽大通	长城汽车	郑州日产	合计
河南省合计	310	432	47	453	179	1 040	935	442	9 730	2 419	15 987
安阳市	23	17	0	19	0	37	43	14	550	63	766
河南省省直辖	0	1	0	0	1	22	12	0	144	7	187
鹤壁市	0	5	0	1	0	15	8	0	111	32	172
焦作市	0	8	0	6	4	13	20	26	387	108	572
开封市	3	5	0	13	1	14	0	29	366	57	488
洛阳市	10	28	0	26	8	139	172	36	1 205	169	1 793
漯河市	2	3	0	1	0	8	7	0	199	20	240
南阳市	62	14	0	41	10	207	84	36	894	158	1 506
平顶山市	4	20	15	7	0	48	25	30	320	69	538
濮阳市	1	2	0	9	7	17	11	10	499	151	707
三门峡市	5	0	3	5	57	42	65	3	261	69	510
商丘市	8	42	0	20	7	97	71	6	613	127	991

续表

城市	江淮汽车	北汽福田	黄海汽车	长安凯程	河北中兴	江铃汽车	江西五十铃	上汽大通	长城汽车	郑州日产	合计
新乡市	9	46	0	22	4	79	33	59	846	63	1 161
信阳市	34	22	4	55	20	47	65	5	581	65	898
许昌市	3	5	0	33	0	45	9	5	327	32	459
郑州市	103	149	16	130	54	108	245	140	1 490	1 001	3 436
周口市	0	1	6	27	1	37	17	20	438	80	627
驻马店市	43	64	3	38	5	65	48	23	499	148	936

分车型看（见表 3-47），在河南省内长城炮最受欢迎，年销 4 829 辆，其次是长城汽车的风骏 7 皮卡，年销 3 639 辆，而长城的另一款工具型皮卡风骏 5 紧随风骏 7 之后，排名第三，年销量达 1 258 辆；郑州日产的纳瓦拉和江铃汽车的域虎 5，年销量分别为 820 辆和 381 辆；江西五十铃的瑞迈和铃拓、江淮汽车的帅铃 T6、江铃汽车的域虎 7 和新宝典，年销量分别为 212 辆、225 辆、127 辆、183 辆和 87 辆。

表 3-47　2020 年河南省分城市主销车型竞争格局（保险数）

单位：辆

城市	风骏5	风骏7	铃拓	纳瓦拉	瑞迈	帅铃T6	新宝典	域虎5	域虎7	长城炮	总计
河南省合计	1 258	3 639	225	820	212	127	87	381	183	4 829	11 761
安阳市	147	198	26	32	0	15	14	13	0	205	650
河南省省直辖	0	79	4	4	5	0	5	4	3	63	167
鹤壁市	7	58	0	9	5	0	4	9	0	46	138
焦作市	46	123	6	52	11	0	0	6	0	218	462
开封市	65	145	0	21	0	0	0	8	0	156	395
洛阳市	114	319	58	0	43	0	0	51	38	772	1 395
漯河市	15	65	0	8	7	2	0	5	2	118	222
南阳市	52	403	0	41	38	0	39	66	60	439	1 138
平顶山市	30	141	0	25	0	0	0	19	16	149	380

续表

城市	风骏5	风骏7	铃拓	纳瓦拉	瑞迈	帅铃T6	新宝典	域虎5	域虎7	长城炮	总计
濮阳市	74	182	0	68	0	0	0	12	0	243	579
三门峡市	19	106	16	24	20	0	0	25	0	136	346
商丘市	27	278	14	42	46	0	0	54	24	308	793
新乡市	101	344	0	52	0	0	17	39	17	401	971
信阳市	81	190	22	27	20	18	0	18	0	310	686
许昌市	34	149	0	16	0	0	8	9	23	144	383
郑州市	294	505	79	389	0	69	0	0	0	690	2 026
周口市	98	118	0	10	17	0	0	6	0	222	471
驻马店市	54	236	0	0	0	23	0	37	0	209	559

（10）黑龙江省竞争格局分析

2020年在黑龙江内（见表3-48），长城皮卡销量为7 549辆，是第二名江铃皮卡的3倍多，销量同比增长84%，市场份额也同比增长10%，达到47%；北汽福田皮卡、河北中兴皮卡、江铃皮卡、江西五十铃皮卡、上汽大通皮卡也表现较好，销量同比增长99%、52%、32%、24%和7%；黄海皮卡、庆铃皮卡和郑州日产皮卡的销量同比下跌22%、82%和50%，市场份额同比萎缩54%、36%和70%。河北中兴皮卡、江铃皮卡、江西五十铃皮卡和上汽大通皮卡的销量同比增长52%、32%、24%和7%，但市场份额却同比下跌9%、21%、26%和36%，这是因为这4家生产企业销量同比增长低于全省销量同比增长。

表3-48　2020年黑龙江省皮卡车主要生产企业竞争格局（保险数）

主要生产企业	销量/辆	同比增长	市场份额	同比增长
北汽福田	274	99%	2%	18%
黄海汽车	194	-22%	1%	-54%
长安凯程	163	0	1%	0
河北中兴	269	52%	2%	-9%
江铃汽车	1 953	32%	12%	-21%

续表

主要生产企业	销量/辆	同比增长	市场份额	同比增长
江西五十铃	1 057	24%	7%	-26%
庆铃汽车	137	-82%	1%	-89%
上汽大通	269	7%	2%	-36%
长城汽车	7 549	84%	47%	10%
郑州日产	711	-50%	4%	-70%

分地市看（见表3-49），长城皮卡年销量在黑龙江省各地市中保持领先。从各地年销量来看，省会城市哈尔滨市保持领先，年销3 756辆；紧随其后的是佳木斯市、大庆市和齐齐哈尔市，年销量跨过了千辆大关，分别为1 862辆、1 600辆和1 375辆。

表3-49　2020年黑龙江省分地市皮卡车主要生产企业竞争格局（保险数）

单位：辆

地市	北汽福田	黄海汽车	长安凯程	河北中兴	江铃汽车	江西五十铃	上汽大通	长城汽车	郑州日产	合计
黑龙江省合计	274	194	162	267	1 953	1 057	268	7 549	711	12 435
大庆市	21	16	41	0	243	163	15	956	145	1 600
大兴安岭地区	4	0	0	0	12	8	1	26	15	66
哈尔滨市	108	83	47	59	435	216	66	2 522	220	3 756
鹤岗市	6	1	3	3	25	7	0	184	4	233
黑河市	44	2	6	29	243	41	0	539	77	981
鸡西市	4	7	8	29	126	63	14	168	62	481
佳木斯市	10	13	11	34	327	110	17	1 291	49	1 862
牡丹江市	7	16	0	4	51	122	108	242	51	601
七台河市	5	6	0	1	23	38	0	82	4	159
齐齐哈尔市	50	43	33	32	288	129	43	710	47	1 375
双鸭山市	4	1	5	6	65	43	0	426	25	575
绥化市	11	5	8	62	83	105	0	317	9	600
伊春市	0	1	0	8	32	12	4	86	3	146

分车型看（见表3-50），在黑龙江省内长城炮最受欢迎，年销4 310辆，其次是长城汽车的风骏5和风骏7，两车型销量旗鼓相当，分别为1 594辆和1 507辆；紧随其后的是江铃汽车的域虎7和江西五十铃的铃拓，年销量分别为1 091辆和514辆；郑州日产的纳瓦拉、江西五十铃的瑞迈和江铃汽车的域虎5年销量分别为102辆、269辆和494辆。

表3-50 2020年黑龙江省分地市主销车型竞争格局（保险数）

单位：辆

地市	风骏5	风骏7	铃拓	纳瓦拉	瑞迈	域虎5	域虎7	长城炮	总计
黑龙江省合计	1 594	1 507	514	102	269	494	1 091	4 310	9 881
大庆市	343	85	73	0	59	64	113	485	1 222
大兴安岭地区	2	4	4	12	3	6	6	20	57
哈尔滨市	571	500	108	90	0	103	211	1 407	2 990
鹤岗市	27	40	0	0	0	7	14	114	202
黑河市	69	127	26	0	0	55	157	331	765
鸡西市	27	20	31	0	21	31	82	114	326
佳木斯市	275	310	33	0	52	75	195	687	1 627
牡丹江市	53	26	87	0	15	0	34	163	378
七台河市	12	4	17	0	14	8	10	66	131
齐齐哈尔市	107	171	64	0	42	81	171	427	1 063
双鸭山市	44	129	17	0	20	17	40	252	519
绥化市	43	72	48	0	40	31	44	200	478
伊春市	21	19	6	0	3	16	14	44	123

（11）湖北省竞争格局分析

2020年在湖北省内（见表3-51），长城皮卡销量为5 362辆，领先第二名江铃皮卡1 065辆，销量同比增长30%，市场份额也同比增长21%，达到34%；北汽福田皮卡、江铃皮卡、上汽大通皮卡和郑州日产皮卡也表现较好，销量同比增长7%、6%、35%和5%；江淮皮卡、长安凯程皮卡、江西五十铃皮卡和庆铃皮卡销量同比下跌19%、37%、3%和10%，市场份额同比萎缩25%、41%、10%和16%。江铃皮卡和郑州日产皮卡销量同比增长6%和5%，但市场份额却同比下跌1%和3%，这是因为这两家生产企业销量同比增长低于全省销量同比增长。

表3-51　2020年湖北省皮卡车主要生产企业竞争格局（保险数）

主要生产企业	销量/辆	同比增长	市场份额	同比增长
江淮汽车	819	-19%	5%	-25%
北汽福田	675	7%	4%	0%
长安凯程	404	-37%	3%	-41%
河北中兴	216	0	1%	0
江铃汽车	4 297	6%	27%	-1%
江西五十铃	1 467	-3%	9%	-10%
庆铃汽车	467	-10%	3%	-16%
上汽大通	853	35%	5%	25%
长城汽车	5 362	30%	34%	21%
郑州日产	1 155	5%	7%	-3%

分州市看（见表3-52），长城皮卡和江铃皮卡的年销量在湖北省各州市中互有领先。从各州市年销量来看，恩施土家族苗族自治州市保持领先，年销2 512辆；紧随其后的是襄阳市和宜昌市，年销2 245辆和1 961辆；十堰市、武汉市年销量相当，分别为1 775辆和1 777辆；鄂州市、黄冈市、黄石市、荆门市、荆州市、随州市、咸宁市和孝感市的年销量分别为108辆、866辆、790辆、840辆、712辆、424辆、617辆和320辆。

表3-52　2020年湖北省分州市皮卡车主要生产企业竞争格局（保险数）

单位：辆

州市	江淮汽车	北汽福田	黄海汽车	长安凯程	河北中兴	江铃汽车	江西五十铃	上汽大通	长城汽车	郑州日产	合计
湖北省合计	817	672	104	390	178	4 297	1 467	853	5 362	1 155	15 295
鄂州市	0	5	0	5	0	76	2	0	15	5	108
恩施土家族苗族自治州	399	197	59	64	0	770	214	243	472	94	2 512
湖北省省直辖	0	0	3	4	7	107	19	20	161	27	348

续表

州市	江淮汽车	北汽福田	黄海汽车	长安凯程	河北中兴	江铃汽车	江西五十铃	上汽大通	长城汽车	郑州日产	合计
黄冈市	20	52	0	40	0	245	89	18	328	74	866
黄石市	0	15	0	20	5	359	75	14	297	5	790
荆门市	23	29	0	32	8	237	137	6	304	64	840
荆州市	39	29	0	44	4	236	99	31	222	8	712
十堰市	226	71	21	63	33	255	126	68	648	264	1 775
随州市	13	0	0	14	0	110	72	37	123	55	424
武汉市	25	147	0	48	59	420	136	145	457	340	1 777
咸宁市	4	3	0	19	0	78	53	6	428	18	617
襄阳市	23	81	0	26	31	510	214	66	1 188	106	2 245
孝感市	12	8	0	11	7	84	31	6	139	22	320
宜昌市	33	35	21	0	16	810	200	193	580	73	1 961

分车型上来看（见表3-53），在湖北省内长城炮系列皮卡最受欢迎，年销2 616辆，其次是长城汽车的风骏5，年销1 741辆；江铃汽车的中高端车型域虎7，排名第三，年销量达1 516辆；紧随其后的是长城汽车的风骏7、江铃汽车的域虎5和江西五十铃的铃拓，年销量分别为792辆、531辆和513辆；郑州日产的纳瓦拉、江西五十铃的瑞迈、江淮汽车的帅铃T6、江铃汽车的域虎5和新宝典，年销量分别为218辆、363辆、397辆、531辆和671辆。

表3-53　2020年湖北省分州市主销车型竞争格局（保险数）

单位：辆

州市	风骏5	风骏7	铃拓	纳瓦拉	瑞迈	帅铃T6	新宝典	域虎5	域虎7	长城炮	总计
湖北省合计	1 741	792	513	218	363	397	671	531	1 516	2 616	9 358
鄂州市	9	0	0	0	0	0	10	13	29	6	67
恩施土家族苗族自治州	139	0	0	0	116	220	89	126	387	276	1 353

续表

州市	风骏5	风骏7	铃拓	纳瓦拉	瑞迈	帅铃T6	新宝典	域虎5	域虎7	长城炮	总计
湖北省省直辖	66	12	0	0	0	0	12	22	19	82	213
黄冈市	93	42	41	0	36	0	46	49	78	176	561
黄石市	123	34	0	0	33	0	56	66	100	135	547
荆门市	93	43	89	0	0	0	51	0	89	168	533
荆州市	65	34	63	0	0	0	38	34	51	123	408
十堰市	199	170	52	0	61	177	0	0	128	258	1 045
随州市	34	0	43	0	18	0	30	0	33	73	231
武汉市	160	0	0	218	0	0	84	0	128	237	827
咸宁市	162	57	27	0	14	0	0	23	33	208	524
襄阳市	322	302	84	0	85	0	90	102	196	532	1 713
孝感市	60	9	16	0	0	0	12	18	27	70	212
宜昌市	216	89	98	0	0	0	153	78	218	272	1 124

（12）湖南省竞争格局分析

2020年在湖南省内（见表3-54），长城皮卡销量为7 467辆，一马当先，是第二名江铃皮卡的2倍有余，销量同比增长28%，市场份额也同比增长17%，达到44%；北汽福田皮卡、黄海皮卡、长安凯程皮卡、郑州日产皮卡也表现较好，销量同比增长21%、12%、19%和19%。伴随着销量的增长，这些皮卡车生产企业的市场份额也同比增长11%、2%、8%、9%和17%；江淮皮卡、河北中兴皮卡、江铃皮卡和江西五十铃皮卡的销量同比下跌7%、1%、2%和3%，市场份额同比萎缩15%、9%、11%和12%。

表3-54 2020年湖南省皮卡车主要生产企业竞争格局（保险数）

主要生产企业	销量/辆	同比增长	市场份额	同比增长
江淮汽车	772	-7%	5%	-15%
北汽福田	521	21%	3%	11%
黄海汽车	352	12%	2%	2%
长安凯程	403	19%	2%	8%

续表

主要生产企业	销量/辆	同比增长	市场份额	同比增长
河北中兴	1 043	-1%	6%	-9%
江铃汽车	3 194	-2%	19%	-11%
江西五十铃	1 915	-3%	11%	-12%
上汽大通	218	0	1%	0
长城汽车	7 467	28%	44%	17%
郑州日产	957	19%	6%	9%

分州市看（见表3-55），长城皮卡年销量在湖南省各州市中保持领先，其次是江铃皮卡。从各州市年销量来看，省会城市长沙市保持领先，年销2 541辆；常德市、郴州市、怀化市、娄底市、邵阳市、湘西土家族苗族自治州、永州市和岳阳市年销量都跨过千辆大关，分别为1 160辆、1 220辆、1 681辆、1 598辆、1 350辆、1 357辆、1 559辆和1 161辆；衡阳市、湘潭市、益阳市、张家界市和株洲市的年销量分别为844辆、333辆、629辆、710辆和595辆。

表3-55 2020年湖南省分州市皮卡车主要生产企业竞争格局（保险数）

单位：辆

州市	江淮汽车	北汽福田	黄海汽车	长安凯程	河北中兴	江铃汽车	江西五十铃	上汽大通	长城汽车	郑州日产	合计
湖南省合计	772	513	305	391	1 037	3 194	1 915	187	7 467	957	16 738
常德市	31	8	12	25	405	180	122	6	294	77	1160
郴州市	84	19	0	33	30	207	122	27	632	66	1 220
衡阳市	6	6	0	10	0	145	123	5	510	39	844
怀化市	74	47	23	0	20	320	217	14	866	100	1 681
娄底市	57	17	45	53	121	225	115	18	865	82	1 598
邵阳市	53	32	38	21	37	327	181	0	598	63	1 350
湘潭市	13	23	5	4	0	98	49	3	119	19	333
湘西土家族苗族自治州	80	109	14	30	67	343	165	0	486	63	1 357

续表

州市	江淮汽车	北汽福田	黄海汽车	长安凯程	河北中兴	江铃汽车	江西五十铃	上汽大通	长城汽车	郑州日产	合计
益阳市	11	30	82	35	40	74	48	0	299	10	629
永州市	116	0	61	40	57	175	253	19	799	39	1 559
岳阳市	44	20	0	32	93	186	154	36	548	48	1 161
张家界市	75	22	25	35	68	136	73	0	243	33	710
长沙市	118	156	0	55	77	617	210	59	946	303	2 541
株洲市	10	24	0	18	22	161	83	0	262	15	595

分车型看（见表 3-56），在湖南省内长城炮最受欢迎，年销 3 202 辆，其次是长城汽车的风骏 5，年销 2 678 辆，而长城汽车的另一款工具型皮卡风骏 7 紧随风骏 5 之后，排名第三，年销量达 1 489 辆；江铃汽车的域虎 7、江西五十铃汽车的铃拓和瑞迈，年销量分别为 867 辆、721 辆和 897 辆；郑州日产的纳瓦拉、江淮汽车的帅铃 T6、江铃汽车的域虎 5 和新宝典，年销量分别为 41 辆、447 辆、393 辆和 378 辆。

表 3-56 2020 年湖南省分州市主销车型竞争格局（保险数）

单位：辆

州市	风骏5	风骏7	铃拓	纳瓦拉	瑞迈	帅铃T6	新宝典	域虎5	域虎7	长城炮	总计
湖南省合计	2 678	1 489	721	41	897	447	378	393	867	3 202	11 113
常德市	79	0	47	0	67	0	0	0	64	174	431
郴州市	222	197	45	0	68	65	37	0	66	192	892
衡阳市	221	86	61	0	52	0	27	0	35	202	684
怀化市	264	276	100	41	108	55	0	90	132	323	1 389
娄底市	325	124	0	0	70	44	48	53	52	410	1 126
邵阳市	187	130	72	0	104	43	66	81	86	280	1 044
湘潭市	51	23	26	0	15	0	18	17	17	45	212
湘西土家族苗族自治州	188	82	51	0	99	61	0	82	141	212	916

续表

州市	风骏5	风骏7	铃拓	纳瓦拉	瑞迈	帅铃T6	新宝典	域虎5	域虎7	长城炮	总计
益阳市	142	0	0	0	35	0	16	0	0	152	345
永州市	283	185	103	0	133	98	0	0	48	326	1 176
岳阳市	190	94	62	0	74	34	0	0	41	262	757
张家界市	64	62	36	0	32	47	0	33	55	112	441
长沙市	363	181	91	0	0	0	119	0	110	398	1 262
株洲市	99	49	27	0	40	0	47	37	20	114	433

（13）吉林省竞争格局分析

2020年在吉林省内（见表3-57），长城皮卡销量为3 908辆，一马当先，是第二名江西五十铃名皮卡的近8倍，销量同比增长55%，市场份额也同比增长12%，达到69%；北汽福田皮卡、黄海皮卡、长安凯程皮卡、江铃皮卡、江西五十铃皮卡、庆铃皮卡、郑州日产皮卡也表现较好，销量同比增长98%、31%、15%、10%、1%、64%和70%；河北中兴皮卡和上汽大通的销量同比下跌29%和43%，市场份额同比萎缩48%和59%。黄海皮卡、长安凯程皮卡、江铃皮卡和江西五十铃皮卡的销量同比增长31%、15%、10%和1%，但市场份额却同比下跌5%、-17%、21%和27%，这是因为这4家生产企业销量同比增长低于全省销量同比增长。

表3-57 2020年吉林省皮卡车主要生产企业竞争格局（保险数）

主要生产企业	销量/辆	同比增长	市场份额	同比增长
北汽福田	113	98%	2%	43%
黄海汽车	92	31%	2%	-5%
长安凯程	85	15%	2%	-17%
河北中兴	80	-29%	1%	-48%
江铃汽车	400	10%	7%	-21%
江西五十铃	489	1%	9%	-27%
庆铃汽车	136	64%	2%	18%
上汽大通	100	-43%	2%	-59%
长城汽车	3908	55%	69%	12%
郑州日产	250	70%	4%	23%

分州市看（见表3-58），长城皮卡年销量在吉林省各城市中保持领先。从各州市年销量来看，省会城市长春市保持领先，年销1 920辆；紧随其后的是白城市，年销856辆；白山市、吉林市、辽源市、四平市、松原市、通化市和延边朝鲜族自治州年销量分别为302辆、431辆、125辆、493辆、461辆、292辆和664辆。

表3-58　2020年吉林省分州市皮卡车主要生产企业竞争格局（保险数）

单位：辆

州市	江淮汽车	北汽福田	黄海汽车	长安凯程	河北中兴	江铃汽车	江西五十铃	上汽大通	长城汽车	郑州日产	合计
吉林省合计	34	112	92	84	78	400	489	98	3 908	249	5 544
白城市	0	8	23	11	0	13	82	34	680	5	856
白山市	0	5	2	0	10	104	57	6	113	5	302
吉林市	0	4	0	6	0	34	29	4	347	7	431
辽源市	1	3	0	0	0	8	1	0	112	0	125
四平市	0	13	2	18	0	26	10	3	417	4	493
松原市	0	12	2	4	7	69	39	0	322	6	461
通化市	3	0	12	5	0	30	39	3	200	0	292
延边朝鲜族自治州	30	31	3	14	46	47	91	0	316	86	664
长春市	0	36	48	26	15	69	141	48	1 401	136	1 920

分车型看（见表3-59），在吉林省内长城炮最受欢迎，年销1 884辆，其次是长城汽车的风骏5，年销1 093辆，而长城汽车的另一款工具型皮卡风骏7紧随其后，排名第三，年销760辆；江铃皮卡的域虎7和江西五十铃皮卡的铃拓，年销量分别为161辆和264辆；郑州日产的纳瓦拉、江西五十铃的瑞迈、江铃皮卡的域虎5和新宝典，年销量分别为97辆、91辆、77辆和9辆。

表 3-59　2020 年吉林省分州市主销车型竞争格局（保险数）

单位：辆

州市	风骏 5	风骏 7	铃拓	纳瓦拉	瑞迈	新宝典	域虎 5	域虎 7	长城炮	总计
吉林省合计	1 093	760	264	97	91	9	77	161	1 884	4 436
白城市	217	203	45	0	19	0	0	0	169	653
白山市	11	37	25	0	21	9	25	50	63	241
吉林市	53	32	21	5	0	0	9	18	255	393
辽源市	23	14	0	0	0	0	1	7	68	113
四平市	118	68	7	0	0	0	8	11	227	439
松原市	108	37	22	0	11	0	26	31	159	394
通化市	31	38	21	0	7	0	8	18	124	247
延边朝鲜族自治州	42	58	55	27	0	0	0	26	196	404
长春市	490	273	68	65	33	0	0	0	623	1 552

（14）江苏省竞争格局分析

2020 年在江苏省内（见表 3-60），长城皮卡销量为 3 192 辆，同比增长 55%，市场份额也同比增长 23%，达到 35%；江淮皮卡、北汽福田皮卡、长安凯程皮卡、江铃皮卡、江西五十铃皮卡、上汽大通皮卡和郑州日产皮卡也表现较好，销量同比增长 14%、163%、35%、1%、73%、26% 和 9%；庆铃皮卡销量同比下跌 65%，市场份额同比萎缩 73%。江淮皮卡、江铃皮卡和郑州日产皮卡的销量同比增长 14%、1% 和 9%，但市场份额却同比下跌 10%、20% 和 14%，这是因为这 3 家生产企业销量同比增长低于全省销量同比增长。

表 3-60　2020 年江苏省皮卡车主要生产企业竞争格局（保险数）

主要生产企业	销量/辆	同比增长	市场份额	同比增长
江淮汽车	324	14%	4%	-10%
北汽福田	461	163%	5%	108%
长安凯程	456	35%	5%	7%
河北中兴	61	0	1%	0
江铃汽车	1 654	1%	18%	-20%

续表

主要生产企业	销量/辆	同比增长	市场份额	同比增长
江西五十铃	606	73%	7%	37%
庆铃汽车	92	-65%	1%	-73%
上汽大通	699	26%	8%	0%
长城汽车	3 192	55%	35%	23%
郑州日产	1 481	9%	16%	-14%

分城市看（见表3-61），长城皮卡年销量在江苏省各城市中除苏州市外都保持领先。从各城市年销量来看，省会城市南京市保持领先，年销1 363辆；紧随其后的是苏州市和无锡市，年销量分别为1 116辆和1 009辆；连云港市和徐州市的年销量也比较相近，分别为950辆和983辆；常州市、淮安市、南通市、泰州市、宿迁市、盐城市、扬州市和镇江市的年销量分别为477辆、365辆、560辆、337辆、591辆、505辆、387辆和317辆。

表3-61 2020年江苏省分城市皮卡车主要生产企业竞争格局（保险数）

单位：辆

城市	江淮汽车	北汽福田	黄海汽车	长安凯程	河北中兴	江铃汽车	江西五十铃	上汽大通	长城汽车	郑州日产	合计
江苏省合计	324	461	30	456	57	1 654	606	699	3 192	1481	8 960
常州市	17	29	0	6	12	69	18	57	200	69	477
淮安市	3	31	0	11	0	115	40	26	120	19	365
连云港市	14	17	0	27	3	156	93	48	391	201	950
南京市	112	49	0	55	9	194	82	73	497	292	1 363
南通市	9	51	8	27	0	95	15	35	230	90	560
苏州市	7	86	0	63	0	253	58	116	256	277	1 116
泰州市	8	2	0	20	8	50	2	40	171	36	337
无锡市	26	25	0	24	11	137	54	181	465	86	1 009
宿迁市	10	18	20	82	9	103	44	24	236	45	591
徐州市	53	42	0	68	3	259	150	43	252	113	983
盐城市	15	67	0	27	2	52	32	24	163	123	505
扬州市	44	9	2	34	0	83	18	27	103	67	387
镇江市	6	35	0	12	0	88	0	5	108	63	317

分车型上来看（见表3-62），在江苏省内长城炮最受欢迎，年销1 545辆，其次是长城汽车的风骏7，年销1 243辆；江铃汽车的域虎5排名第三，年销707辆；紧随其后的是郑州日产的纳瓦拉，年销676辆；长城汽车的风骏5和江铃汽车的新宝典，年销量分别为352辆和452辆；江西五十铃的瑞迈和铃拓、江淮皮卡的帅铃T6和江铃皮卡的域虎7，年销量分别为198辆、41辆、38辆和43辆。

表3-62 2020年江苏省分城市主销车型竞争格局（保险数）

单位：辆

城市	风骏5	风骏7	铃拓	纳瓦拉	瑞迈	帅铃T6	新宝典	域虎5	域虎7	长城炮	总计
江苏省合计	352	1 243	41	676	198	38	452	707	43	1 545	5 295
常州市	43	62	0	36		0	17	28	0	95	281
淮安市	0	53	0	14	25	0	34	62	13	62	263
连云港市	0	169	0	45	50	0	54	51	30	211	610
南京市	79	215	0	215	0	0	46	89	0	203	847
南通市	26	87	0	61	0	0	27	45	0	117	363
苏州市	0	120	0	151	0	0	70	94	0	108	543
泰州市	12	85	0	18	0	0	16	21	0	74	226
无锡市	92	109	0	43	0	0	28	54	0	264	590
宿迁市	18	95	0	18	24	0	41	38	0	123	357
徐州市	49	100	41	0	82	0	76	141	0	103	592
盐城市	14	74	0	30	17	0	0	24	0	75	234
扬州市	0	43	0	30	0	38	32	45	0	52	240
镇江市	19	31	0	15	0	0	11	15	0	58	149

（15）江西省竞争格局分析

2020年在江西省内（见表3-63），一改长城皮卡销量领先的局面，江铃皮卡夺得销量第一，销量为6 462辆，同比增长2%，市场份额也同比增长-4%，达到50%；长城皮卡紧随其后，销量排名第二，销量为3 664辆；江淮皮卡、江西五十铃、庆铃皮卡和郑州日产皮卡也表现较好，销量同比增长25%、35%、4%和31%。北汽福田皮卡和长安凯程皮卡的销量同比下跌 27% 和 24%，市场份额同比萎缩 32% 和 29%。江铃皮卡和庆铃皮卡的销量同比增长 2% 和 4%，但市场份额却同比下跌 4% 和 3%，这是因为这两家生产企业销量同比增长低于全省销量同比增长。

表 3-63　2020 年江西省皮卡车主要生产企业竞争格局（保险数）

主要生产企业	销量/辆	同比增长	市场份额	同比增长
江淮汽车	211	25%	2%	17%
北汽福田	190	-27%	1%	-32%
长安凯程	160	-24%	1%	-29%
江铃汽车	6 462	2%	50%	-4%
江铃汽车集团改装车股份有限公司	185	-27%	1%	-32%
江西五十铃	1 603	35%	12%	26%
庆铃汽车	147	4%	1%	-3%
上汽大通	118	0	1%	0
长城汽车	3 664	23%	28%	15%
郑州日产	293	31%	2%	22%

分城市看（见表 3-64），江铃皮卡年销量在江西省各城市中保持领先。从各城市年销量来看，赣州市保持领先，年销 4 092 辆；吉安市、九江市、南昌市、上饶市和宜春市的年销量也跨过了千辆大关，分别为 1 689 辆、1035 辆、1 579 辆、1 247 辆和 1 161 辆；抚州市、景德镇市、萍乡市、新余市和鹰潭市的年销量分别为 550 辆、273 辆、398 辆、358 辆和 349 辆。

表 3-64　2020 年江西省分城市皮卡车主要生产企业竞争格局（保险数）

城市	江淮汽车	北汽福田	黄海汽车	长安凯程	河北中兴	江铃汽车	江西五十铃	上汽大通	长城汽车	郑州日产	合计
江西省合计	208	188	29	160	46	6 462	1 603	91	3 664	280	12 731
抚州市	0	12	2	10	0	279	111	5	100	31	550
赣州市	89	36	0	23	28	1 509	321	0	1 912	174	4 092
吉安市	17	12	10	11	0	937	209	0	493	0	1 689

续表

城市	江淮汽车	北汽福田	黄海汽车	长安凯程	河北中兴	江铃汽车	江西五十铃	上汽大通	长城汽车	郑州日产	合计
景德镇市	1	1	0	2	0	144	30	0	91	4	273
九江市	7	23	15	37	0	587	145	14	207	0	1 035
南昌市	7	24	0	23	5	970	340	0	200	10	1 579
萍乡市	5	2	2	10	3	267	50	0	56	3	398
上饶市	73	0	0	12	0	648	180	41	267	26	1 247
新余市	1	5	0	2	0	183	20	1	146	0	358
宜春市	0	73	0	19	10	675	164	28	165	27	1 161
鹰潭市	8	0	0	11	0	263	33	2	27	5	349

分车型看（见表3-65），在江西省长城汽车的风骏5最受欢迎，年销1 689辆，其次是长城炮，年销1 334辆；江铃汽车的域虎7和新宝典旗鼓相当，排名分别为第三和第四，年销量分别为1 190辆和1 169辆；紧随其后的江铃汽车的域虎5和江西五十铃的瑞迈，年销量分别为919辆和810辆；长城汽车的风骏7、江西五十铃的铃拓和江淮汽车的帅铃T6，年销量分别为485辆、326辆和63辆。

表3-65 2020年江西省分城市主销车型竞争格局（保险数）

单位：辆

城市	风骏5	风骏7	铃拓	瑞迈	帅铃T6	新宝典	域虎5	域虎7	长城炮	总计
江西省合计	1 689	485	326	810	63	1 169	919	1 190	1 334	7 985
抚州市	34	0	30	58	0	55	31	34	55	297
赣州市	945	387	0	146	0	343	234	197	533	2 785
吉安市	253	79	50	129	0	178	131	235	161	1 216
景德镇市	33	0	0	0	18	0	13	12	32	54	162
九江市	64	0	41	69	0	98	55	93	130	550
南昌市	89	0	92	162	0	148	105	192	91	879
萍乡市	14	0	11	19	0	65	57	40	40	246
上饶市	113	0	47	98	63	89	113	140	112	775

续表

城市	风骏5	风骏7	铃拓	瑞迈	帅铃T6	新宝典	域虎5	域虎7	长城炮	总计
新余市	54	19	0	9	0	33	18	35	71	239
宜春市	75	0	44	87	0	102	136	120	78	642
鹰潭市	15	0	11	15	0	45	27	72	9	194

（16）辽宁省竞争格局分析

2020年在辽宁省内（见表3-66），长城皮卡销量为6 353辆，销量同比增长50%，市场份额也同比增长15%，达到52%；江淮皮卡、北汽福田皮卡、黄海皮卡、江铃皮卡、江西五十铃皮卡、上汽大通皮卡和郑州日产皮卡也表现较好，销量同比增长3%、95%、28%、8%、10%、82%和27%；河北中兴皮卡销量同比下跌17%，市场份额同比萎缩36%。江淮皮卡、黄海皮卡、江铃皮卡、江西五十铃皮卡和郑州日产皮卡销量同比增长3%、28%、8%、10%和27%，但市场份额却同比下跌21%、2%、17%、16%和2%，这是因为这4家生产企业销量同比增长低于全省销量同比增长。

表3-66　2020年辽宁省皮卡车主要生产企业竞争格局（保险数）

主要生产企业	销量/辆	同比增长	市场份额	同比增长
江淮汽车	325	3%	3%	-21%
北汽福田	361	95%	3%	50%
黄海汽车	713	28%	6%	-2%
长安凯程	111	0	1%	0
河北中兴	289	-17%	2%	-36%
江铃汽车	1 581	8%	13%	-17%
江西五十铃	1 305	10%	11%	-16%
上汽大通	514	82%	4%	40%
长城汽车	6 353	50%	52%	15%
郑州日产	701	27%	6%	-2%

分城市看（见表3-67），长城皮卡年销量在辽宁省内各城市中保持领先。从各城市年销量来看，省会城市沈阳市保持领先，年销2 501辆；

紧随其后的是营口市和大连市，年销量分别为1 608辆和1 491辆；鞍山市、本溪市、朝阳市、丹东市、抚顺市、阜新市、葫芦岛市、锦州市、辽阳市、盘锦市和铁岭市的年销量分别为481辆、225辆、832辆、661辆、560辆、409辆、820辆、808辆、304辆、963辆和576辆。

表3-67 2020年辽宁省分城市皮卡车主要生产企业竞争格局（保险数）

单位：辆

城市	江淮汽车	北汽福田	黄海汽车	长安凯程	河北中兴	江铃汽车	江西五十铃	上汽大通	长城汽车	郑州日产	合计
辽宁省合计	317	361	713	109	288	1 581	1 305	511	6 353	701	12 239
鞍山市	0	9	19	4	5	88	50	6	282	18	481
本溪市	0	1	9	3	0	19	22	3	161	7	225
朝阳市	0	14	73	0	50	70	99	9	477	40	832
大连市	50	18	39	31	34	215	324	108	574	98	1 491
丹东市	117	15	199	14	17	57	75	0	132	35	661
抚顺市	0	14	3	2	0	86	16	2	416	21	560
阜新市	0	15	136	1	10	35	18	5	177	12	409
葫芦岛市	62	43	41	8	4	91	4	20	537	10	820
锦州市	3	29	10	0	25	106	133	6	426	70	808
辽阳市	0	4	9	0	34	20	13	0	206	18	304
盘锦市	37	46	20	12	52	270	18	6	386	116	963
沈阳市	0	88	86	29	30	385	385	55	1 273	170	2 501
铁岭市	0	14	52	5	1	18	7	0	456	23	576
营口市	48	51	17	0	26	121	141	291	850	63	1 608

分车型看（见表3-68），在辽宁省内长城炮最受欢迎，年销3 140辆，其次是长城汽车风骏5，年销1 700辆，而长城的另一款工具型皮卡风骏7紧随风骏5之后，排名第三，年销量为1 392辆；江铃汽车的域虎7和江西五十铃的铃拓，年销量分别为549辆和603辆；郑州日产的纳瓦拉、江西五十铃的瑞迈、江淮汽车的帅铃T6、江铃汽车的域虎5和新宝典，年销量分别为154辆、356辆、61辆、265辆和63辆。

表3-68 2020年辽宁省分城市主销车型竞争格局（保险数）

单位：辆

城市	风骏5	风骏7	铃拓	纳瓦拉	瑞迈	帅铃T6	新宝典	域虎5	域虎7	长城炮	总计
辽宁省合计	1 700	1 392	603	154	356	61	63	265	549	3 140	8 283
鞍山市	66	49	28	11	0	0	11	22	34	149	370
本溪市	73	16	12	0	6	0	0	8	6	70	191
朝阳市	129	95	55	0	28	0	0	0	25	251	583
大连市	122	133	132	0	118	0	0	0	45	310	860
丹东市	20	20	48	21	0	32	0	0	0	92	233
抚顺市	105	62	6	20	0	0	0	19	47	238	497
阜新市	52	30	10	0	0	0	0	0	14	93	199
葫芦岛市	106	194	0	0	0	0	0	24	29	235	588
锦州市	126	136	63	0	49	0	0	29	42	158	603
辽阳市	24	47	7	12	0	0	0	7	7	131	235
盘锦市	133	56	0	0	0	0	46	53	85	196	569
沈阳市	413	212	160	73	123	0	0	76	159	616	1 832
铁岭市	141	129	0	17	0	0	6	0	8	180	481
营口市	190	213	82	0	32	29	0	27	48	421	1 042

（17）内蒙古自治区竞争格局分析

2020年在内蒙古自治区内（见表3-69），长城皮卡销量为14 771辆，优势突出，是第二名郑州日产皮卡的近8倍，销量同比增长60%，市场份额也同比增长4%，达到70%；江淮皮卡、北汽福田皮卡、江铃皮卡、江西五十铃皮卡、上汽大通皮卡和郑州日产皮卡也表现较好，销量同比增长9%、98%、25%、44%、59%和59%。黄海皮卡和河北中兴皮卡的销量同比下跌4%和28%，市场份额同比萎缩37%和53%。江淮皮卡、江铃皮卡和江西五十铃皮卡的销量同比增长9%、25%和44%，但市场份额却同比下跌29%、18%和6%，这是因为这3家生产企业销量同比增长低于全区销量同比增长。

表3-69　2020年内蒙古自治区皮卡车主要生产企业竞争格局（保险数）

主要生产企业	销量/辆	同比增长	市场份额	同比增长
江淮汽车	270	9%	1%	-29%
北汽福田	643	98%	3%	29%
黄海汽车	221	-4%	1%	-37%
长安凯程	275	0	1%	0
河北中兴	164	-28%	1%	-53%
江铃汽车	1 186	25%	6%	-18%
江西五十铃	1 303	44%	6%	-6%
上汽大通	492	59%	2%	3%
长城汽车	14 771	60%	70%	4%
郑州日产	1 847	59%	9%	3%

分盟市看（见表3-70），长城皮卡年销量在内蒙古自治区内各盟市中保持领先。从各盟市年销量来看，鄂尔多斯市销量保持领先，年销3 080辆；紧随其后的赤峰市年销量跨过了3 000大关，为3 080辆；呼伦贝尔市、通辽市和锡林郭勒盟的年销量跨过了2 000大关，分别为2 574辆、2 864辆和2 164辆；巴彦淖尔市、包头市、兴安盟、呼和浩特市和乌海市年销量跨过了千辆大关，分别为1 263辆、1 201辆、1 502辆、1 052辆和1 084辆。阿拉善盟和乌兰察布市年销量分别为693辆和489辆。

表3-70　2020年内蒙古自治区分盟市皮卡车主要生产企业竞争格局（保险数）

单位：辆

盟市	江淮汽车	北汽福田	黄海汽车	长安凯程	河北中兴	江铃汽车	江西五十铃	上汽大通	长城汽车	郑州日产	合计
内蒙古自治区合计	264	643	178	265	110	1 186	1 279	492	14 771	1 846	21 034
阿拉善盟	11	5	0	0	0	8	45	18	544	62	693
巴彦淖尔市	0	2	1	6	0	19	18	2	1 132	83	1 263
包头市	20	13	0	20	4	36	41	62	975	30	1 201

续表

盟市	江淮汽车	北汽福田	黄海汽车	长安凯程	河北中兴	江铃汽车	江西五十铃	上汽大通	长城汽车	郑州日产	合计
赤峰市	21	95	46	48	0	101	120	24	2 520	93	3 068
鄂尔多斯市	0	23	0	9	22	37	73	74	2 751	91	3 080
呼和浩特市	77	30	53	0	0	56	0	28	757	51	1 052
呼伦贝尔市	41	180	0	110	0	382	389	89	812	571	2 574
通辽市	77	192	49	13	0	278	193	37	1 918	107	2 864
乌海市	0	5	1	0	1	0	0	2	1 058	17	1 084
乌兰察布市	8	16	0	4	11	31	4	54	361	0	489
锡林郭勒盟	0	18	7	55	10	100	225	8	1 158	583	2 164
兴安盟	9	64	21	0	62	138	171	94	785	158	1 502

分车型看（见表3-71），在内蒙古自治区内长城炮最受欢迎，年销6 707辆，其次是长城汽车的风骏5，年销4 795辆，而长城的另一款工具型皮卡风骏7紧随风骏5之后，排名第三，年销量达3 098辆；江西五十铃的铃拓和瑞迈、江淮的帅铃T6、郑州日产的纳瓦拉，以及江铃汽车的域虎7、域虎5和新宝典，年销量分别为443辆、426辆、34辆、509辆、515辆、169辆和49辆。

表3-71　2020年内蒙古自治区分盟市主销车型竞争格局（保险数）

单位：辆

盟市	风骏5	风骏7	铃拓	纳瓦拉	瑞迈	帅铃T6	新宝典	域虎5	域虎7	长城炮	总计
内蒙古自治区合计	4 795	3 098	443	509	426	34	49	169	515	6 707	16 745
阿拉善盟	179	98	0	40	31	7	0	0	0	265	620
巴彦淖尔市	359	403	8	68	0	0	0	0	0	368	1 206

续表

盟市	风骏5	风骏7	铃拓	纳瓦拉	瑞迈	帅铃T6	新宝典	域虎5	域虎7	长城炮	总计
包头市	269	314	19	0	0	0	0	18	0	390	1 010
赤峰市	713	381	44	0	35	0	0	39	38	1 401	2 651
鄂尔多斯市	811	755	0	20	27	0	0	17	0	1 185	2 815
呼和浩特市	231	193	0	32	0	27	0	21	0	333	837
呼伦贝尔市	179	81	182	106	143	0	0	0	259	534	1 484
通辽市	962	246	0	0	97	0	49	74	119	660	2 207
乌海市	457	164	0	7	0	0	0	0	0	437	1 065
乌兰察布市	67	105	0	0	0	0	0	0	13	189	374
锡林郭勒盟	348	181	90	187	93	0	0	0	0	625	1 524
兴安盟	220	177	100	49	0	0	0	0	86	320	952

（18）宁夏回族自治区竞争格局分析

2020年在宁夏回族自治区内（见表3-72），长城皮卡销量为4 717辆，销量同比增长4%，市场份额达到80%；江铃皮卡、上汽大通皮卡和郑州日产皮卡也表现较好，销量同比增长30%、16%和59%，伴随着销量的增长，这些皮卡车生产企业的市场份额也同比增长25%、11%和52%；黄海皮卡、河北中兴皮卡、江西五十铃皮卡和庆铃皮卡的销量同比下跌64%、53%、32%和4%，市场份额同比萎缩66%、55%、35%和8%。

表3-72　2020年宁夏回族自治区皮卡车主要生产企业竞争格局（保险数）

主要生产企业	销量/辆	同比增长	市场份额	同比增长
北汽福田	200	0	3%	0
黄海汽车	69	-64%	1%	-66%
长安凯程	72	0	1%	0
河北中兴	96	-53%	2%	-55%

续表

主要生产企业	销量/辆	同比增长	市场份额	同比增长
江铃汽车	163	30%	3%	25%
江西五十铃	108	-32%	2%	-35%
庆铃汽车	72	-4%	1%	-8%
上汽大通	50	16%	1%	11%
长城汽车	4 717	4%	80%	0%
郑州日产	344	59%	6%	52%

分城市看（见表3-73），长城皮卡年销量在宁夏回族自治区各城市中保持领先。从各城市年销量来看，银川市和吴忠市的年销量达到2 373辆和1 756辆；固原市、石嘴山市和中卫市的年销量分别为624辆、414辆和647辆。

表3-73 2020年宁夏回族自治区分城市皮卡车主要生产企业竞争格局（保险数）

城市	江淮汽车	北汽福田	黄海汽车	长安凯程	河北中兴	江铃汽车	江西五十铃	上汽大通	长城汽车	郑州日产	合计
宁夏回族自治区合计	2	200	69	70	92	163	108	49	4 717	344	5 814
固原市	2	15	12	0	6	5	45	3	521	15	624
石嘴山市	0	5	4	5	21	13	13	7	327	19	414
吴忠市	0	94	11	9	0	16	9	0	1 578	39	1 756
银川市	0	85	40	54	65	124	35	37	1 688	245	2 373
中卫市	0	1	2	2	0	5	6	2	603	26	647

分车型看（见表3-74），在宁夏回族自治区内长城汽车的风骏5最受欢迎，年销2 660辆，其次是长城炮，年销1 246辆，而长城汽车的另一款工具型皮卡风骏7紧随长城炮之后，排名第三，年销量为794辆；郑州日产的纳瓦拉年销182辆左右；江西五十铃的瑞迈和铃拓、江铃汽车的域虎7和新宝典，年销量分别为17辆、12辆、15辆和7辆。

表 3-74 2020 年宁夏回族自治区分城市主销车型竞争格局（保险数）

单位：辆

城市	风骏5	风骏7	铃拓	纳瓦拉	瑞迈	新宝典	域虎7	长城炮	总计
宁夏回族自治区合计	2 660	794	12	182	17	7	15	1 246	4 933
固原市	144	162	12	0	14	0	0	206	538
石嘴山市	188	64	0	11	0	7	0	75	345
吴忠市	1 019	265	0	26	0	0	13	294	1 617
银川市	919	239	0	131	0	0	0	527	1 816
中卫市	390	64	0	14	3	0	2	144	617

（19）青海省竞争格局分析

2020 年在青海省内（见表 3-75），长城皮卡销量为 1 808 辆，同比增长 36%，市场份额也同比增长 9%，达到 51%；江淮皮卡、北汽福田皮卡、黄海皮卡、河北中兴皮卡、庆铃皮卡和郑州日产皮卡也表现较好，销量同比增长 31%、38%、2%、29%、21% 和 27%；江铃皮卡和江西五十铃皮卡的销量同比下跌 9% 和 25%，市场份额同比萎缩 26% 和 39%。黄海皮卡和庆铃皮卡的销量同比增长 2% 和 21%，但市场份额却同比下跌 18% 和 2%，这是因为这两家生产企业销量同比增长低于全省销量同比增长。

表 3-75 2020 年青海省皮卡车主要生产企业竞争格局（保险数）

主要生产企业	销量/辆	同比增长	市场份额	同比增长
江淮汽车	219	31%	6%	6%
北汽福田	276	38%	8%	11%
黄海汽车	101	2%	3%	-18%
长安凯程	75	0	2%	0
河北中兴	142	29%	4%	4%
江铃汽车	105	-9%	3%	-26%
江西五十铃	184	-25%	5%	-39%
庆铃汽车	109	21%	3%	-2%
长城汽车	1 808	36%	51%	9%
郑州日产	541	27%	15%	3%

分地市看（见表3-76），长城皮卡和郑州日产皮卡的年销量在青海省内各地市中互有领先。从各地市年销量来看，省会城市西宁市保持领先，年销2 340辆；紧随其后的是海西蒙古族藏族自治州，年销750辆；果洛藏族自治州、海北藏族自治州、海东地区、海南藏族自治州、黄南藏族自治州和玉树藏族自治州，年销量分别为21辆、84辆、133辆、61辆、18辆和55辆。

表3-76　2020年青海省分地市皮卡车主要生产企业竞争格局（保险数）

单位：辆

地市	江淮汽车	北汽福田	黄海汽车	长安凯程	河北中兴	江铃汽车	江西五十铃	上汽大通	长城汽车	郑州日产	合计
青海省合计	219	276	85	41	142	96	184	70	1 808	541	3 462
果洛藏族自治州	1	1	0	0	0	0	0	0	7	12	21
海北藏族自治州	18	16	2	0	0	0	2	0	26	20	84
海东地区	9	4	6	0	0	0	5	4	82	21	133
海南藏族自治州	3	4	1	0	0	2	0	0	20	31	61
海西蒙古族藏族自治州	30	46	0	41	62	0	31	19	389	132	750
黄南藏族自治州	0	0	0	0	0	0	0	0	8	10	18
西宁市	158	201	73	0	72	94	141	47	1 250	304	2 340
玉树藏族自治州	0	4	3	0	6	0	5	0	26	11	55

分车型看（见表3-77），在青海省内长城炮最受欢迎，年销865辆，其次是长城汽车的风骏5，年销735辆；郑州日产的纳瓦拉紧随风骏5之后，排名第三，年销量达313辆；长城汽车的风骏7、江铃汽车的域虎7、江西五十铃的铃拓和瑞迈、江淮皮卡的帅铃T6，年销量分别为185辆、1辆、52辆35辆和8辆。

表 3-77　2020 年青海省分地市主销车型竞争格局（保险数）

单位：辆

地市	风骏 5	风骏 7	铃拓	纳瓦拉	瑞迈	帅铃 T6	域虎 7	长城炮	总计
青海省合计	735	185	52	313	35	8	1	865	2 194
果洛藏族自治州	0	0	0	12	0	0	1	7	20
海北藏族自治州	11	0	0	7	2	7	0	14	41
海东地区	51	9	0	15	5	0	0	18	98
海南藏族自治州	8	0	0	30	0	1	0	12	51
海西蒙古族藏族自治州	150	49	0	44	23	0	0	190	456
黄南藏族自治州	1	6	0	8	0	0	0	1	16
西宁市	508	118	52	189	0	0	0	606	1 473
玉树藏族自治州	6	3	0	8	5	0	00	17	39

（20）山东省竞争格局分析

2020 年在山东省内（见表 3-78），长城皮卡销量为 13 925 辆，一马当先，是第二名江铃皮卡的 4 倍，销量同比增长 50%，市场份额也同比增长 20%，达到 58%；江淮皮卡、长安凯程皮卡、江铃皮卡、江西五十铃和上汽大通皮卡也表现较好，销量同比增长 1%、11%、5%、24% 和 12%；北汽福田皮卡、河北中兴皮卡、庆铃皮卡和郑州日产的销量同比下跌 33%、42%、9% 和 12%，市场份额同比萎缩 46%、54%、27% 和 29%。江淮皮卡、长安凯程皮卡、江铃皮卡和上汽大通皮卡的销量同比增长 1%、11%、5% 和 12%，但市场份额却同比下跌 19%、10%、16% 和 10%，这是因为这 4 家生产企业销量同比增长低于全省销量同比增长。

表 3-78　2020 年山东省皮卡车主要生产企业竞争格局（保险数）

主要生产企业	销量/辆	同比增长	市场份额	同比增长
江淮汽车	763	1%	3%	-19%
北汽福田	319	-33%	1%	-46%
长安凯程	496	11%	2%	-10%
河北中兴	370	-42%	2%	-54%

续表

主要生产企业	销量/辆	同比增长	市场份额	同比增长
江铃汽车	3 176	5%	13%	-16%
江西五十铃	2 512	24%	10%	0%
庆铃汽车	387	-9%	2%	-27%
上汽大通	579	12%	2%	-10%
长城汽车	13 925	50%	58%	20%
郑州日产	1 487	-12%	6%	-29%

分城市看（见表3-79），长城皮卡年销量在山东省各城市中保持领先。从各城市年销量来看，潍坊市保持领先，年销2 861辆；紧随其后的是省会城市济南，年销2 810辆；临沂市紧随济南市之后，销量排名第三，为2 203辆；青岛市年销量也突破2 000辆大关，为2 122辆；有7个城市年销量突破了千辆大关，分别为滨州市、东营市、菏泽市、济宁市、日照市、威海市和烟台市，年销量分别为1 076辆、1 309辆、1 114辆、1 969辆、1 337辆、1 133辆和1 792辆；德州市、莱芜市、聊城市、泰安市、枣庄市和淄博市的年销量分别为723辆、274辆、504辆、870辆、737辆和820辆。

表3-79 2020年山东省分城市皮卡车主要生产企业竞争格局（保险数）

单位：辆

城市	江淮汽车	北汽福田	黄海汽车	长安凯程	河北中兴	江铃汽车	江西五十铃	上汽大通	长城汽车	郑州日产	合计
山东省合计	759	317	56	496	347	3 176	2 512	579	13 925	1 487	23 654
滨州市	106	12	0	23	32	149	278	21	405	50	1 076
德州市	0	0	3	33	9	78	136	44	382	38	723
东营市	8	12	0	10	41	223	250	15	684	66	1 309
菏泽市	9	14	0	30	24	55	55	14	842	71	1 114
济南市	56	73	0	71	48	395	374	89	1 441	263	2 810
济宁市	108	12	33	43	8	135	77	46	1 366	141	1 969
莱芜市	7	3	0	4	8	25	38	4	178	7	274
聊城市	39	15	0	23	17	43	51	13	265	38	504

续表

城市	江淮汽车	北汽福田	黄海汽车	长安凯程	河北中兴	江铃汽车	江西五十铃	上汽大通	长城汽车	郑州日产	合计
临沂市	43	14	11	22	15	212	105	45	1 668	68	2 203
青岛市	35	68	0	52	0	273	312	110	1 148	124	2 122
日照市	110	3	0	36	83	264	186	11	580	64	1 337
泰安市	27	5	7	42	7	94	91	13	558	26	870
威海市	38	20	0	18	17	236	44	50	605	105	1 133
潍坊市	89	46	0	42	26	615	259	60	1 482	242	2 861
烟台市	18	11	0	27	0	198	129	15	1 291	103	1 792
枣庄市	66	2	2	15	0	80	41	5	494	32	737
淄博市	0	7	0	5	12	101	86	24	536	49	820

分车型看（见表3-80），在山东省内长城炮最受欢迎，年销6 879辆，其次是长城汽车的风骏7，年销5 047辆，而长城的另一款工具型皮卡风骏5紧随风骏7之后，排名第三，年销1 995辆；江铃汽车的域虎7、域虎5和新宝典，江西五十铃的铃拓和瑞迈，江淮汽车的帅铃T6，年销量分别为640辆、1 182辆、961辆、868辆、963辆和502辆；在其他省市表现不错的郑州日产的纳瓦拉在山东省表现不是很抢眼，全年销量仅84辆。

表3-80 2020年山东省分城市主销车型竞争格局（保险数）

单位：辆

城市	风骏5	风骏7	铃拓	纳瓦拉	瑞迈	帅铃T6	新宝典	域虎5	域虎7	长城炮	总计
山东省合计	1 995	5 047	868	84	963	502	961	1 182	640	6 879	19 121
滨州市	58	127	109	27	131	90	70	37	38	220	907
德州市	65	141	57	0	48	0	23	34	0	176	544
东营市	95	213	82	32	117	0	85	109	0	376	1 109
菏泽市	115	398	22	25	21	0	0	21	16	329	947
济南市	322	550	140	0	134	0	83	117	153	569	2 068
济宁市	256	485	33	0	0	91	42	62	0	624	1 593

续表

城市	风骏5	风骏7	铃拓	纳瓦拉	瑞迈	帅铃T6	新宝典	域虎5	域虎7	长城炮	总计
莱芜市	59	38	10	0	20	7	6	7	9	81	237
聊城市	28	123		0	35	30	13	14	12	114	369
临沂市	112	445	43	0	0	32	63	83	45	1 111	1 934
青岛市	168	472	63	0	163	0	95	136	0	507	1 604
日照市	55	268	76	0	78	72	74	99	46	256	1 024
泰安市	50	282	39	0	29	25	32	34	24	226	741
威海市	77	162			0	0	34	63	64	67	366	833
潍坊市	229	443	115	0	85	67	189	229	138	810	2 305
烟台市	146	516	34	0	45	0	81	51	51	628	1 552
枣庄市	76	214	16	0	18	54	15	44	13	204	654
淄博市	84	170	29	0	39	0	27	41	28	282	700

（21）山西省竞争格局分析

2020年在山西省内（见表3-81），长城皮卡销量为6 065辆，是第二名江铃皮卡的近5倍，销量同比增长63%，市场份额也同比增长22%，达到64%；长安凯程皮卡、河北中兴皮卡、江铃皮卡、江西五十铃皮卡和郑州日产皮卡也表现较好，销量同比增长15%、9%、4%、27%和5%；江淮皮卡、庆铃皮卡和上汽大通皮卡销量同比下跌67%、22%和3%，市场份额同比萎缩75%、42%和27%。长安凯程皮卡、河北中兴皮卡、江铃皮卡、江西五十铃和郑州日产皮卡的销量同比增长15%、9%、4%、27%和5%，但市场份额却同比下跌14%、19%、22%、5%和21%，这是因为这5家生产企业销量同比增长低于全省销量同比增长。

表3-81 2020年山西省皮卡车主要生产企业竞争格局（保险数）

主要生产企业	销量/辆	同比增长	市场份额	同比增长
江淮汽车	31	-67%	0	-75%
北汽福田	119	0	1%	0
长安凯程	215	15%	2%	-14%

续表

主要生产企业	销量/辆	同比增长	市场份额	同比增长
河北中兴	325	9%	3%	-19%
江铃汽车	1 250	4%	13%	-22%
江西五十铃	367	27%	4%	-5%
庆铃汽车	304	-22%	3%	-42%
上汽大通	217	-3%	2%	-27%
长城汽车	6 065	63%	64%	22%
郑州日产	602	5%	6%	-21%

分城市看（见表3-82），长城皮卡年销量在山西省各城市中保持领先。从各城市年销量来看，省会城市太原市保持领先，年销2 346辆；紧随其后的是运城市和临汾市，年销量达到了1 270辆和1 074辆；大同市、晋城市、晋中市、吕梁市、朔州市、忻州市、阳泉市和长治市的年销量分别为497辆、539辆、758辆、442辆、650辆、608辆、286辆和706辆。

表3-82 2020年山西省分城市皮卡车主要生产企业竞争格局（保险数）

单位：辆

城市	江淮汽车	北汽福田	黄海汽车	长安凯程	河北中兴	江铃汽车	江西五十铃	上汽大通	长城汽车	郑州日产	合计
山西省合计	5	115	25	205	325	1 250	367	217	6 065	602	9 176
大同市	0	0	11	0	3	21	26	28	374	34	497
晋城市	0	2	0	16	8	174	27	23	258	31	539
晋中市	0	8	0	0	106	49	23	14	494	64	758
临汾市	1	3	0	0	14	170	18	41	786	41	1074
吕梁市	4	0	0	0	21	167	25	32	162	31	442
朔州市	0	2	3	0	24	35	14	3	508	61	650
太原市	0	46	0	135	65	296	133	25	1 476	170	2 346
忻州市	0	26	0	9	19	100	32	17	361	44	608
阳泉市	0	2	0	0	0	2	4	22	246	10	286
运城市	0	0	11	20	15	161	63	9	961	30	1 270
长治市	0	26	0	25	50	75	2	3	439	86	706

分车型看（见表3-83），在山西省内长城炮最受欢迎，年销2 619辆，其次是长城汽车的风骏7，年销2 183辆，而长城的另一款工具型皮卡风骏5紧随风骏7之后，排名第三，年销1 227辆；江铃汽车的域虎7、域虎5和新宝典，年销量分别为254辆、523辆和298辆；江西五十铃皮卡的铃拓和瑞迈，年销量分别为59辆和29辆；郑州日产的纳瓦拉年销量为203辆。

表3-83　2020年山西省分城市主销车型竞争格局（保险数）

单位：辆

城市	风骏5	风骏7	铃拓	纳瓦拉	瑞迈	新宝典	域虎5	域虎7	长城炮	总计
山西省合计	1 227	2 183	59	203	29	298	523	254	2 619	7 395
大同市	200	49	10	0	7	0	0	7	119	392
晋城市	29	79	22	0	0	71	57	27	150	435
晋中市	52	186	0	28	0	0	19	0	256	541
临汾市	66	383	0	23	0	32	79	52	337	972
吕梁市	0	77	0	18	0	40	75	40	76	326
朔州市	187	75	0	27	0	0	14	0	233	536
太原市	370	456	0	98	0	72	131	61	645	1 833
忻州市	108	133	0	0	0	15	36	37	117	446
阳泉市	51	127	2	9	0	0	0	0	68	257
运城市	63	458	25	0	22	48	75	30	440	1 161
长治市	101	160	0	0	0	20	37	0	178	496

（22）陕西省竞争格局分析

2020年在陕西省内（见表3-84），长城皮卡销量为5 666辆，一马当先，是第二名郑州日产的近7倍，销量同比增长9%，市场份额也同比增长6%，达到60%；郑州日产皮卡也表现较好，销量同比增长28%，市场份额也同比增长24%；江淮皮卡、北汽福田皮卡、黄海皮卡、河北中兴皮卡、江铃皮卡、江西五十铃皮卡和庆铃皮卡的销量同比下跌24%、2%、7%、34%、9%和25%，市场份额同比萎缩26%、5%、9%、36%、11%和27%。

表 3-84 2020 年陕西省皮卡车主要生产企业竞争格局（保险数）

主要生产企业	销量/辆	同比增长	市场份额	同比增长
江淮汽车	149	-24%	2%	-26%
北汽福田	217	-2%	2%	-5%
黄海汽车	155	-7%	2%	-9%
河北中兴	401	-34%	4%	-36%
江铃汽车	662	-9%	7%	-11%
江西五十铃	828	0	9%	-2%
庆铃汽车	308	-25%	3%	-27%
上汽大通	108	0	1%	0
长城汽车	5 666	9%	60%	6%
郑州日产	931	28%	10%	24%

分城市看（见表 3-85），长城皮卡年销量在陕西省各城市中保持领先。从各城市年销量来看，榆林市保持领先，年销 2 572 辆；紧随其后的是省会城市西安市和延安市，年销量为 2 394 辆和 1 339 辆；安康市、宝鸡市、汉中市、商洛市、铜川市、渭南市和咸阳市的年销量分别为 820 辆、241 辆、617 辆、150 辆、72 辆、506 辆和 447 辆。

表 3-85 2020 年陕西省分城市皮卡车主要生产企业竞争格局（保险数）

单位：辆

城市	江淮汽车	北汽福田	黄海汽车	长安凯程	河北中兴	江铃汽车	江西五十铃	上汽大通	长城汽车	郑州日产	合计
陕西省	149	196	151	92	400	662	828	83	5 666	931	9 158
安康市	21	0	41	9	56	209	58	23	341	62	820
宝鸡市	5	2	0	4	0	22	33	0	150	25	241
汉中市	39	0	0	19	66	122	46	14	296	15	617
商洛市	2	0	1	5	0	19	11	0	103	9	150
铜川市	2	5	1	0	1	5	16	0	37	5	72
渭南市	6	9	0	11	5	46	82	0	308	39	506
西安市	40	134	73	32	34	147	384	0	1 119	431	2 394
咸阳市	5	11	0	6	12	30	74	5	262	42	447
延安市	15	35	0	6	128	15	36	14	966	124	1 339
榆林市	14	0	35	0	98	47	88	27	2 084	179	2 572

分车型看（见表3-86），在陕西省内长城汽车的风骏5最受欢迎，年销2 878辆，其次是长城炮，年销1 737辆，而长城汽车的另一款工具型皮卡风骏7紧随长城炮之后，排名第三，年销量达1 024辆；江西五十铃的瑞迈和郑州日产的纳瓦拉，年销量分别为329辆和292辆；江铃汽车的新宝典、域虎5和域虎7，年销量分别为42辆、189辆和96辆；江西五十铃的另一款产品铃拓的年销量为60辆。

表3-86 2020年陕西省分城市主销车型竞争格局（保险数）

单位：辆

城市	风骏5	风骏7	铃拓	纳瓦拉	瑞迈	新宝典	域虎5	域虎7	长城炮	总计
陕西省合计	2 878	1 024	60	292	329	42	189	96	1 737	6 647
安康市	107	73	0	0	0	24	98	53	151	506
宝鸡市	43	47	6	6	15	0	9	0	58	184
汉中市	62	75	0	0	0	0	34	43	158	372
商洛市	20	42	0	0	3	7	8	0	41	121
铜川市	5	9	0	0	10	0	2	0	22	48
渭南市	102	47	14	0	33	11	27	0	159	393
西安市	429	245	0	137	214	0	0	0	445	1 470
咸阳市	95	78	15	12	33	0	11	0	89	333
延安市	553	136	0	51	21	0	0	0	275	1 036
榆林市	1 462	272	25	86	0	0	0	0	339	2 184

（23）四川省竞争格局分析

2020年在四川省内（见表3-87），长城皮卡销量为12 229辆，是第二名江铃皮卡的4倍有余，销量同比增长39%，市场份额也同比增长24%，达到46%；长安凯程皮卡、河北中兴皮卡和江西五十铃皮卡也表现较好，销量同比增长38%、1%和6%；江淮皮卡、北汽福田皮卡、江铃皮卡、庆铃皮卡和郑州日产皮卡的销量同比下跌14%、3%、6%、4%和10%，市场份额同比萎缩23%、13%、16%、15%和20%。江西五十铃皮卡和河北中兴皮卡的销量同比增长6%和1%，但市场份额却同比下跌6%和10%，这是因为这两家生产企业销量同比增长低于全省销量同比增长。

表3-87 2020年四川省皮卡车主要生产企业竞争格局（保险数）

主要生产企业	销量/辆	同比增长	市场份额	同比增长
江淮汽车	1 529	-14%	6%	-23%
北汽福田	1 026	-3%	4%	-13%
长安凯程	803	38%	3%	23%
河北中兴	852	1%	3%	-10%
江铃汽车	2 789	-6%	11%	-16%
江西五十铃	2 712	6%	10%	-6%
庆铃汽车	1 232	-4%	5%	-15%
上汽大通	523	0	2%	0
长城汽车	12 229	39%	46%	24%
郑州日产	2 745	-10%	10%	-20%

分州市看（见表3-88），长城皮卡年销量在四川省各州市中除阿坝藏族羌族自治州和甘孜藏族自治州以外都保持领先。从各州市年销量来看，省会城市成都市保持领先，年销6 986辆；紧随其后的是凉山彝族自治州和泸州市，年销量分别为2 862辆和2 077辆；达州市、绵阳市和攀枝花市的年销量也还不错，突破千辆大关，达到了1 806辆、1 035辆和1 426辆；阿坝藏族羌族自治州、巴中市、德阳市、甘孜藏族自治州、广安市、广元市、乐山市、眉山市、南充市、内江市、遂宁市、雅安市、宜宾市、资阳市和自贡市的年销量分别为141辆、597辆、763辆、90辆、801辆、926辆、955辆、573辆、934辆、380辆、539辆、966辆、740辆、346辆和342辆。

表3-88 2020年四川省分州市皮卡车主要生产企业竞争格局（保险数）

单位：辆

州市	江淮汽车	北汽福田	黄海汽车	长安凯程	河北中兴	江铃汽车	江西五十铃	上汽大通	长城汽车	郑州日产	合计
四川省合计	1 529	1 024	275	786	741	2 789	2 712	460	12 229	2 744	25 289
阿坝藏族羌族自治州	4		6	35	11	10	4	0	37	38	141

续表

州市	江淮汽车	北汽福田	黄海汽车	长安凯程	河北中兴	江铃汽车	江西五十铃	上汽大通	长城汽车	郑州日产	合计
巴中市	6	14	40	15	37	25	76	10	374	0	597
成都市	235	184	0	212	238	496	649	159	3960	853	6 986
达州市	137	153	39	60	0	361	177	58	655	166	1 806
德阳市	17	9	23	10	0	119	11	47	492	35	763
甘孜藏族自治州	2	0	5	3	10	3	6	6	25	30	90
广安市	37	4	2	21	12	25	98	0	550	52	801
广元市	29	14	21	59	73	127	66	17	417	103	926
乐山市	21	23	23	0	16	101	209	26	410	126	955
凉山彝族自治州	186	124	0	160	0	456	480	77	907	472	2 862
泸州市	449	234	28	38	80	272	179	0	649	148	2 077
眉山市	34	4	0	5	12	31	54	0	402	31	573
绵阳市	26	32	35	36	53	122	115	0	484	132	1 035
南充市	35	51	0	46	27	120	106	0	465	84	934
内江市	9	2	0	5	17	33	16	0	292	6	380
攀枝花市	28	109	36	29	102	186	273	0	506	157	1 426
遂宁市	57	21	17	20	0	43	49	16	272	44	539
雅安市	80	32	0	0	33	91	85	7	519	119	966
宜宾市	77	5	0	9	3	126	28	35	337	120	740
资阳市	19	4	0	11	4	6	17	2	271	12	346
自贡市	41	5	0	12	13	36	14	0	205	16	342

分车型看（见表3-89），在四川省内长城汽车的风骏5最受欢迎，年销5 599辆，其次是长城炮，年销5 048辆，而长城汽车的另一款工具型皮卡风骏7紧随长城炮之后，排名第三，年销量达1 393辆；江西五十铃的瑞迈年销1 320辆；江西五十铃的铃拓、郑州日产的纳瓦拉、江淮皮卡的帅铃T6，以及江铃皮卡的新宝典、域虎5和域虎7，年销量分

别为 997 辆、405 辆、727 辆、34 辆、548 辆和 755 辆。

表 3-89　2020 年四川省分州市主销车型竞争格局（保险数）

单位：辆

州市	风骏5	风骏7	铃拓	纳瓦拉	瑞迈	帅铃T6	新宝典	域虎5	域虎7	长城炮	总计
四川省合计	5 599	1 393	997	405	1 320	727	34	548	755	5 048	16 826
阿坝藏族羌族自治州	21	0	0	31	0	0	0	0	0	13	65
巴中市	190	57	28	0	44	0	0	0	10	125	454
成都市	2 026	573	167	322	402	0	0	0	151	1 355	4 996
达州市	324	0	0	0	109	90	0	99	100	281	1 003
德阳市	239	30	0	19	0	0	26	30	19	220	583
甘孜藏族自治州	13	0	0	28	4	0	0	0	0	11	56
广安市	286	21	37	0	53	17	0	0	0	204	618
广元市	176	45	0	0	41	0	0	45	41	191	539
乐山市	187	24	84	0	102	0	0	21	36	199	653
凉山彝族自治州	225	167	246	0	194	153	0	195	207	511	1 898
泸州市	285	72	94	0	72	281	0	0	0	285	1 089
眉山市	180	45	30	0	16	24	0	12	0	172	479
绵阳市	241	44	46	0	56	0	0	29	0	198	614
南充市	238	40	27	0	70	0	0	0	26	185	586
内江市	149	23	0	0	8	0	8	12	0	119	319
攀枝花市	73	121	158	0	96	0	0	52	71	278	849
遂宁市	125	35	23	0	19	35	0	0	0	112	349
雅安市	235	47	38	0	28	42	0	24	50	236	700
宜宾市	152	26	0	0	0	38	0	29	34	143	422
资阳市	133	12	11	5	6	8	0	0	0	124	299
自贡市	101	11	8	0	0	39	0	0	10	86	255

（24）西藏自治区竞争格局分析

2020年在西藏自治区内（见表3-90），长城皮卡销量为3 225辆，是第二名江淮皮卡的5倍有余，销量同比增长46%，市场份额也同比增长54%，达到46%；北汽福田皮卡和上汽大通皮卡也表现较好，销量同比增长11%和45%，市场份额也同比增长17%和53%；江淮皮卡、黄海皮卡、长安凯程皮卡、中兴皮卡、江铃皮卡、江西五十铃皮卡和郑州日产皮卡的销量同比下跌15%、9%、59%、22%、22%和31%，市场份额同比萎缩11%、4%、57%、17%、17%和27%。

表3-90　2020年西藏自治区皮卡厂家竞争格局（保险数）

主要生产企业	销量/辆	同比增长	市场份额	同比增长
江淮汽车	585	-15%	8%	-11%
北汽福田	429	11%	6%	17%
黄海汽车	584	-9%	8%	-4%
长安凯程	105	0	1%	0
河北中兴	580	-59%	8%	-57%
江铃汽车	492	-22%	7%	-17%
江西五十铃	290	-22%	4%	-17%
上汽大通	252	45%	4%	53%
长城汽车	3 225	46%	46%	54%
郑州日产	472	-31%	7%	-27%

分地市看（见表3-91），长城皮卡年销量在西藏自治区各地市中除山南地区外都保持领先。从各地市年销量来看，省会城市拉萨市保持领先，年销4 499辆；紧随其后的日喀则地区年销量跨过了千辆大关，达到了1 582辆；阿里地区、昌都地区、林芝地区、那曲地区和山南地区，年销量分别为121辆、205辆、404辆、60辆和130辆。

表3-91　2020年西藏自治区分地市皮卡车主要生产企业竞争格局（保险数）

单位：辆

地市	江淮汽车	北汽福田	黄海汽车	长安凯程	河北中兴	江铃汽车	江西五十铃	上汽大通	长城汽车	郑州日产	合计
西藏自治区合计	585	429	584	94	580	492	290	250	3 225	472	7 001
阿里地区	9	2	2	3	18	6	5	0	56	20	121

续表

地市	江淮汽车	北汽福田	黄海汽车	长安凯程	河北中兴	江铃汽车	江西五十铃	上汽大通	长城汽车	郑州日产	合计
昌都地区	12	6	7	0	8	19	13	0	79	61	205
拉萨市	425	260	468	71	409	261	210	207	1 904	284	4 499
林芝地区	26	18	36	17	41	45	13	4	183	21	404
那曲地区	8	2	2	2	10	2	0	0	27	7	60
日喀则地区	84	141	65	0	72	131	46	38	951	54	1 582
山南地区	21	0	4	1	22	28	3	1	25	25	130

分车型看（见表3-92），在西藏自治区内长城炮最受欢迎，年销1 975辆，其次是长城汽车的风骏5，年销728辆，而长城的另一款工具型皮卡风骏7紧随风骏5之后，排名第三，年销量达500辆；郑州日产的纳瓦拉、江铃汽车的域虎7、江西五十铃的瑞迈和江淮汽车的帅铃T6，年销量分别为317辆、33辆、42辆和389辆。

表3-92 2020年西藏自治区分地市主销车型竞争格局（保险数）

单位：辆

地市	风骏5	风骏7	纳瓦拉	瑞迈	帅铃T6	域虎7	长城炮	总计
西藏自治区合计	728	500	317	42	389	33	1 975	3 984
阿里地区	19	5	0	4	4	0	32	64
昌都地区	23	7	40	6	6	5	48	135
拉萨市	450	235	204	0	284	0	1 212	2 385
林芝地区	27	0	17	0	13	20	150	227
那曲地区	7	2	6	0	6	2	18	41
日喀则地区	195	244	30	32	60	0	504	1 065
山南地区	7	7	20	0	16	6	11	67

(25) 新疆维吾尔自治区竞争格局分析

2020年在新疆维吾尔自治区内（见表3-93），长城皮卡销量为6 605辆，领先第二名郑州日产2 895辆，销量同比增长82%，市场份额也同比增长45%，达到36%；江淮皮卡、江西五十铃皮卡、上汽大通皮卡和郑州日产皮卡也表现较好，销量同比增长20%、22%、27%和18%；黄海皮卡、河北中兴皮卡、江铃皮卡和庆铃皮卡的销量同比下跌20%、29%、2%和18%，市场份额同比萎缩37%、43%、22%和35%。江淮皮卡、江西五十铃皮卡和郑州日产皮卡的销量同比增长20%、22%和18%，但市场份额却同比下跌5%、3%和6%，这是因为这3家生产企业销量同比增长低于全区销量同比增长。

表3-93　2020年新疆维吾尔自治区皮卡车主要生产企业竞争格局（保险数）

主要生产企业	销量/辆	同比增长	市场份额	同比增长
江淮汽车	837	20%	5%	-5%
北汽福田	393	0	2%	0
黄海汽车	465	-20%	3%	-37%
河北中兴	692	-29%	4%	-43%
江铃汽车	1 409	-2%	8%	-22%
江西五十铃	2 965	22%	16%	-3%
庆铃汽车	544	-18%	3%	-35%
上汽大通	523	27%	3%	1%
长城汽车	6 605	82%	36%	45%
郑州日产	3 710	18%	20%	-6%

分地市看（见表3-94），长城皮卡年销量在新疆维吾尔自治区各地市保持领先。从各地市年销量来看，省会城市乌鲁木齐保持领先，年销2 872辆；紧随其后的是伊犁哈萨克自治州和巴音郭楞蒙古自治州，年销量也站上了2 000辆大关，分别为2 592辆和2 322辆；阿克苏地区、阿勒泰地区、昌吉回族自治州和喀什地区的年销量突破了千辆大关，分别为1 920辆、1 245辆、1 227辆和1 116辆；博尔塔拉蒙古自治州、哈密地区、和田地区、克拉玛依市、克孜勒苏柯尔克孜自治州、塔城地区、吐鲁番地区的年销量分别为537辆、860辆、528辆、749辆、78辆、

766 辆和 106 辆。

表 3-94　2020 年新疆维吾尔自治区分地市皮卡车主要生产企业竞争格局（保险数）

单位：辆

地市	江淮汽车	北汽福田	黄海汽车	长安凯程	河北中兴	江铃汽车	江西五十铃	上汽大通	长城汽车	郑州日产	合计
新疆维吾尔自治区合计	826	343	409	327	692	1 409	2 965	502	6 605	3 710	17 788
阿克苏地区	171	0	115	0	173	73	393	45	728	222	1 920
阿勒泰地区	68	71	105	28	40	147	140	0	315	331	1 245
巴音郭楞蒙古自治州	73	0	30	56	61	169	533	178	852	370	2 322
博尔塔拉蒙古自治州	9	0	6	16	10	115	42	10	192	137	537
昌吉回族自治州	0	0	56	62	120	37	224	23	559	146	1 227
哈密地区	71	19	20	0	42	113	88	15	306	186	860
和田地区	87	16	9	0	31	9	80	13	199	84	528
喀什地区	83	0	17	46	66	22	215	62	368	237	1 116
克拉玛依市	0	14	0	5	17	39	238	9	168	259	749
克孜勒苏柯尔克孜自治州	10	0	0	0	8	2	5	4	16	33	78
塔城地区	4	9	0	4	12	79	157	5	158	338	766
吐鲁番地区	0	10	0	1	13	13	5	1	51	12	106
乌鲁木齐市	0	103	51	27	27	333	330	29	1 098	874	2 872
新疆维吾尔自治区直辖	62	24	0	0	25	92	202	58	308	99	870
伊犁哈萨克自治州	188	77	0	82	47	166	313	50	1 287	382	2 592

分车型看（见表 3-95），在新疆维吾尔自治区长城炮最受欢迎，年销 3 432 辆，其次是长城汽车的风骏 5，年销 2 697 辆；江西五十铃的瑞迈排名第三，年销量达 1 485 辆；江铃汽车的域虎 7 和域虎 5、江西五十铃的铃拓、郑州日产的纳瓦拉和江淮皮卡的帅铃 T6，年销量分别为 552

辆、87 辆、705 辆、455 辆和 367 辆。

表 3-95 2020 年新疆维吾尔自治区分地市主销车型竞争格局（保险数）

单位：辆

地市	风骏5	风骏7	铃拓	纳瓦拉	瑞迈	帅铃T6	域虎5	域虎7	长城炮	总计
新疆维吾尔自治区合计	2 697	214	705	455	1 485	367	87	552	3 432	9 994
阿克苏地区	283	0	90	0	192	97	0	0	431	1 093
阿勒泰地区	78	0	63	0	58	0	40	78	213	530
巴音郭楞蒙古自治州	372	0	112	0	274	0	0	59	419	1 236
博尔塔拉蒙古自治州	62	0	19	0	17	0	30	55	121	304
昌吉回族自治州	267	30	47	0	135	0	0	0	247	726
哈密地区	106	0	0	27	39	40	0	68	172	452
和田地区	105	0	0	23	49	48	0	0	85	310
喀什地区	193	0	0	0	149	49	0	0	146	537
克拉玛依市	75	0	33	27	139	0	0	0	77	351
克孜勒苏柯尔克孜自治州	10	0	0	21	5	5	0	0	6	47
塔城地区	36	0	66	94	51	0	14	51	110	422
吐鲁番地区	19	0	0	0	3	0	3	5	29	59
乌鲁木齐市	548	88	88	263	172	0	0	106	454	1 719
新维吾尔自治区直辖	85	0	76	0	76	47	0	46	197	527
伊犁哈萨克自治州	458	96	111	0	126	81	0	84	725	1 681

（26）云南省竞争格局分析

2020 年在云南省内（表 3-96），长城皮卡销量为 7 250 辆，同比增长 46%，市场份额也同比增长 35%，达到 29%；北汽福田皮卡、江西五十铃皮卡和上汽大通皮卡也表现较好，销量同比增长 5%、4% 和 17%，市场份额也同比增长 6%、14% 和 4%；江淮皮卡、河北中兴皮卡、江铃皮卡、庆铃皮卡和郑州日产皮卡的销量同比下跌 8%、23%、7%、17% 和 4%，市场份额同比萎缩 15%、29%、14%、24% 和 11%。

表 3-96　2020 年云南省皮卡车主要生产企业竞争格局（保险数）

主要生产企业	销量/辆	同比增长	市场份额	同比增长
江淮汽车	1 700	-8%	7%	-15%
北汽福田	1 601	5%	6%	-3%
长安凯程	689	0	3%	0
河北中兴	716	-23%	3%	-29%
江铃汽车	4 596	-7%	18%	-14%
江西五十铃	3 392	4%	14%	-4%
庆铃汽车	604	-17%	2%	-24%
上汽大通	1 038	17%	4%	8%
长城汽车	7 250	46%	29%	35%
郑州日产	3 394	-4%	14%	-11%

分州市看（见表 3-97），省会城市昆明保持领先，年销 4 081 辆；紧随其后的是普洱市和文山壮族苗族自治州，年销量达到了 2 351 辆和 2 038 辆。保山市、楚雄彝族自治州、大理白族自治州、德宏傣族景颇族自治州、红河哈尼族彝族自治州、临沧市、曲靖市、西双版纳傣族自治州和昭通市的年销量都突破千辆大关，分别为 1 825 辆、1 133 辆、1 396 辆、1 108 辆、1 934 辆、1 842 辆、1 507 辆、1 493 辆和 1 408 辆；丽江市和玉溪市的年销量为 527 辆和 937 辆；怒江傈僳族自治州和迪庆藏族自治州的年销量为 122 辆和 272 辆。

表 3-97　2020 年云南省区分州市皮卡车主要生产企业竞争格局（保险数）

单位：辆

州市	江淮汽车	北汽福田	黄海汽车	长安凯程	河北中兴	江铃汽车	江西五十铃	上汽大通	长城汽车	郑州日产	合计
云南省合计	1 700	1 601	192	653	688	4 596	3 392	1 016	7 250	3 394	24 482
保山市	118	38	0	30	0	565	224	50	490	310	1 825
楚雄彝族自治州	68	281	17	22	74	116	104	18	301	132	1 133
大理白族自治州	57	44	46	0	53	357	197	46	436	160	1 396

续表

州市	江淮汽车	北汽福田	黄海汽车	长安凯程	河北中兴	江铃汽车	江西五十铃	上汽大通	长城汽车	郑州日产	合计
德宏傣族景颇族自治州	67	16	0	26	46	252	107	9	416	169	1 108
迪庆藏族自治州	0	12	0	0	16	50	111	0	50	33	272
红河哈尼族彝族自治州	101	58	0	22	44	648	289	85	487	200	1 934
昆明市	176	250	0	67	100	593	537	281	1 721	356	4 081
丽江市	2	56	9	19	35	86	43	10	192	75	527
临沧市	114	49	17	57	106	328	289	61	510	311	1 842
怒江傈僳族自治州	10	11	12	15	0	21	10	0	32	11	122
普洱市	207	301		73	83	482	363	286	522	542	2 351
曲靖市	256	93	28	134	50	127	114	0	468	237	1 507
文山壮族苗族自治州	328	157	50	32	0	495	290	79	358	249	2 038
西双版纳傣族自治州	45	80	0	86	60	128	258	36	347	453	1 493
玉溪市	46	88	0	30	21	143	170	12	338	89	937
昭通市	105	67	13	40	0	205	286	43	582	67	1 408

分车型看（表3-98），在云南省内长城炮最受欢迎，年销4 111辆；其次是江铃汽车的域虎7，年销2 234辆；长城汽车的风骏5紧随域虎7之后，排名第三，年销量达2 164辆；江铃汽车的域虎5和江西五十铃汽车的铃拓，年销量分别为1 155辆和1 706辆；江西五十铃的瑞迈、江淮汽车的帅铃T6和长城汽车的风骏7，年销量分别为995辆、817辆和530辆。

表 3-98　2020 年云南省分州市主销车型竞争格局（保险数）

单位：辆

州市	风骏 5	风骏 7	铃拓	瑞迈	帅铃 T6	域虎 5	域虎 7	长城炮	总计
云南省合计	2 164	530	1 706	995	817	1 155	2 234	4 111	13 712
保山市	123	58	90	124	91	171	283	289	1 229
楚雄彝族自治州	116	0	0	52	0	51	0	160	379
大理白族自治州	156	0	99	73	41	107	196	237	909
德宏傣族景颇族自治州	119	65	52	35	42	136	103	224	776
迪庆藏族自治州	0	0	72	27	0	0	42	42	183
红河哈尼族彝族自治州	146	0	172	69	70	135	375	289	1 256
昆明市	576	198	253	197	0	126	266	884	2 500
丽江市	46	0	22	17	0	17	53	128	283
临沧市	133	79	133	98	0	116	155	280	994
怒江傈僳族自治州	9	13	7	0	9	0	12	10	60
普洱市	104	0	242	0	113	0	328	347	1 134
曲靖市	127	0	53	0	178	0	0	301	659
文山壮族苗族自治州	89	0	198	0	218	201	203	232	1 141
西双版纳傣族自治州	67	0	136	78	0	0	61	257	599
玉溪市	125	50	89	44	0	33	66	157	564
昭通市	228	67	88	181	55	62	91	274	1 046

（27）浙江省竞争格局分析

2020 年在浙江省内（见表 3-99），长城皮卡销量为 3 854 辆，稍微领先第二名的江铃皮卡，销量同比增长 86%，市场份额也同比增长 57%，达到 29%；长安凯程皮卡、江西五十铃皮卡、上汽大通皮卡和郑州日产皮卡也表现较好，销量同比增长 10%、9%、17% 和 23%；江淮皮卡和江铃皮卡的销量同比下跌 26% 和 5%，市场份额同比萎缩 37% 和 20%。长安凯程皮卡、江西五十铃皮卡和上汽大通皮卡的销量同比增长10%、9%和17%，但市场份额却同比下跌7%、8%和1%，这是因为这3家生产企业销量同比增长低于全省销量同比增长。

表3-99 2020年浙江省皮卡车主要生产企业竞争格局（保险数）

主要生产企业	销量/辆	同比增长	市场份额	同比增长
江淮汽车	261	-26%	2%	-37%
北汽福田	301	0	2%	0
杭州蓝海特种车辆有限公司	179	0	1%	0
长安凯程	414	10%	3%	-7%
江铃汽车	3 426	-5%	26%	-20%
江西江铃汽车集团改装车股份有限公司	321	-4%	2%	-19%
江西五十铃	1 153	9%	9%	-8%
上汽大通	851	17%	6%	-1%
长城汽车	3 854	86%	29%	57%
郑州日产	2 377	23%	18%	4%

分城市看（见表3-100），宁波市保持领先，年销2 979辆；紧随其后的是省会城市杭州，年销量达到2 537辆；金华市、台州市和温州市的年销量也突破千辆，分别为1 494辆、1 065辆和1 133辆；湖州市、绍兴市、嘉兴市的年销量分别为817辆、717辆和613辆。

表3-100 2020年浙江省分城市皮卡车主要生产企业竞争格局（保险数）

单位：辆

城市	江淮汽车	北汽福田	黄海汽车	长安凯程	河北中兴	江铃汽车	江西五十铃	上汽大通	长城汽车	郑州日产	合计
浙江省合计	234	279	90	414	130	3 426	1 153	851	3 854	2 377	12 808
杭州市	0	85	74	95	60	664	246	146	643	524	2 537
湖州市	0	0	16	32	0	277	73	94	231	94	817
嘉兴市	4	0	0	23	0	158	33	108	182	105	613
金华市	127	0	0	21	40	321	152	99	341	393	1 494

续表

城市	江淮汽车	北汽福田	黄海汽车	长安凯程	河北中兴	江铃汽车	江西五十铃	上汽大通	长城汽车	郑州日产	合计
丽水市	7	0	0	10	0	147	33	6	82	118	403
宁波市	17	64	0	90	10	958	199	107	1 098	436	2 979
衢州市	22	12	0	19	0	298	112	19	95	149	726
绍兴市	0	0	0	33	16	231	54	85	201	97	717
台州市	0	53	0	42	0	199	90	51	374	256	1 065
温州市	57	58	0	29	0	147	134	123	426	159	1 133
舟山市	0	7	0	20	4	26	27	13	181	46	324

分车型看（见表3-101），在浙江省内最受欢迎的皮卡产品为长城炮，全年销2 250辆；其次是江铃汽车的域虎5，年销1 608辆；郑州日产的纳瓦拉销量排名第三，年销量达1 237辆；紧随其后的是长城汽车的风骏7和江铃汽车的新宝典，年销量分别为1 301辆和959辆；江西五十铃的瑞迈和铃拓、江淮汽车的帅铃T6和江铃汽车的域虎7，年销量分别为379辆、178辆、111辆和331辆。

表3-101 2020年浙江省分城市主销车型竞争格局（保险数）

单位：辆

城市	风骏5	风骏7	铃拓	纳瓦拉	瑞迈	帅铃T6	新宝典	域虎5	域虎7	长城炮	总计
浙江省合计	192	1301	178	1 237	379	111	959	1 608	331	2 250	856
杭州市	0	184	0	276	103	0	180	336	86	437	1 602
湖州市	0	61	0	70	24	0	69	119	54	154	551
嘉兴市	25	47	0	88	0	0	55	63	0	110	388
金华市	0	64	74	181	0	74	77	145	65	267	947

续表

城市	风骏5	风骏7	铃拓	纳瓦拉	瑞迈	帅铃T6	新宝典	域虎5	域虎7	长城炮	总计
丽水市	0	25	14	44	0	0	46	51	28	50	258
宁波市	134	498	0	221	126	0	335	512	0	466	2 292
衢州市	0	33	53	77	38	0	87	128	70	57	543
绍兴市	0	55	0	63	31	0	52	108	28	134	471
台州市	0	129	37	97	0	0	58	92	0	227	640
温州市	0	141	0	92	46	37	0	37	0	264	617
舟山市	33	64	0	28	11	0	0	17	0	84	237

（28）北京市竞争格局分析

2020年在北京市内（见表3-102），长城皮卡销量为3 915辆，领先第二名的江铃皮卡2倍有余，销量同比下跌48%，市场份额同比增长117%，达到50%。2020年，所有皮卡车生产企业在北京市表现都不理想，销量同比下滑都比较严重，这主要是因为北京市皮卡限行政策导致的。

表3-102　2020年北京市皮卡车主要生产企业竞争格局（保险数）

主要生产企业	销量/辆	同比增长	市场份额	同比增长
北汽福田	897	-58%	11%	78%
长安凯程	1 653	-78%	21%	-7%
河北中兴	235	-61%	3%	63%
河南德沃重工机械有限公司	61	0	1%	0
江铃汽车	205	-82%	3%	-24%
江西五十铃	56	0	1%	0
上汽大通	201	-96%	3%	-84%
沈阳金杯车辆制造有限公司	183	0	2%	0
长城汽车	3 915	-48%	50%	117%
郑州日产	450	-94%	6%	-73%

（29）上海市竞争格局分析

2020年上海市皮车销量相对较小（见表3-103）。其中江铃皮卡表现较好，销量领先，销量为 403 辆；紧随其后的是郑州日产皮卡，销量 363 辆；上汽大通作为本地生产企业，皮卡车销量排名第三，全年达到了 246 辆；作为皮卡领导者的长城皮卡，在上海市场表现相对其他省份市场表现有所落后，销量为 165 辆，仅排名第四；剩余的皮卡车生产企业，销量都没有超过百辆。随着人们对皮卡车文化的日益接受，相信未来作为生活一部分的皮卡车会逐渐打开上海这种大都市的市场。

表 3-103　2020 年上海市皮卡车主要生产企业竞争格局（保险数）

主要生产企业	销量/辆	同比增长	市场份额	同比增长
江淮汽车	20	-20%	1%	-38%
北汽福田	10	-29%	1%	-45%
长安凯程	69	60%	5%	24%
江铃汽车	403	23%	29%	-5%
江西江铃汽车集团改装车股份有限公司	26	-43%	2%	-56%
江西五十铃	54	218%	4%	145%
庆铃汽车	27	-13%	2%	-33%
上汽大通	246	14%	18%	-12%
长城汽车	165	230%	12%	154%
郑州日产	363	23%	26%	-6%

（30）天津市竞争格局分析

2020 年天津市皮卡年销量相对较小（见表 3-104）。其中长城皮卡表现较好，销量领先，销量为 1 144 辆；紧随其后的是江铃皮卡，销量为 329 辆；郑州日产皮卡和江西五十铃皮卡的销量旗鼓相当，都在 200 辆左右；剩余的皮卡车生产企业，销量都没有跨过百辆大关。

表 3-104　2020 年天津市皮卡车主要生产企业竞争格局（保险数）

主要生产企业	销量/辆	同比增长	市场份额	同比增长
江淮汽车	31	-11%	1%	-34%
北汽福田	52	30%	2%	-3%
长安凯程	94	6%	4%	-21%
河北中兴	0	-100%	0	-100%

续表

主要生产企业	销量/辆	同比增长	市场份额	同比增长
江铃汽车	329	12%	15%	-17%
江西五十铃	190	-21%	9%	-41%
庆铃汽车	34	-15%	2%	-37%
上汽大通	45	2%	2%	-24%
徐工（辽宁）机械有限公司	21	0	1%	0
长城汽车	1 144	85%	53%	37%
郑州日产	210	19%	10%	-11%

（31）重庆市竞争格局分析

在四大直辖市中，重庆市2020年皮卡车销量最大，这主要和重庆市自然环境、产业和政策有很大的关系。重庆市作为四大直辖市中唯一放开皮卡进城限制的省份，其市场容量随之扩大。重庆市皮卡车销量呈现三个梯队（见表3-105），第一梯队的长城皮卡年销量最好，达到了6 412辆；第二梯队是江铃皮卡、庆铃皮卡和江西五十铃皮卡，年销量为1 000辆左右；第三梯队的江淮皮卡、北汽福田皮卡、长安凯程皮卡、上汽大通皮卡和郑州日产皮卡，年销量为200~500辆。

表3-105　2020年重庆市皮卡车主要生产企业竞争格局（保险数）

主要生产企业	销量/辆	同比增长	市场份额	同比增长
江淮汽车	253	-6%	2%	-33%
北汽福田	333	31%	3%	-7%
黄海汽车	140	-41%	1%	-58%
长安凯程	418	79%	4%	27%
江铃汽车	1 094	12%	10%	-21%
江西五十铃	988	17%	9%	-17%
庆铃汽车	1 084	1%	10%	-28%
上汽大通	240	0	2%	0
长城汽车	6 412	79%	57%	27%
郑州日产	359	-8%	3%	-35%

3.6 我国皮卡车行业发展中存在的问题

我国皮卡车行业发展至今已有30多年历史，技术从无到有，管理从无序到有序，服务质量全面提升，产业链逐步完善。但在发展过程中，皮卡车市场面临各种难题，影响了我国皮卡车行业的健康发展。

3.6.1 皮卡车消费限制多

当前，我国皮卡车在消费使用端存在多种限制，如上牌、年检、进城、报废等。皮卡车在我国 GB/T 3730.1 和 GB 7258—2012 中被定义为"多用途货车"，在很多政策管理上统一将皮卡车与货车等同，而在皮卡车产品准入方面的标准基本与乘用车看齐。皮卡车在使用性能、安全性能、高端配置、产品质量上与乘用车没有太大差异，但在消费使用端与乘用车差异明显。首先，皮卡车无法进城，大中型城市施行的是限制皮卡车进城的政策。在路权管理方面，我国皮卡车等同于货车的管理路权，在多数省份施行限行政策。当前，部分三、四线城市以及乡镇地区对皮卡车的路权管理比较松，多数允许进城，因此三、四线及以下城市的皮卡车消费需求旺盛；而在二线城市和部分三线城市对皮卡车施行限制进城通行的管理政策，抑制了这些地区对皮卡车的消费需求。其次，我国皮卡车在车辆上牌和年检方面与乘用车差异明显。《中华人民共和国道路交通安全法实施条例》规定，"载货汽车和大型、中型非营运载客汽车10年以内每年检验1次；超过10年的，每6个月检验1次"，因此，我国皮卡车是归入载货汽车进行车辆年检的；皮卡车的上牌环节也较乘用车复杂。年检成本和时间的增加，一定程度上抑制了皮卡车的消费需求。再次，我国皮卡车按货车的报废年限要求进行管理。《机动车强制报废标准规定》要求，载货车使用年限为15年或60万公里，这在一定程度上抑制了高端皮卡车的消费需求，也影响了二手皮卡车交易。最后，我国针对皮卡车的其他方面也有很多限制，如节假日皮卡车高速出行不免费等。

3.6.2　产品质量参差不齐

从整个发展过程看，产品质量是制约皮卡车品牌影响力提升的重要因素之一。在早期竞争中，皮卡车是各个企业基于各自已有整车产品改装而来的，因此市场上有卡车改装的皮卡车、轿车改装的皮卡车以及部分越野车改装的皮卡车，当时行业重点企业有河北中兴、长城汽车、长丰扬子、一汽红塔、福迪汽车等。当时的皮卡车在外观、内饰配置、乘坐舒适性、操作性能等方面与国外品牌相比存在明显劣势。由于皮卡车与乘用车在质量上差距大，初期的皮卡车主要用于拉货，在消费者早期的印象中皮卡车就是小货车和工具车的代名词。近几年，我国试行皮卡车进城通行的政策，受早期皮卡车质量较差的印象影响，中高端皮卡车市场需求低迷；经过长城汽车、江铃汽车等皮卡车企业持续多年的经营，消费者逐步改变了对皮卡车的认知；当前，皮卡车质量大幅提升，皮卡车品牌深入人心，消费者对皮卡车的印象已大幅改观，皮卡车逐渐回归本来属性。

3.6.3　消费理念有待回归

皮卡车是以乘用为主，兼具少量载货功能的多用途车型。在国际主流皮卡车市场上，皮卡车在家庭用车、旅游休闲、工作用途等方面都极受欢迎。在我国多数三、四线城市以及乡村的道路上，常常见到载着工具的皮卡车，并且都粘贴有反光标识，侧门喷涂了载重标识；很少见到有人开着皮卡车在郊区越野，也很少遇到开着皮卡车旅游的人，甚至在城市的超市停车场，基本上看不到采购生活物资的皮卡车。在我国的一、二线城市，很少见到皮卡车，仅在事故、维修点等附近可见用于电力等城市维护的黄色皮卡工具车。由此可见，我国消费者对皮卡车存在很深的误解。近几年，随着皮卡车市场体量的扩大，整车企业逐渐重视皮卡车，对皮卡车的研发投入力度不断加大，皮卡车的质量也不断提升，市场上出现了一大批品牌，如长城风骏系列、江铃宝典系列、郑州日产的纳瓦拉系列等。在中低端市场，由于皮卡车配置的提升、科技元素的增加，消费者对皮卡车即工具车的观念逐渐淡化，上档次的商用皮卡车受到青睐。皮卡车产品质量的提升带来了积极的消费变化，市场上出现更多追求高品质皮卡车的需求。由于消费观念的变化，中高端皮卡车市场也迎来了春天，长城汽车、江铃汽车、上汽大通、江西五十铃、郑州日产等企业加大中高端皮卡车市场投入；2019年，长城汽车推出了高端乘用和商用皮卡车长城炮，江铃汽车也推出了美式高端皮卡车域虎9，郑州日产、上汽大通、北汽福田等企业也推出了高端车型。皮卡车市场上出现了"百花争艳"的景象，皮卡车逐步回归乘用为主兼具载货用途的属性。

3.7 皮卡车行业发展趋势展望

3.7.1 市场发展分析

近几年，皮卡车在新技术应用领域快速发展，市场消费需求更替变化迅速，产品呈现乘用化和越野、改装等多元化发展。皮卡车技术和产品质量的快速提升带动了皮卡车消费市场的升级，而这又进一步促使相关限制皮卡车政策的放开，进而刺激优质皮卡车企业加大人才培育与技术研发力度以进一步提升产品质量。企业、消费者与政府对皮卡车的密切关注，促使中国皮卡车产业茁壮成长。

（1）价格变化趋势

从我国皮卡车发展历程来看，皮卡车在2015年以前可以称为皮卡工具车时代。这时期的皮卡车用户群体多为工具需求类，皮卡车在农牧市场、家用市场以及其原本的越野市场影响微乎其微。这一阶段，皮卡车的性价比和商用性能是消费者选车的主要参考特征，10万元以下的皮卡车产品占据近80%的市场份额。

2015年之后，10万元以上级别的皮卡车市场份额逐年增长，这一变化表明，我国皮卡车消费者开始看重皮卡的配置和质量，10万元以上级别的皮卡车市场将快速发展（见图3-38）。

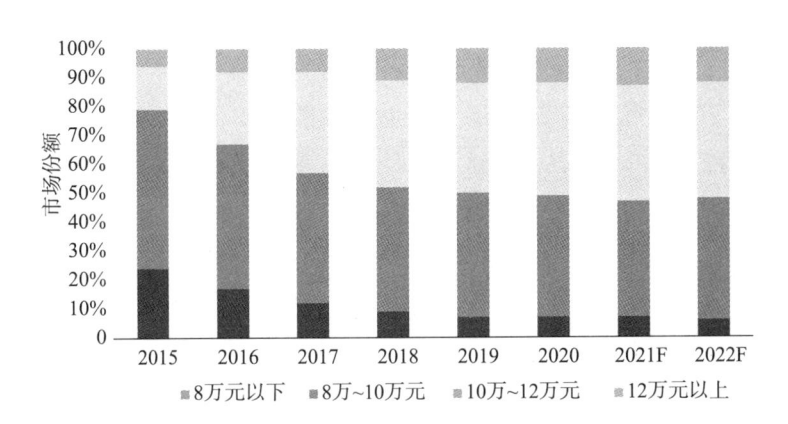

图3-38 国内皮卡车不同价格区域的市场份额预测

以工具车为主的消费群体，往往更看重皮卡车的价格低廉；小型企业、私人作坊以及农牧市场类用户主要关注皮卡车的性价比和性能，10万~12万元的皮卡车更受此类用户的喜爱；家用市场的用户更加注重皮卡车的配置和质量，越野市场的用户注重的往往是皮卡车的性能和质量，因此12万元以上价格的皮卡车是这部分消费者的主要选择。2015—2019年可以称为商用皮卡车时代，"90后"和"00后"消费者成为皮卡车产品的消费主力之一，新生代年轻消费者对皮卡车的定位为高端、舒适，对皮卡车的乘用化和动力性等要求提高。受此消费驱动影响，2018年，我国10万元以下皮卡车市场份额已下降至52%，较2015年市场份额减少27个百分点，12万元以上的中高端皮卡占皮卡车市场的11%。2020年，皮卡车进入乘用皮卡车时代，皮卡车逐渐回归乘用为主、载货为辅的功能属性。随着汽车行业向智能化、网联化、电动化等发展，皮卡车升级刻不容缓。2020年，长城汽车、江铃汽车、郑州日产、北汽福田等主要皮卡车生产企业纷纷推出了高端产品，这类车型普遍配有导航、定速巡航、平均油耗/瞬时油耗显示、自动大灯、自动雨刷等高科技设备，也增加了ESP（ABS+EBD）、主副气囊、侧气囊及气帘、胎压监测、昼间行车灯、预紧式安全带、儿童座椅固定点、倒车影像等安全设备，相对市场上 SUV 车型在配置上无太大差距，价格在 12 万~25 万元。总体来说，我国皮卡车市场消费价格在逐步上移，中高端皮卡车市场销量将保持增长趋势。

（2）产品特征特点

我国皮卡车政策的特殊性，决定了初期皮卡车产品的整个发展方向。早期皮卡车被纳入货车管理，而在货运市场上，大型尺寸的皮卡车与栏板车的性价比差距明显，中小型尺寸的皮卡车在市场上也因此受到更多消费者的青睐。截至目前，这一政策仍在影响着皮卡车市场的发展。

2015 年以前，车宽≤1.8 米的皮卡车为主流；但在之后几年，我国皮卡车市场结构逐渐变化，2018 年皮卡车车身宽度变化呈现以下三个特点：车宽≤1.8 米的市场份额持续减少；车宽>1.8 米的市场份额超过50%；在车宽>1.8 米的市场中，1.8~1.85 米的产品市场份额最大。国内皮卡车的货箱长度变化趋势如下：1.6~1.699 米的市场份额相对稳定，1.5~1.599 米、1.8~1.899 米的市场份额持续快速增长；形成了1.5~1.599 米、1.6~1.699 米、1.800~1.899 米三种主流货箱长度。从柴油、汽油占比变化趋势看，我国柴油、汽油皮卡车销量占比相对稳定，但后续汽油皮卡车的销量占比有可能提升，主要因为：一方面，柴油发动机升级国六排放标准的技术难度和升级成本显著高于汽油发动机，市场上供给侧汽油皮卡车占比以及价格差将对销量产生影响；另一方面，当前我国乘用车需求中对汽油车型的需求和接受度显著高于柴油车型。未来，随着皮卡车乘用化使用场景越来越普遍，我国汽油皮卡车销量占比将持续增长。从皮卡车的两驱、四驱销量占比变化趋势看，我国四驱皮卡车销量占比呈现稳步上升态势。从地域上分析，主要原因是西南省份的皮卡车需求增长；从需求场景端看，皮卡车原先只作为工具车的需求转向商乘两用需求，这也是四驱皮卡车销量占比提升的原因之一。

3.7.2　皮卡车产品技术发展趋势

我国皮卡车行业起步时间虽然较晚，但发展迅速，国内主要皮卡车生产企业在技术研发与人才培养上投入力度较大，为我国皮卡车市场发展奠定了基础。

(1) 产品高端化

伴随我国皮卡车政策的全面推进，皮卡车产业迎来了消费升级。我国皮卡车在产品动力、产品配置、产品质量和可靠性方面不断升级，同步带来产品价格上行，皮卡车逐步向高端化发展。

2020年，市场上出现了多款高端皮卡车产品，如长城汽车的长城炮、江铃域虎9、上汽大通T70等。在皮卡车产品中广泛应用提升舒适性、安全性等的高科技配置，产品单价也从5年前的12万元提升到20万元左右，未来5年内高端皮卡车产品单价或将达到30万元。

(2) 企业品牌化

近几年，我国皮卡车产品质量明显提升，品牌认可度、影响力不断提升。皮卡车生产企业逐步加大品牌培育力度，积极打造具有全球影响力的皮卡车品牌；同时，不断丰富产品系列，加速布局高端市场，产品向智能化、乘用化发展，新技术、新材料、新理念不断被应用到产品中，提升了产品的相关服务品质。

我国皮卡车市场消费主力正逐渐向"00后"转移，这将加速市场消费观念转变，市场将由性价比消费需求逐步向品质享受和品牌消费需求转变。未来，品牌影响力和产品质量将是决定市场竞争力的关键因素。

(3) 产业国际化

我国多家皮卡车生产企业将产品出口至海外欠发达地区，如东南亚、海湾地区、南美洲地区、大洋洲地区和非洲等部分国家，产品良好的性价比和较高的可靠性在海外市场赢得好评，代表性企业有河北中兴、长城汽车、上汽大通、江铃汽车以及北汽福田等。在"走出去"方面，各企业通过商务合作方式，在当地建立组装工厂并通过兼并优质整车和零部件企业，不断推动国际化发展。在"引进来"方面，各企业在产品研发阶段，通过引进国际化研发团队、在海外市场布局研发中心、引进国际人才等，吸收国际先进管理经验，借鉴国际产品标准体系，不断提升产品质量、可靠性和品牌形象，为提升我国皮卡车的国际竞争力奠定坚实的基础。

3.7.3 皮卡车市场发展趋势

（1）市场发展预判

近几年皮卡车成为乘商结合的消费的新热点，持续表现较强，但近期皮卡车生产企业分化，主力生车企车强势提升，部分传统皮卡车生产企业面临巨大的增长压力。

2020年由于疫情因素和北京需求波动导致皮卡车销量同比下滑较大，未来一段时间皮卡车市场将保持持续的复苏状态。首先，中国经济的稳步复苏为市场的持续恢复打下了坚实的基础。其次，疫情期间催生了很多新产业、新业态、新模式，将为经济回升继续提供有力支撑。此外，皮卡市场受益于宏观政策的效应也将进一步显现。

从2016年国家试点皮卡车"放开进城限制政策"以来，解禁区域皮卡车销量实现了10%左右的同比增长。2019年国家发布《推动重点消费品更新升级 畅通资源循环利用实施方案（2019—2020年）》，鼓励有条件地级市放开皮卡车限制，随后各地在逐步研究皮卡车进城对城市交通影响后将放宽甚至全面放开限制政策，预计到2025年将有80%的城市放开皮卡车进城限制，皮卡车将加速进入家庭，家庭需求将成为驱动市场增长的主要因素。随着进城限制政策的放开和皮卡车技术的进步，在中高端家用市场和越野市场，皮卡车销量将保持稳定增长；而国内旅游业和皮卡赛车的发展也将带来皮卡房车、改装车型的多元化发展。预计2025年以前，每年皮卡车销量增速将保持在5%~25%，到2025年，随着放开限制政策城市的进一步增多，皮卡车市场销量将接近150万辆。

（2）品牌全球化发展趋势

我国企业非常重视海外皮卡车市场，积极布局澳大利亚、南非、东南亚、俄罗斯等重要市场，在海外市场设立KD组装工厂、生产工厂以及研发中心，逐步提升产品质量，并将产品推向北美和欧洲市场。

长城汽车在海外已拥有6家设计中心、3家子公司和460余家销售网点以及多个KD组装厂，并不断提升产品质量。2018年，长城汽车在全球皮卡车品牌排名中跻身全球第九。

上汽大通自成立之初，便在海内外市场践行"通天下、行无忧"的全球售后服务理念；并围绕澳新、欧洲、东盟、南美、中东五大重点海外核心市场，设立230余家销售网络和330余家售后服务网点。2018年，上汽大通海外市场逆势上扬，在海外46个国家或地区销售了4万多辆汽车，其中T60更是获得多个国家的好评。在2018年的销量数据中，澳新市场有8 943辆，同比增长57%，约占总销量的55%，上汽大通成为连续两年在澳大利亚及新西兰市场销量排名第一的中国汽车品牌。

在海外布局方面，除了长城汽车、上汽大通，江铃汽车、北汽福田、郑州日产、河北中兴等皮卡车企业也表现不俗，自从国内汽车消费市场进入存量市场以来，各皮卡车企业加快开拓海外市场。随着企业在海外市场的深耕，中国皮卡车的品牌影响力将日益提升。

4 区域市场篇

4.1 安徽省 2020 年皮卡车市场分析

4.1.1 市场整体概况

2020 年安徽省皮卡车市场销量达到了 9 483 辆,同比增长 4.7%(见图 4-1)。在新冠肺炎疫情的冲击下,全年销量保持正增长,很好地反映了当地经济在疫情后快速恢复,且对皮卡车的需求旺盛。从历史数据来看,安徽省 2015—2017 年皮卡车保持了较快的增长,全年增速都保持在两位数以上。2018 年后受中美贸易战等因素影响,安徽省皮卡车销量增速回落。2020 年虽然受疫情因素等影响,但全年还是保持了很好的增速。

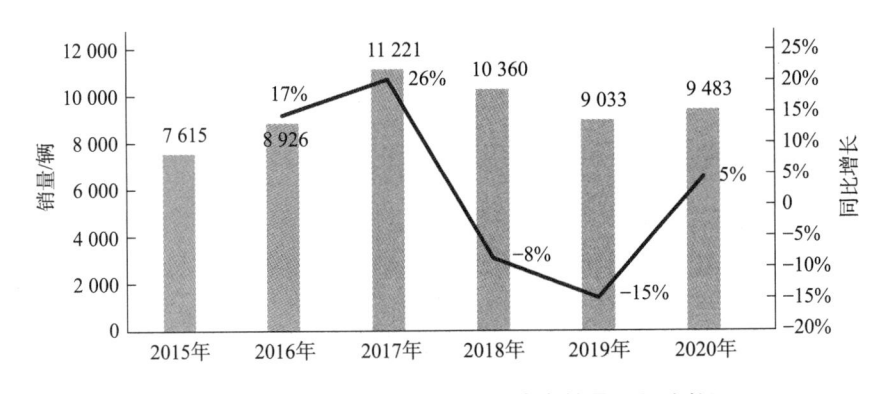

图 4-1 2015—2020 年安徽省皮卡车销量(保险数)

从月度销量看(见表 4-1),2020 年 12 个月皮卡车销量保持相对稳定,除了前两个月受疫情影响销量不是很亮眼,其他月份皮卡车销量都维持在每月 800 辆左右。

表 4-1　2015—2020 年安徽省皮卡车分月度销量（保险数）

单位：辆

年份	1月	2月	3月	4月	5月	6月	7月	8月	9月	10月	11月	12月	总计
2015	698	635	752	661	538	639	605	511	638	541	645	752	7 615
2016	734	656	762	637	626	630	672	878	900	644	814	973	8 926
2017	912	932	1 043	847	840	861	857	874	976	907	1 035	1 137	11 221
2018	772	740	1 125	873	879	788	756	839	965	756	895	972	10 360
2019	902	694	1 057	865	734	1 360	540	423	664	482	590	722	9 033
2020	607	105	874	928	828	784	943	892	878	732	808	1 104	9 483

4.1.2　车型结构

从车型结构看（见图 4-2～图 4-5），2020 年安徽省消费者对柴油和汽油皮卡车的需求比为 3.8:1，对四驱和两驱皮卡车的需求比为 1:3.4，对长货箱和短货箱皮卡车的需求比为 1:1.6；对宽体和窄体皮卡车的需求比为 2.4:1。安徽省消费者对柴油、两驱、短货箱、宽体皮卡车有明显的需求偏好。

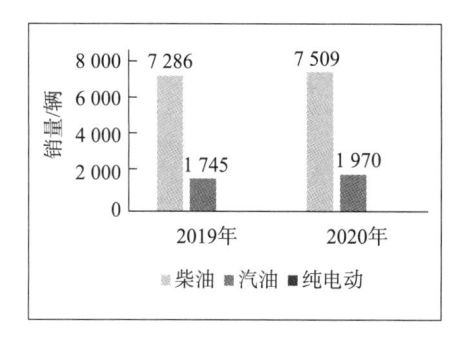

图 4-2　2020 年安徽省不同动力类型皮卡车销量

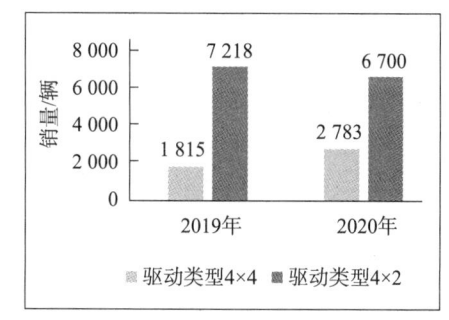

图 4-3　2020 年安徽省两/四驱皮卡车销量

分城市看（见表 4-2），2020 年安徽省各城市对皮车卡动力类型需求以柴油为主。除了安庆市、亳州市、阜阳市、合肥市、六安市和铜陵市柴油型皮卡车销量同比下降，其他城市都同比增长。尤其是蚌埠市、淮北市、马鞍山市和宣城市增幅较大，分别同比增长 46%、29%、89% 和 26%。

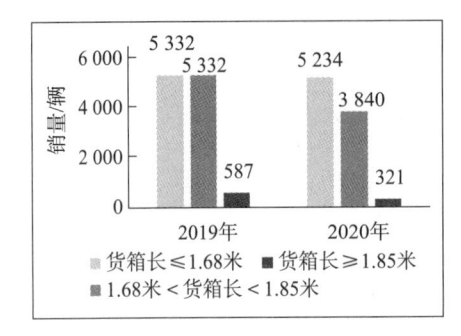

图 4-4　2020 年安徽省长/短货箱皮卡车销量

图 4-5　2020 年安徽省宽/窄体皮卡车销量

表 4-2　2020 年安徽省柴/汽油皮卡车销量（保险数）

城市	销量/辆 柴油	销量/辆 汽油	销量同比增长 柴油	销量同比增长 汽油	总计/辆
安庆市	590	107	-9%	18%	697
蚌埠市	628	128	46%	8%	756
亳州市	297	76	-18%	0	373
池州市	267	48	12%	0	315
滁州市	433	121	13%	102%	554
阜阳市	855	198	-10%	-24%	1 053
合肥市	1 353	513	-7%	13%	1 866
淮北市	220	43	29%	-23%	263
淮南市	414	78	10%	24%	492
黄山市	139	32	7%	23%	171
六安市	837	142	-10%	7%	979
马鞍山市	337	75	89%	83%	412
铜陵市	243	51	-4%	70%	294
芜湖市	245	151	17%	31%	396
宿州市	257	81	2%	1%	338
宣城市	394	126	26%	34%	520

备注：由于保险数中存在未知造成本表与表 4-3、表 4-4 和表 4-5 的总计数存在差异，其他省份也存在这种情况。

分城市看（见表4-3），2020年安徽省各城市对皮卡车驱动类型需求以两驱为主，这主要和当地经济发展状况、自然环境等因素有关。安庆市、蚌埠市、池州市、滁州市、阜阳市、合肥市、淮北市、淮南市、黄山市、铜陵市、芜湖市、宿州市和宣城市的四驱皮卡车销量增速比较快，同比增长59%、156%、46%、65%、37%、56%、60%、77%、206%、218%、55%、75%、88%和76%；而马鞍山市对两驱皮卡车需求也持续增长，同比增长64%。

表4-3 2020年安徽省两/四驱皮卡车销量（保险数）

城市	销量/辆 两驱	销量/辆 四驱	销量同比增长 两驱	销量同比增长 四驱	总计/辆
安庆市	514	183	-18%	59%	697
蚌埠市	521	238	15%	156%	759
亳州市	307	66	-17%	-4%	373
池州市	233	82	1%	46%	315
滁州市	384	170	13%	65%	554
阜阳市	806	247	-22%	37%	1053
合肥市	1235	632	-18%	56%	1 867
淮北市	207	56	8%	60%	263
淮南市	343	149	-3%	77%	492
黄山市	119	52	-14%	206%	171
六安市	613	366	-11%	-3%	979
马鞍山市	304	108	64%	218%	412
铜陵市	232	62	-5%	55%	294
芜湖市	289	107	9%	75%	396
宿州市	244	94	-13%	88%	338
宣城市	349	171	13%	76%	520

分城市看（见表4-4），2020年安徽省各城市对皮卡车长/短货箱需求以短货箱为主。其中蚌埠市、马鞍山市和芜湖市的短货箱皮卡车销量增长较快，同比增长33%、88%和20%；蚌埠市、池州市、滁州市、

阜阳市、淮北市、淮南市、黄山市、马鞍山市、宿州市、铜陵市、芜湖市和宣城市的长货箱皮卡车销量增长较快，同比增长 89%、63%、73%、32%、86%、34%、44%、89%、27%、68%、41% 和 104%。

表 4-4 2020 年安徽省长/短货箱皮卡车销量（保险数）

城市	销量/辆 货箱长≤1.68米	销量/辆 1.68米<货箱长≤1.85米	销量/辆 货箱长>1.85米	同比增长 货箱长≤1.68米	同比增长 1.68米<货箱长≤1.85米	同比增长 货箱长>1.85米	总计
安庆市	356	305	36	-6%	6%	-52%	697
蚌埠市	515	230	13	33%	89%	-65%	758
亳州市	165	177	29	-24%	1%	-36%	371
池州市	155	145	15	-12%	63%	-25%	315
滁州市	315	223	13	3%	73%	63%	551
阜阳市	468	535	50	-34%	32%	-52%	1 053
合肥市	1 048	704	61	7%	-11%	-46%	1 813
淮北市	130	123	6	-12%	86%	0	259
淮南市	246	234	2	-1%	34%	-88%	482
黄山市	107	59	5	19%	44%	-76%	171
六安市	541	406	30	-18%	18%	-45%	977
马鞍山市	265	140	7	88%	89%	600%	412
宿州市	180	140	15	-5%	27%	-48%	335
铜陵市	170	116	8	-15%	68%	-43%	294
芜湖市	272	107	16	20%	41%	-24%	395
宣城市	301	196	18	6%	104%	-28%	515

备注：货箱长>1.85米的皮卡车销量很小，分析时忽略不计，后面其他省份同理。

分城市看（见表 4-5），2020 年安徽省各城市对宽/窄体皮卡车需求以宽体皮卡车为主，其中蚌埠市、池州市、滁州市、淮北市、淮南市、黄山市、六安市、马鞍山市、铜陵市、芜湖市和宣城市的宽体皮卡车销量增长较快，同比增幅分别为 63%、66%、64%、46%、47%、119%、25%、134%、120%、63% 和 97%。

表 4-5 2020 年安徽省宽/窄体皮卡车销量（保险数）

城市	销量/辆 外廓宽≤1.8米	销量/辆 外廓宽>1.8米	销量同比增长 外廓宽≤1.8米	销量同比增长 外廓宽>1.8米	总计
安庆市	203	494	-38%	19%	697
蚌埠市	225	534	2%	63%	759
亳州市	121	252	-38%	3%	373
池州市	79	236	-45%	66%	315
滁州市	133	421	-28%	64%	554
阜阳市	335	718	-44%	17%	1 053
合肥市	516	1351	-25%	11%	1 867
淮北市	64	199	-29%	46%	263
淮南市	132	360	-32%	47%	492
黄山市	53	118	-48%	119%	171
六安市	343	636	-38%	25%	979
马鞍山市	120	292	28%	134%	412
宿州市	101	237	-18%	14%	338
铜陵市	105	189	-47%	120%	294
芜湖市	122	274	-22%	63%	396
宣城市	138	382	-35%	97%	520

4.2　北京市 2020 年皮卡车市场分析

4.2.1　市场整体概况

2020 年北京市皮卡车市场销量达到了 8 088 辆，同比下跌 317.9%（见图 4-6），主要原因为受当地限行政策影响。从 2015—2020 年数据来看，北京市 2015—2019 年这五年皮卡车销量保持了较快的增长，每年增速都保持在两位数以上。2019 年受当地进城放开政策影响，北京市皮卡车销量迎来了一次大爆发。2020 年受新冠肺炎疫情以及当地限行政策影响，北京市皮卡车销量大幅下滑。

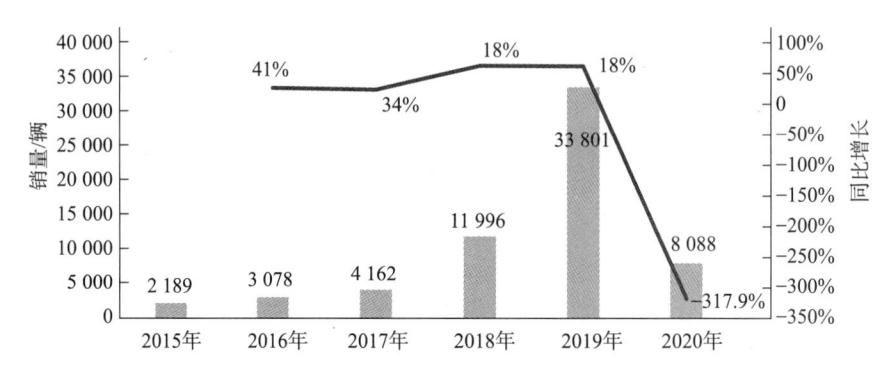

图 4-6 2015—2020 年北京市皮卡车销量（保险数）

从月度销量看（见表 4-6），2020 年 12 个月北京市皮卡车销量呈现先扬后抑的趋势，特别是下半年销量大幅下滑，每月销量仅勉强维持在 300 辆左右。

表 4-6 2015—2020 年北京市皮卡车分月度销量（保险数）

年份	1月	2月	3月	4月	5月	6月	7月	8月	9月	10月	11月	12月	总计
2015	159	82	227	198	249	174	216	134	164	191	124	271	2 189
2016	166	107	317	208	287	223	212	229	279	266	382	402	3 078
2017	254	251	426	312	297	266	336	360	651	243	408	358	4 162
2018	324	175	509	356	423	429	581	679	858	1 143	2 041	4 478	11 996
2019	3 438	1 710	5 761	6 054	2 940	2 067	1 400	1 287	1 526	1 703	2 142	3 773	33 801
2020	1 195	228	557	1 888	1 543	698	339	311	328	311	305	385	8 088

4.2.2 车型结构

从车型结构看（见图 4-7~图 4-10），2020 年北京市消费者对柴油和汽油皮卡车的需求比为 1:60，对四驱和两驱皮卡车的需求比为 1:1.6，对长货箱和短货箱皮卡车车的需求比为 1:7.8，对宽体和窄体皮卡的需求比为 1.6∶1。北京市消费者对汽油、两驱、短货箱、宽体皮卡车有明显的需求偏好。

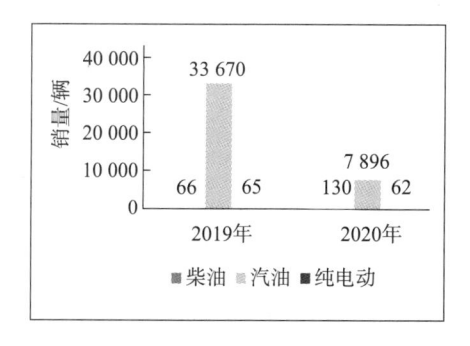

图 4-7 2020 年北京市不同动力类型皮卡车销量

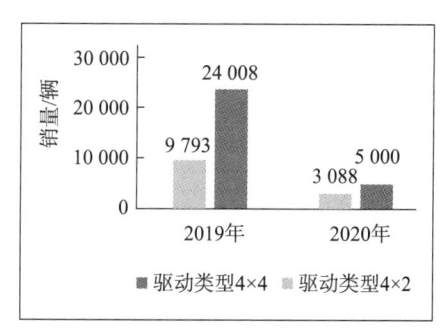

图 4-8 2020 年北京市两/四驱皮卡车销量

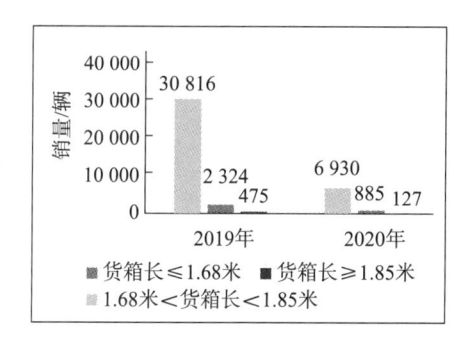

图 4-9 2020 年北京市长/短货箱皮卡车销量

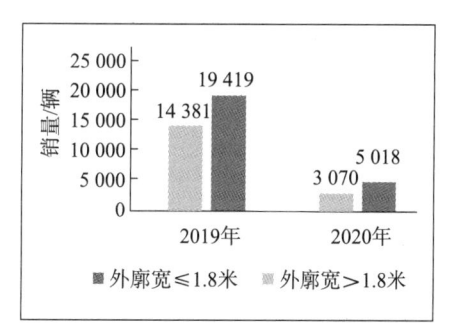

图 4-10 2020 年北京市宽/窄体皮卡车销量

4.3 福建省 2020 年皮卡车市场分析

4.3.1 市场整体概况

2020 年福建省皮卡车市场销量达到了 13141 辆，同比增长 3%（见

图4-11)。在新冠肺炎疫情的冲击下,全年销量保持正增长,很好地反映了当地经济在疫情后快速恢复,且对皮卡车的需求旺盛。从2015—2020年数据来看,福建省2016—2019年这四年皮卡车销量持续下降。2020年虽然受疫情影响,但整体上福建省皮卡车销量表现良好,销量同比微增3个百分点。

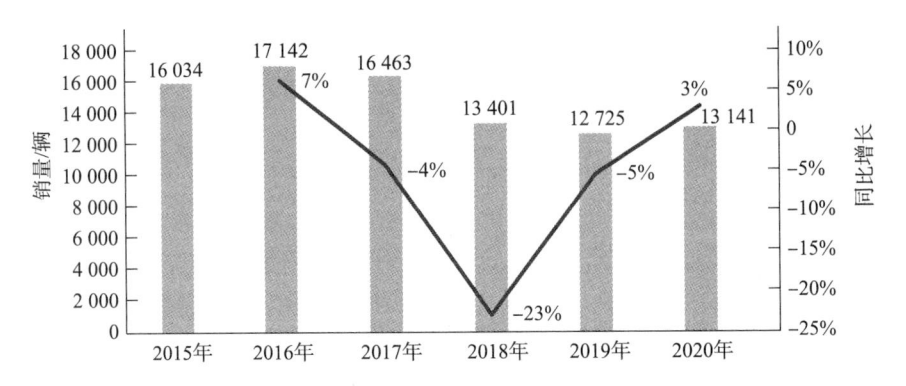

图4-11 2015—2020年福建省皮卡车销量(保险数)

从月度销量看(见表4-7),2020年12个月福建省皮卡车销量保持相对稳定,除了前两个月受疫情影响销量不是很亮眼,其他月份的销量都维持在每月1 000辆左右。

表4-7 2015—2020年福建省皮卡车分月度销量(保险数)

年份	1月	2月	3月	4月	5月	6月	7月	8月	9月	10月	11月	12月	总计
2015	1 665	1 181	1 933	1 590	1 368	1 114	1 146	933	1 203	1 173	1 220	1 508	16 034
2016	1 593	1 092	1 858	1 421	1 461	1 211	1 316	1 381	1 449	1 263	1 534	1 563	17 142
2017	1 359	1 536	1 915	1 449	1 322	1 313	1 312	1 286	1 136	1 129	1 233	1 473	16 463
2018	1 183	862	1 663	1 247	1 213	960	972	1 033	1 022	1 015	1 044	1 187	13 401
2019	1 179	861	1 495	1 134	984	887	963	864	1 025	1 005	916	1 412	12 725
2020	777	356	1 507	1 398	1 177	1 174	1 187	1 108	1 136	1 007	1 069	1 245	13 141

4.3.2 车型结构

从车型结构看(见图4-12~图4-15),2020年福建省消费者对柴汽油皮卡车的需求比为4.8:1，对四驱和两驱皮卡车的需求比为1:4.3；对长货箱和短货箱皮卡车的需求比为1:2；对宽体和窄体皮卡车的需求比为1:1.7。福建省消费者对柴油、两驱、短货箱、宽体皮卡车有明显的需求偏好，特别是宽体皮卡，相比2019年增量明显。

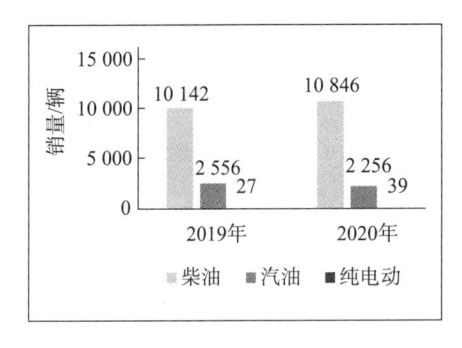

图4-12 2020年福建省不同动力类型皮卡车销量

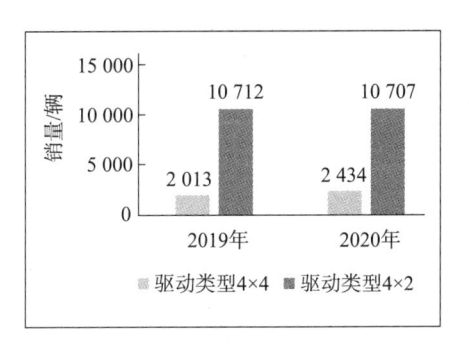

图4-13 2020年福建省两/四驱皮卡车销量

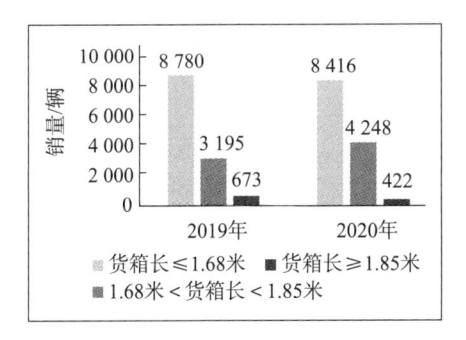

图4-14 2020年福建省长/短货箱皮卡车销量

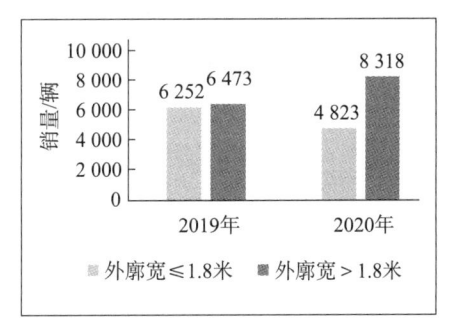

图4-15 2020年福建省宽/窄体皮卡车销量

分城市看（见表4-8），2020年福建省各城市对皮卡动力类型需求以柴油为主。除了泉州市柴油皮卡车销量同比下降，其他城市都同比增长，尤其是宁德市、三明市和厦门市增幅较大，分别同比增长10%、15%和34%；南平市和宁德市的汽油皮卡车销量有明显增长，分别同比增长23%和121%。

表4-8　2020年福建省柴/汽油皮卡车销量（保险数）

城市	销量/辆 柴油	销量/辆 汽油	销量同比增长 柴油	销量同比增长 汽油	总计/辆
福建省合计	10 846	2 256	7%	-12%	13 102
福州市	2 721	614	9%	-28%	3 335
龙岩市	964	96	9%	-32%	1 060
南平市	938	134	6%	23%	1 072
宁德市	1 436	148	10%	121%	1 584
莆田市	530	90	6%	-9%	620
泉州市	1 289	573	-13%	-14%	1 862
三明市	1 224	116	15%	-4%	1 340
厦门市	785	331	34%	-6%	1 116
漳州市	959	154	2%	5%	1 113

分城市看（见表4-9），2020年福建省各城市对皮卡车驱动类型需求以两驱为主，但四驱皮卡车销量同比增长21%。三明市和厦门市的两驱皮卡车销量增速比较快，同比增长12%和18%；而福州市、龙岩市、南平市、宁德市、莆田市、三明市、厦门市和漳州市的四驱皮卡车销量增长，同比分别增长15%、13%、34%、74%、44%、18%、20%和23%。

表4-9　2020年福建省两/四驱皮卡车销量（保险数）

城市	销量/辆 两驱	销量/辆 四驱	销量同比增长 两驱	销量同比增长 四驱	总计/辆
福建省	10 707	2 434	0	21%	13 141
福州市	2 711	662	-3%	15%	3 373
龙岩市	806	255	1%	13%	1 061
南平市	770	302	0	34%	1 072
宁德市	1 342	242	8%	74%	1 584
莆田市	551	69	0	44%	620
泉州市	1 609	253	-15%	-2%	1 862
三明市	1 089	251	12%	18%	1 340
厦门市	957	159	18%	20%	1 116
漳州市	872	241	-2%	23%	1 113

分城市看（见表4-10），2020年福建省各城市对皮卡车长/短货箱需求以短货箱为主，其中厦门市短货箱皮卡车销量增速为11%，福州市、莆田市、龙岩市、南平市、宁德市、三明市、厦门市和漳州市的长货箱皮卡车销量增长较快，同比增长为18%、23%、16%、66%、90%、34%、67%和53%。

表4-10 2020年福建省长/短货箱皮卡车销量（保险数）

城市	销量/辆 货箱长≤1.68米	销量/辆 1.68米<货箱长≤1.85米	销量/辆 货箱长>1.85米	同比增长 货箱长≤1.68米	同比增长 1.68米<货箱长≤1.85米	同比增长 货箱长>1.85米	总计
福州市	2 091	1 077	189	-3%	18%	-34%	3 357
莆田市	309	300	11	-6%	23%	-56%	620
龙岩市	702	336	20	2%	16%	-47%	1 058
南平市	644	409	19	-9%	66%	-49%	1 072
宁德市	1 071	493	18	-3%	90%	13%	1 582
泉州市	1 232	560	42	-17%	7%	-66%	1 834
三明市	854	426	60	7%	34%	5%	1 340
厦门市	778	300	32	11%	67%	-30%	1 110
漳州市	735	347	31	-9%	53%	-30%	1 113

分城市看（见表4-11），2020年福建省对宽/窄体皮卡车需求偏好有明显转变，由2019年的宽、窄体皮卡车各半，在逐渐向宽体皮卡车转变。2020年各城市窄体皮卡车呈全线下跌趋势，宽体皮卡车呈现全线上涨趋势，其中福州市、龙岩市、南平市、宁德市、三明市、厦门市和漳州市的宽体皮卡车销量增长较快，同比增长分别为21%、27%、43%、98%、24%、50%和33%。

表4-11 2020年福建省宽/窄体皮卡车销量（保险数）

城市	销量/辆 外廓宽≤1.8米	销量/辆 外廓宽>1.8米	销量同比增长 外廓宽≤1.8米	销量同比增长 外廓宽>1.8米	总计
福州市	1 289	2 084	-22%	21%	3 373
莆田市	138	482	-19%	13%	620

续表

城市	销量/辆 外廓宽≤1.8米	销量/辆 外廓宽>1.8米	销量同比增长 外廓宽≤1.8米	销量同比增长 外廓宽>1.8米	总计
龙岩市	263	798	-34%	27%	1 061
南平市	368	704	-27%	43%	1 072
宁德市	889	695	-13%	98%	1 584
泉州市	728	1 134	-34%	9%	1 862
三明市	401	939	-5%	24%	1 340
厦门市	423	693	-12%	50%	1 116
漳州市	324	789	-34%	33%	1 113

4.4 甘肃省 2020 年皮卡车市场分析

4.4.1 市场整体概况

2020 年甘肃省皮卡车销量达到了 10 527 辆，同比增长 18%（见图 4-16）。在新冠肺炎疫情的冲击下，全年销量保持正增长，很好地反映了当地经济在疫情后快速恢复，且对皮卡车的需求旺盛。从 2015—2020 年数据来看，甘肃省皮卡车销量 2017 年见底后，近三年都保持稳定的增长，市场容量逐渐被打开，并在 2020 年受疫情的冲击下稳步增长，跨过万辆大关。

从月度销量看（见表 4-12），2020 年 12 个月甘肃省皮卡车销量保持相对稳定，除了 2 月受疫情影响销量稍差，其他月份皮卡车销量都维持在每月 700 辆以上。

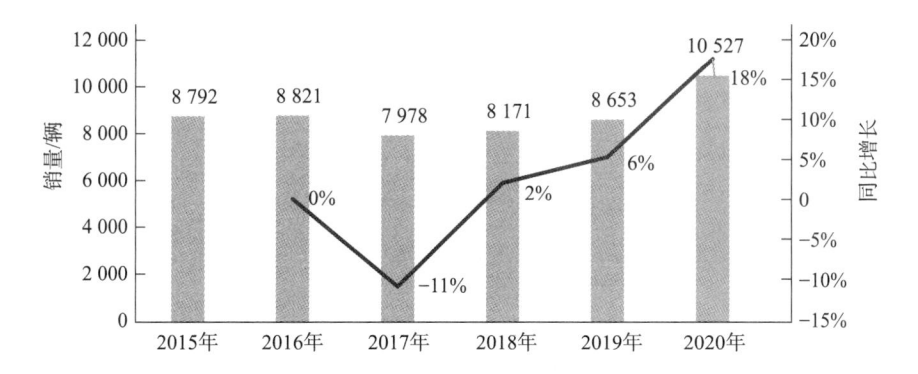

图 4-16　2015—2020 年甘肃省皮卡车销量（保险数）

表 4-12　2015—2020 年甘肃省皮卡车分月度销量（保险数）

年份	1月	2月	3月	4月	5月	6月	7月	8月	9月	10月	11月	12月	总计
2015	1 019	780	1 098	838	686	555	567	674	575	642	675	683	8 792
2016	835	657	1 002	926	974	527	555	565	661	622	654	843	8 821
2017	872	692	864	616	611	506	517	614	536	629	660	861	7 978
2018	683	609	1 062	772	669	518	469	591	647	660	748	743	8 171
2019	1 137	551	953	715	623	581	588	590	615	702	663	935	8 653
2020	706	231	1 200	1 070	887	989	895	796	966	884	779	1 124	10 527

4.4.2　车型结构

从车型结构看（见图 4-17~图 4-20），2020 年甘肃省消费者对柴油和汽油的皮卡车的需求比为 2∶1，对四驱和两驱皮卡车的需求比为 1.5∶1，对长货箱和短货箱皮卡车的需求比为 1∶1.7，对宽体和窄体皮卡车的需求比为 1.2∶1。甘肃省消费者对柴油、四驱、短货箱皮卡有明显的需求偏好，对宽/窄体皮卡的需求偏好并不是那么明显。

分城市看（见表 4-13），2020 年甘肃省各州市对皮卡车动力类型需求以柴油为主，除了甘南藏族自治州和嘉峪关市的柴油皮卡车销量同比下降，其他城市都同比增长；尤其是白银市、定西市、金昌市、酒泉市、兰州市、陇南市、平凉市、庆阳市、武威市和张掖市增幅较大，分别同比增长 39%、29%、56%、53%、21%、21%、71%、44%、43% 和 29%。

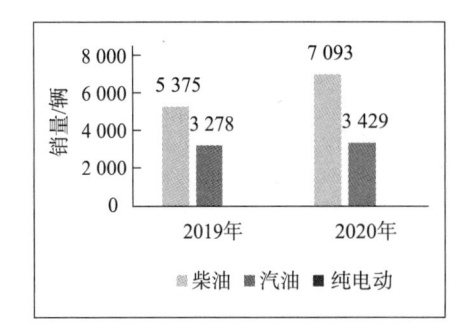

图 4-17　2020 年甘肃省不同动力类型皮卡车销量

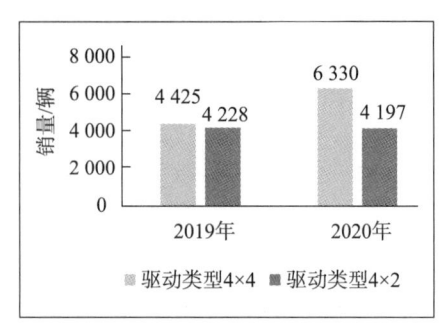

图 4-18　2020 年甘肃省两/四驱皮卡车销量

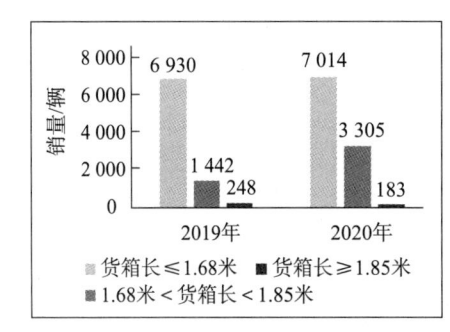

图 4-19　2020 年甘肃省长/短货箱皮卡车销量

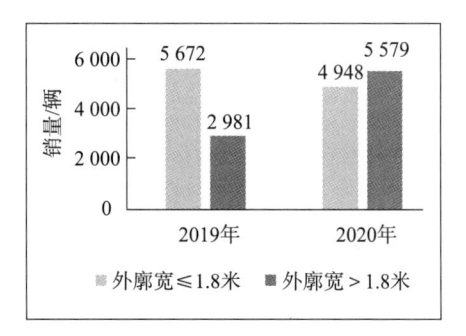

图 4-20　2020 年甘肃省宽/窄体皮卡车销量

表 4-13　2020 年甘肃省柴/汽油皮卡车销量（保险数）

州市	销量/辆 柴油	销量/辆 汽油	销量同比增长 柴油	销量同比增长 汽油	总计/辆
甘肃省合计	7 093	3 429	32%	5%	10 522
白银市	758	205	39%	14%	963
定西市	429	189	29%	-11%	618
甘南藏族自治州	32	18	-14%	-22%	50
嘉峪关市	32	29	-48%	-38%	61
金昌市	150	78	56%	-36%	228
酒泉市	514	332	53%	30%	846
兰州市	1 456	1 410	21%	12%	2 866
临夏回族自治州	125	216	5%	11%	341

续表

州市	销量/辆 柴油	销量/辆 汽油	销量同比增长 柴油	销量同比增长 汽油	总计/辆
陇南市	391	79	21%	-5%	470
平凉市	619	146	71%	54%	765
庆阳市	954	395	44%	-9%	1 349
天水市	522	70	10%	-18%	592
武威市	596	111	43%	-30%	707
张掖市	515	151	29%	14%	666

分州市看（见表4-14），2020年甘肃省各州市对皮卡车驱动类型需求以四驱为主。白银市和酒泉市的两驱皮卡车销量增速比较快，同比增长22%和28%；而白银市、定西市、酒泉市、兰州市、陇南市、平凉市、庆阳市、天水市、武威市和张掖市的四驱皮卡车销量增长较快，同比分别增长43%、67%、62%、54%、44%、36%、102%、28%、27%、44%和60%。

表4-14 2020年甘肃省两/四驱皮卡车销量（保险数）

州市	销量/辆 两驱	销量/辆 四驱	销量同比增长 两驱	销量同比增长 四驱	总计/辆
甘肃省	4 197	6 330	-1%	43%	10 527
白银市	675	288	22%	67%	963
定西市	272	346	-18%	62%	618
甘南藏族自治州	15	35	-25%	-13%	50
嘉峪关市	20	41	-70%	0	61
金昌市	118	110	2%	9%	228
酒泉市	328	518	28%	54%	846
兰州市	1 285	1 586	-6%	44%	2 871
临夏回族自治州	131	210	4%	12%	341
陇南市	144	326	-13%	36%	470
平凉市	208	557	15%	102%	765
庆阳市	121	1 228	-12%	28%	1349

续表

州市	销量/辆 两驱	销量/辆 四驱	销量同比增长 两驱	销量同比增长 四驱	总计/辆
天水市	306	286	-9%	27%	592
武威市	272	435	0	44%	707
张掖市	302	364	-1%	60%	666

分州市看（见表4-15），2020年甘肃省各州市对皮卡车长/短货箱需求以短货箱为主，但是长货箱皮卡车销量增速比较快，除了嘉峪关市增速同比下滑，其他城市的长货箱皮卡车销量都保持高速增长。

表4-15　2020年甘肃省长/短货箱皮卡车销量（保险数）

州市	销量/辆 货箱长≤1.68米	销量/辆 1.68米<货箱长≤1.85米	销量/辆 货箱长>1.85米	同比增长 货箱长≤1.68米	同比增长 1.68米<货箱长≤1.85米	同比增长 货箱长>1.85米	总计
白银市	676	279	7	13%	131%	17%	962
定西市	421	190	6	-10%	228%	-70%	617
甘南藏族自治州	35	15	0	-35%	150%	0	50
嘉峪关市	37	20	3	-40%	-44%	-70%	60
金昌市	131	93	4	-32%	323%	300%	228
酒泉市	476	351	17	16%	124%	-32%	844
兰州市	1985	844	34	5%	81%	-56%	2863
临夏回族自治州	293	46	2	-4%	557%	0	341
陇南市	331	131	3	-8%	264%	-63%	465
平凉市	486	278	1	15%	797%	-75%	765
庆阳市	1 090	254	5	9%	202%	-55%	1 349
天水市	365	204	18	-3%	22%	6%	587
武威市	337	323	45	-23%	181%	114%	705
张掖市	351	277	38	0	105%	-17%	666

分州市看（见表4-16），2020年甘肃省对宽/窄体皮卡车的需求相当，但宽体皮卡车销量同比增速较快，除了嘉峪关市同比下降32%，其他城市都保持高速增长。

表 4-16　2020 年甘肃省宽/窄体皮卡车销量（保险数）

州市	销量/辆 外廊宽≤1.8 米	销量/辆 外廊宽>1.8 米	销量同比增长 外廊宽≤1.8 米	销量同比增长 外廊宽>1.8 米	总计
白银市	599	364	11%	96%	963
定西市	330	288	-26%	197%	618
甘南藏族自治州	20	30	-47%	36%	50
嘉峪关市	21	40	-57%	-32%	61
金昌市	93	135	-31%	65%	228
酒泉市	304	542	-4%	96%	846
兰州市	1 272	1 599	-13%	61%	2 871
临夏回族自治州	272	69	-7%	214%	341
陇南市	297	173	-12%	154%	470
平凉市	397	368	5%	366%	765
庆阳市	694	655	-13%	121%	1349
天水市	227	365	-23%	37%	592
武威市	228	479	-32%	100%	707
张掖市	194	472	-18%	60%	666

4.5　广东省 2020 年皮卡车市场分析

4.5.1　市场整体概况

2020 年广东省皮卡车市场销量达到了 20 676 辆，同比增长 2%（见

图4-21)。在新冠肺炎疫情的冲击下,全年销量保持正增长,很好地反映了当地经济在疫情后快速恢复,且对皮卡车的需求旺盛。从2015—2020年数据来看,广东省2017年皮卡车销量达到了阶段性高峰后,销量有所回落。2020年在2019年相对低基数背景下,销量有所反弹。未来随着经济的发展、人们收入水平的提升和政策的持续利好,广东省皮卡车销量还将持续扩大。

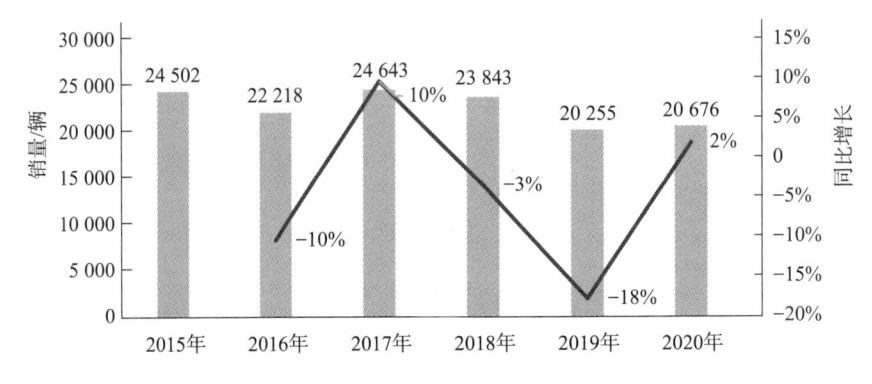

图4-21 2015—2020年广东省皮卡车销量(保险数)

从月度销量看(见表4-17),2020年12个月广东省皮卡车销量保持相对稳定,除了2月受疫情影响销量稍差,其他月份皮卡车销量都维持在每月1 200辆以上,这主要是受当地基建建设、政府有效刺激消费及经济复苏等因素影响。

表4-17 2015—2020年广东省皮卡车分月度销量(保险数)

年份	1月	2月	3月	4月	5月	6月	7月	8月	9月	10月	11月	12月	总计
2015	3 142	1 719	2 246	2 102	1 966	1 922	1 741	1 655	1 762	1 732	2 111	2 404	24 502
2016	2 491	1 155	2 230	1 632	1 860	1 632	1 483	1 794	1 740	1 716	2 212	2 273	22 218
2017	1 937	1 587	2 249	1 950	1 753	1 954	1 730	1 944	2 017	2 125	2 498	2 899	24 643
2018	2 649	1 141	2 383	2 053	2 213	2 059	1 941	1 715	1 572	1 764	2 136	2 217	23 843
2019	2 324	978	2 229	1 809	1 809	2 152	1 711	1 359	1 867	970	1 340	1 707	20 255
2020	1 259	317	1 595	1 811	1 711	2 007	1 921	1 744	2 019	1 708	1 903	2 681	20 676

4.5.2 车型结构

从车型结构看（见图4-22~图4-25），2020年广东省消费者对柴油和汽油的皮卡车的需求比为3:1，对四驱和两驱皮卡车的需求比为1:3；对长货箱和短货箱皮卡车的需求比为1:1.6；对宽体和窄体皮卡车的需求比为1:2.7。广东省消费者对柴油、两驱、短货箱、宽体皮卡车有明显的需求偏好。

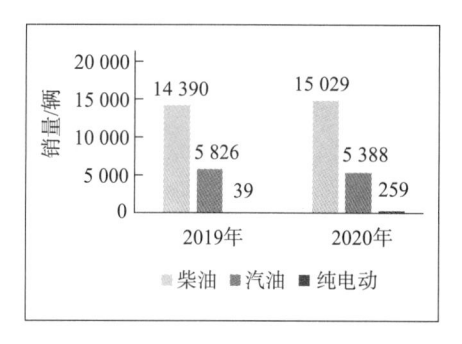

图4-22 2020年广东省不同动力类型皮卡车销量

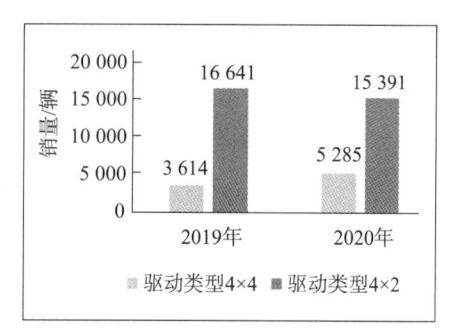

图4-23 2020年广东省两/四驱皮卡车销量

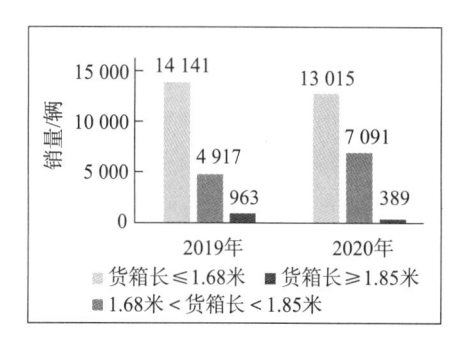

图4-24 2020年广东省长/短货箱皮卡车销量

图4-25 2020年广东省宽/窄体皮卡车销量

分城市看（见表4-18），2020年广东省各城市对皮卡车动力类型需求主要以柴油为主，尤其是潮州市、佛山市、汕尾市、韶关市、深圳市和肇庆市增幅较大，分别同比增长46%、41%、25%、24%、155%和23%。

表 4-18　2020 年广东省柴/汽油皮卡车销量（保险数）

城市	销量/辆 柴油	销量/辆 汽油	销量同比增长 柴油	销量同比增长 汽油	总计/辆
广东省合计	15 029	5 388	4%	-8%	20 417
潮州市	133	52	46%	225%	185
东莞市	1 523	488	-10%	5%	2011
佛山市	703	343	41%	5%	1 046
广州市	1 814	1 114	2%	11%	2 928
河源市	642	57	-8%	-41%	699
惠州市	1 146	327	-3%	80%	1 473
江门市	464	117	-12%	-2%	581
揭阳市	446	150	-23%	-48%	596
茂名市	871	77	10%	-56%	948
梅州市	661	188	-12%	1%	849
清远市	948	114	-15%	63%	1 062
汕头市	193	126	-9%	59%	319
汕尾市	79	15	25%	-79%	94
韶关市	693	96	24%	-24%	789
深圳市	1 423	1 258	155%	-26%	2 681
阳江市	619	81	-7%	-22%	700
云浮市	145	25	2%	-29%	170
湛江市	791	119	-11%	-10%	910
肇庆市	728	156	23%	-16%	884
中山市	611	211	6%	13%	822
珠海市	396	274	-3%	0	670

分城市看（见表 4-19），2020 年广东省各城市对皮卡车驱动类型需求以两驱为主；但四驱皮卡车销量增长较快，除揭阳市和汕尾市的销量同比下滑外，其他城市的销量都同比增长。

表 4-19　2020 年广东省两/四驱皮卡车销量（保险数）

城市	销量/辆 两驱	销量/辆 四驱	销量同比增长 两驱	销量同比增长 四驱	总计/辆
广东省	15391	5285	-8%	46%	20676
潮州市	119	66	40%	200%	185
东莞市	1673	339	-14%	52%	2012
佛山市	800	247	12%	129%	1047
广州市	2157	849	-7%	79%	3006
河源市	470	241	-21%	21%	711
惠州市	1092	383	-5%	72%	1475
江门市	430	171	-16%	25%	601
揭阳市	437	159	-34%	-23%	596
茂名市	722	226	-14%	78%	948
梅州市	658	191	-13%	5%	849
清远市	719	395	-9%	1%	1114
汕头市	283	41	9%	28%	324
汕尾市	60	34	-40%	-6%	94
韶关市	456	343	6%	34%	799
深圳市	2123	577	7%	87%	2700
阳江市	481	219	-23%	47%	700
云浮市	116	54	-17%	46%	170
湛江市	768	164	-12%	15%	932
肇庆市	542	379	2%	51%	921
中山市	695	127	-1%	105%	822
珠海市	590	80	-7%	63%	670

分城市看（见表 4-20），2020 年广东省对皮卡车长/短货箱需求以短货箱为主，但其中只有潮州市的短货箱皮卡车销量增长快速，全年增速为 75%，大部分城市的短货箱皮卡车销量或多或少有不同程度的下滑；潮州市、佛山市、广州市、茂名市、汕尾市、韶关市、深圳市、阳江市、云浮市、肇庆市和中山市的长货箱皮卡车销量增长较快，同比增长分别为 90%、101%、52%、51%、74%、127%、80%、96%、270%、

180%和82%；其中有些城市是因为2019年长货箱皮卡车的基数比较低，所以2020年同比增速比较快。

表4-20 2020年广东省长/短货箱皮卡车销量（保险数）

城市	销量/辆 货箱长≤1.68米	销量/辆 1.68米<货箱长≤1.85米	销量/辆 货箱长>1.85米	同比增长 货箱长≤1.68米	同比增长 1.68米<货箱长≤1.85米	同比增长 货箱长>1.85米	总计
潮州市	128	55	1	75%	90%	-80%	184
东莞市	1 198	758	46	-16%	35%	-68%	2 002
佛山市	632	356	27	15%	101%	-70%	1 015
广州市	2 029	848	76	-4%	52%	-25%	2 953
河源市	417	283	10	-23%	19%	-33%	710
惠州市	818	629	23	2%	30%	-72%	1 470
江门市	383	203	12	-13%	12%	-45%	598
揭阳市	277	271	31	-46%	-4%	-47%	579
茂名市	575	365	5	-14%	51%	-89%	945
梅州市	555	276	15	-18%	22%	-56%	846
清远市	719	387	4	-5%	-3%	-85%	1 110
汕头市	222	82	20	14%	3%	33%	324
汕尾市	45	40	0	-55%	74%	-100%	85
韶关市	445	341	4	-11%	127%	-89%	790
深圳市	1 945	707	26	11%	80%	-63%	2 678
阳江市	416	269	14	-30%	96%	-61%	699
云浮市	129	37	3	-19%	270%	-63%	169
湛江市	474	449	7	-16%	33%	-92%	930
肇庆市	697	210	11	1%	180%	-35%	918
中山市	524	281	15	-6%	82%	-63%	820
珠海市	387	244	39	-16%	35%	34%	670

分城市看（见表4-21），2020年广东省对宽/窄体皮卡车需求以宽体皮卡车为主。除潮州市的窄体皮卡车销量保持增长趋势外，其他城市的窄体皮卡车销量都呈现下降趋势；而宽体皮卡车的销量除揭阳市和汕尾市呈现下降趋势外，其他城市都保持增长趋势。

表4-21 2020年广东省宽/窄体皮卡车销量（保险数）

城市	销量/辆 外廓宽≤1.8米	销量/辆 外廓宽>1.8米	销量同比增长 外廓宽≤1.8米	销量同比增长 外廓宽>1.8米	总计
潮州市	57	128	12%	129%	185
东莞市	648	1364	-39%	23%	2 012
佛山市	273	774	-5%	44%	1 047
广州市	789	2217	-25%	27%	3 006
河源市	182	529	-44%	13%	711
惠州市	246	1229	-52%	43%	1 475
江门市	174	427	-36%	14%	601
揭阳市	91	505	-45%	-28%	596
茂名市	372	576	-17%	11%	948
梅州市	126	723	-55%	9%	849
清远市	304	810	-25%	4%	1 114
汕头市	107	217	-13%	29%	324
汕尾市	6	88	-76%	-21%	94
韶关市	247	552	-24%	52%	799
深圳市	588	2112	-33%	50%	2 700
阳江市	263	437	-46%	51%	700
云浮市	83	87	-40%	129%	170
湛江市	222	710	-32%	3%	932
肇庆市	390	531	-14%	63%	921
中山市	300	522	-26%	45%	822
珠海市	125	545	-55%	34%	670

4.6 广西壮族自治区 2020 年皮卡车市场分析

4.6.1 市场整体概况

2020 年全年广西壮族自治区皮卡车市场销量达到了 18 387 辆，同比增长 6%（图 4-26）。从 2015—2020 年数据来看，广西壮族自治区 2015—2017 年皮卡车的销量保持了较快增长，2017 年达到了一个小高峰，每年增速都保持在两位数以上。2018 年受中美贸易战等因素影响，广西壮族自治区皮卡销量增速回落，2019 年又迅速反弹。2020 年虽然受新冠肺炎疫情因素等影响，但全年销量还是保持了很好的增速，并创出新高。

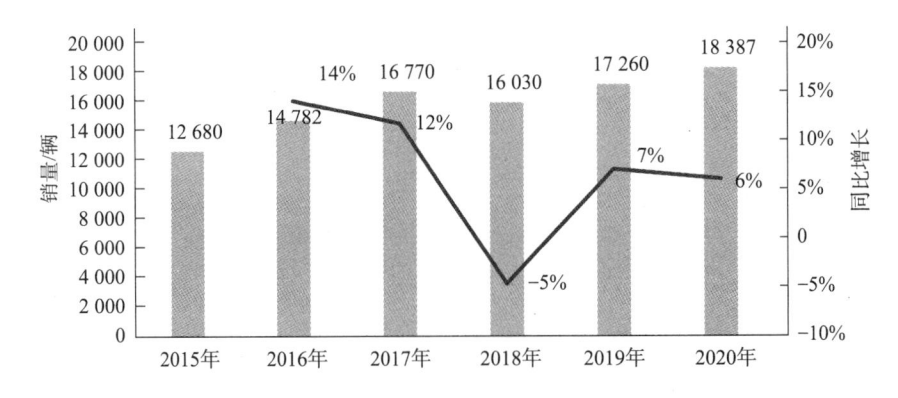

图 4-26 2015—2020 年广西壮族自治区皮卡车销量（保险数）

从月度销量看（见表 4-22），2020 年年 12 个月广西壮族自治区皮卡车销量保持相对稳定，除了 2 月受疫情影响销量稍差，其他月份皮卡车销量都维持在每月 1 300 辆以上。经济的快速复苏，叠加政府的基建建设、促进消费等政策，从 3 月开始广西壮族自治区皮卡车销量快速恢复。

表 4-22 2015—2020 年广西壮族自治区皮卡车分月度销量（保险数）

年份	1月	2月	3月	4月	5月	6月	7月	8月	9月	10月	11月	12月	总计
2015	1 407	1 163	1 443	1 166	1 008	830	919	802	831	965	873	1 273	12 680
2016	1 511	1 174	1 673	1 069	1 178	1 157	1 113	983	1 221	1 074	1 186	1 443	14 782
2017	1 483	1 296	1 640	1 232	1 323	1 235	1 231	1 454	1 346	1 291	1 518	1 721	16 770
2018	1 658	1 161	1 797	1 324	1 375	1 047	1 105	1 106	1 188	1 240	1 406	1 623	16 030
2019	1 763	886	1 744	1 266	1 288	1 120	1 239	1 309	1 500	1 611	1 618	1 916	17 260
2020	1 345	439	1 888	1 844	1 680	1 560	1 666	1 343	1 438	1 314	1 538	2 332	18 387

4.6.2 车型结构

从车型结构看（见图 4-27~图 4-30），2020 年广西壮族自治区消费者对柴油和汽油皮卡车的需求比为 15∶1，对四驱和两驱皮卡车的需求比为 1.4∶1，对长货箱和短货箱皮卡车的需求比为 1∶1.6，对宽体和窄体皮卡车的需求比为 1.7∶1。广西壮族自治区消费者对柴油、四驱、短货箱、宽体皮卡车有明显的需求偏好。

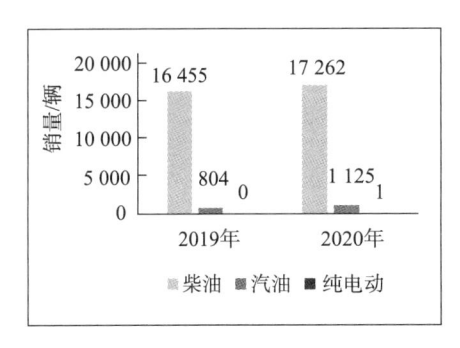

图 4-27 2020 年广西壮族自治区不同动力类型皮卡车销量

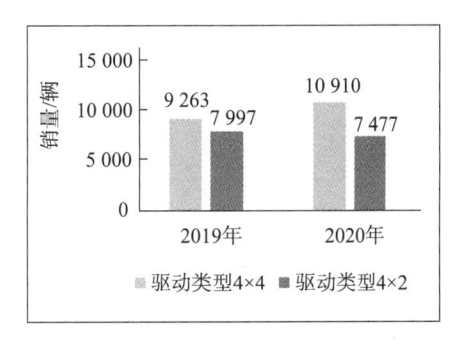

图 4-28 2020 年广西壮族自治区两/四驱皮卡车销量

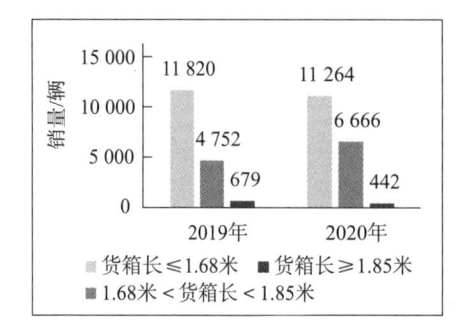

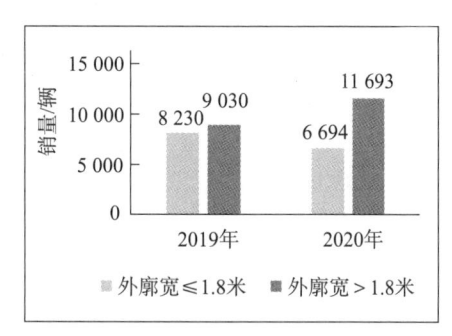

图 4-29 2020 年广西壮族自治区长/短货箱皮卡车销量

图 4-30 2020 年广西壮族自治区宽/窄体皮卡车销量

分城市看（见表 4-23），2020 年广西壮族自治区各城市对皮卡车动力类型需求以柴油为主，尤其是北海市、贵港市和梧州市的柴油皮卡车销量增幅较大，分别同比增长 35%、24% 和 29%。来宾市、南宁市、钦州市和玉林市的汽油皮卡车销量同比下降，其他城市的汽油皮卡车销量都同比增长。

表 4-23 2020 年广西壮族自治区柴/汽油皮卡车销量（保险数）

城市	销量/辆 柴油	销量/辆 汽油	销量同比增长 柴油	销量同比增长 汽油	总计/辆
广西壮族自治区合计	17 262	1 125	5%	40%	18 387
百色市	3 433	66	13%	106%	3 499
北海市	597	65	35%	183%	662
崇左市	170	26	-38%	100%	196
防城港市	327	44	0	300%	371
贵港市	866	20	24%	43%	886
桂林市	1 166	113	8%	151%	1 279
河池市	1 584	86	4%	231%	1 670
贺州市	833	34	-3%	70%	867
来宾市	354	13	-17%	-28%	367
柳州市	1242	142	17%	202%	1 384
南宁市	3 921	343	-3%	-9%	4 264
钦州市	903	45	-3%	-27%	948
梧州市	1074	85	29%	60%	1 159
玉林市	792	43	-13%	-30%	835

分城市看（见表4-24），2020年广西壮族自治区各城市对皮卡驱动类型需要以四驱为主。崇左市、贵港市、河池市、贺州市、来宾市、南宁市、钦州市和玉林市两驱皮卡销量呈下降趋势，其他城市呈增长趋势；而对于四驱皮卡车来说，只有崇左市和来宾市销量呈下降趋势，其他城市都呈增长趋势。

表4-24 2020年广西壮族自治区两/四驱皮卡车销量（保险数）

城市	销量/辆 两驱	销量/辆 四驱	销量同比增长 两驱	销量同比增长 四驱	总计/辆
广西壮族自治区合计	7 477	10 910	-7%	18%	18 387
百色市	885	2 614	7%	17%	3 499
北海市	454	208	22%	126%	662
崇左市	90	106	-49%	-5%	196
防城港市	236	135	0	34%	371
贵港市	466	420	-6%	94%	886
桂林市	484	795	5%	20%	1 279
河池市	482	1 188	-2%	11%	1 670
贺州市	301	566	-17%	10%	867
来宾市	131	236	-26%	-12%	367
柳州市	498	886	4%	41%	1 384
南宁市	1 831	2 433	-14%	5%	4 264
钦州市	581	367	-18%	28%	948
梧州市	509	650	22%	38%	1 159
玉林市	529	306	-22%	4%	835

分城市看（见表4-25），2020年广西壮族自治区对长/短皮卡车货箱需求以短货箱为主，但对长货箱皮卡车的需求增长较快。其中崇左市、河池市、贺州市、来宾市、南宁市、钦州市和玉林市的短货箱皮卡车销量呈下降趋势，其他城市的销量呈增长趋势；而对于长货箱皮卡车，只有防城港市的销量呈下降趋势，其他城市的销量都呈增长趋势。

表 4-25　2020 年广西壮族自治区长/短货箱皮卡车销量（保险数）

城市	销量/辆 货箱长≤1.68米	1.68米<货箱长≤1.85米	货箱长>1.85米	同比增长 货箱长≤1.68米	1.68米<货箱长≤1.85米	货箱长>1.85米	总计
百色市	2 039	1 407	53	6%	30%	-25%	3 499
北海市	386	270	6	23%	114%	-76%	662
崇左市	121	66	9	-45%	27%	-31%	196
防城港市	228	114	29	15%	-4%	45%	371
桂林市	802	451	23	3%	48%	-50%	1 276
贵港市	389	468	28	1%	55%	17%	885
河池市	913	698	57	-6%	34%	-2%	1 668
贺州市	612	235	20	-13%	57%	-17%	867
来宾市	219	138	10	-22%	1%	-58%	367
柳州市	968	391	24	24%	32%	-17%	1 383
南宁市	2 638	1 474	144	-16%	42%	-44%	4 256
钦州市	603	323	22	-16%	45%	-55%	948
梧州市	815	331	13	20%	83%	-48%	1 159
玉林市	531	300	4	-27%	33%	-73%	835

分城市看（见表 4-26），2020 年广西壮族自治区对宽/窄体皮卡车需求以宽体皮卡车为主。其中只有北海市和梧州市窄体皮卡的销量呈增长趋势，其他城市均呈下降趋势。而对于宽体皮卡，只有崇左市销量呈下降趋势，其他城市的销量都呈增长趋势。

表 4-26　2020 年广西壮族自治区宽/窄体皮卡车销量（保险数）

城市	销量/辆 外廓宽≤1.8米	外廓宽>1.8米	销量同比增长 外廓宽≤1.8米	外廓宽>1.8米	总计
百色市	1 219	2 280	-5%	28%	3 499
北海市	286	376	10%	83%	662
崇左市	62	134	-58%	-3%	196
防城港市	150	221	-12%	32%	371

续表

城市	销量/辆 外廓宽≤1.8米	销量/辆 外廓宽>1.8米	销量同比增长 外廓宽≤1.8米	销量同比增长 外廓宽>1.8米	总计
桂林市	392	887	-14%	32%	1 279
贵港市	207	679	-36%	75%	886
河池市	368	1 302	-22%	20%	1670
贺州市	397	470	-23%	29%	867
来宾市	107	260	-42%	0	367
柳州市	525	859	-4%	54%	1 384
南宁市	1 585	2 679	-26%	17%	4 264
钦州市	460	488	-26%	32%	948
梧州市	544	615	4%	68%	1159
玉林市	392	443	-31%	10%	835

4.7 贵州省2020年皮卡车市场分析

4.7.1 市场整体概况

2020年贵州省皮卡市场销量达到了13 360辆，同比增长1%（见图4-31）。从2015—2020年数据来看，贵州省2017年销量达到了最近几年的高峰，为21 319辆，随后几年销量逐年下降，2020年在2019年低基数的基础下实现了1%的增长。

从月度销量看（见表4-27），2020年12个月贵州省皮卡车销量保

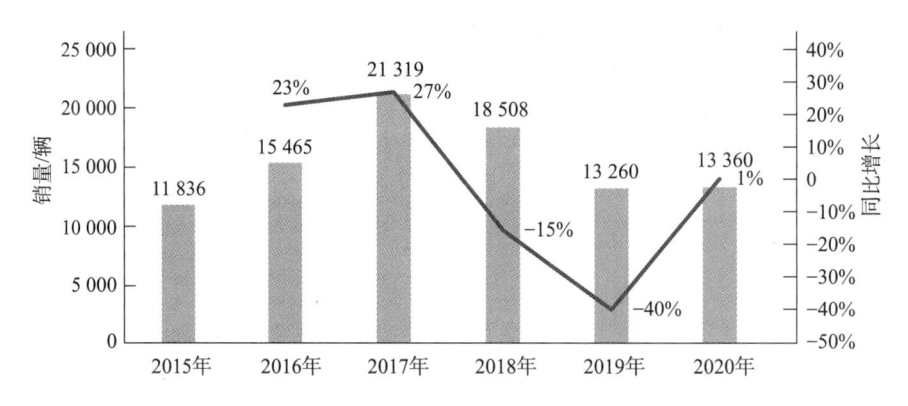

图 4-31 2015—2020 年贵州省皮卡车销量（保险数）

持相对稳定，除了前 2 个月年受新冠肺炎疫情影响销量不是很亮眼，其他月份皮卡车销量都维持在每月 1 000 辆以上。

表 4-27 2015—2020 年贵州省皮卡车分月度销量（保险数）

年份	1月	2月	3月	4月	5月	6月	7月	8月	9月	10月	11月	12月	总计
2015	1 057	1 009	1 559	1 203	956	813	774	743	838	819	902	1 163	11 836
2016	1 303	1 161	1 565	1 209	1 253	1 244	1 180	1 133	1 353	1 249	1 324	1 491	15 465
2017	1 504	1 833	2 087	1 799	1 654	1 490	1 446	1 679	1 857	1 823	2 082	2 065	21 319
2018	1 696	1 532	2 729	1 852	1 770	1 346	1 257	1 172	1 373	1 190	1 207	1 384	18 508
2019	1 433	1 084	1 540	1 285	998	1 000	923	900	1 034	931	1 026	1 106	13 260
2020	899	320	1 542	1 275	1 210	1 187	1 167	1 102	1 195	1 021	1 129	1 313	13 360

4.7.2　车型结构

从车型结构看（见图 4-32～图 4-35），2020 年贵州省消费者对柴油和汽油的皮卡车的需求比为 16∶1，对四驱和两驱皮卡车的需求比为 1.3∶1，对长货箱和短货箱皮卡车的需求比为 1.1∶1，对宽体和窄体皮卡车的需求比为 4.1∶1。贵州省消费者对柴油、宽体皮卡车有明显的需求偏好，但对两/四驱和长/短货箱皮卡车的需求偏好并不是那么明显。

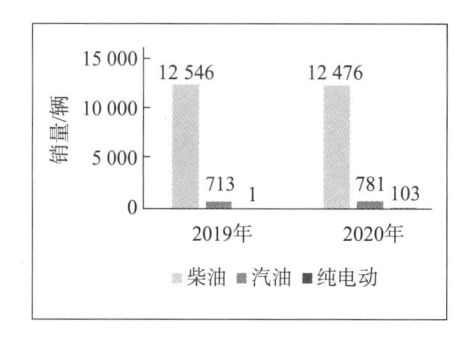

图 4-32　2020 年贵州省不同动力类型皮卡车销量

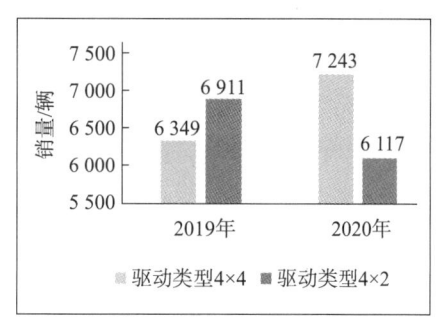

图 4-33　2020 年贵州省两/四驱皮卡车销量

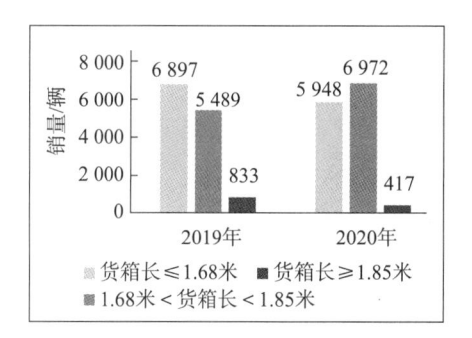

图 4-34　2020 年贵州省长/短货箱皮卡车销量

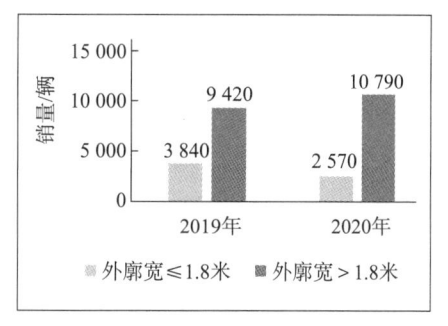

图 4-35　2020 年贵州省宽/窄体皮卡车销量

从贵州省来看（见表 4-28），2020 年柴油皮卡车销量占比较高，但是销量同比下滑 1%，而销量占比较小的汽油皮卡车同比增长 10%。分州市来看，2020 年贵州省各州市对皮卡车动力类型需求以柴油为主。其中，毕节市、黔东南苗族侗族自治州、黔南布依族苗族自治州、黔西南布依族苗族自治州、铜仁市和遵义市的柴油皮卡车销量同比下滑，分别为 6%、1%、13%、9%、2% 和 2%，其他城市同比增长；对于汽油皮卡车，贵阳市、黔东南苗族侗族自治州、黔南布依族苗族自治州、黔西南布依族苗族自治州和铜仁市的销量同比增长，分别为 30%、50%、17%、68% 和 12%，其他城市同比下降。

表4-28 2020年贵州省柴/汽油皮卡车销量（保险数）

州市	销量/辆 柴油	销量/辆 汽油	销量同比增长 柴油	销量同比增长 汽油	总计/辆
贵州省合计	12 476	781	-1%	10%	13 257
安顺市	605	24	4%	-44%	629
毕节市	846	27	-6%	-66%	873
贵阳市	3 367	368	8%	30%	3 735
六盘水市	944	39	1%	-7%	983
黔东南苗族侗族自治州	1 502	72	-1%	50%	1 574
黔南布依族苗族自治州	946	41	-13%	17%	987
黔西南布依族苗族自治州	840	52	-9%	68%	892
铜仁市	1 604	58	-2%	12%	1 662
遵义市	1 822	100	-2%	0	1 922

从贵州省看（表4-29），2020年两驱皮卡车销量同比下滑11%，四驱皮卡车销量同比增长14%。分州市看，贵州省各州市对皮卡车的驱动类型需求以四驱稍多一些。两驱皮卡车销量在各州市呈现同比下跌趋势，而四驱皮卡车在各州市销量呈现同比增长趋势。

表4-29 2020年贵州省两/四驱皮卡车销量（保险数）

州市	销量/辆 两驱	销量/辆 四驱	销量同比增长 两驱	销量同比增长 四驱	总计/辆
贵州省合计	6 117	7 243	-11%	14%	13 360
安顺市	284	345	-28%	49%	629
毕节市	325	548	-35%	14%	873
贵阳市	1 623	2 113	-2%	21%	3 736
六盘水市	436	547	-16%	19%	983
黔东南苗族侗族自治州	756	818	-1%	3%	1 574
黔南布依族苗族自治州	502	485	-23%	1%	987
黔西南布依族苗族自治州	437	455	-19%	8%	892
铜仁市	752	1012	-1%	10%	1 764
遵义市	1 002	920	-11%	12%	1 922

分州市看（见表4-30），2020年贵州省各州市对皮卡车长/短货箱需求偏好不明显，但是各州市短货箱皮卡车销量呈现同比下跌趋势，而长货箱皮卡车销量同比全线增长。其中安顺市、贵阳市、铜仁市和遵义市同比增速比较强劲，分别同比增长25%、54%、54%和28%。

表4-30　2020年贵州省长/短货箱皮卡车销量（保险数）

州市	销量/辆 货箱长≤1.68米	1.68米<货箱长≤1.85米	货箱长>1.85米	同比增长 货箱长≤1.68米	1.68米<货箱长≤1.85米	货箱长>1.85米	总计
安顺市	256	360	13	-12%	25%	-71%	629
毕节市	306	550	16	-21%	10%	-82%	873
贵阳市	2 011	1 627	85	-8%	54%	-37%	3 736
六盘水市	349	572	61	-3%	10%	-37%	983
黔东南苗族侗族自治州	734	798	38	-6%	14%	-51%	1 574
黔南布依族苗族自治州	425	522	40	-24%	5%	-43%	987
黔西南布依族苗族自治州	273	563	56	-23%	12%	-43%	892
铜仁市	818	898	46	-19%	54%	-51%	1 764
遵义市	776	1 082	62	-20%	28%	-50%	1 922

分州市看（见表4-31），2020年贵州省各州市对宽/窄皮卡车需求以宽体皮卡车为主。对于窄体皮卡车，只有铜仁市销量有所扩大，其他州市的销量同比萎缩；而对于宽体皮卡车，各州市销量呈现同比增长趋势，其中安顺市、贵阳市、六盘水市和遵义市增速表现比较亮眼，同比增长分别为24%、37%、10%和16%。

表4-31　2020年贵州省宽/窄体皮卡车销量（保险数）

州市	销量/辆 外廓宽≤1.8米	外廓宽>1.8米	销量同比增长 外廓宽≤1.8米	外廓宽>1.8米	总计
安顺市	123	506	-43%	24%	629
毕节市	120	753	-50%	2%	873

续表

州市	销量/辆 外廓宽≤1.8米	销量/辆 外廓宽>1.8米	销量同比增长 外廓宽≤1.8米	销量同比增长 外廓宽>1.8米	总计
贵阳市	1 014	2 722	-28%	37%	3 736
六盘水市	141	842	-33%	10%	983
黔东南苗族侗族自治州	231	1 343	-27%	8%	1 574
黔南布依族苗族自治州	203	784	-43%	2%	987
黔西南布依族苗族自治州	120	772	-47%	5%	892
铜仁市	311	1 453	1%	6%	1 764
遵义市	307	1 615	-45%	16%	1 922

4.8 海南省 2020 年皮卡车市场分析

4.8.1 市场整体概况

2020 年海南省皮卡车市场销量达到了 8 706 辆，同比增长 12%（见图 4-36）。从 2015—2020 年数据来看，海南省 2018 年皮卡车销量触底，随后 2019 年销量开始逐步恢复，2020 年销量创出新高。未来随着国家对土地制度的改革和双循环政策的落地，皮卡车的需求还将持续保持旺盛的状态。

从月度销量看（见表 4-32），2020 年 12 个月海南省皮卡车销量保持相对稳定，除了 2 月受新冠肺炎疫情影响销量很差，其他月份皮卡车销量都维持在每月 580 辆以上。

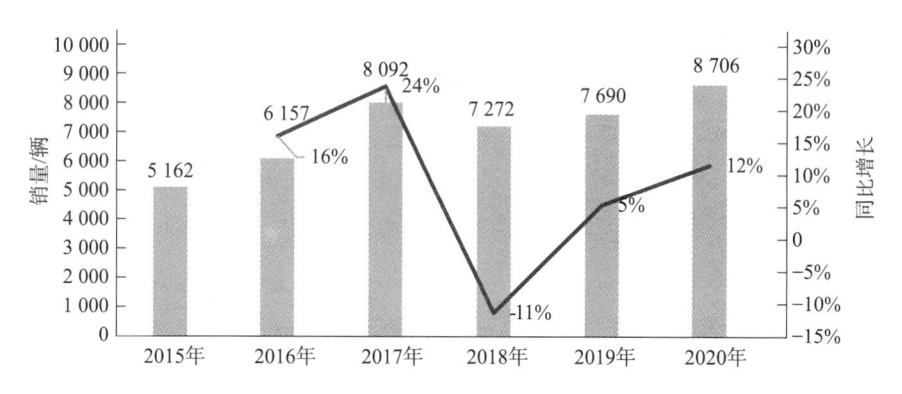

图 4-36　2015—2020 年海南省皮卡车销量（保险数）

表 4-32　2015—2020 年海南省皮卡车分月度销量（保险数）

年份	1月	2月	3月	4月	5月	6月	7月	8月	9月	10月	11月	12月	总计
2015	513	332	468	409	409	335	434	333	369	460	502	598	5 162
2016	558	340	685	491	511	451	454	466	509	416	546	730	6 157
2017	674	659	783	661	680	673	617	654	676	613	638	764	8 092
2018	672	338	678	599	691	570	520	540	795	559	641	669	7 272
2019	705	356	829	691	716	917	550	536	507	515	651	717	7 690
2020	586	72	666	1 023	789	812	697	677	764	695	844	1 081	8 706

4.8.2　车型结构

从车型结构看（见图 4-37~图 4-40），2020 年海南省的消费者对柴油和汽油皮卡车的需求比为 7.6:1，对四驱和两驱皮卡车的需求比为 1:4.5，对长货箱和短货箱皮卡车的需求比为 1:1；对宽体和窄体皮卡车的需求比为 3.8:1。海南省消费者对柴油、两驱、宽体皮卡车有明显的需求偏好，对长/短货箱皮卡车的需求偏好并不是那么明显。

分城市看（见表 4-33），2020 年南省各城市对皮卡车动力类型需求以柴油为主；但是，全省柴油皮卡车销量同比增长 8%，汽油皮卡车销量同比增长 65%。

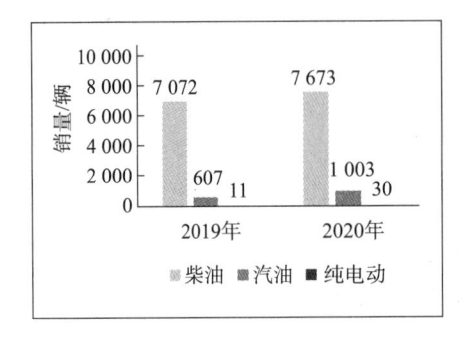

图 4-37　2020 年海南省不同动力类型皮卡车销量

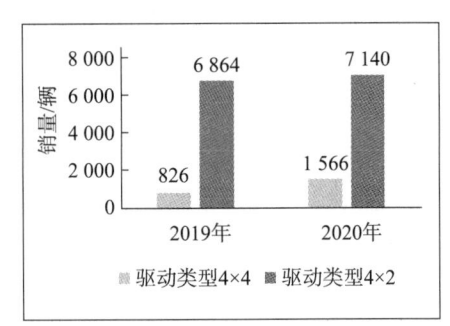

图 4-38　2020 年海南省两/四驱皮卡车销量

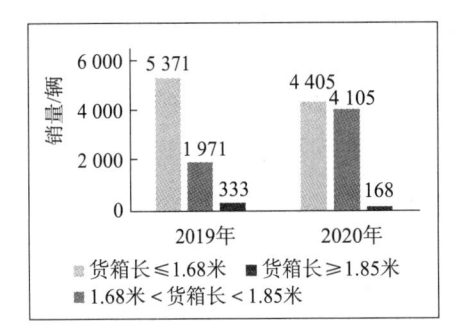

图 4-39　2020 年海南省长/短货箱皮卡车销量

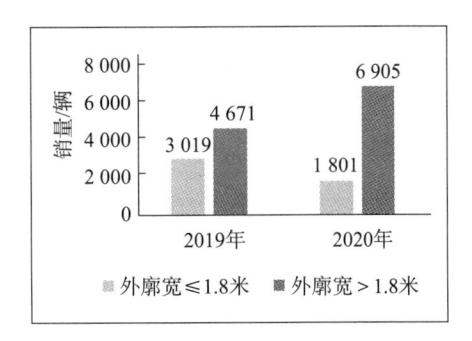

图 4-40　2020 年海南省宽/窄体皮卡车销量

表 4-33　2020 年海南省柴/汽油皮卡车销量（保险数）

城市	销量/辆 柴油	销量/辆 汽油	销量同比增长 柴油	销量同比增长 汽油	总计/辆
海南省合计	7673	1003	8%	65%	8 676
儋州市	322	25	2 377%	/	347
海口市	4 235	592	3%	55%	4 827
海南省省直辖	1 055	166	-20%	108%	1221
三亚市	2 061	219	26%	52%	2 280

分城市看（见表 4-34），2020 年海南省各城市对皮卡车驱动类型需求以两驱为主；但是，两驱皮卡销量同比增长 4%，四驱皮卡同比增长 90%。

表 4-34　2020 年海南省两/四驱皮卡车销量（保险数）

城市	销量/辆 两驱	销量/辆 四驱	销量同比增长 两驱	销量同比增长 四驱	总计/辆
海南省	7 140	1 566	4%	90%	8 706
儋州市	311	39	2 292%	/	350
海口市	4 056	785	0	71%	4 841
海南省省直辖	1 009	219	-19%	38%	1 228
三沙市	0	1	/	/	1
三亚市	1 764	522	12%	150%	2 286

分城市看（见表 4-35），2020 年海南省各城市对皮卡车长/短货箱需求相对均衡，但从同比增长看，短货箱皮卡车销量呈现下降态势，长货箱皮卡车销量呈现增长趋势。

表 4-35　2020 年海南省长/短货箱皮卡车销量（保险数）

城市	销量/辆 货箱长≤1.68 米	销量/辆 1.68 米<货箱长≤1.85 米	销量/辆 货箱长>1.85 米	同比增长 货箱长≤1.68 米	同比增长 1.68 米<货箱长≤1.85 米	同比增长 货箱长>1.85 米	总计
儋州市	167	173	9	1 418%	8 550%	/	350
海口市	2 312	2 392	123	-21%	83%	-49%	4 841
海南省省直辖	663	542	16	-37%	89%	-70%	1 228
三沙市	1	0	0	-100%	-100%	-100%	1
三亚市	1 262	998	20	-64%	63%	-84%	2 286

分城市看（见表 4-36），2020 年海南省各城市对宽/窄体皮卡车需求以宽体皮卡车为主，窄体皮卡车销量逐渐萎缩，而宽体皮卡车销量逐步扩大。

表 4-36　2020 年海南省宽/窄体皮卡车销量（保险数）

城市	销量/辆 外廓宽≤1.8 米	销量/辆 外廓宽>1.8 米	销量同比增长 外廓宽≤1.8 米	销量同比增长 外廓宽>1.8 米	总计
儋州市	69	281	886%	4 583%	350
海口市	1033	3 808	-39%	36%	4 841
海南省省直辖	244	984	-61%	27%	1 228
三亚市	455	1 831	-33%	67%	2 286

4.9 河北省 2020 年皮卡车市场分析

4.9.1 市场整体概况

2020 年河北省皮卡车市场销量达到了 25 878 辆,同比增长 21%(见图 4-41)。从 2015—2020 年数据来看,河北省从 2015 年来皮卡车销量逐渐增加,从最开始的 1.2 万辆增加到 2020 年的 2.6 万辆,销量扩大了一倍有余。

图 4-41 2015—2020 年河北省皮卡车销量(保险数)

从月度销量看(见表 4-37),2020 年 12 个月河北省皮卡车销量保持相对稳定,除了 2 月受新冠肺炎疫情影响销量很差,其他月份皮卡车销量都维持在较高水平,尤其是 12 月,销量冲破 3 000 辆大关。

表 4-37 2015—2020 年河北省皮卡车分月度销量(保险数)

年份	1月	2月	3月	4月	5月	6月	7月	8月	9月	10月	11月	12月	总计
2015	982	650	1 332	1 348	925	873	936	1 010	937	976	888	1 242	12 099
2016	929	814	1 292	896	893	853	809	1 043	1 225	1 191	1 302	1 314	12 561

续表

年份	1月	2月	3月	4月	5月	6月	7月	8月	9月	10月	11月	12月	总计
2017	1 081	1 219	1 628	1 522	1 429	1 386	1 394	1 439	1 443	1 339	1 546	1 880	17 306
2018	1 450	1 239	1 889	1 785	1 767	1 556	1 522	1 769	1 882	1 868	1 834	1 866	20 427
2019	1 838	1 356	2 261	2 160	1 886	2 628	1 383	1 114	1 359	1 186	1 446	1 854	20 471
2020	1 492	108	1 726	2 468	2 228	2 388	2 565	2 366	2 577	2 416	2 537	3 007	25 878

4.9.2 车型结构

从车型结构看（见图4-42~图4-45），2020年河北省消费者对柴油和汽油的皮卡车的需求比为1.1:1，对四驱和两驱皮卡车的需求比为1:1.5，对长货箱和短货箱皮卡车的需求比为1:2.6，对宽体和窄体皮卡车的需求比为1.3:1。河北省消费者对两驱、短货箱皮卡车有明显的需求偏好，对柴/汽油和宽/窄体皮卡车的需求偏好并不是那么明显。

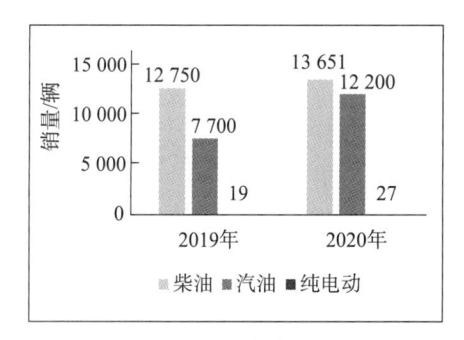

图4-42 2020年河北省不同动力类型皮卡车销量

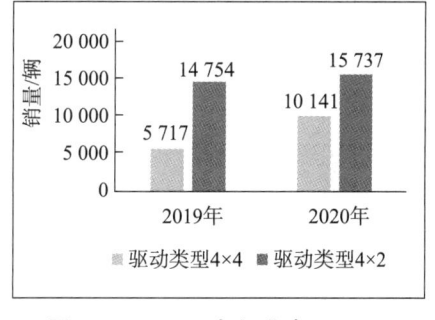

图4-43 2020年河北省两/四驱皮卡车销量

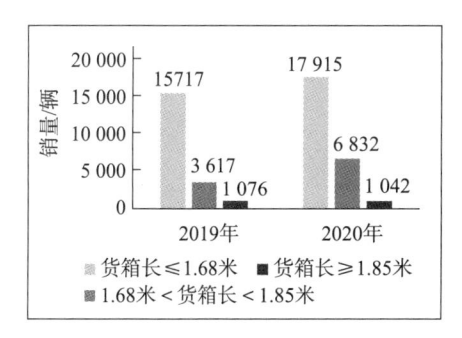

图4-44 2020年河北省长/短货箱皮卡车销量

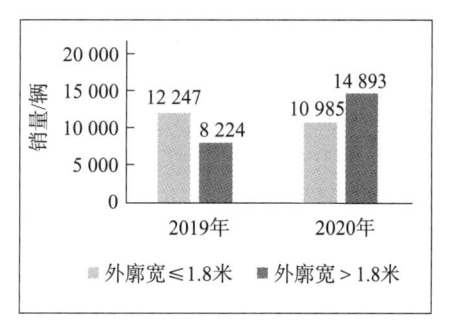

图4-45 2020年河北省宽/窄体皮卡车销量

2020年河北省柴油皮卡车销量同比增长7%，汽油皮卡车销量同比增长58%（见表4-38）。分城市看，河北省各城市对皮卡车动力类型需求相对均衡。2020年邯郸市、衡水市、唐山市和邢台市的柴油皮卡车销量呈现小幅下跌，同比下降3%、7%、2%和8%，其他城市柴油皮卡车销量呈现同比增长趋势；各城市汽油皮卡车的销量都呈现增长趋势，尤其是沧州市、邯郸市、衡水市、秦皇岛市、石家庄市、唐山市和邢台市的销量都同比大增50%以上。

表4-38 2020年河北省柴/汽油皮卡车销量（保险数）

城市	销量/辆 柴油	销量/辆 汽油	销量同比增长 柴油	销量同比增长 汽油	总计/辆
河北省合计	13 651	12 200	7%	58%	25 851
保定市	2 526	2 317	7%	25%	4 843
沧州市	1 634	1 224	17%	72%	2 858
承德市	632	455	25%	33%	1 087
邯郸市	1 303	1 027	-3%	88%	2 330
衡水市	643	429	-7%	74%	1 072
廊坊市	527	980	24%	16%	1 507
秦皇岛市	804	539	22%	128%	1 343
石家庄市	1 771	1 877	21%	56%	3 648
唐山市	2 023	1 907	-2%	115%	3 930
邢台市	974	801	-8%	141%	1 775
张家口市	814	644	6%	30%	1 458

2020年河北省两驱皮卡车销量同比增长7%，四驱皮卡车销量同比增长77%（见表4-39）。分城市看，河北省各城市对皮卡驱动类型需求以两驱为主。保定市、承德市、廊坊市和张家口市两驱皮卡车辆容量稍有萎缩，全年同比下降4%、13%、16%和38%，其他城市两驱皮卡车销量同比呈现增长趋势；各城市四驱皮卡车的销量都同比保持增长，衡水市销量增长17%，其他城市销量增幅都超过60%。

表 4-39　2020 年河北省两/四驱皮卡车销量（保险数）

城市	销量/辆 两驱	销量/辆 四驱	销量同比增长 两驱	销量同比增长 四驱	总计/辆
河北省合计	15 737	10 141	7%	77%	25 878
保定市	2 836	2 010	-4%	59%	4 846
沧州市	1 915	943	19%	88%	2 858
承德市	343	748	-13%	65%	1 091
邯郸市	1 832	500	16%	59%	2 332
衡水市	737	335	13%	17%	1 072
廊坊市	814	694	-16%	129%	1 508
秦皇岛市	719	624	24%	96%	1 343
石家庄市	2 116	1 538	15%	86%	3 654
唐山市	2 742	1 199	15%	110%	3 941
邢台市	1 306	469	12%	104%	1 775
张家口市	377	1 081	-38%	66%	1 458

分城市看（见表 4-40），2020 年河北省各城市对皮卡车长/短货箱需求以短货箱为主。其中承德市、衡水市和秦皇岛市的短货箱皮卡车销量同比下降 47%、41% 和 52%，其他城市销量同比都保持增长，尤其是保定市、沧州市、邯郸市和唐山市销量同比增速都在 100% 以上。而对于长货箱皮卡车，只有承德市和秦皇岛市的销量同比有所下降，其他城市都保持不错的增速。

表 4-40　2020 年河北省长/短货箱皮卡车销量（保险数）

城市	销量/辆 货箱长≤1.68 米	销量/辆 1.68 米<货箱长≤1.85 米	销量/辆 货箱长>1.85 米	同比增长 货箱长≤1.68 米	同比增长 1.68 米<货箱长≤1.85 米	同比增长 货箱长>1.85 米	总计
保定市	3 379	1 336	109	128%	171%	-16%	4 846
沧州市	1 990	796	66	212%	449%	-1%	2 858
承德市	706	325	55	-47%	-24%	-53%	1 091
邯郸市	1 519	589	219	127%	435%	37%	2 332
衡水市	631	308	126	-41%	120%	125%	1 072

续表

城市	销量/辆 货箱长≤1.68米	销量/辆 1.68米<货箱长≤1.85米	销量/辆 货箱长>1.85米	同比增长 货箱长≤1.68米	同比增长 1.68米<货箱长≤1.85米	同比增长 货箱长>1.85米	总计
廊坊市	1 175	295	33	78%	60%	-34%	1 508
秦皇岛市	983	314	43	-52%	-30%	-74%	1 343
石家庄市	2 584	875	174	10%	78%	50%	3 654
唐山市	2 893	944	101	175%	235%	71%	3 941
邢台市	1 185	520	68	26%	85%	113%	1 775
张家口市	870	530	48	42%	579%	269%	1 458

分城市看（见表4-41），2020年河北省各城市对宽/窄体皮卡需求差异不明显，宽体皮卡车需求稍多一些。其中，沧州市、邯郸市、秦皇岛市和石家庄市窄体皮卡车销量同比增长7%、7%、6%和10%，而其他城市窄体皮卡车销量呈现同比下降趋势；各城市宽体皮卡车的销量都保持较好的增长，尤其是保定市、廊坊市和秦皇岛市的销量同比增速较快，全年增幅分别为103%、110%和101%。

表4-41 2020年河北省宽/窄体皮卡车销量（保险数）

城市	销量/辆 外廓宽≤1.8米	销量/辆 外廓宽>1.8米	销量同比增长 外廓宽≤1.8米	销量同比增长 外廓宽>1.8米	总计
保定市	2 269	2 577	-23%	103%	4 846
沧州市	1 024	1 834	7%	58%	2 858
承德市	434	657	-14%	90%	1 091
邯郸市	1 197	1 135	7%	47%	2 332
衡水市	481	591	-25%	96%	1 072
廊坊市	606	902	-28%	110%	1 508
秦皇岛市	516	827	6%	101%	1 343
石家庄市	1 577	2 077	10%	67%	3 654
唐山市	1 705	2 236	-3%	87%	3 941
邢台市	616	1 159	-23%	95%	1 775
张家口市	560	898	-26%	77%	1 458

4.10 河南省 2020 年皮卡车市场分析

4.10.1 市场整体概况

2020 年河南省皮卡车市场销量达到了 16 177 辆，同比增长 15%（见图 4-46）。从 2015—2020 年数据来看，河南省从 2015 年开始皮卡车销量总体呈现增长趋势，从 2015 年的 8 749 辆到 2020 年的 16 177 辆，销量扩大了近一倍。

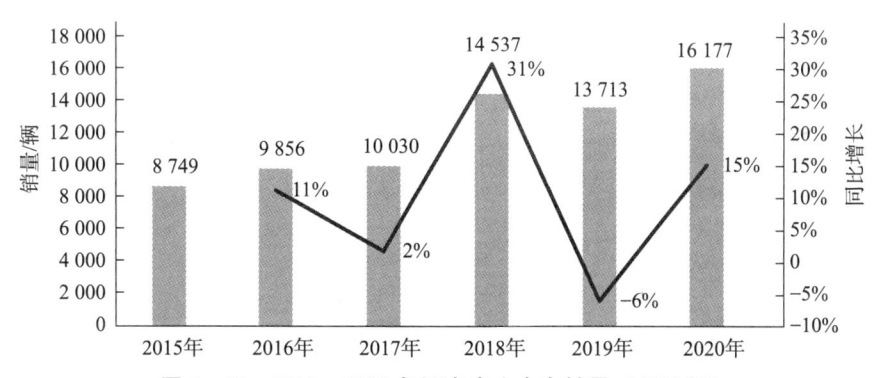

图 4-46　2015—2020 年河南省皮卡车销量（保险数）

从月度销量看（见表 4-42），2020 年 12 个月河南省皮卡车销量保持相对稳定，除了前 2 个月受新冠肺炎疫情影响销量不是很亮眼，其他月份皮卡车销量都维持在每月 1 200 辆以上。

表 4-42　2015—2020 年河南省皮卡车分月度销量（保险数）

年份	1月	2月	3月	4月	5月	6月	7月	8月	9月	10月	11月	12月	总计
2015	824	634	982	740	695	707	725	695	581	461	652	1 053	8 749
2016	972	654	856	819	776	719	949	924	922	1 098	637	530	9 856

续表

年份	1月	2月	3月	4月	5月	6月	7月	8月	9月	10月	11月	12月	总计
2017	428	469	657	682	738	844	835	825	1 148	947	1 182	1 275	10 030
2018	1 143	1 057	1 552	1 226	1 084	995	1 074	1 179	1 283	1 078	1 538	1 328	14 537
2019	1 386	970	1 543	1 333	1 230	1 678	1 190	521	700	838	1 057	1 267	13 713
2020	996	131	1 359	1 667	1 466	1 653	1 657	1 478	1 514	1 280	1 410	1 566	16 177

4.10.2 车型结构

从车型结构看（见图4-47~图4-50），2020年河南省消费者对柴油和汽油的皮卡车的需求比为2:1，对四驱和两驱皮卡车的需求比为1:1，对长货箱和短货箱皮卡车的需求比为1:2，对宽体和窄体皮卡车的需求比为2:1。河南省消费者对柴油、短货箱、宽体皮卡车有明显的需求偏好，对两/四驱皮卡车需求偏好并不明显。

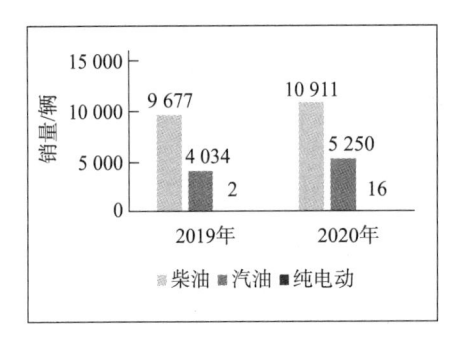

图4-47 2020年河南省不同动力类型皮卡车销量

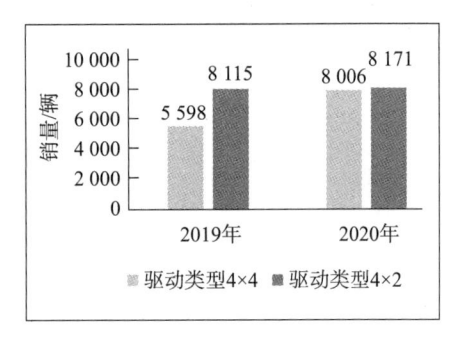

图4-48 2020年河南省两/四驱皮卡车销量

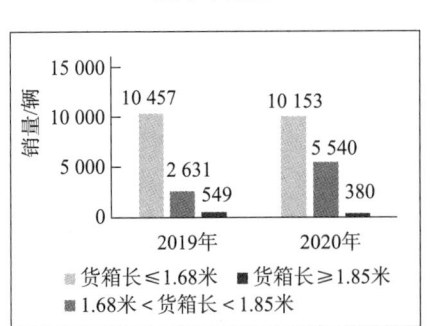

图4-49 2020年河南长/短货箱皮卡车销量

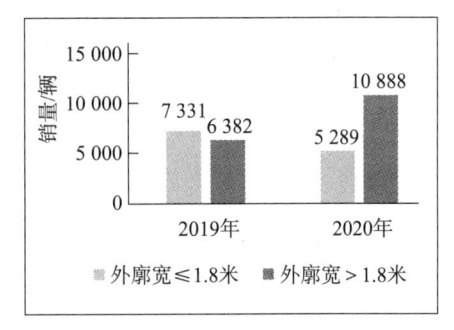

图4-50 2020年河南宽/窄体皮卡车销量

2020年河南省柴油皮卡车销量同比增长13%，汽油皮卡车销量同比增长30%（见表4-43）。分城市看，河南省各城市对皮卡车动力类型需求以柴油为主，除了开封市、平顶山市和三门峡市的柴油皮卡车销量同比下降，其他城市销量都同比呈增长态势，尤其是洛阳市、漯河市、新乡市和周口市的增幅较大，分别为34%、32%、30%和64%；但汽油皮卡车的销量同比增长更快，2020年只有郑州市和驻马店市销量同比略微下降，其他城市销量都同比增长，尤其是洛阳市、漯河市和三门峡市，销量同比分别增长129%、288%和220%。

表4-43 2020年河南省柴/汽油皮卡车销量（保险数）

城市	销量/辆 柴油	销量/辆 汽油	销量同比增长 柴油	销量同比增长 汽油	总计/辆
河南省合计	10 911	5 250	13%	30%	16 161
安阳市	486	287	11%	8%	773
河南省省直辖	150	37	-23%	12%	187
鹤壁市	133	44	11%	38%	177
焦作市	330	250	4%	46%	580
开封市	224	264	-5%	49%	488
洛阳市	1 363	446	34%	129%	1 809
漯河市	178	66	32%	288%	244
南阳市	1 297	241	15%	35%	1 538
平顶山市	355	197	-14%	19%	552
濮阳市	364	348	21%	84%	712
三门峡市	364	157	-4%	220%	521
商丘市	794	201	1%	23%	995
新乡市	861	308	30%	83%	1 169
信阳市	590	311	12%	84%	901
许昌市	347	119	23%	65%	466
郑州市	1 947	1 531	8%	-6%	3 478
周口市	348	280	64%	48%	628
驻马店市	780	163	8%	-6%	943

2020年河南省两驱皮卡车销量微增1%，四驱皮卡车销量同比大幅增长43%（见表4-44）。分城市看，河南省各城市对皮卡车驱动类型需求偏好不明显。其中，焦作市、开封市、洛阳市、漯河市、南阳市、濮阳市、三门峡市、新乡市、信阳市、许昌市和周口市的两驱皮卡车销量同比有所增长，其他城市销量同比稍有下滑；而对于四驱皮卡车来说，平顶山市销量有所下滑，其他城市销量都同比增长，尤其是漯河市、新乡市和周口市，销量同比增长迅速，分别增长124%、126%和194%。

表4-44　2020年河南省两/四驱皮卡车销量（保险数）

城市	销量/辆 两驱	销量/辆 四驱	销量同比增长 两驱	销量同比增长 四驱	总计/辆
河南省	8 171	8 006	1%	43%	16 177
安阳市	472	302	-2%	36%	774
河南省省直辖	73	114	-23%	-15%	187
鹤壁市	99	78	-4%	59%	177
焦作市	307	273	3%	43%	580
开封市	316	173	15%	24%	489
洛阳市	519	1 290	15%	69%	1 809
漯河市	130	114	29%	124%	244
南阳市	649	889	5%	29%	1 538
平顶山市	290	262	-2%	-7%	552
濮阳市	479	233	48%	41%	712
三门峡市	147	374	1%	33%	521
商丘市	687	308	-11%	70%	995
新乡市	705	464	12%	126%	1 169
信阳市	490	411	18%	46%	901
许昌市	262	204	8%	84%	466
郑州市	1 756	1 736	-14%	25%	3 492
周口市	378	250	20%	194%	628
驻马店市	412	531	-21%	41%	943

分城市看（见表4-45），2020年河南省各城市对皮卡车长/短货箱需求以短货箱为主。其中，鹤壁市、漯河市、平顶山市、三门峡市、商丘市、许昌市、周口市和驻马店市的短货箱皮卡车销量同比下降，其他城市销量同比保持增长；而对于长货箱皮卡车，只有鹤壁市、漯河市、三门峡市和许昌市的销量同比下降，其他城市销量同比增长。

表4-45　2020年河南省长/短货箱皮卡车销量（保险数）

城市	销量/辆			同比增长			总计
	货箱长≤1.68米	1.68米<货箱长≤1.85米	货箱长>1.85米	货箱长≤1.68米	1.68米<货箱长≤1.85米	货箱长>1.85米	
安阳市	526	231	13	164%	1 183%	160%	774
河南省省直辖	137	49	1	2%	188%	0	187
鹤壁市	125	50	2	-70%	-14%	-71%	177
焦作市	367	195	6	6%	248%	-40%	580
开封市	341	135	10	180%	382%	400%	489
漯河市	131	111	1	-86%	-58%	-94%	244
洛阳市	1 082	706	15	18%	118%	-75%	1 809
南阳市	908	584	33	94%	528%	175%	1 538
平顶山市	339	206	4	-11%	129%	-76%	552
濮阳市	476	222	13	45%	167%	-13%	712
三门峡市	347	154	19	-52%	-1%	-75%	521
商丘市	581	387	21	-5%	90%	62%	995
新乡市	702	454	12	46%	182%	-79%	1 169
信阳市	537	325	37	109%	416%	12%	901
许昌市	291	149	25	-88%	-79%	-83%	466
郑州市	2 313	1 025	123	616%	1 764%	435%	3 492
周口市	395	197	19	-43%	22%	-56%	628
驻马店市	555	360	26	-76%	8%	-10%	943

分城市看（见表4-46），2020年河南省各城市对宽/窄体皮卡车需求以宽体皮卡车为主。除周口市外其他各城市整体皮卡车销量同比呈现下降趋势，而各城市宽体皮卡车销量同比呈现增长趋势，其中鹤壁市、漯河市、濮阳市、新乡市、信阳市、许昌市和周口市销量同比增长较快，分别为208%、268%、152%、115%、102%、127%和142%。当然实现这么快速的增长，和其中有些城市销量基数较低有关。

表4-46 2020年河南省宽/窄体皮卡车销量（保险数）

城市	销量/辆 外廓宽≤1.8米	销量/辆 外廓宽>1.8米	销量同比增长 外廓宽≤1.8米	销量同比增长 外廓宽>1.8米	总计
安阳市	363	411	-26%	91%	774
河南省省直辖	81	106	-52%	77%	187
鹤壁市	66	111	-43%	208%	177
焦作市	174	406	-34%	82%	580
开封市	222	267	-15%	75%	489
漯河市	82	162	-24%	268%	244
洛阳市	451	1 358	-14%	97%	1 809
南阳市	485	1 053	-17%	45%	1 538
平顶山市	183	369	-46%	53%	552
濮阳市	263	449	-15%	152%	712
三门峡市	127	394	-42%	89%	521
商丘市	323	672	-40%	64%	995
新乡市	470	699	-7%	115%	1 169
信阳市	322	579	-22%	102%	901
许昌市	210	256	-13%	127%	466
郑州市	911	2 581	-37%	30%	3 492
周口市	239	389	0	142%	628
驻马店市	317	626	-44%	91%	943

4.11 黑龙江省 2020 年皮卡车市场分析

4.11.1 市场整体概况

2020 年黑龙江省皮卡车市场销量达到了 12 698 辆,同比增长 23%（见图 4-51）。从 2015—2020 年数据来看,黑龙江省皮卡车销量经历了 2018 年短暂的低谷后开始触底反弹,2019—2020 年都保持销量同比 10% 以上的增长,并且 2020 年已跨过万辆大关。

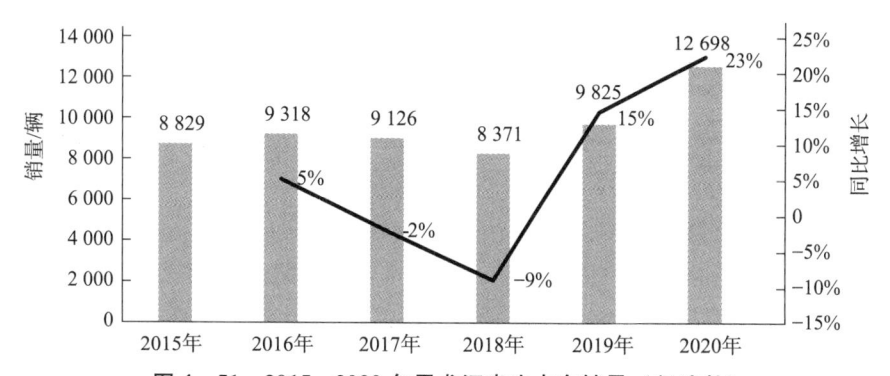

图 4-51　2015—2020 年黑龙江省皮卡车销量（保险数）

从月度销量看（见表 4-47）,2020 年 12 个月黑龙江省皮卡保持相对稳定,除了 2 月受新冠肺炎疫情影响销量很差,其他大部分月份皮卡销量维持在每月 1 000 辆以上。

表 4-47　2015—2020 年黑龙江省皮卡车分月度销量（保险数）

年份	1月	2月	3月	4月	5月	6月	7月	8月	9月	10月	11月	12月	总计
2015	682	412	833	886	746	621	643	626	772	729	882	997	8 829
2016	790	480	1 228	821	932	688	604	631	697	584	856	1 007	9 318

续表

年份	1月	2月	3月	4月	5月	6月	7月	8月	9月	10月	11月	12月	总计
2017	671	612	989	848	667	680	614	638	777	717	930	983	9 126
2018	688	526	970	854	782	596	657	550	651	577	768	752	8 371
2019	658	511	986	831	645	714	580	799	816	802	939	1 544	9 825
2020	662	21	845	1 254	1 080	1 204	1 140	1 172	1 142	958	1 334	1 886	12 698

4.11.2 车型结构

从车型结构看（见图4-52~图4-55），2020年黑龙江省消费者对柴油和汽油的皮卡车的需求比为4:1，对四驱和两驱皮卡车的需求比为10:1，对长货箱和短货箱皮卡车的需求比为1.2:1，对宽体和窄体皮卡车的需求比为3:1。黑龙江省消费者对柴油、四驱、宽体皮卡车有明显的需求偏好，对长/短货箱皮卡车的需求偏好并不是很明显。

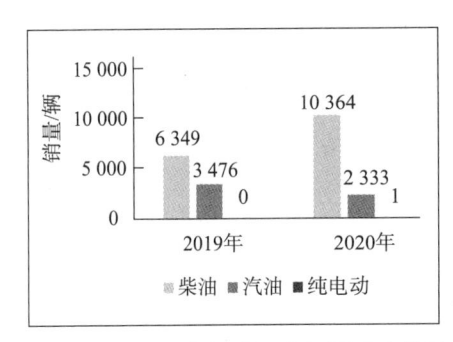

图4-52 2020年黑龙江省不同动力类型皮卡车销量

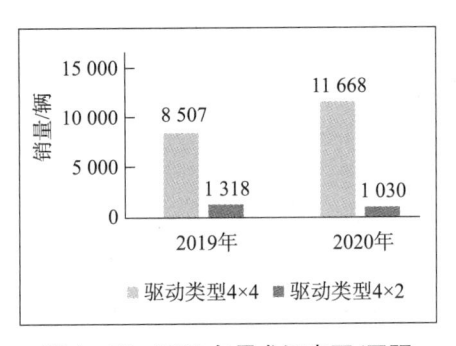

图4-53 2020年黑龙江省两/四驱皮卡车销量

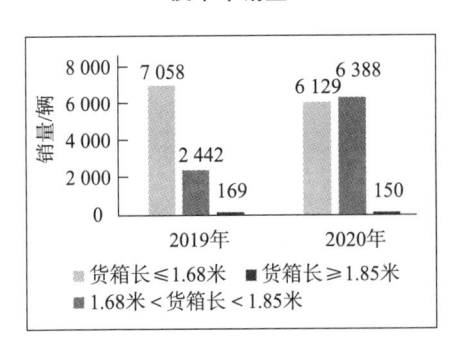

图4-54 2020年黑龙江省长/短货箱皮卡车销量

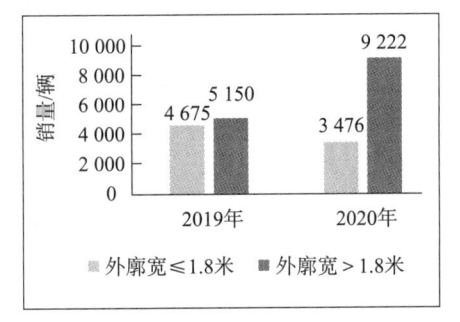

图4-55 2020年黑龙江省宽/窄体皮卡车销量

2020年黑龙江省柴油皮卡车销量同比大增63%，而汽油皮卡车销量表现较弱，全年销量同比下降33%（见表4-48）。分地市看，黑龙江省各地市对皮卡动力类型需求以柴油为主，各城市柴油皮卡车销量都呈现增长趋势，尤其是鸡西市和双鸭山市，增速均已超过100%；而对于汽油皮卡车来说，各城市涨跌不一，哈尔滨市、鹤岗市、黑河市、佳木斯市、牡丹江市、七台河市、双鸭山市和绥化市的汽油皮卡车销量同比增长11%、58%、37%、24%、6%、4%、49%和61%，大庆市、大兴安岭地区、鸡西市、齐齐哈尔市和伊春市的汽油皮卡车销量同比分别下降79%、13%、8%、7%和44%。

表4-48 2020年黑龙江省柴/汽油皮卡车销量（保险数）

地市	销量/辆 柴油	销量/辆 汽油	销量同比增长 柴油	销量同比增长 汽油	总计/辆
黑龙江省合计	10 364	2 333	63%	-33%	12 697
大庆市	1 334	366	41%	-79%	1 700
大兴安岭地区	40	26	14%	-13%	66
哈尔滨市	2 911	909	51%	11%	3 820
鹤岗市	189	52	99%	58%	241
黑河市	911	74	65%	37%	985
鸡西市	415	70	104%	-8%	485
佳木斯市	1 555	312	59%	24%	1 867
牡丹江市	531	82	69%	6%	613
七台河市	135	24	59%	4%	159
齐齐哈尔市	1 279	150	94%	-7%	1 429
双鸭山市	463	112	125%	49%	575
绥化市	485	121	88%	61%	606
伊春市	116	35	33%	-44%	151

2020年黑龙江省两驱皮卡车销量同比下降22%，四驱皮卡车销量同比增长37%（见表4-49）。分地市来看，黑龙江省各地市对皮卡车驱动类型需求以四驱为主。对于两驱皮卡车，除了鹤岗市、黑河市、佳木斯市、齐齐哈尔市、双鸭山市和绥化市的销量同比增长，其他地市销量

同比下降；而对于四驱皮卡车，只有大庆市销量同比下降33%，其他城市销量同比增长，尤其是鸡西市和双鸭山市的销量同比均增长106%。

表4-49 2020年黑龙江省两/四驱皮卡车销量（保险数）

地市	销量/辆 两驱	销量/辆 四驱	销量同比增长 两驱	销量同比增长 四驱	总计/辆
黑龙江省合计	1 030	11 668	-22%	37%	12 698
大庆市	241	1 459	-52%	-33%	1 700
大兴安岭地区	2	64	-85%	23%	66
哈尔滨市	284	3 537	-28%	50%	3 821
鹤岗市	16	225	129%	86%	241
黑河市	65	920	117%	60%	985
鸡西市	30	455	-48%	106%	485
佳木斯市	120	1747	76%	51%	1867
牡丹江市	20	593	-46%	68%	613
七台河市	6	153	-57%	63%	159
齐齐哈尔市	122	1307	11%	84%	1429
双鸭山市	23	552	77%	106%	575
绥化市	87	519	50%	89%	606
伊春市	14	137	-33%	6%	151

分地市看（见表4-50），2020年黑龙江省各地市对皮卡车长/短货箱需求差异相对较小，长货箱皮卡车以较小优势胜出。大兴安岭地区、鹤岗市、鸡西市、七台河市和伊春市的短货箱皮卡车销量稍有下降，其他城市都保持较好的增长趋势；而大兴安岭地区、鹤岗市和七台河市的长货箱皮卡车销量稍有下降，其他城市都保持增长趋势。

表4-50 2020年黑龙江省长/短货箱皮卡车销量（保险数）

地市	销量/辆 货箱长≤1.68米	销量/辆 1.68米<货箱长≤1.85米	销量/辆 货箱长>1.85米	同比增长 货箱长≤1.68米	同比增长 1.68米<货箱长≤1.85米	同比增长 货箱长>1.85米	总计
大庆市	947	723	25	2 531%	2 393%	/	1 700
大兴安岭地区	29	37	/	-98%	-95%	-100%	66

续表

地市	销量/辆 货箱长≤1.68米	1.68米<货箱长≤1.85米	货箱长>1.85米	同比增长 货箱长≤1.68米	1.68米<货箱长≤1.85米	货箱长>1.85米	总计
哈尔滨市	2 031	1 741	37	1 891%	7 814%	825%	3 821
鹤岗市	125	112	4	-70%	-40%	-20%	241
黑河市	405	575	3	155%	383%	200%	985
鸡西市	179	298	8	-81%	18%	-33%	485
佳木斯市	1 077	770	18	458%	312%	260%	1 867
牡丹江市	182	423	4	250%	683%	100%	613
七台河市	44	115	/	-91%	-62%	-100%	159
齐齐哈尔市	475	911	39	131%	1 115%	/	1429
双鸭山市	310	263	2	80%	87%	-90%	575
绥化市	255	341	10	134%	774%	400%	606
伊春市	70	79	/	-10%	52%	-100%	151

分地市看（见表4-51），2020年黑龙江省分地市对宽/窄体皮卡车需求以宽体皮卡车为主。其中，只有双鸭山市和绥化市的窄体皮卡车销量同比保持增长，其他城市都同比下降；而对于宽体皮卡车，只有大庆市销量同比下降，其他城市销量同比保持较大幅度的增长。

表4-51 2020年黑龙江省宽/窄体皮卡车销量（保险数）

地市	销量/辆 外廓宽≤1.8米	外廓宽>1.8米	销量同比增长 外廓宽≤1.8米	外廓宽>1.8米	总计
大庆市	522	1 178	-59%	-16%	1 700
大兴安岭地区	6	60	-63%	22%	66
哈尔滨市	1 181	2 640	-16%	98%	3 821
鹤岗市	75	166	-15%	315%	241
黑河市	210	775	-13%	113%	985
鸡西市	58	427	-31%	119%	485
佳木斯市	610	1 257	-10%	129%	1 867

续表

地市	销量/辆 外廓宽≤1.8米	销量/辆 外廓宽>1.8米	销量同比增长 外廓宽≤1.8米	销量同比增长 外廓宽>1.8米	总计
牡丹江市	82	531	-20%	84%	613
七台河市	17	142	-58%	109%	159
齐齐哈尔市	306	1 123	-20%	156%	1429
双鸭山市	182	393	38%	164%	575
绥化市	177	429	16%	138%	606
伊春市	50	101	-14%	10%	151

4.12 湖北省2020年皮卡车市场分析

4.12.1 市场整体概况

2020年湖北省皮卡车市场销量达到了16 237辆，同比增长3%（见图4-56）。从2015—2020年数据来看，只有2018年销量同比下降7%，其他年份销量逐步增长，并在2020年达到了阶段性的高点。

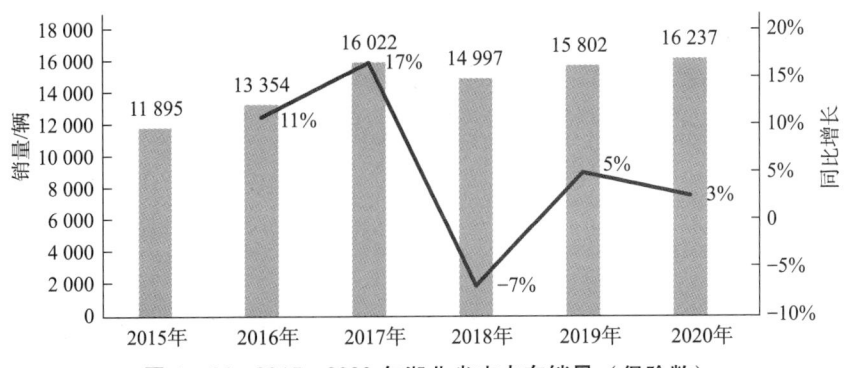

图4-56 2015—2020年湖北省皮卡车销量（保险数）

从月度销量看（见表4-52），2020年12个月黑龙江省皮卡车销量总体保持稳步上升，除了2—3月受新冠肺炎疫情影响销量不高，其他月份皮卡车销量都维持在每月1 300辆以上。

表4-52 2015—2020年湖北省皮卡车分月度销量（保险数）

年份	1月	2月	3月	4月	5月	6月	7月	8月	9月	10月	11月	12月	总计
2015	1 393	1 155	1 238	1 015	839	702	886	811	929	881	962	1 084	11 895
2016	1 317	992	1 293	907	884	959	948	915	1 109	1 020	1 342	1 668	13 354
2017	1 525	1 274	1 573	1 197	1 152	1 224	1 143	1 126	1 334	1 219	1 435	1 820	16 022
2018	1 335	1 297	1 693	1 448	1 155	1 030	1 082	1 172	1 217	1 028	1 209	1 331	14 997
2019	1 808	1 035	1 719	1 401	1 164	1 112	1 100	1 067	1 243	1 133	1 312	1 708	15 802
2020	1 440	39	515	1 570	1 372	1 448	1 494	1 406	1 575	1 566	1 614	2 198	16 237

4.12.2 车型结构

从车型结构看（见图4-57~图4-60），2020年湖北省消费者对柴油和汽油的皮卡车的需求比为7:1，对四驱和两驱皮卡车的需求比为1.3:1，对长货箱和短货箱皮卡车的需求比为1:1.3；对宽体和窄体皮卡车的需求比为3:1。湖北省消费者对柴油、宽体皮卡车有明显的需求偏好，对两/四驱和长/短货箱皮卡车的需求偏好并不是那么明显。

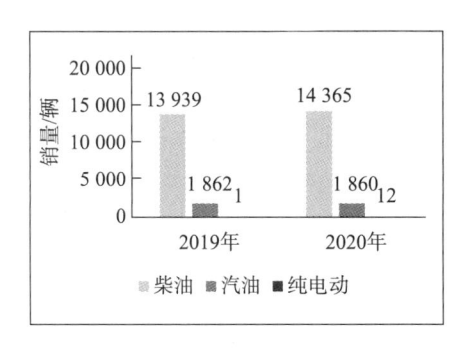

图4-57 2020年湖北省不同动力类型皮卡车销量

图4-58 2020年湖北省两/四驱皮卡车销量

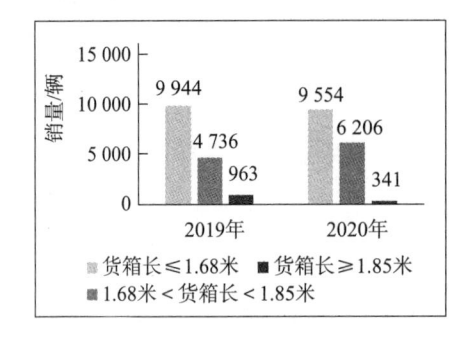

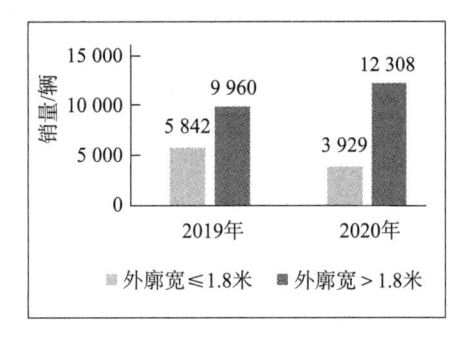

图 4-59　2020 年湖北省长/短货箱皮卡车销量

图 4-60　2020 年湖北省宽/窄体皮卡车销量

2020 年湖北省柴油皮卡车销量微增 3%，汽油皮卡车同比持平（见表 4-53）。分州市看，湖北省各州市对皮卡车动力类型需求以柴油为主。鄂州市、恩施土家族苗族自治州、荆州市、十堰市、武汉市和咸宁市的柴油皮卡车销量同比分别下降 22%、1%、15%、2%、4% 和 8%，其他城市保持同比增长；黄石市、随州市、武汉市、咸宁市、襄阳市、孝感市和宜昌市的汽油皮卡车销量同比分别增长 85%、73%、1%、60%、8%、36% 和 26%，其他城市稍有下降。

表 4-53　2020 年湖北省柴/汽油皮卡车销量（保险数）

州市	销量/辆 柴油	销量/辆 汽油	销量同比增长 柴油	销量同比增长 汽油	总计/辆
湖北省合计	14 365	1 860	3%	0	16 225
鄂州市	98	11	-22%	-8%	109
恩施土家族苗族自治州	2 527	131	-1%	-18%	2 658
湖北省省直辖	307	56	-6%	2%	363
黄冈市	779	102	3%	-17%	881
黄石市	702	96	9%	85%	798
荆门市	824	82	7%	-5%	906
荆州市	652	101	-15%	-38%	753
十堰市	1 637	212	-2%	-9%	1 849
随州市	441	38	24%	73%	479
武汉市	1 342	658	-4%	1%	2 000

续表

州市	销量/辆 柴油	销量/辆 汽油	销量同比增长 柴油	销量同比增长 汽油	总计/辆
咸宁市	564	64	-8%	60%	628
襄阳市	2 192	164	2%	8%	2 356
孝感市	283	49	11%	36%	332
宜昌市	2017	96	30%	26%	2 113

2020年湖北省两驱皮卡车销量同比下降6%，四驱皮卡车销量同比增长13%（见表4-54）。分州市来看，湖北省各州市对皮卡车驱动类型需求差异不明显，四驱需求稍多一些。除鄂州市外，其他城市四驱皮卡车销量同比增长；两驱皮卡车在各城市的表现是涨少跌多，黄石市、荆门市、随州市和宜昌市的两驱皮卡车销量同比增长，其他城市同比下降明显。

表4-54　2020年湖北省两/四驱皮卡车销量（保险数）

州市	销量/辆 两驱	销量/辆 四驱	销量同比增长 两驱	销量同比增长 四驱	总计/辆
湖北省合计	7 792	8 445	-6%	13%	16 237
鄂州市	86	23	-22%	-18%	109
恩施土家族苗族自治州	993	1 665	-6%	1%	2 658
湖北省省直辖	176	187	-17%	9%	363
黄冈市	484	407	-12%	21%	891
黄石市	483	315	4%	35%	798
荆门市	500	406	8%	5%	906
荆州市	491	262	-27%	1%	753
十堰市	875	974	-6%	1%	1 849
随州市	175	304	35%	23%	479
武汉市	1 064	937	-18%	26%	2 001
咸宁市	408	220	-11%	14%	628
襄阳市	931	1 425	-11%	13%	2 356
孝感市	201	131	0	47%	332
宜昌市	925	1 189	31%	30%	2 114

分州市看（见表4-55），2020年湖北省各州市对皮卡车长/短货箱需求差异不明显，短货箱需求稍多一些。其中，恩施土家族苗族自治州、黄冈市、荆门市、十堰市、武汉市、襄阳市和宜昌市的短货箱皮卡车同比增长，其他城市表现稍微逊色，销量同比下降；而对于长货箱皮卡车，各城市市场表现不一，其中恩施土家族苗族自治州、黄冈市、黄石市、荆门市、十堰市、武汉市、襄阳市和宜昌市市场表现较好，同比增长，其他城市销量表现稍微逊色，同比下降。

表4-55 2020年湖北省长/短货箱皮卡车销量（保险数）

州市	销量/辆 货箱长≤1.68米	销量/辆 1.68米<货箱长≤1.85米	销量/辆 货箱长>1.85米	同比增长 货箱长≤1.68米	同比增长 1.68米<货箱长≤1.85米	同比增长 货箱长>1.85米	总计
鄂州市	55	51	3	-96%	-95%	-98%	109
恩施土家族苗族自治州	1 468	1 152	36	469%	1 224%	9%	2 658
湖北省省直辖	231	128	3	-61%	-42%	-95%	363
黄冈市	516	350	25	20%	45%	4%	891
黄石市	485	295	16	-6%	8%	-74%	798
荆门市	527	342	31	4%	4%	-67%	906
荆州市	360	359	31	-67%	-41%	-85%	753
十堰市	1 009	777	58	284%	848%	427%	1 849
随州市	283	163	11	-80%	-62%	-90%	479
武汉市	1 314	583	41	166%	319%	105%	2 001
咸宁市	377	237	13	-75%	-64%	-89%	628
襄阳市	1 359	925	47	619%	976%	213%	2 356
孝感市	194	127	7	-82%	-74%	-85%	332
宜昌市	1 376	717	19	147%	135%	-89%	2 114

分州市看（见表4-56），2020年湖北省各州市对宽/窄体皮卡车需求以宽体皮卡车为主。从销量，窄体皮卡车在各城市呈现全线下跌趋势；宽体皮卡呈现全线增长趋势，其中黄冈市、黄石市、荆门市、随州市、武汉市、咸宁市、襄阳市、孝感市和宜昌市销量表现较好，同比增长分别为42%、34%、23%、44%、24%、53%、35%、54%和54%。

表 4-56　2020 年湖北省宽/窄体皮卡车销量（保险数）

州市	销量/辆 外廓宽≤1.8米	销量/辆 外廓宽>1.8米	销量同比增长 外廓宽≤1.8米	销量同比增长 外廓宽>1.8米	总计
鄂州市	21	88	-62%	6%	109
恩施土家族苗族自治州	310	2 348	-32%	4%	2 658
湖北省省直辖	105	258	-30%	11%	363
黄冈市	215	676	-47%	42%	891
黄石市	223	575	-17%	34%	798
荆门市	216	690	-27%	23%	906
荆州市	194	559	-49%	2%	753
十堰市	530	1 319	-27%	12%	1 849
随州市	84	395	-18%	44%	479
武汉市	337	1 664	-52%	24%	2 001
咸宁市	242	386	-40%	53%	628
襄阳市	750	1 606	-33%	35%	2 356
孝感市	89	243	-33%	54%	332
宜昌市	613	1 501	-5%	54%	2 114

4.13　湖南省 2020 年皮卡车市场分析

4.13.1　市场整体概况

2020 年湖南省皮卡车市场销量达到了 17 375 辆，同比增长 6%（见图 4-61）。从 2015—2020 年数据来看，2019 年皮卡车销量同比下降，其他年份持平或增长。

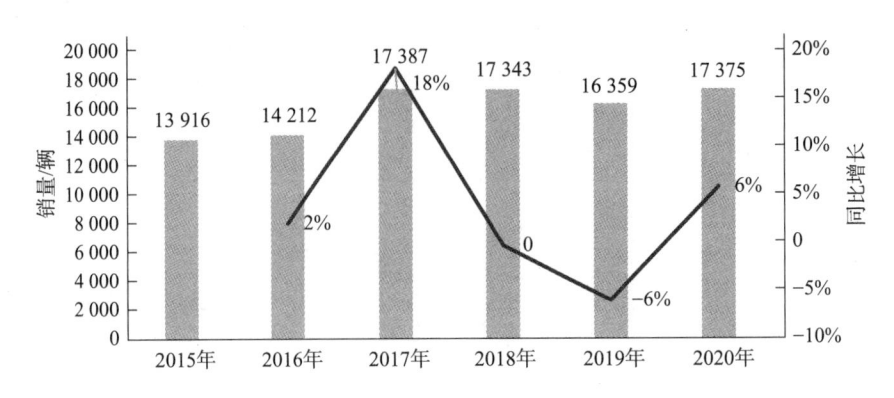

图 4-61　2015—2020 年湖南省皮卡车销量（保险数）

从月度销量看（见表 4-57），2020 年 12 个月湖南省皮卡车销量保持相对稳定，除了 2 月受新冠肺炎疫情影响销量不是很亮眼，其他月份皮卡车销量都维持在每月 1 200 辆以上。

表 4-57　2015—2020 年湖南省皮卡车分月度销量（保险数）

年份	1月	2月	3月	4月	5月	6月	7月	8月	9月	10月	11月	12月	总计
2015	1 363	1 236	1 481	1 220	1 010	989	1 104	973	1 111	1 038	1 107	1 284	13 916
2016	1 338	1 097	1 497	1 152	1 083	932	861	994	1 215	1 219	1 324	1 500	14 212
2017	1 472	1 453	1 559	1 290	1 172	1 125	1 145	1 376	1 500	1 492	1 699	2 104	17 387
2018	1 594	1 396	2 105	1 514	1 291	1 126	1 171	1 154	1 439	1 542	1 586	1 425	17 343
2019	1 699	1 212	1 636	1 482	11 71	1 133	1 134	1 163	1 258	1 301	1 458	1 712	16 359
2020	1 248	565	1 701	1 697	1 510	1 547	1 554	1 413	1 531	1 327	1 411	1 871	17 375

4.13.2　车型结构

从车型结构看（见图 4-62～图 4-65），2020 年湖南省消费者对柴油和汽油的皮卡车的需求比为 15∶1，对四驱和两驱皮卡车的需求比为 1∶1.7，对长货箱和短货箱皮卡车的需求比为 1.3∶1，对宽体和窄体皮卡车的需求比为 3∶1。湖南省消费者对柴油、两驱、宽体皮卡车有明显的需求偏好，对长/短货箱皮卡车的需求偏好并不是那么明显。

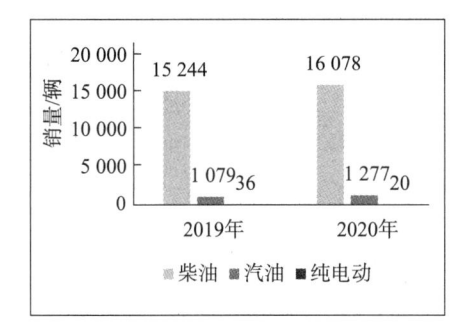

图 4-62　2020 年湖南省不同动力类型皮卡车销量

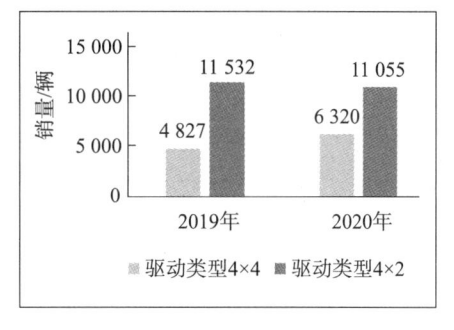

图 4-63　2020 年湖南省两/四驱皮卡车销量

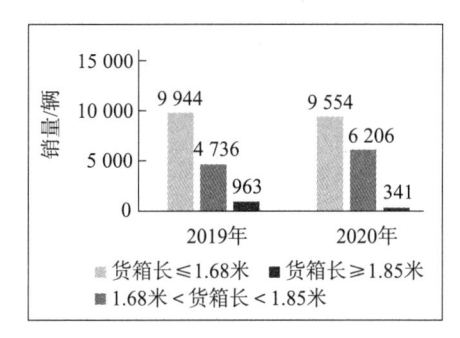

图 4-64　2020 年湖南省长/短货箱皮卡车销量

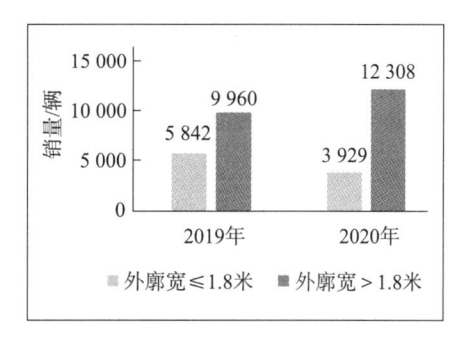

图 4-65　2020 年湖南省宽/窄体皮卡车销量

2020年湖南省柴/汽油皮卡车销量同比都保持增长，柴油皮卡车销量同比增长5%，汽油皮卡车同比增长18%（见表4-58）。分州市来看，湖南省各州市对皮卡动力类型需求以柴油为主。其中，怀化市和岳阳市的柴油皮卡车同比稍有下降，其他城市呈现同比增长趋势；郴州市、邵阳市和张家界市的汽油皮卡车销量同比下降分别为18%、24%和10%，其他城市同比增长，尤其是衡阳市、怀化市、娄底市、湘潭市和株洲市同比增幅较大，分别为88%、68%、72%、63%和83%。

表 4-58　2020 年湖南省柴/汽油皮卡车销量（保险数）

州市	销量/辆 柴油	销量/辆 汽油	销量同比增长 柴油	销量同比增长 汽油	总计/辆
湖南省合计	16 078	1 277	5%	18%	17 355
常德市	1 065	101	13%	19%	1 166
郴州市	1 200	49	0	-18%	1 249

续表

州市	销量/辆 柴油	销量/辆 汽油	销量同比增长 柴油	销量同比增长 汽油	总计/辆
衡阳市	790	90	2%	88%	880
怀化市	1 617	111	-4%	68%	1 728
娄底市	1 521	91	14%	72%	1 612
邵阳市	1 367	53	3%	-24%	1 420
湘潭市	311	39	3%	63%	350
湘西土家族苗族自治州	1 375	57	0	10%	1 432
益阳市	561	81	33%	7%	642
永州市	1 522	72	15%	22%	1 594
岳阳市	1 098	79	-5%	8%	1 177
张家界市	717	36	3%	-10%	753
长沙市	2 398	330	11%	2%	2 728
株洲市	536	88	2%	83%	624

2020年湖南省四驱皮卡车同比大增31%，两驱皮卡车同比下降4%（见表4-59）。分州市来看，湖南省各州市对皮卡车驱动类型需求以两驱为主，但对四驱皮卡车的需求增长明显。常德市、娄底市、益阳市和永州市两驱皮卡车销量同比增长分别为7%、3%、16%和4%，其他城市同比呈现下降趋势。而各城市四驱皮卡车销量都呈现增长趋势，尤其是常德市、衡阳市、娄底市、邵阳市、湘潭市、益阳市、永州市、长沙市和株洲市，销量同比增长分别为30%、58%、40%、58%、63%、52%、32%和71%。

表4-59 2020年湖南省两/四驱皮卡车销量（保险数）

州市	销量/辆 两驱	销量/辆 四驱	销量同比增长 两驱	销量同比增长 四驱	总计/辆
湖南省合计	11 055	6 320	-4%	31%	17 375
常德市	820	346	7%	30%	1 166
郴州市	868	381	-10%	29%	1 249
衡阳市	528	352	-5%	30%	880

续表

州市	销量/辆 两驱	销量/辆 四驱	销量同比增长 两驱	销量同比增长 四驱	总计/辆
怀化市	946	783	-10%	11%	1 729
娄底市	1 072	540	3%	58%	1 612
邵阳市	1 014	406	-9%	40%	1 420
湘潭市	244	106	-6%	58%	350
湘西土家族苗族自治州	780	652	-9%	14%	1 432
益阳市	417	225	16%	63%	642
永州市	1120	474	4%	52%	1 594
岳阳市	831	346	-14%	29%	1 177
张家界市	346	407	-12%	18%	753
长沙市	1631	1 116	-3%	32%	2 747
株洲市	438	186	-6%	71%	624

分州市看，2020年湖南省各州市对皮卡车长/短货箱需求差异不明显，短货箱需求稍差一些（见表4-60）。常德市、衡阳市、湘潭市、益阳市和株洲市的短货箱皮卡车销量呈现下降趋势，其他城市则呈现增长趋势；对于长货箱皮卡车，常德市、衡阳市、湘潭市和益阳市的销量同比呈现下降趋势，其他城市同比有所增长。

表4-60 2020年湖南省长/短货箱皮卡车销量（保险数）

州市	销量/辆 货箱长≤1.68米	销量/辆 1.68米<货箱长≤1.85米	销量/辆 货箱长>1.85米	同比增长 货箱长≤1.68米	同比增长 1.68米<货箱长≤1.85米	同比增长 货箱长>1.85米	总计
常德市	540	468	157	-66%	-41%	45%	1 166
长沙市	1 468	1 165	91	74%	231%	38%	2 747
郴州市	742	481	25	29%	121%	-14%	1 249
衡阳市	529	337	13	-53%	-40%	-77%	880
怀化市	990	714	20	17%	57%	-75%	1 729
娄底市	788	752	71	25%	12%	-27%	1 612
邵阳市	583	787	40	202%	505%	1 900%	1 420

续表

州市	销量/辆 货箱长≤1.68米	销量/辆 1.68米<货箱长≤1.85米	销量/辆 货箱长>1.85米	同比增长 货箱长≤1.68米	同比增长 1.68米<货箱长≤1.85米	同比增长 货箱长>1.85米	总计
湘潭市	193	150	6	-77%	-71%	-90%	350
湘西土家族苗族自治州	692	695	45	165%	311%	-33%	1 432
益阳市	290	307	45	-64%	-43%	-13%	642
永州市	766	766	59	11%	72%	-37%	1 594
岳阳市	565	557	49	47%	80%	14%	1 177
张家界市	328	390	35	17%	58%	-17%	753
株洲市	301	289	33	-55%	57%	106%	624

分州市看，2020年湖南省各州市对宽/窄体皮卡车需求以宽体皮卡车为主（见表4-61）。其中，只有益阳市窄体皮卡车销量同比增长，其他城市都同比下降；对于宽体皮卡车则趋势完全相反，各城市都呈现增长趋势，尤其是衡阳市、娄底市、湘潭市、益阳市、永州市和株洲市，销量同比增长53%、67%、46%、51%、50%和30%。

表4-61　2020年湖南省宽/窄体皮卡车销量（保险数）

州市	销量/辆 外廓宽≤1.8米	销量/辆 外廓宽>1.8米	销量同比增长 外廓宽≤1.8米	销量同比增长 外廓宽>1.8米	总计
常德市	162	1 004	-34%	28%	1 166
长沙市	789	1 958	-14%	22%	2 747
郴州市	479	770	-26%	24%	1 249
衡阳市	348	532	-27%	53%	880
怀化市	586	1 143	-28%	22%	1 729
娄底市	513	1 099	-29%	67%	1612
邵阳市	375	1 045	-25%	16%	1 420
湘潭市	102	248	-35%	46%	350
湘西土家族苗族自治州	305	1 127	-33%	16%	1 432
益阳市	237	405	3%	51%	642

续表

州市	销量/辆 外廊宽≤1.8米	销量/辆 外廊宽>1.8米	销量同比增长 外廊宽≤1.8米	销量同比增长 外廊宽>1.8米	总计
永州市	525	1 069	-22%	50%	1 594
岳阳市	318	859	-36%	17%	1 177
张家界市	162	591	-35%	22%	753
株洲市	205	419	-18%	30%	624

4.14 吉林省2020年皮卡车市场分析

4.14.1 市场整体概况

2020年吉林省皮卡车市场销量达到了5 810辆,同比增长25%(见图4-66)。从2015—2020年数据来看,吉林省经历2018年和2019年连续两年的销量下滑后,在2020年实现反弹,并创历史新高。虽受新冠肺炎短期影响,但吉林省2020年皮车卡市场还是不改变销量增长趋势。

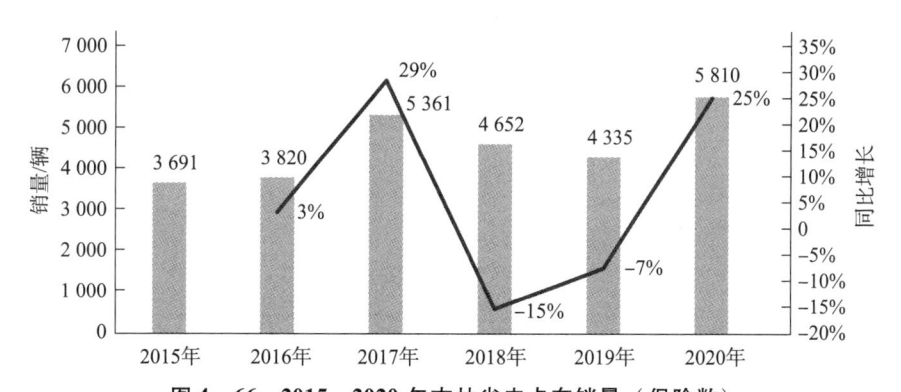

图4-66 2015—2020年吉林省皮卡车销量(保险数)

从月度销量看（见表4-62），2020年12个月吉林省皮卡车销量保持相对稳定，除了2月年受疫情影响销量稍差，仅销81辆，其他月份皮卡车销量都维持在每月300辆以上。

表4-62 2015—2020年吉林省皮卡车分月度销量（保险数）

年份	1月	2月	3月	4月	5月	6月	7月	8月	9月	10月	11月	12月	总计
2015	319	187	320	360	283	301	349	345	280	321	305	321	3 691
2016	312	175	379	338	304	279	284	325	318	254	426	426	3 820
2017	290	247	569	453	398	371	408	413	441	475	658	638	5 361
2018	386	247	479	538	382	285	319	297	338	409	561	411	4 652
2019	313	212	448	297	334	317	347	338	496	365	434	434	4 335
2020	331	81	481	534	362	499	621	497	522	469	641	772	5 810

4.14.2 车型结构

从车型结构看（见图4-67~图4-70），2020年吉林省消费者对柴油和汽油的皮卡车的需求比为3.8:1，对四驱和两驱皮卡车的需求比为7:1，对长货箱和短货箱皮卡车的需求比为1:1.4，对宽体和窄体皮卡车的需求比为1.7:1。吉林省消费者对柴油、四驱、宽体皮卡车有明显的需求偏好，对长/短货箱皮卡车的需求偏好并不是那么明显。

图4-67 2020年吉林省不同动力类型皮卡车销量

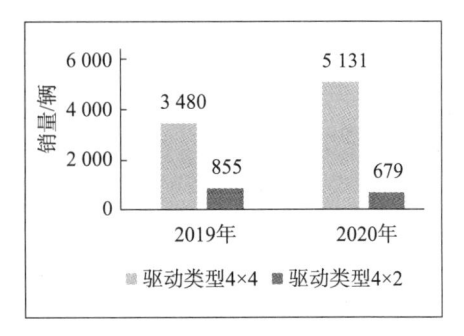

图4-68 2020年吉林省两/四驱皮卡车销量

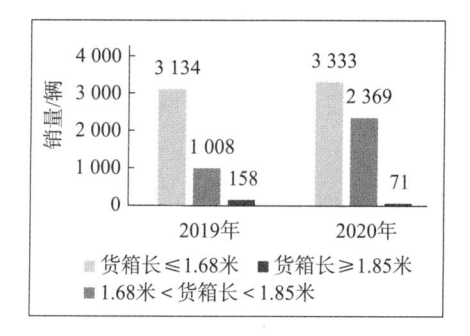

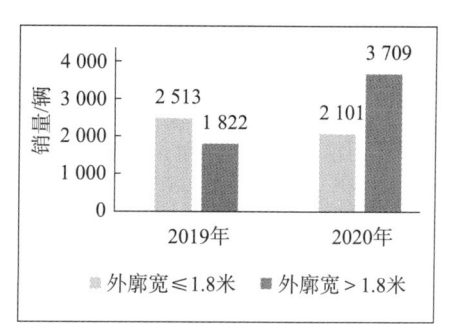

图 4-69　2020 年吉林省长/短货箱皮卡车销量

图 4-70　2020 年吉林省宽/窄体皮卡车销量

2020 年吉林省柴油和汽油皮卡车销量都同比增长，汽油皮卡车同比增长 12%，柴油皮卡车同比增长 41%（见表 4-63）。分州市来看，吉林省各州市对皮卡车动力类型需求以柴油为主。除通化市柴油皮卡车销量微降 1% 外，其他城市都同比增长；而对于汽油皮卡车来说，白城市、白山市和四平市销量有所下降，其他城市销量都同比增长。

表 4-63　2020 年吉林省柴/汽油皮卡车销量（保险数）

州市	销量/辆 柴油	销量/辆 汽油	销量同比增长 柴油	销量同比增长 汽油	总计/辆
吉林省合计	4 623	1 187	41%	12%	5810
白城市	834	31	8%	-69%	865
白山市	285	33	8%	-11%	318
吉林市	355	108	13%	33%	463
辽源市	106	22	66%	120%	128
四平市	450	49	92%	-23%	499
松原市	360	109	53%	31%	469
通化市	284	38	-1%	9%	322
延边朝鲜族自治州	498	180	61%	59%	678
长春市	1 451	617	82%	16%	2 068

2020 年吉林省两驱皮卡车销量同比下降 21%，而四驱皮卡车销量同比增长 47%（见表 4-64）。分州市来看，吉林省各州市对皮卡车驱动类型需求以四驱为主。2020 年吉林省两驱皮卡销量除白山市和延边朝鲜

族自治州同比增长外,其他城市销量呈现同比下降趋势。而对于四驱皮卡车来说,情况则完全相反,各州市销量都呈现同比增长趋势,尤其是辽源市、四平市、松原市、延边朝鲜族自治州和长春市销量同比大增97%、106%、63%、71%和71%。

表4-64 2020年吉林省两/四驱皮卡车销量(保险数)

州市	销量/辆 两驱	销量/辆 四驱	销量同比增长 两驱	销量同比增长 四驱	总计/辆
吉林省合计	679	5131	-21%	47%	5810
白城市	158	707	-37%	14%	865
白山市	24	294	71%	2%	318
吉林市	20	443	-57%	27%	463
辽源市	14	114	-13%	97%	128
四平市	64	435	-26%	106%	499
松原市	41	428	-27%	63%	469
通化市	27	295	-39%	6%	322
延边朝鲜族自治州	62	616	2%	71%	678
长春市	269	1799	-4%	71%	2 068

分州市看(见表4-65),2020年吉林省各州市对皮卡车长/短货箱需求差异不是特别明显,短货箱的需求稍多一些。其中,白山市、辽源市和通化市的短货箱皮卡车销量同比下降85%、72%和41%,其他城市销量都同比增长;但是2020年吉林省长货箱销量同比增速更快,只有白山市销量有所下降,其他城市销量都同比增长,尤其是白城市、长春市、吉林市、四平市和松原市的销量同比大增217%、708%、2118%、327%和133%。

表4-65 2020年吉林省长/短货箱皮卡车销量(保险数)

州市	销量/辆 货箱长≤1.68米	销量/辆 1.68米<货箱长≤1.85米	销量/辆 货箱长>1.85米	同比增长 货箱长≤1.68米	同比增长 1.68米<货箱长≤1.85米	同比增长 货箱长>1.85米	总计
白城市	563	295	6	190%	217%	-57%	865
白山市	147	160	8	-85%	-44%	-88%	318

续表

州市	销量/辆 货箱长≤1.68米	销量/辆 1.68米<货箱长≤1.85米	销量/辆 货箱长>1.85米	同比增长 货箱长≤1.68米	同比增长 1.68米<货箱长≤1.85米	同比增长 货箱长>1.85米	总计
长春市	1 335	695	21	367%	708%	31%	2 068
吉林市	207	244	6	234%	2 118%	500%	463
辽源市	67	59	2	-72%	18%	-80%	128
四平市	255	235	5	0	327%	-50%	499
松原市	233	226	9	8%	133%	29%	469
通化市	153	163	2	-41%	11%	-87%	322
延边朝鲜族自治州	373	292	12	75%	88%	-40%	678

分州市看（见表4-66），2020年吉林省各州市对宽/窄体皮卡车需求以宽体皮卡车为主。窄体皮卡车只有长春市销量同比增长7%，其他城市销量都同比下降；而宽体皮卡车销量则相反，各城市销量都同比大幅增长，尤其是长春市、吉林市、辽源市、四平市、松原市和延边朝鲜族自治州增幅较大，这6个城市增幅都超过100%。

表4-66　2020年吉林省宽/窄体皮卡车销量（保险数）

州市	销量/辆 外廓宽≤1.8米	销量/辆 外廓宽>1.8米	销量同比增长 外廓宽≤1.8米	销量同比增长 外廓宽>1.8米	总计
白城市	523	342	-20%	59%	865
白山市	53	265	-50%	37%	318
长春市	799	1 269	7%	117%	2 068
吉林市	100	363	-60%	152%	463
辽源市	46	82	-18%	356%	128
四平市	198	301	-8%	267%	499
松原市	166	303	-13%	137%	469
通化市	83	239	-36%	24%	322
延边朝鲜族自治州	133	545	-16%	107%	678

4.15 江苏省 2020 年皮卡车市场分析

4.15.1 市场整体概况

2020年江苏省皮卡车市场销量达到了9212辆，同比增长18%（见图4-71）。从2015—2020年数据来看，2018和2019年皮卡车销量同比稍下滑，其他年份都同比增长，2020年虽受新冠肺炎疫情影响，但是销量创出新高。

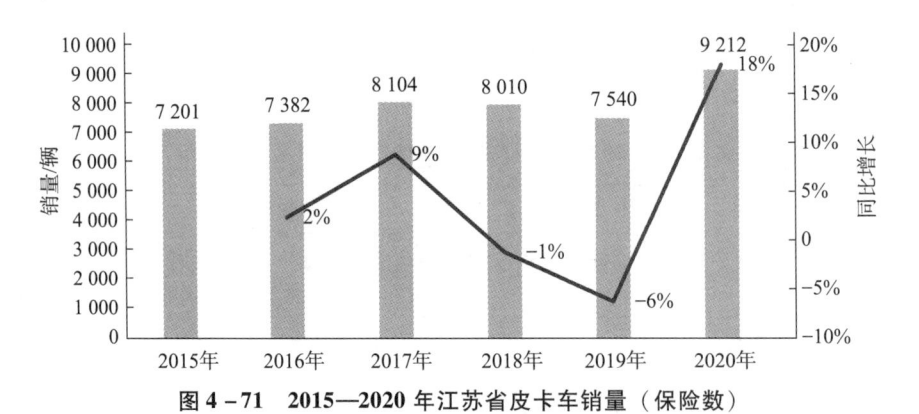

图 4-71 2015—2020 年江苏省皮卡车销量（保险数）

从月度销量看（见表4-67），2020年12个月江苏省皮卡车销量保持相对稳定，除了前两个月受疫情影响销量稍差，其他月份皮卡车销量都维持在每月700辆以上，12月突破1 000辆。

表 4-67 2015—2020 年江苏省皮卡车分月度销量（保险数）

年份	1月	2月	3月	4月	5月	6月	7月	8月	9月	10月	11月	12月	总计
2015	698	461	839	598	511	421	578	474	519	920	573	609	7 201
2016	462	521	812	465	508	642	481	594	784	784	580	749	7 382

续表

年份	1月	2月	3月	4月	5月	6月	7月	8月	9月	10月	11月	12月	总计
2017	458	734	781	622	586	678	586	581	732	585	875	886	8 104
2018	586	477	922	674	694	588	605	676	658	562	648	920	8 010
2019	644	593	770	721	732	1 088	733	222	372	437	596	632	7 540
2020	450	143	833	896	789	814	802	791	807	914	873	1 100	9 212

4.15.2 车型结构

从车型结构看（见图4-72~图4-75），2020年江苏省消费者对柴油和汽油皮卡车的需求比为13:1，对四驱和两驱皮卡车的需求比为1:4，对长货箱和短货箱皮卡车的需求比为1:1.2；对宽体和窄体皮卡车的需求比为3.2:1。江苏省消费者对两驱、宽体皮卡车有明显的需求偏好，对柴/汽油和长/短货箱皮卡车的需求偏好并不是那么明显。

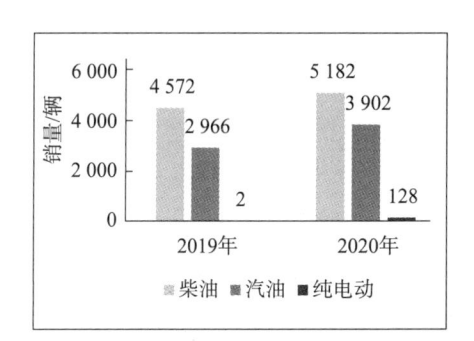

图4-72 2020年江苏省不同动力类型皮卡车销量

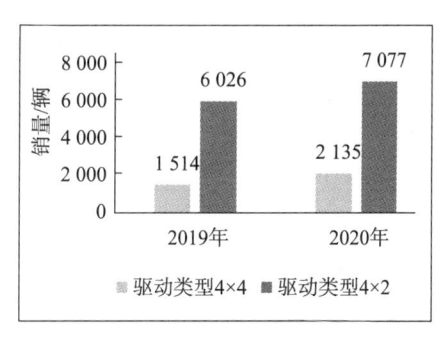

图4-73 2020年江苏省两/四驱皮卡车销量

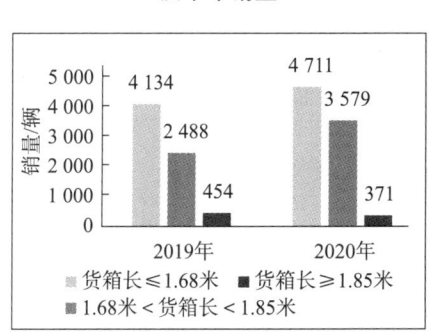

图4-74 2020年江苏长/短货箱皮卡车销量

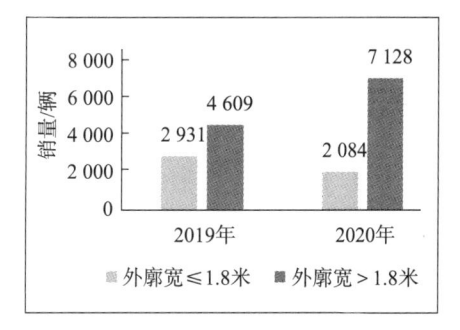

图4-75 2020年江苏宽/窄体皮卡车销量

2020年江苏省柴油和汽油皮卡车都实现了销量同比增长,柴油皮卡车同比增长13%,汽油皮卡车同比增长32%(见表4-68)。分城市看,江苏省各城市对皮卡动力类型需求差异不是特别明显,柴油需求稍多一些。柴油皮卡车除镇江市销量同比下降3%外,其他城市销量同比持平或增长;而汽油皮卡车各城市销量都呈现同比增长趋势,尤其是常州市、无锡市、宿迁市、徐州市和镇江市销量同比增幅较大,分别达到了46%、81%、66%、92%和84%。

表4-68 2020年江苏省柴/汽油皮卡车销量(保险数)

城市	销量/辆 柴油	销量/辆 汽油	销量同比增长 柴油	销量同比增长 汽油	总计/辆
江苏省合计	5 182	3 902	13%	32%	9 084
常州市	264	244	0	46%	508
淮安市	259	116	7%	12%	375
连云港市	723	238	19%	34%	961
南京市	587	732	5%	18%	1 319
南通市	304	257	33%	29%	561
苏州市	460	694	18%	5%	1 154
泰州市	191	147	12%	19%	338
无锡市	558	480	6%	81%	1 038
宿迁市	431	169	20%	66%	600
徐州市	698	295	14%	92%	993
盐城市	345	169	11%	7%	514
扬州市	259	135	31%	18%	394
镇江市	103	226	-3%	84%	329

2020年江苏省两驱和四驱皮卡车销量都呈现同比增长趋势,分别增长17%和41%(见表4-69)。分城市来看,江苏省各城市对皮卡驱动类型需求以两驱为主。两驱皮卡车除淮安市销量同比下降外,其他城市销量都同比增长;而四驱皮卡车除泰州市外,其他城市销量呈现全面开花的局面,都同比增长,尤其是淮安市、连云港市和扬州市同比增幅较大,分别达到了131%、102%和213%。

表 4-69 2020 年江苏省两/四驱皮卡车销量（保险数）

城市	销量/辆 两驱	销量/辆 四驱	销量同比增长 两驱	销量同比增长 四驱	总计/辆
江苏省合计	7 077	2 135	17%	41%	9 212
常州市	389	119	13%	35%	508
淮安市	272	104	-9%	131%	376
连云港市	765	196	11%	102%	961
南京市	1026	394	17%	30%	1 420
南通市	441	128	24%	75%	569
苏州市	936	228	9%	19%	1 164
泰州市	273	68	24%	-8%	341
无锡市	783	255	37%	18%	1 038
宿迁市	502	98	33%	17%	600
徐州市	743	254	21%	68%	997
盐城市	407	107	7%	24%	514
扬州市	323	72	12%	213%	395
镇江市	217	112	47%	38%	329

分城市看（见表 4-70），2020 年江苏省各城市对皮卡车长/短货箱需求差异不明显，短货箱需求稍多一些。其中淮安市、连云港市、南通市、泰州市和镇江市的短货箱皮卡车销量同比下降，其他城市短货箱皮卡车销量同比增长；对于长货箱皮卡车来说，淮安市、南通市、泰州市和镇江市的销量同比呈现下降趋势，其他城市销量同比呈增长趋势。

表 4-70 2020 年江苏省长/短货箱皮卡车销量（保险数）

城市	销量/辆 货箱长≤1.68米	销量/辆 1.68米<货箱长≤1.85米	销量/辆 货箱长>1.85米	同比增长 货箱长≤1.68米	同比增长 1.68米<货箱长≤1.85米	同比增长 货箱长>1.85米	总计
常州市	262	199	9	46%	53%	-70%	508
淮安市	165	155	10	-68%	-31%	-76%	376
连云港市	509	438	13	-31%	42%	-73%	961
南京市	825	464	36	286%	222%	-16%	1 420

续表

城市	销量/辆 货箱长≤1.68米	销量/辆 1.68米<货箱长≤1.85米	销量/辆 货箱长>1.85米	同比增长 货箱长≤1.68米	同比增长 1.68米<货箱长≤1.85米	同比增长 货箱长>1.85米	总计
南通市	286	228	27	-52%	-22%	-52%	569
苏州市	668	327	53	205%	76%	61%	1 164
宿迁市	262	278	53	49%	271%	165%	600
泰州市	188	128	17	-49%	-59%	-67%	341
无锡市	531	409	34	42%	22%	-35%	1 038
徐州市	423	456	68	59%	259%	100%	997
盐城市	237	235	17	74%	54%	-6%	514
扬州市	196	177	19	44%	293%	171%	395
镇江市	159	85	15	-44%	-69%	-77%	329

分城市看（见表4-71），2020年江苏省各城市对宽/窄体皮卡车需求以宽体皮卡车为主。窄体皮卡车各城市销量下降趋势明显，而宽体皮卡车则各城市呈现全线增长趋势，尤其是常州市、连云港市、南京市、南通市、宿迁市、泰州市、盐城市和镇江市的销量增速都已经超过50%。

表4-71 2020年江苏省宽/窄体皮卡车销量（保险数）

城市	销量/辆 外廓宽≤1.8米	销量/辆 外廓宽>1.8米	销量同比增长 外廓宽≤1.8米	销量同比增长 外廓宽>1.8米	总计
常州市	113	395	-35%	54%	508
淮安市	69	307	-46%	41%	376
连云港市	201	760	-44%	79%	961
南京市	342	1 078	-27%	51%	1 420
南通市	141	428	-27%	83%	569
苏州市	219	945	-40%	38%	1 164
宿迁市	187	413	-13%	69%	600
泰州市	115	226	-33%	84%	341
无锡市	231	807	-7%	49%	1 038
徐州市	221	776	-3%	44%	997

续表

城市	销量/辆		销量同比增长		总计
	外廓宽≤1.8米	外廓宽>1.8米	外廓宽≤1.8米	外廓宽>1.8米	
盐城市	105	409	-50%	57%	514
扬州市	75	320	-5%	37%	395
镇江市	65	264	-29%	93%	329

4.16 江西省2020年皮卡车市场分析

4.16.1 市场整体概况

2020年江西省皮卡车市场销量达到了13 287辆，同比增长6%（见图4-76）。从2015—2020年数据来看，江西省皮卡车销量从2015年开始逐步下滑，2019年达到了近几年的低谷，2020年虽受疫情影响，但全年销量有所反弹。

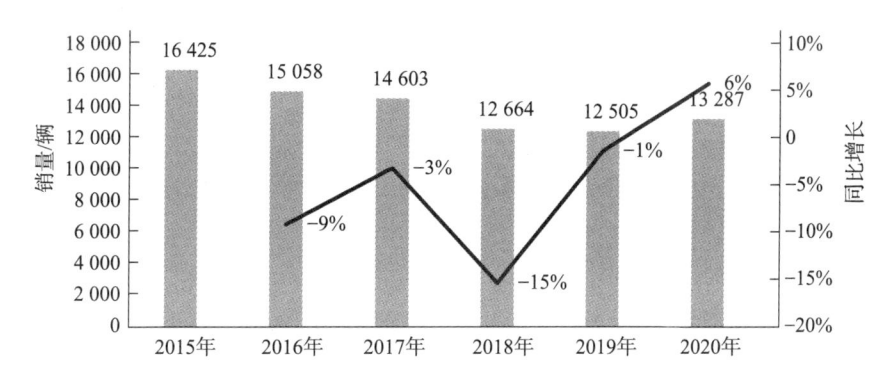

图4-76 2015—2020年江西省皮卡车销量（保险数）

从月度销量看（见表 4-72），2020 年 12 个月江西省皮卡车销量保持相对稳定，除了前两个月受新冠肺炎疫情影响销量稍低，其他月份皮卡车销量都维持在每月 1 000 辆以上。

表 4-72　2015—2020 年江西省皮卡车分月度销量（保险数）

年份	1月	2月	3月	4月	5月	6月	7月	8月	9月	10月	11月	12月	总计
2015	1 769	1 330	1 804	1 506	1 355	1 188	1 058	971	1 269	1 293	1 330	1 552	16 425
2016	1 622	1 053	1 560	1 267	1 118	1 096	1 160	1 019	1 366	1 220	1 175	1 402	15 058
2017	1 314	1 168	1 414	1 218	1 088	1 134	1 003	1 220	1 230	1 039	1 226	1 549	14 603
2018	1 222	914	1 424	1 140	1 047	975	883	798	1 016	1 013	1 112	1 120	12 664
2019	1 252	790	1 324	964	1 074	925	943	926	1 033	937	1 089	1 248	12 505
2020	962	326	1 265	1 240	1 171	1 235	1 170	1 111	1 384	1 029	1 029	1 365	13 287

4.16.2　车型结构

从车型结构看（见图 4-77~图 4-80），2020 年江西省消费者对柴油和汽油皮卡车的需求比为 9∶1，对四驱和两驱皮卡车的需求比为 1∶3.3，对长货箱和短货箱皮卡车的需求比为 1∶1.6，对宽体和窄体皮卡车的需求比为 2∶1。江西省消费者对柴油、两驱、短货箱、宽体皮卡车有明显的需求偏好。

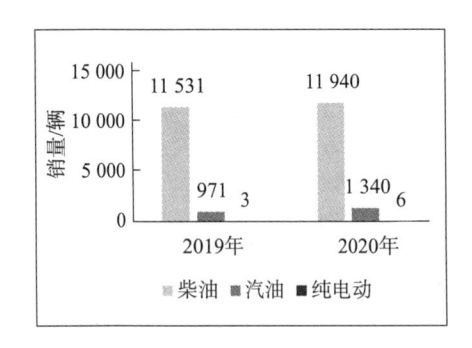

图 4-77　2020 年江西省不同动力类型皮卡车销量

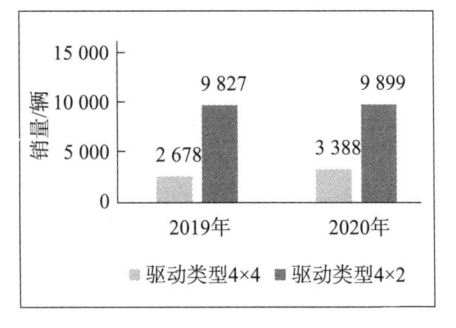

图 4-78　2020 年江西省两/四驱皮卡车销量

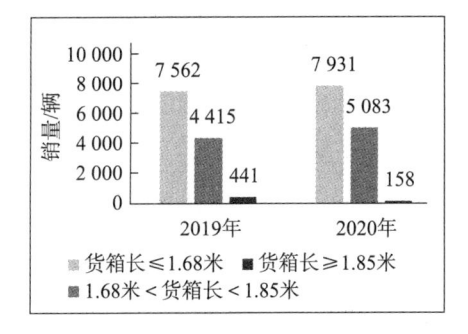

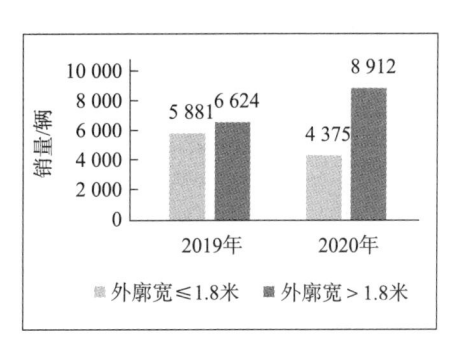

图 4 - 79 2020 年江西省长/短货箱皮卡车销量

图 4 - 80 2020 年江西省宽/窄体皮卡车销量

2020 年江西省柴油和汽油皮卡车销量都同比呈现增长趋势,柴油皮卡车同比增长 4%,汽油皮卡车同比增长 38%(见表 4 - 73)。分城市看,江西省各城市对皮卡车动力类型需求以柴油为主。抚州市、南昌市、上饶市和宜春市的柴油皮卡车销量同比下降,其他城市销量同比增长;而汽油皮卡车除九江市外,其他城市销量同比呈现增长趋势,尤其是景德镇市、新余市和鹰潭市,销量同比增长 114%、231% 和 138%。

表 4 - 73 2020 年江西省柴/汽油皮卡车销量(保险数)

城市	销量/辆 柴油	销量/辆 汽油	销量同比增长 柴油	销量同比增长 汽油	总计/辆
江西省	11 940	1 340	4%	38%	13 280
抚州市	513	73	-8%	12%	586
赣州市	3 985	268	4%	33%	4 253
吉安市	1637	99	14%	52%	1736
景德镇市	225	60	8%	114%	285
九江市	952	136	10%	-10%	1 088
南昌市	1 291	370	-11%	46%	1 661
萍乡市	363	45	41%	45%	408
上饶市	1 191	111	-6%	52%	1 302
新余市	318	53	19%	231%	371
宜春市	1131	94	-2%	27%	1 225
鹰潭市	334	31	31%	138%	365

2020年江西省两驱和四驱皮卡车销量都同比增长，四驱增幅较大，增长27%，两驱增长1%（见表4-74）。分城市来看，江西省各城市对皮卡车驱动类型需求以两驱为主。抚州市、赣州市、九江市、南昌市、上饶市和宜春市的两驱皮卡车销量同比分别下降11%、4%、2%、3%、4%和1%；四驱皮卡车除南昌市外，其他城市销量都呈增长趋势，尤其是吉安市、景德镇市、萍乡市和鹰潭市销量销量同比增幅较大，分别增长了51%、172%、73%和85%。

表4-74 2020年江西省两/四驱皮卡车销量（保险数）

城市	销量/辆 两驱	销量/辆 四驱	销量同比增长 两驱	销量同比增长 四驱	总计/辆
江西省	9 899	3 388	1%	27%	13 287
抚州市	440	146	-11%	11%	586
赣州市	2 994	1 259	-4%	39%	4 253
吉安市	1 400	336	9%	51%	1 736
景德镇市	206	79	0	172%	285
九江市	814	274	-2%	46%	1 088
南昌市	1 150	516	-3%	-1%	1 666
萍乡市	318	90	35%	73%	408
上饶市	1 002	301	-4%	4%	1 303
新余市	304	67	30%	34%	371
宜春市	956	270	-1%	3%	1 226
鹰潭市	315	50	31%	85%	365

分城市看（见表4-75），2020年江西省各城市对皮卡车长/短货箱需求以短货箱为主。其中，抚州市、景德镇市、九江市、萍乡市、新余市和鹰潭市的短货箱皮卡车销量有所下降，其他城市销量同比增长；抚州市、景德镇市、九江市、萍乡市和新余市长货箱皮卡的销量同比下降，其他城市销量同比增长。

表4-75 2020年江西省长/短货箱皮卡车销量（保险数）

城市	销量/辆 货箱长≤1.68米	销量/辆 1.68米<货箱长≤1.85米	销量/辆 货箱长>1.85米	同比增长 货箱长≤1.68米	同比增长 1.68米<货箱长≤1.85米	同比增长 货箱长>1.85米	总计
抚州市	296	278	10	-89%	-74%	-87%	586
赣州市	2 834	1 367	26	199%	168%	-41%	4 253
吉安市	1 049	660	11	660%	633%	267%	1 736
景德镇市	148	129	2	-71%	-68%	-98%	285
九江市	539	502	34	-48%	-18%	-23%	1 088
南昌市	1 029	579	21	573%	375%	75%	1 666
萍乡市	215	182	11	-69%	-69%	-78%	408
上饶市	724	565	12	367%	363%	140%	1 303
新余市	219	149	2	-68%	-70%	-95%	371
宜春市	680	522	18	372%	358%	125%	1 226
鹰潭市	198	150	11	-18%	13%	-15%	365

分城市看（见表4-76），2020年江西省各城市对宽/窄皮卡车需求以宽体皮卡车为主。窄体皮卡车各城市都呈现下降趋势，而宽体皮卡车各城市则呈现增长趋势。

表4-76 2020年江西省宽/窄体皮卡车销量（保险数）

城市	销量/辆 外廓宽≤1.8米	销量/辆 外廓宽>1.8米	销量同比增长 外廓宽≤1.8米	销量同比增长 外廓宽>1.8米	总计
抚州市	159	427	-47%	32%	586
赣州市	1 974	2 279	-21%	49%	4 253
吉安市	591	1 145	-15%	42%	1 736
景德镇市	64	221	-26%	47%	285
九江市	252	836	-43%	47%	1 088
南昌市	402	1 264	-35%	17%	1 666
萍乡市	70	338	-29%	79%	408
上饶市	353	950	-27%	11%	1 303

续表

城市	销量/辆 外廓宽≤1.8米	销量/辆 外廓宽>1.8米	销量同比增长 外廓宽≤1.8米	销量同比增长 外廓宽>1.8米	总计
新余市	118	253	-8%	63%	371
宜春市	317	909	-29%	16%	1 226
鹰潭市	75	290	-20%	68%	365

4.17 辽宁省2020年皮卡车市场分析

4.17.1 市场整体概况

2020年辽宁省皮卡车市场销量达到了12 561辆，同比增长22%（见图4-81）。从2015—2020年数据来看，辽宁省皮卡车销量从2015年开始就逐渐增加，2018年和2019年增速有所放缓，回落到10%以内，其他年份增速都比较高，尤其是2020年，在新冠肺炎疫情的严峻考验下，全年增速还保持在22%。

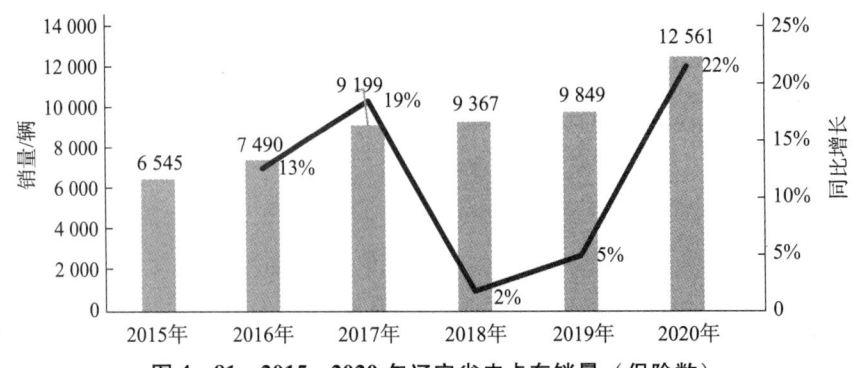

图4-81　2015—2020年辽宁省皮卡车销量（保险数）

从月度销量看（见表4-77），2020年12个月辽宁省皮卡车销量保持相对稳定，除了前两个月受疫情影响销量稍低，其他月份皮卡车销量都维持在每月1 000辆以上。

表4-77 2015—2020年辽宁省皮卡车分月度销量（保险数）

年份	1月	2月	3月	4月	5月	6月	7月	8月	9月	10月	11月	12月	总计
2015	716	426	639	658	575	503	488	448	496	445	509	642	6 545
2016	581	377	749	595	575	511	535	574	681	698	787	827	7 490
2017	669	558	949	760	740	693	681	713	872	740	863	961	9 199
2018	805	595	812	891	880	705	671	705	690	891	979	743	9 367
2019	854	472	944	833	762	813	700	747	873	807	922	1 122	9 849
2020	689	236	1 038	1 174	1 039	1 183	1 184	1 043	1 255	1 063	1 147	1 510	12 561

4.17.2 车型结构

从车型结构看（见图4-82~图4-85），2020年辽宁省消费者对柴油和汽油皮卡车的需求比为5.8:1，对四驱和两驱皮卡车的需求比为1.7:1，对长货箱和短货箱皮卡车的需求比为1:1，对宽体和窄体皮卡车的需求比为2.5:1。辽宁省消费者对柴油、四驱、宽体皮卡车有明显的需求偏好，但对长/短货箱皮卡车的需求偏好并不明显。

图4-82 2020年辽宁省不同动力类型皮卡车销量

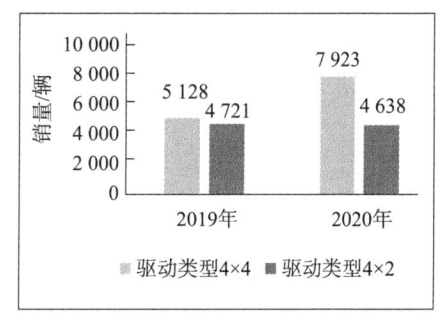

图4-83 2020年辽宁省两/四驱皮卡车销量

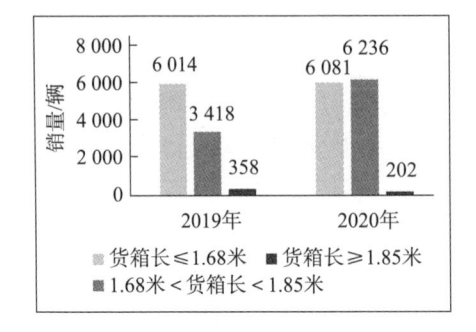

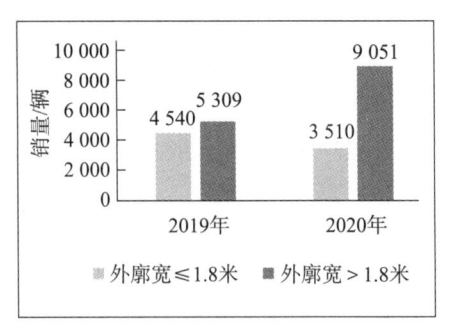

图 4-84　2020 年辽宁省长/短货箱皮卡车销量

图 4-85　2020 年辽宁省宽/窄体皮卡车销量

2020 年辽宁省柴油和汽油皮卡车销量都呈现同比增长趋势，其中柴油皮卡车同比增长 27%，汽油皮卡车同比增长 34%（见表 4-78）。分城市来看，辽宁省各城市对皮卡动力类型需求以柴油为主。对于柴油皮卡车，除辽阳市全年销量稍有下降外，其他城市都同比增长，其中本溪市、朝阳市和阜新市的增幅较大，全年增幅分别为 57%、51% 和 80%。而对于汽油皮卡车，除阜新市和沈阳市的销量同比下降外，其他城市销量都呈现增长趋势，尤其是本溪市、朝阳市、丹东市、抚顺市、辽阳市、盘锦市、铁岭市和营口市同比增幅较大，分别为 56%、56%、123%、75%、174%、61%、77% 和 93%。

表 4-78　2020 年辽宁省柴/汽油皮卡车销量（保险数）

城市	销量/辆 柴油	销量/辆 汽油	销量同比增长 柴油	销量同比增长 汽油	总计/辆
辽宁省合计	10 732	1 829	27%	34%	12 561
鞍山市	418	80	25%	48%	498
本溪市	193	42	57%	56%	235
朝阳市	799	103	51%	56%	902
大连市	1 273	250	12%	49%	1 523
丹东市	537	165	14%	123%	702
抚顺市	470	98	38%	75%	568
阜新市	378	33	80%	-57%	411
葫芦岛市	764	56	23%	24%	820

续表

城市	销量/辆 柴油	销量/辆 汽油	销量同比增长 柴油	销量同比增长 汽油	总计/辆
锦州市	766	59	23%	37%	825
辽阳市	244	85	-12%	174%	329
盘锦市	823	150	27%	61%	973
沈阳市	2 084	491	27%	-5%	2 575
铁岭市	477	99	20%	77%	576
营口市	1 506	118	34%	93%	1 624

2020年辽宁省两驱皮卡车销量呈现下降趋势，同比下降2%，四驱皮卡车销量呈现增长趋势，同比增长55%（见表4-79）。分城市来看，辽宁省各城市对皮卡车驱动类型需求以四驱为主。本溪市、朝阳市、丹东市、抚顺市、阜新市、葫芦岛市、盘锦市和铁岭市的两驱皮卡车销量同比增长，其他城市则同比有所下降；而四驱皮卡车各城市销量都呈现同比增长趋势，尤其是朝阳市和阜新市增速较快，分别为108%和139%。

表4-79　2020年辽宁省两/四驱皮卡车销量（保险数）

城市	销量/辆 两驱	销量/辆 四驱	销量同比增长 两驱	销量同比增长 四驱	总计/辆
辽宁省合计	4 638	7 923	-2%	55%	12 561
鞍山市	137	361	-18%	63%	498
本溪市	43	192	19%	68%	235
朝阳市	338	564	5%	108%	902
大连市	700	823	-7%	49%	1 523
丹东市	382	320	24%	33%	702
抚顺市	73	495	46%	43%	568
阜新市	222	189	7%	139%	411
葫芦岛市	475	345	8%	52%	820
锦州市	437	388	-5%	87%	825
辽阳市	59	270	-47%	37%	329

续表

城市	销量/辆 两驱	销量/辆 四驱	销量同比增长 两驱	销量同比增长 四驱	总计/辆
盘锦市	449	524	17%	47%	973
沈阳市	550	2 025	−21%	39%	2 575
铁岭市	135	441	6%	36%	576
营口市	638	986	−2%	85%	1 624

分城市看（见表4-80），2020年辽宁省各城市对皮卡车长/短货箱需求相对均衡。其中，鞍山市、大连市、抚顺市、葫芦岛市、锦州市、沈阳市和营口市的短货箱皮卡车销量同比增长，其他城市同比下降；对于长货箱皮卡车来说，除本溪市、辽阳市、盘锦市和铁岭市销量有所下降外，其他城市销量同比增长，尤其是鞍山市、大连市、丹东市、锦州市、沈阳市、营口市和朝阳市，销量增幅都在100%以上。

表4-80 2020年辽宁省长/短货箱皮卡车销量（保险数）

城市	货箱长≤1.68米	1.68米<货箱长≤1.85米	货箱长>1.85米	货箱长≤1.68米	1.68米<货箱长≤1.85米	货箱长>1.85米	总计
鞍山市	270	224	4	148%	460%	300%	498
本溪市	137	89	2	−75%	−87%	−97%	228
大连市	668	814	35	237%	139%	400%	1 517
丹东市	212	488	2	−33%	639%	−75%	702
抚顺市	340	223	4	179%	68%	−87%	567
阜新市	141	269	1	−69%	27%	−80%	411
葫芦岛市	440	376	4	20%	43%	−89%	820
锦州市	373	440	9	103%	286%	0	822
辽阳市	165	138	26	−57%	−58%	8%	329
盘锦市	439	495	39	−72%	−5%	−38%	973
沈阳市	1 406	1 119	26	256%	2281%	225%	2 551
铁岭市	369	205	2	−53%	−42%	−94%	576
营口市	720	895	9	103%	374%	−82%	1 624
朝阳市	401	461	39	−8%	301%	70%	901

分城市看（见表4-81），2020年辽宁省各城市对宽/窄体皮卡车需求以宽体皮卡车为主。窄体皮卡车除本溪市和盘锦市的销量有所增加外，

其他城市销量都有所下降；而宽体皮卡车各城市都呈现不同程度的增长，尤其是抚顺市、阜新市、铁岭市和朝阳市的增幅较大，分别增长 136%、129%、242% 和 133%。

表 4-81　2020 年辽宁省宽/窄体皮卡车销量（保险数）

城市	销量/辆 外廊宽≤1.8 米	销量/辆 外廊宽>1.8 米	销量同比增长 外廊宽≤1.8 米	销量同比增长 外廊宽>1.8 米	总计
鞍山市	139	359	-16%	62%	498
本溪市	94	141	27%	86%	235
大连市	317	1 206	-28%	40%	1 523
丹东市	71	631	-32%	42%	702
抚顺市	179	389	-23%	136%	568
阜新市	107	304	-30%	129%	411
葫芦岛市	313	507	-17%	73%	820
锦州市	276	549	-20%	69%	825
辽阳市	80	249	-44%	49%	329
盘锦市	220	753	11%	39%	973
沈阳市	735	1 840	-34%	76%	2 575
铁岭市	285	291	-22%	242%	576
营口市	442	1 182	-14%	76%	1 624
朝阳市	252	650	-20%	133%	902

4.18　内蒙古自治区 2020 年皮卡车市场分析

4.18.1　市场整体概况

2020 年内蒙古自治区皮卡车市场销量达到了 21 829 辆，同比增长

33%（见图4-86）。从2015—2020年数据来看，内蒙古自治区从2015年开始皮卡车市场整体就保持相对缓慢的上升趋势，2020年虽受新冠肺炎疫情的冲击，但销量增长33%。

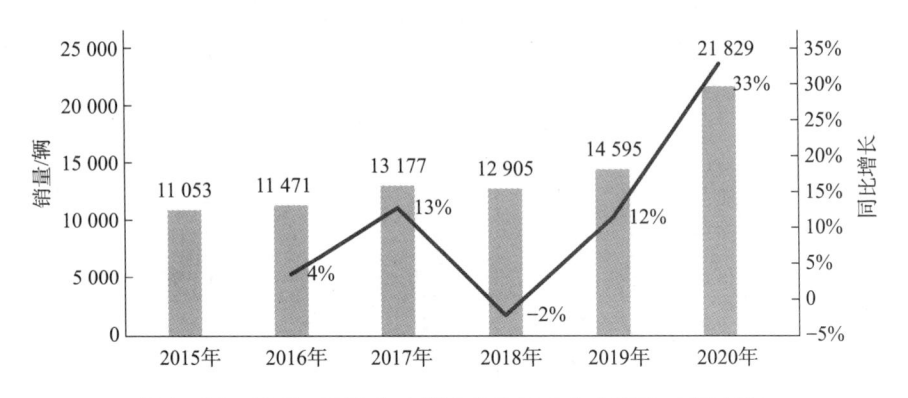

图4-86　2015—2020年内蒙古自治区皮卡车销量（保险数）

从月度销量看（见表4-82），2020年12个月内蒙古自治区皮卡车销量保持相对稳定，除了前两个月受疫情影响销量不是很亮眼，其他月份皮卡车销量都维持在每月1 500辆以上，且12月达到最高的2 968辆。

表4-82　2015—2020年内蒙古自治区皮卡车分月度销量（保险数）

年份	1月	2月	3月	4月	5月	6月	7月	8月	9月	10月	11月	12月	总计
2015	1 275	739	951	968	914	791	880	867	797	834	919	1 118	11 053
2016	1 189	575	1 121	929	936	780	768	813	949	907	1 120	1 384	11 471
2017	1 067	779	1 236	1 239	1 013	1 008	837	1 121	1 118	1 103	1 363	1 293	13 177
2018	1 107	697	1 337	1 183	1 057	814	811	1 007	1 105	1 204	1 302	1 281	12 905
2019	1 287	645	1 375	1 287	1 191	1 030	1 044	1 095	1 191	1 251	1 581	1 618	14 595
2020	1 229	112	1 585	2 024	1 743	1 872	1 884	1 893	2 026	2 121	2 372	2 968	21 829

4.18.2　车型结构

从车型结构看（见图4-87~图4-90），2020年内蒙古自治区消费者对柴油和汽油的皮卡车的需求比为1.7∶1，对四驱和两驱皮卡车的需求比为3.5∶1，对长货箱和短货箱皮卡车的需求比为1∶1.5，对宽体和窄体皮卡车的需求比为1.6:1。内蒙古自治区消费者对柴油、四驱、短货箱、宽体皮卡车有明显的需求偏好。

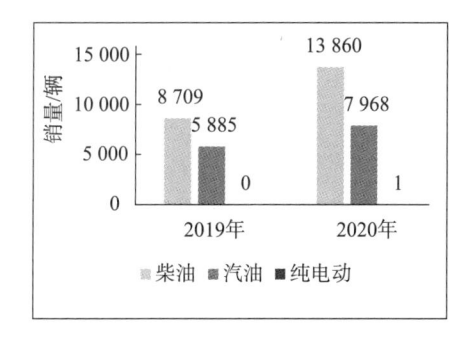

图4-87 2020年内蒙古自治区不同动力类型皮卡车销量

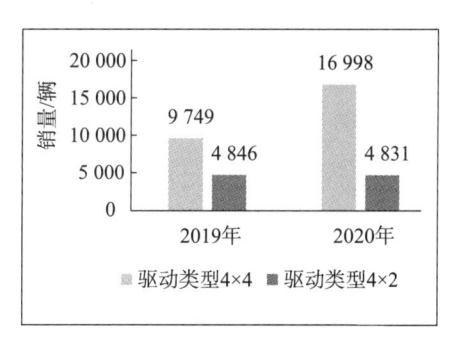

图4-88 2020年内蒙古自治区两/四驱皮卡车销量

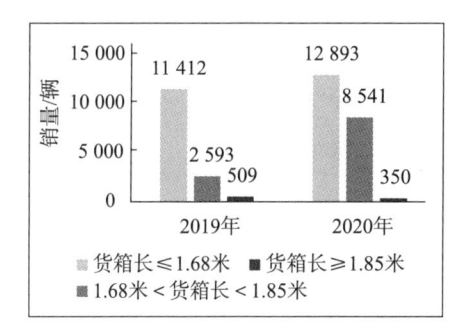

图4-89 2020年内蒙古自治区长/短货箱皮卡车销量

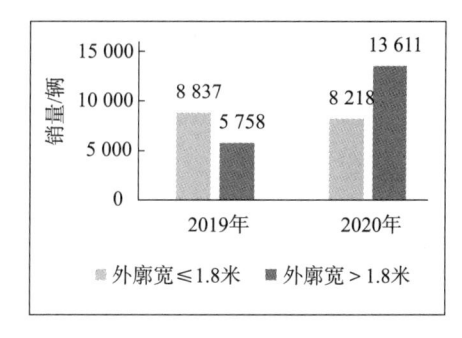

图4-90 2020年内蒙古自治区宽/窄体皮卡车销量

2020年内蒙古自治区柴油和汽油皮卡车销量都呈现增长趋势，柴油皮卡车同比增长59%，汽油皮卡车同比增长35%（见表4-83）。分盟市来看，内蒙古自治区各盟市对皮卡车动力类型需求以柴油为主。赤峰市、呼伦贝尔市、通辽市、乌海市、乌兰察布市、锡林郭勒盟和兴安盟的柴油皮卡车销量同比增幅较大，呼和浩特市、呼伦贝尔市、乌兰察布市和锡林郭勒盟的汽油皮卡车销量增幅较大。

表 4-83　2020 年内蒙古自治区柴/汽油皮卡车销量（保险数）

盟市	销量/辆 柴油	销量/辆 汽油	销量同比增长 柴油	销量同比增长 汽油	总计/辆
内蒙古自治区合计	13 860	7 968	59%	35%	21 828
阿拉善盟	265	473	24%	31%	738
巴彦淖尔市	593	697	31%	27%	1 290
包头市	672	568	35%	33%	1 240
赤峰市	2 649	488	57%	7%	3 137
鄂尔多斯市	1 334	1 793	26%	19%	3 127
呼和浩特市	490	734	10%	53%	1 224
呼伦贝尔市	2 154	675	71%	73%	2 829
通辽市	2 662	230	103%	4%	2 892
乌海市	357	738	51%	37%	1 095
乌兰察布市	230	285	54%	126%	515
锡林郭勒盟	1 087	1 127	98%	64%	2 214
兴安盟	1 367	160	60%	19%	1 527

2020 年内蒙古自治区四驱皮卡车销量同比增长 74%，两驱皮卡车销量持平（见表 4-84）。分盟市来看，内蒙古自治区各盟市对皮卡车驱动类型需求以四驱为主。包头市、呼伦贝尔市、通辽市、乌海市和锡林郭勒盟的两驱皮卡车销量同比有所增长，其他城市呈现不同程度的下降；而四驱皮卡车各城市销量都呈现不同程度的增长趋势。

表 4-84　2020 年内蒙古自治区两/四驱皮卡车销量（保险数）

盟市	销量/辆 两驱	销量/辆 四驱	销量同比增长 两驱	销量同比增长 四驱	总计/辆
内蒙古自治区合计	4 831	16 998	0	74%	21 829
阿拉善盟	136	602	-19%	48%	738
巴彦淖尔市	592	698	-6%	87%	1 290
包头市	474	766	3%	65%	1 240
赤峰市	443	2 694	-17%	68%	3 137
鄂尔多斯市	1 101	2 026	-15%	59%	3 127

续表

盟市	销量/辆 两驱	销量/辆 四驱	销量同比增长 两驱	销量同比增长 四驱	总计/辆
呼和浩特市	267	958	-18%	60%	1 225
呼伦贝尔市	227	2 602	92%	70%	2 829
通辽市	551	2 341	45%	103%	2 892
乌海市	544	551	12%	88%	1 095
乌兰察布市	103	412	-8%	153%	515
锡林郭勒盟	235	1 979	33%	86%	2 214
兴安盟	158	1 369	-5%	66%	1 527

分盟市看（见表4-85），2020年内蒙古自治区各盟对市皮卡车长/短货箱需求以短货箱为主。巴彦淖尔市、鄂尔多斯市、呼伦贝尔市、通辽市、乌海市、锡林郭勒盟和兴安盟的短货箱皮卡车销量同比增长，其他城市同比有所下降；包头市和呼浩特市的长货箱皮卡车销量有所下降，其他城市都有不同程度的增长。

表4-85 2020年内蒙古自治区长/短货箱皮卡车销量（保险数）

盟市	销量/辆 货箱长≤ 1.68米	销量/辆 1.68米< 货箱长≤ 1.85米	销量/辆 货箱长> 1.85米	同比增长 货箱长≤ 1.68米	同比增长 1.68米< 货箱长≤ 1.85米	同比增长 货箱长> 1.85米	总计
阿拉善盟	442	275	15	-53%	429%	114%	738
巴彦淖尔市	951	331	8	33%	97%	-50%	1 290
包头市	860	365	12	-47%	-16%	-85%	1 240
赤峰市	1 507	1 571	54	-33%	473%	8%	3 137
鄂尔多斯市	2 132	958	23	194%	481%	109%	3 127
呼和浩特市	768	452	5	-15%	-15%	-98%	1 225
呼伦贝尔市	1 195	1 515	113	1%	365%	1 783%	2 829
通辽市	1 706	1 177	9	133%	2 702%	125%	2 892
乌海市	787	302	5	229%	844%	150%	1 095
乌兰察布市	330	174	2	-69%	18%	-92%	515
锡林郭勒盟	1 429	740	44	135%	144%	-44%	2 214
兴安盟	786	681	60	117%	468%	2 900%	1 527

分盟市看（见表4-86），2020年内蒙古自治区各盟市对宽/窄体皮

卡车需求以宽体皮卡车为主。通辽市、乌兰察布市和兴安盟的窄体皮卡车销量同比有所增长，其他城市都有所下降；而对于宽体皮卡车来说，各城市销量都有所增长，且除了呼和浩特市和呼伦贝尔市，其他城市销量增速均超过100%。

表4-86 2020年内蒙古自治区宽/窄体皮卡车销量（保险数）

城市	销量/辆 外廓宽≤1.8米	销量/辆 外廓宽>1.8米	销量同比增长 外廓宽≤1.8米	销量同比增长 外廓宽>1.8米	总计
阿拉善盟	280	458	-21%	108%	738
巴彦淖尔市	770	520	-10%	247%	1 290
包头市	601	639	-9%	144%	1 240
赤峰市	1 149	1 988	-19%	179%	3 137
鄂尔多斯市	1 586	1 541	-18%	144%	3 127
呼和浩特市	430	795	-12%	82%	1 225
呼伦贝尔市	288	2 541	-5%	89%	2 829
通辽市	1 278	1 614	39%	163%	2 892
乌海市	623	472	-9%	392%	1 095
乌兰察布市	176	339	11%	192%	515
锡林郭勒盟	552	1 662	-5%	152%	2 214
兴安盟	485	1 042	2%	103%	1 527

4.19 宁夏回族自治区2020年皮卡车市场分析

4.19.1 市场整体概况

2020年宁夏回族自治区皮卡车市场销量达到了5 980辆，同比增长

4%（见图4-91）。从2015—2020年数据来看，宁夏回族自治区皮卡车销量从2015年开始呈现持续下降的趋势，到2019年达到了一个低谷，2020年虽受新冠肺炎疫情的冲击，但销量稍有增加。

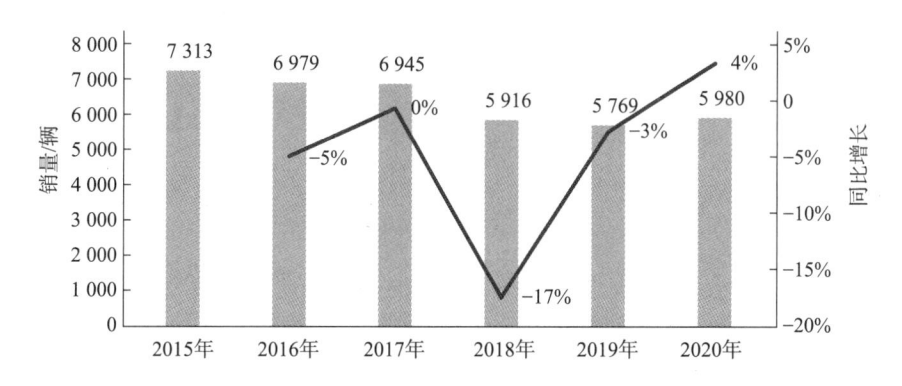

图4-91　2015—2020年宁夏回族自治区皮卡车销量（保险数）

从月度销量看（见表4-87），2020年12个月宁夏回族自治区皮卡车销量保持相对稳定，除了前两个月受疫情影响销量稍差，其他月份皮卡车销量都维持在每月470辆以上。

表4-87　2015—2020年宁夏回族自治区皮卡车分月度销量（保险数）

年份	1月	2月	3月	4月	5月	6月	7月	8月	9月	10月	11月	12月	总计
2015	950	755	985	657	591	423	458	480	471	429	515	599	7 313
2016	677	581	811	578	632	428	391	465	444	554	606	812	6 979
2017	689	567	729	562	594	457	468	527	514	529	661	648	6 945
2018	610	500	776	555	453	336	325	362	410	403	497	689	5 916
2019	716	445	615	431	342	314	354	430	375	490	571	686	5 769
2020	355	29	558	649	475	559	505	475	624	485	586	680	5 980

4.19.2　车型结构

从车型结构看（见图4-92~图4-95），2020年宁夏回族自治区消费者对柴油和汽油皮卡车的需求比为1:1.5，对四驱和两驱皮卡车的需求比为1:1.4，对长货箱和短货箱皮卡车的需求比为3:1，对宽体和窄体皮卡车的需求比为1:1.4。宁夏回族自治区消费者对汽油、长货箱皮卡车有明显的需求偏好。

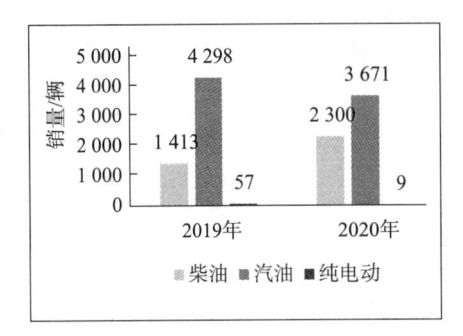

图 4-92　2020 年宁夏回族自治区不同动力类型皮卡车销量

图 4-93　2020 年宁夏回族自治区两/四驱皮卡车销量

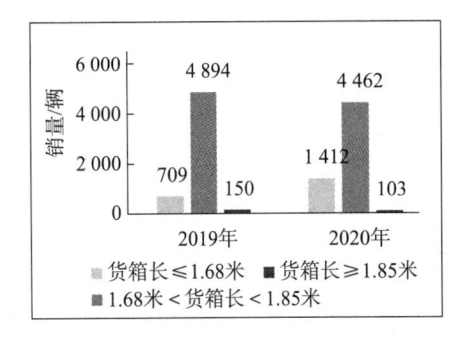

图 4-94　2020 年宁夏回族自治区长/短货箱皮卡车销量

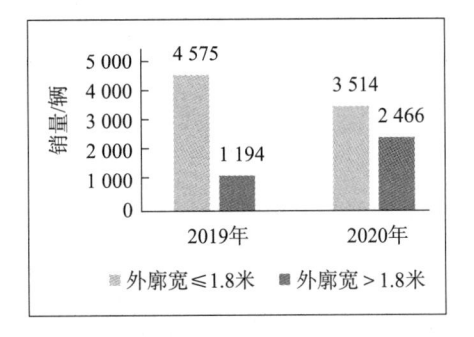

图 4-95　2020 年宁夏回族自治区宽/窄体皮卡车销量

2020 年宁夏回族自治区柴油皮卡车销量同比增长 63%，汽油皮卡车销量同比下降 15%（见表 4-88）。分城市看，宁夏回族自治区各城市对皮卡动力类型需求以汽油为主；但柴油皮卡车销量呈现各城市同比增长的趋势，而汽油皮卡车销量则全线下跌。

表 4-88　2020 年宁夏回族自治区柴/汽油皮卡车销量（保险数）

城市	销量/辆 柴油	销量/辆 汽油	销量同比增长 柴油	销量同比增长 汽油	总计/辆
宁夏回族自治区合计	2 300	3 671	63%	-15%	5 971
固原市	481	151	59%	-17%	632
石嘴山市	128	298	97%	-16%	426

续表

城市	销量/辆 柴油	销量/辆 汽油	销量同比增长 柴油	销量同比增长 汽油	总计/辆
吴忠市	653	1 151	118%	-20%	1 804
银川市	837	1 618	37%	-12%	2 455
中卫市	201	453	48%	-7%	654

2020年，宁夏回族自治区两驱皮卡车同比下降20%，四驱皮卡车同比增长72%（见表4-89）。分城市看，宁夏回族自治区各城市对皮卡车驱动类型需求差异不是很明显，两驱需求稍多一些。宁夏回族自治区各城市两驱皮卡车销量同比呈现全线下降趋势，四驱皮卡车各城市销量都同比增长。

表4-89　2020年宁夏回族自治区两/四驱皮卡车销量（保险数）

城市	销量/辆 两驱	销量/辆 四驱	销量同比增长 两驱	销量同比增长 四驱	总计/辆
宁夏回族自治区	3 452	2 528	-20%	72%	5 980
固原市	197	435	-29%	108%	632
石嘴山市	288	138	-12%	53%	426
吴忠市	1 288	516	-11%	80%	1 804
银川市	1 252	1 212	-28%	58%	2 464
中卫市	427	227	-16%	96%	654

分城市看，2020年宁夏回族自治区各城市对皮卡车长/短货箱需求以长货箱为主（见表4-90）。固原市、石嘴山市、吴忠市、银川市和中卫市短货箱皮卡车销量同比增长4%、-81%、-24%、203%和7 457%，长货箱皮卡车销量同比增长788%、79%、-29%、1732%和6100%。

表4-90　2020年宁夏回族自治区长/短货箱皮卡车销量（保险数）

城市	销量/辆 货箱长≤1.68米	销量/辆 1.68米<货箱长≤1.85米	销量/辆 货箱长>1.85米	同比增长 货箱长≤1.68米	同比增长 1.68米<货箱长≤1.85米	同比增长 货箱长>1.85米	总计
固原市	397	231	4	4%	788%	-64%	632
石嘴山市	312	100	14	-81%	79%	75%	426

续表

城市	销量/辆			同比增长			总计
	货箱长≤1.68米	1.68米<货箱长≤1.85米	货箱长>1.85米	货箱长≤1.68米	1.68米<货箱长≤1.85米	货箱长>1.85米	
吴忠市	1 444	334	25	-24%	-29%	-80%	1 803
银川市	1 780	623	59	203%	1 732%	2 850%	2 462
中卫市	529	124	1	7 457%	6 100%	0	654

分城市看（见表4-91），2020年宁夏回族自治区各城市对宽/窄皮卡车需求差异不是很明显，窄体皮卡车需求稍多一些。固原市、石嘴山市、吴忠市、银川市和中卫市的窄体皮卡车销量同比下降9%、34%、16%、31%和19%，而宽体皮卡车销量同比增长131%、400%、158%、65%和259%。

表4-91 2020年宁夏回族自治区宽/窄体皮卡车销量（保险数）

城市	销量/辆		销量同比增长		总计
	外廓宽≤1.8米	外廓宽>1.8米	外廓宽≤1.8米	外廓宽>1.8米	
固原市	316	316	-9%	131%	632
石嘴山市	256	170	-34%	400%	426
吴忠市	1 288	516	-16%	158%	1 804
银川市	1 194	1 270	-31%	65%	2 464
中卫市	460	194	-19%	259%	654

4.20 青海省2020年皮卡车市场分析

4.20.1 市场整体概况

2020年青海省皮卡车市场销量达到了3721辆，同比增长17%（见

图4-96）。从2015—2020年数据来看，青海省2015—2019年皮卡车销量呈现整体下滑趋势，2020年虽受新冠肺炎疫情冲击，但销量有所反弹。

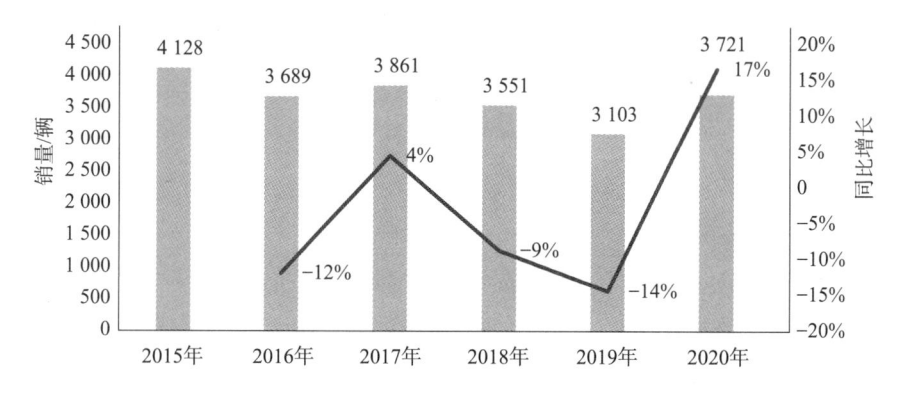

图4-96 2015—2020年青海省皮卡车销量（保险数）

从月度销量看（见表4-92），2020年12个月青海省皮卡车销量保持相对稳定，除了前两个月受疫情影响销量不是很高，其他月份皮卡车销量都维持在每月270辆以上。

表4-92 2015—2020年青海省皮卡车分月度销量（保险数）

年份	1月	2月	3月	4月	5月	6月	7月	8月	9月	10月	11月	12月	总计
2015	524	270	460	482	348	273	264	313	265	311	255	363	4 128
2016	392	193	449	300	287	235	239	230	260	392	340	372	3 689
2017	334	240	396	320	341	281	263	271	284	425	273	433	3 861
2018	328	197	419	335	283	233	318	242	277	368	242	309	3 551
2019	310	179	308	313	256	201	208	209	243	335	222	319	3 103
2020	195	64	384	420	309	273	276	288	317	430	326	439	3 721

4.20.2 车型结构

从车型结构看（见图4-97~图4-100），2020年青海省消费者对柴油和汽油皮卡车的需求比为1∶3.6，对四驱和两驱皮卡车的需求比为3.3∶1，对长货箱和短货箱皮卡车的需求比为1∶3.4，对宽体和窄体皮卡车的需求比为2.7∶1。青海省消费者对柴油、四驱、短货箱、宽体皮卡车有明显的需求偏好。

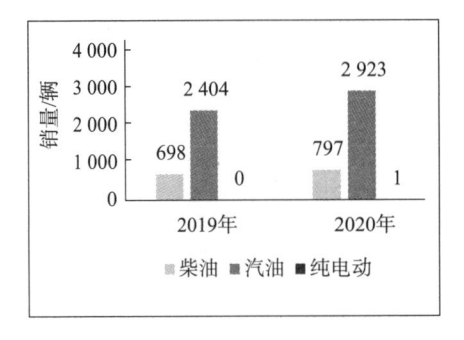

图4-97 2020年青海省不同动力类型皮卡车销量

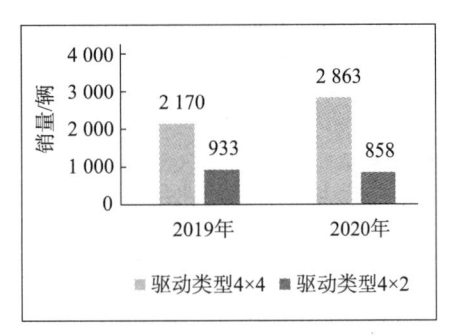

图4-98 2020年青海省两/四驱皮卡车销量

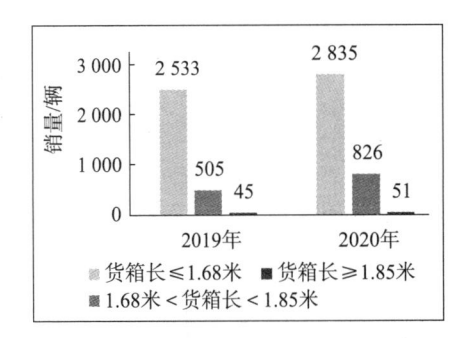

图4-99 2020年青海省长/短货箱皮卡车销量

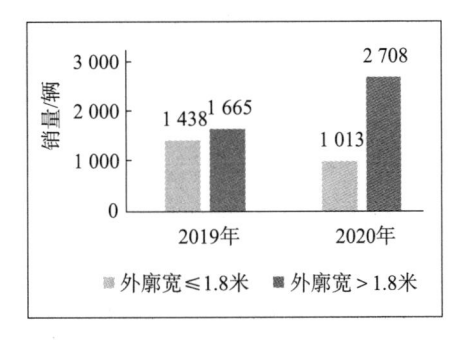

图4-100 2020年青海省宽/窄体皮卡车销量

2020年青海省柴油和汽油皮卡车销量同比都呈现增长趋势，柴油皮卡车同比增长14%，汽油皮卡车同比增长22%（见表4-93）。从地区来看，青海省各地区对皮卡动力类型需求主要以柴油为主。各地区柴油皮卡车销量涨跌不一，而汽油皮卡车除海东地区销量同比下降外，其他地区同比呈现增长趋势。

表4-93 2020年青海省柴/汽油皮卡车销量（保险数）

地区	销量/辆 柴油	销量/辆 汽油	销量同比增长 柴油	销量同比增长 汽油	总计/辆
青海省合计	797	2 923	14%	22%	3 720
果洛藏族自治州	0	22	-100%	144%	22

续表

地区	销量/辆 柴油	销量/辆 汽油	销量同比增长 柴油	销量同比增长 汽油	总计/辆
海北藏族自治州	34	55	209%	67%	89
海东地区	24	117	-29%	-6%	141
海南藏族自治州	2	60	-85%	46%	62
海西蒙古族藏族自治州	115	712	10%	38%	827
黄南藏族自治州	0	18	—	500%	18
西宁市	621	1 884	17%	15%	2 505
玉树藏族自治州	1	55	-50%	67%	56

2020年青海省两驱皮卡车销量稍有下降，同比下降8%，四驱皮卡车同比增长32%（见表4-94）。分地区来看，青海各地区对皮卡车驱动类型需求以四驱为主。各地区两驱皮卡车销量涨跌不一，而四驱皮卡车除海东地区销量同比下降外，其他地区同比呈现增长趋势。

表4-94 2020年青海省两/四驱皮卡车销量（保险数）

地区	销量/辆 两驱	销量/辆 四驱	销量同比增长 两驱	销量同比增长 四驱	总计/辆
青海省合计	858	2 863	-8%	32%	3721
果洛藏族自治州	2	20	-60%	300%	22
海北藏族自治州	23	66	109%	100%	89
海东地区	44	97	-12%	-11%	141
海南藏族自治州	6	56	-77%	100%	62
海西蒙古族藏族自治州	163	664	-13%	53%	827
黄南藏族自治州	1	17	—	467%	18
西宁市	609	1 897	-4%	23%	2 506
玉树藏族自治州	10	46	-44%	171%	56

分地区看（见表4-95），2020年青海省各地区对皮卡车长/短货箱需求以短货箱为主。无论长货箱皮卡车还是短货箱皮卡车，各地区销量同比全增长或全下降。

表 4-95 2020 年青海省长/短货箱皮卡车销量（保险数）

地区	销量/辆 货箱长≤1.68米	销量/辆 1.68米<货箱长≤1.85米	销量/辆 货箱长>1.85米	同比增长 货箱长≤1.68米	同比增长 1.68米<货箱长≤1.85米	同比增长 货箱长>1.85米	总计
果洛藏族自治州	22	0	0	-42%	-100%	—	22
海北藏族自治州	64	23	2	-51%	-8%	-33%	89
海东地区	111	24	2	127%	380%	—	141
海南藏族自治州	58	3	1	-89%	-97%	-94%	62
海西蒙古族藏族自治州	647	153	24	32 250%	15 200%	—	827
黄南藏族自治州	17	1	0	-99%	-100%	-100%	18
西宁市	1863	619	22	6110%	12 280%	—	2 506
玉树藏族自治州	53	3	0	-86%	-99%	-100%	56

分地区看（见表 4-96），2020 年青海省各地区对宽/窄体皮卡车需求以宽体皮卡车为主。窄体皮卡车除海北藏族自治州销量呈现增长趋势外，其他城市销量都同比下降；而宽体皮卡车除海东地区销量呈现同比下降趋势外，其他城市销量都呈现同比增长趋势。

表 4-96 2020 年青海省宽/窄体皮卡车销量（保险数）

地区	销量/辆 外廓宽≤1.8米	销量/辆 外廓宽>1.8米	销量同比增长 外廓宽≤1.8米	销量同比增长 外廓宽>1.8米	总计
果洛藏族自治州		22	-100%	267%	22
海北藏族自治州	13	76	44%	117%	89
海东地区	70	71	-19%	-3%	141
海南藏族自治州	9	53	-68%	104%	62
海西蒙古族藏族自治州	220	607	-18%	71%	827
黄南藏族自治州	7	11	—	267%	18
西宁市	682	1 824	-34%	59%	2 506
玉树藏族自治州	12	44	-29%	144%	56

4.21 山东省 2020 年皮卡车市场分析

4.21.1 市场整体概况

2020 年山东省皮卡车市场销量达到了 24 261 辆，同比增长 17%（见图 4-101）。从 2015—2020 年数据来看，山东省销量整体逐渐走高，2020 年虽受新冠肺炎疫情影响，但还是呈现增长趋势。

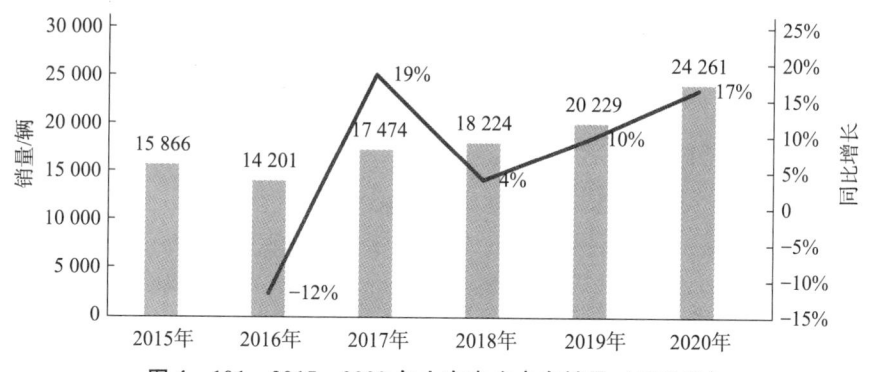

图 4-101 2015—2020 年山东省皮卡车销量（保险数）

从月度销量看（见表 4-97），2020 年 12 个月山东省皮卡车销量保持相对稳定，除了前两个月年受疫情影响销量不是很亮眼，其他月份皮卡车销量都维持在每月 2 000 辆左右。

表 4-97 2015—2020 年山东省皮卡车分月度销量（保险数）

年份	1月	2月	3月	4月	5月	6月	7月	8月	9月	10月	11月	12月	总计
2015	1 590	992	1 504	1 378	1 122	1 179	1 540	1 421	1 439	1 143	1 131	1 427	15 866
2016	1 222	923	1 625	1 016	1 068	1 055	1 025	1 079	1 022	1 102	1 296	1 768	14 201
2017	1 370	1 474	1 611	1 338	1 309	1 348	1 233	1 293	1 329	1 359	1 575	2 235	17 474

续表

年份	1月	2月	3月	4月	5月	6月	7月	8月	9月	10月	11月	12月	总计
2018	1 422	1 074	1 854	1 637	1 515	1 255	1 370	1 379	1 478	1 452	1 653	2 135	18 224
2019	1 942	1 330	2 034	2 205	1 678	2 220	1 317	1 043	1 297	1 143	1 655	2 365	20 229
2020	1 213	329	2 116	2 356	1 998	2 210	2 298	2 084	2 232	2 376	2 345	2 704	24 261

4.21.2 车型结构

从车型结构看（见图4-102~图4-105），2020年山东省消费者对柴油和汽油皮卡车的需求比为2.4:1，对四驱和两驱皮卡车的需求比为1:2.5，对长货箱和短货箱皮卡车的需求比为1:1.6，对宽体和窄体皮卡车的需求比为1:2.2。山东省消费者对柴油、两驱、短货箱、宽体皮卡车有明显的需求偏好。

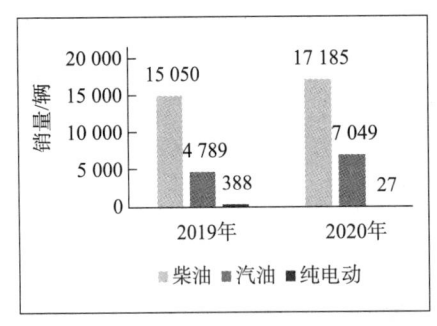

图4-102　2020年山东省不同动力类型皮卡车销量

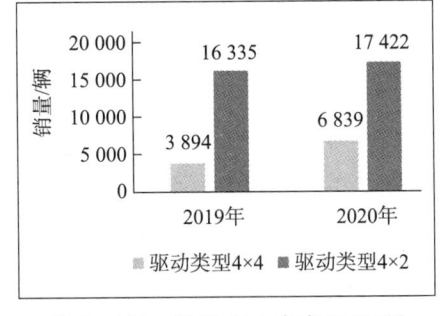

图4-103　2020年山东省两/四驱皮卡车销量

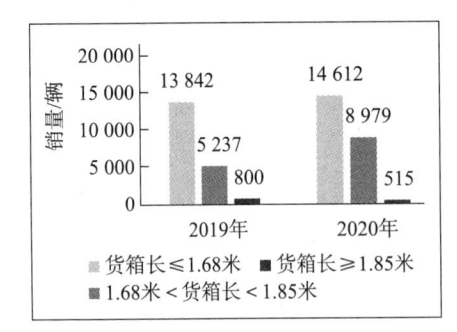

图4-104　2020年山东省长/短货箱皮卡车销量

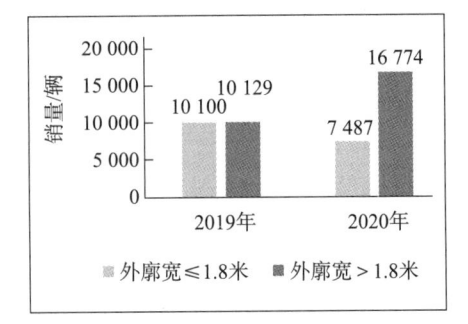

图4-105　2020年山东省宽/窄体皮卡车销量

2020年山东省柴油机汽油皮卡车销量都同比增长，柴油皮卡车同比增长14%，汽油皮卡车同比增长47%（见表4-98）。分城市看，山东省各城市对皮卡车动力类型需求以柴油为主。柴油皮卡除日照市同比下降19%外，其他城市销量同比都呈现增长趋势，其中滨州市、聊城市、烟台市和淄博市同比增速较快，分别增长30%、63%、30%和41%；而汽油皮卡车除东营市销量同比下降49%外，其他城市都同比增长，其中滨州市、菏泽市、济南市、济宁市、莱芜市、聊城市、临沂市、青岛市、日照市、威海市、潍坊市、烟台市、枣庄市和淄博市增长较快，分别增长99%、36%、82%、44%、88%、40%、72%、37%、62%、46%、107%、84%、70%和184%。

表4-98 2020年山东省柴/汽油皮卡车销量（保险数）

城市	销量/辆 柴油	销量/辆 汽油	销量同比增长 柴油	销量同比增长 汽油	总计/辆
山东省合计	17 185	7 049	14%	47%	24 234
滨州市	807	288	30%	99%	1 095
德州市	505	243	13%	21%	748
东营市	980	394	11%	-49%	1374
菏泽市	800	322	14%	36%	1122
济南市	1 650	1 206	24%	82%	2 856
济宁市	1 448	537	0	44%	1 985
莱芜市	117	160	17%	88%	277
聊城市	362	144	63%	40%	506
临沂市	1 735	480	27%	72%	2 215
青岛市	1 607	621	11%	37%	2 228
日照市	1 078	275	-19%	62%	1 353
泰安市	603	275	5%	26%	878
威海市	854	328	8%	46%	1 182
潍坊市	2 001	944	14%	107%	2 945
烟台市	1 399	437	30%	84%	1 836
枣庄市	627	117	18%	70%	744
淄博市	612	278	41%	184%	890

2020年山东省两驱和四驱皮卡车销量都同比增长，两驱皮卡车同比

增长 7%，四驱皮卡车同比增长 76%（见表 4-99）。分城市看，山东省各城市对皮卡车驱动类型需求以两驱为主。对两驱皮卡车来说，东营市、济宁市、日照市和泰安市的销量同比有所下降，其他城市销量都稍有增长；对于四驱皮卡车来说，除东营市销量同比下降外，其他城市销量都同比增长，尤其是滨州市、济宁市、莱芜市、聊城市、临沂市、泰安市、潍坊市、枣庄市和淄博市的增速较快，分别增长 173%、155%、141%、248%、121%、100%、176%、192% 和 230%。

表 4-99　2020 年山东省两/四驱皮卡车销量（保险数）

城市	销量/辆 两驱	销量/辆 四驱	销量同比增长 两驱	销量同比增长 四驱	总计/辆
山东省合计	17 422	6 839	7%	76%	24 261
滨州市	866	229	27%	173%	1 095
德州市	592	160	9%	48%	752
东营市	962	412	-3%	-40%	1 374
菏泽市	829	293	9%	65%	1 122
济南市	2 021	840	6%	82%	2 861
济宁市	1 616	370	-3%	155%	1 986
莱芜市	207	70	33%	141%	277
聊城市	427	80	41%	248%	507
临沂市	1 336	879	7%	121%	2 215
青岛市	1 773	466	8%	83%	2 239
日照市	947	406	-24%	59%	1 353
泰安市	682	196	-2%	100%	878
威海市	702	481	2%	47%	1 183
潍坊市	2 190	756	13%	176%	2 946
烟台市	961	878	14%	85%	1 839
枣庄市	639	105	13%	192%	744
淄博市	672	218	44%	230%	890

分城市看（见表 4-100），2020 年山东省各城市对皮卡车长/短货箱需求以短货箱为主。其中，德州市、东营市、菏泽市、莱芜市、聊城

市、泰安市和威海市短货箱皮卡车销量同比下降，其他城市销量同比呈现增长趋势；而对于长货箱皮卡车来说，德州市、菏泽市、莱芜市、聊城市、泰安市和威海市的销量同比有所下降，其他城市都有所增长。

表4-100 2020年山东省长/短货箱皮卡车销量（保险数）

城市	销量/辆 货箱长≤1.68米	销量/辆 1.68米<货箱长≤1.85米	销量/辆 货箱长>1.85米	同比增长 货箱长≤1.68米	同比增长 1.68米<货箱长≤1.85米	同比增长 货箱长>1.85米	总计
滨州市	541	516	35	20%	197%	59%	1 095
德州市	432	288	30	-58%	-50%	-17%	752
东营市	735	595	37	-2%	372%	-37%	1 374
菏泽市	694	390	34	-55%	-18%	-75%	1 122
济南市	1 940	823	75	37%	127%	127%	2 861
济宁市	1 158	783	38	667%	2 510%	850%	1 986
莱芜市	190	76	11	-6%	-6%	-61%	277
聊城市	253	226	26	-80%	-33%	-7%	507
临沂市	1 203	984	13	3%	63%	-84%	2 215
青岛市	1 284	860	56	15%	180%	-24%	2 239
日照市	971	358	22	62%	136%	-44%	1 353
泰安市	528	316	33	-5%	-18%	-46%	878
威海市	609	543	25	-59%	-18%	-63%	1 183
潍坊市	1 844	1 047	38	84%	303%	-19%	2 946
烟台市	1 227	579	21	219%	195%	0	1 839
枣庄市	414	313	11	27%	83%	-58%	744
淄博市	589	282	10	20%	281%	-71%	890

分城市看（见表4-101），2020年山东省各城市对宽/窄体皮卡车需求以宽体皮卡车为主。对于窄体皮卡车来说，山东省各城市销量呈现全线下降趋势；而对于宽体皮卡车来说，除东营市销量同比有所下降外，其他城市销量都呈现同比增长趋势，尤其以菏泽市、济宁市、莱芜市、聊城市、临沂市、泰安市、烟台市和淄博市增速较快，分别增长145%、105%、132%、144%、134%、118%、124%和138%。

表4-101 2020年山东省宽/窄体皮卡车销量（保险数）

城市	销量/辆 外廓宽≤1.8米	销量/辆 外廓宽>1.8米	销量同比增长 外廓宽≤1.8米	销量同比增长 外廓宽>1.8米	总计
滨州市	211	884	-11%	67%	1 095
德州市	239	513	-33%	76%	752
东营市	318	1 056	-44%	-4%	1 374
菏泽市	542	580	-23%	145%	1 122
济南市	929	1 932	-5%	39%	2 861
济宁市	792	1194	-36%	105%	1 986
莱芜市	101	176	-7%	132%	277
聊城市	170	337	-9%	144%	507
临沂市	575	1 640	-39%	134%	2 215
青岛市	689	1 550	-30%	70%	2 239
日照市	345	1 008	-42%	11%	1 353
泰安市	368	510	-34%	118%	878
威海市	250	933	-38%	53%	1 183
潍坊市	716	2 230	-16%	63%	2 946
烟台市	682	1 157	-15%	124%	1 839
枣庄市	302	442	-7%	59%	744
淄博市	258	632	-4%	138%	890

4.22 山西省2020年皮卡车市场分析

4.22.1 市场整体概况

2020年山西省皮卡车市场销量达到了9 675辆，同比增长24%（见

图4-106）。从2015—2020年数据来看，从2015年开始山西省皮卡车销量逐渐走高，从2015年的5 292辆，增长到2020年近万辆规模。

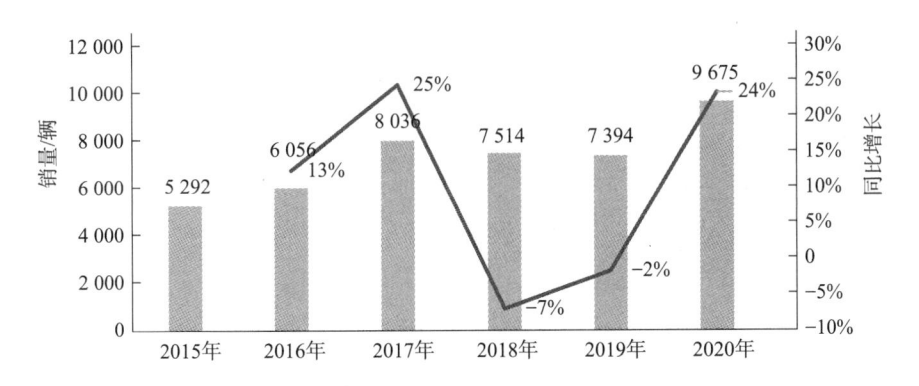

图4-106 2015—2020年山西省皮卡车销量（保险数）

从月度销量看（见表4-102），2020年12个月山西省皮卡车销量保持相对稳定，除了前两个月受新冠肺炎疫情影响销量稍差，其他月份皮卡车销量都维持在每月900辆左右。

表4-102 2015—2020年山西省皮卡车分月度销量（保险数）

年份	1月	2月	3月	4月	5月	6月	7月	8月	9月	10月	11月	12月	总计
2015	652	374	624	507	346	321	390	403	359	421	440	455	5 292
2016	671	372	631	456	427	391	329	351	435	496	764	733	6 056
2017	530	581	847	723	553	592	610	639	663	610	877	811	8 036
2018	605	446	900	665	600	601	656	537	629	608	721	546	7 514
2019	636	430	812	767	651	827	579	425	441	526	605	695	7 394
2020	407	96	957	1 028	881	843	927	873	834	934	875	1 020	9 675

4.22.2 车型结构

从车型结构看（见图4-107～图4-110），2020年山西省消费者对柴油和汽油皮卡车的需求比为1.7:1，对四驱和两驱皮卡车的需求比为1.8:1；对长货箱和短货箱皮卡车的需求比为1:2.5；对宽体和窄体皮卡车的需求比为 1.6∶1。山西省消费者对柴油、四驱、短货箱、宽体皮卡车有明显的需求偏好。

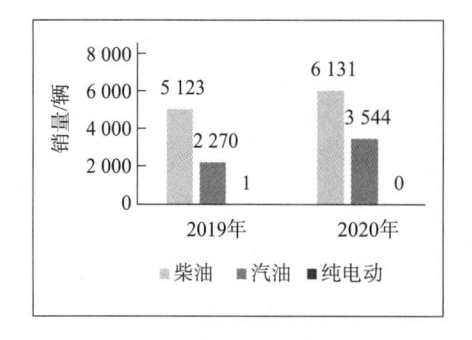

图 4-107　2020 年山西省不同动力类型皮卡车销量

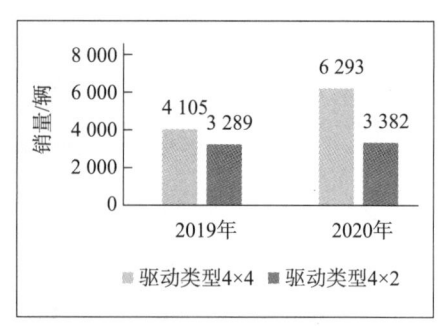

图 4-108　2020 年山西省两/四驱皮卡车销量

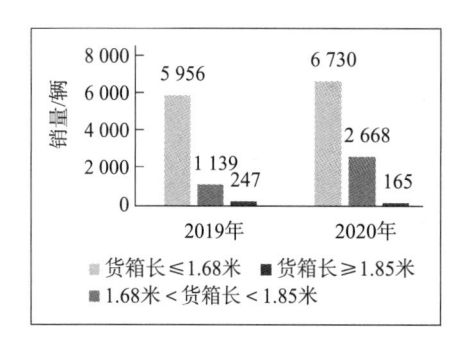

图 4-109　2020 年山西省长/短货箱皮卡车销量

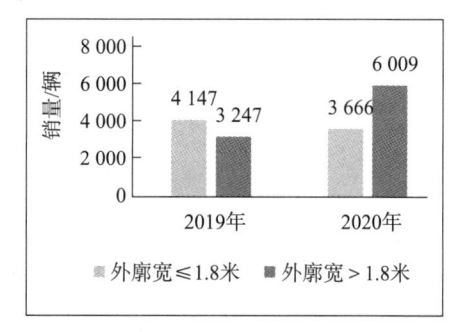

图 4-110　2020 年山西省宽/窄体皮卡车销量

2020 年山西省柴油和汽油皮卡车销量都同比增长，柴油皮卡车同比增长 20%，汽油皮卡车同比增长 56%（见表 4-103）。分城市来看，山西省各城市对皮卡车动力类型需求以柴油为主。除晋中市和长治市的柴油皮卡车销量同比下降外，其他城市销量同比都有所增长，其中临汾市、太原市和阳泉市的销量增长迅速，分别同比增长 34%、43% 和 95%；而对于汽油皮卡车来说，各城市销量都呈现同比增长趋势，其中晋中市、太原市、阳泉市、运城市和长治市销量同比增长较快，分别增长 83%、68%、205%、122% 和 85%。

表 4-103　2020 年山西省柴/汽油皮卡车销量（保险数）

城市	销量/辆 柴油	销量/辆 汽油	销量同比增长 柴油	销量同比增长 汽油	总计/辆
山西省合计	6 131	3 544	20%	56%	9 675
大同市	323	199	21%	28%	522
晋城市	337	211	17%	14%	548
晋中市	477	356	-1%	83%	833
临汾市	900	212	34%	3%	1 112
吕梁市	359	122	2%	26%	481
朔州市	520	163	21%	30%	683
太原市	1 303	1 219	43%	68%	2 522
忻州市	461	185	26%	23%	646
阳泉市	181	119	95%	205%	300
运城市	1 092	222	15%	122%	1 314
长治市	178	536	-42%	85%	714

2020 年山西省两驱和四驱皮卡车销量都呈现同比增长趋势，两驱皮卡车同比增长 3%，四驱皮卡车同比增长 53%（见表 4-104）。分城市看，山西省各城市对皮卡车驱动类型需求以四驱为主。大同市、晋城市、吕梁市、朔州市、忻州市和运城市两驱皮卡车销量同比有所下降，而其他城市销量同比有所增长；各城市四驱皮卡车销量都呈现同比增长趋势，其中大同市、太原市、阳泉市和运城市同比增速较快，分别增长 59%、77%、128% 和 86%。

表 4-104　2020 年山西省两/四驱皮卡车销量（保险数）

城市	销量/辆 两驱	销量/辆 四驱	销量同比增长 两驱	销量同比增长 四驱	总计/辆
山西省合计	3 382	6 293	3%	53%	9 675
大同市	159	363	-19%	59%	522
晋城市	166	382	-6%	28%	548
晋中市	329	504	12%	32%	833
临汾市	395	717	2%	46%	1 112

续表

城市	销量/辆 两驱	销量/辆 四驱	销量同比增长 两驱	销量同比增长 四驱	总计/辆
吕梁市	177	304	-2%	14%	481
朔州市	152	531	-14%	40%	683
太原市	684	1 838	13%	77%	2 522
忻州市	141	505	-7%	38%	646
阳泉市	97	203	126%	128%	300
运城市	702	612	-3%	86%	1314
长治市	380	334	6%	40%	714

分城市看（见表4-105），2020年山西省各城市对皮卡车长/短货箱需求以短货箱为主。其中，大同市、晋城市、晋中市、吕梁市、朔州市和阳泉市的短货箱皮卡车销量同比下降，其他城市同比增长；而长货箱皮卡车除朔州市和阳泉市的销量同比有所下降外，其他城市都同比增长，尤其是长治市、临汾市、吕梁市、太原市和忻州市，销量同比增幅较大。

表4-105 2020年山西省长/短货箱皮卡车销量（保险数）

城市	销量/辆 货箱长≤1.68米	销量/辆 1.68米<货箱长≤1.85米	销量/辆 货箱长>1.85米	同比增长 货箱长≤1.68米	同比增长 1.68米<货箱长≤1.85米	同比增长 货箱长>1.85米	总计
长治市	551	137	22	55%	154%	340%	714
大同市	381	126	0	-2%	80%	-100%	522
晋城市	398	135	14	-29%	31%	27%	548
晋中市	529	262	29	-25%	68%	142%	833
临汾市	708	398	5	106%	302%	0	1 112
吕梁市	354	122	1	-30%	177%	-50%	481
朔州市	533	147	0	-58%	-48%	-100%	683
太原市	1 747	660	58	303%	1 900%	18%	2 522
忻州市	485	140	13	341%	775%	333%	646
阳泉市	235	61	1	-71%	-71%	-98%	300
运城市	809	480	22	31%	96%	-35%	1 314

分城市看（见表4-106），2020年山西省各城市对宽/窄体皮卡车需求以宽体皮卡车为主。除阳泉市、太原市和忻州市以外，其他城市窄

体皮卡车销量呈现下降趋势；而对于宽体皮卡车来说，各城市销量都呈现同比增长趋势，其中大同市、晋城市、晋中市、临汾市、朔州市、太原市、阳泉市和运城市的增速尤为迅猛，分别增长93%、86%、96%、98%、136%、94%、230%和95%。

表4-106 2020年山西省宽/窄体皮卡车销量（保险数）

城市	销量/辆 外廓宽≤1.8米	销量/辆 外廓宽>1.8米	销量同比增长 外廓宽≤1.8米	销量同比增长 外廓宽>1.8米	总计
长治市	283	431	-15%	62%	714
大同市	255	267	-11%	93%	522
晋城市	121	427	-50%	86%	548
晋中市	243	590	-35%	96%	833
临汾市	450	662	-17%	98%	1 112
吕梁市	86	395	-38%	27%	481
朔州市	281	402	-27%	136%	683
太原市	970	1552	15%	94%	2 522
忻州市	256	390	0	49%	646
阳泉市	178	122	87%	230%	300
运城市	543	771	-17%	95%	1 314

4.23 陕西省2020年皮卡车市场分析

4.23.1 市场整体概况

2020年陕西省皮卡车市场销量达到了9 710辆，同比增长2%（见

图 4-111）。从 2015—2020 年数据来看，陕西省这 6 年皮卡车销量呈现倒 V 型发展，2018 年销量达到了阶段性顶峰 10 830 辆后，这两年销量逐步回落。2020 年虽受新冠肺炎疫情影响，但是销量止跌回升，同比微增 2%。

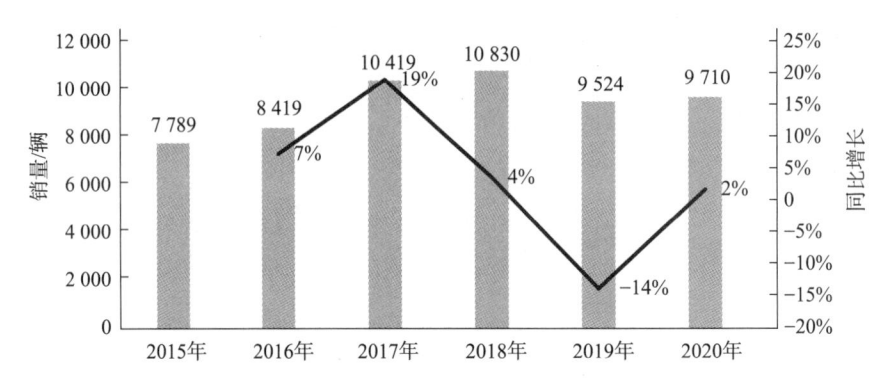

图 4-111　2015—2020 年陕西省皮卡车销量（保险数）

从月度销量看（见表 4-107），2020 年 12 个月陕西省皮卡车销量保持相对稳定，除了前两个月受新冠疫情影响销量稍差，其他月份皮卡车销量都维持在每月 700 辆以上。

表 4-107　2015—2020 年陕西省皮卡车分月度销量（保险数）

年份	1月	2月	3月	4月	5月	6月	7月	8月	9月	10月	11月	12月	总计
2015	890	578	946	722	739	589	442	494	605	512	610	662	7 789
2016	700	490	877	608	620	516	620	612	726	849	713	1 088	8 419
2017	675	895	1 192	1 109	813	739	729	798	850	786	882	951	10 419
2018	800	883	1 663	1 221	911	722	655	770	756	735	801	913	10 830
2019	1 017	739	1 363	982	800	815	623	489	612	684	612	788	9 524
2020	537	114	1 213	1 032	919	882	852	908	857	714	789	893	9 710

4.23.2　车型结构

从车型结构看（见图 4-112～图 4-115），2020 年陕西省消费者对柴油和汽油的皮卡车的需求比为1:1.3，对四驱和两驱皮卡车的需求比为3:1，对长货箱和短货箱皮卡车的需求比为1:2.5，对宽体和窄体皮卡车的需求比为1.3:1。陕西省消费者对四驱、短货箱皮卡车有明显的需求偏好，对柴/汽油和宽/窄体皮卡车的需求偏好并不是那么明显。

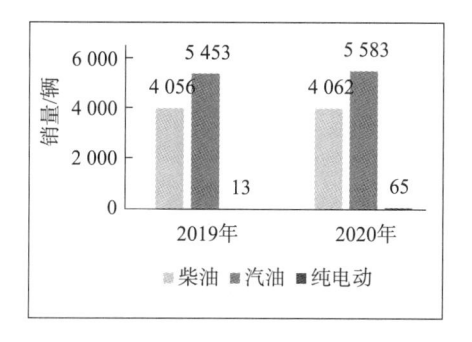

图4-112　2020年陕西省不同动力类型皮卡车销量

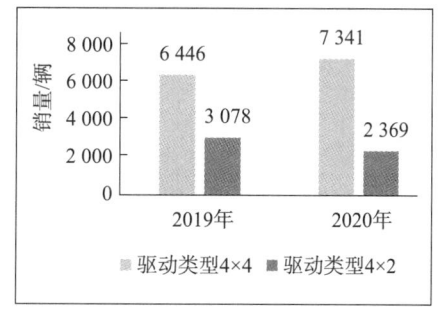

图4-113　2020年陕西省两/四驱皮卡车销量

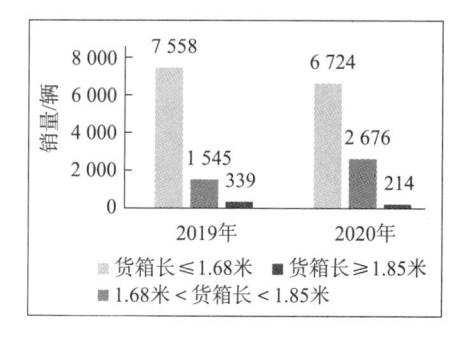

图4-114　2020年陕西省长/短货箱皮卡车销量

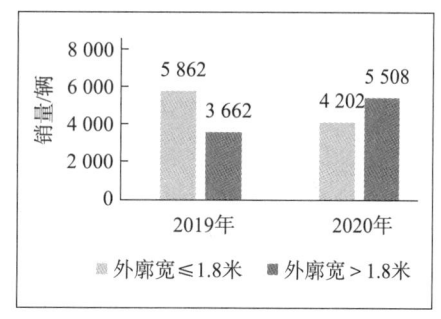

图4-115　2020年陕西省宽/窄体皮卡车销量

2020年陕西省柴油皮卡车销量同比持平，汽油皮卡车同比微增2%（见表4-108）。陕西省是少有的几个汽油皮卡车销量高于柴油皮卡车销量的省份之一。分城市看，安康市、汉中市、铜川市和西安市柴油皮卡车销量同比下降，其他城市柴油皮卡车销量同比增长；安康市、延安市和榆林市的汽油皮卡车的年销量同比有所下降，其他城市都同比增长，其中汉中市、渭南市和咸阳市汽油皮卡车销量增幅较大，分别增长152%、100%和60%。

表 4-108 2020 年陕西省柴/汽油皮卡车销量（保险数）

城市	销量/辆 柴油	销量/辆 汽油	销量同比增长 柴油	销量同比增长 汽油	总计/辆
陕西省	4 062	5 583	0	2%	9 645
安康市	756	105	-4%	-4%	861
宝鸡市	147	110	29%	45%	257
汉中市	486	169	-2%	152%	655
商洛市	99	55	1%	38%	154
铜川市	40	38	-15%	6%	78
渭南市	291	230	0	100%	521
西安市	997	1 516	-1%	33%	2 513
咸阳市	211	266	8%	60%	477
延安市	410	991	3%	-10%	1 401
榆林市	625	2 103	0	-19%	2 728

2020 年陕西省两驱皮卡车销量同比下降 23%，四驱皮卡车销量同比增长 14%（见表 4-109）。分城市来看，陕西省各城市对皮卡车驱动类型需求以四驱为主。两驱皮卡车除咸阳市销量同比微增 1% 外，其他城市销量都呈现同比下降趋势；而四驱皮卡车除延安市和榆林市的销量小幅下降 2% 和 1% 外，其他城市销量都同比增长。

表 4-109 2020 年陕西省两/四驱皮卡车销量（保险数）

城市	销量/辆 两驱	销量/辆 四驱	销量同比增长 两驱	销量同比增长 四驱	总计/辆
陕西省	2 369	7 341	-23%	14%	9 710
安康市	242	619	-13%	0	861
宝鸡市	66	191	-16%	72%	257
汉中市	121	534	-28%	35%	655
商洛市	35	119	-19%	25%	154
铜川市	29	49	-24%	9%	78
渭南市	191	330	-4%	60%	521
西安市	758	1 820	-6%	35%	2 578

续表

城市	销量/辆 两驱	销量/辆 四驱	销量同比增长 两驱	销量同比增长 四驱	总计/辆
咸阳市	140	337	1%	51%	477
延安市	179	1 222	-28%	-2%	1401
榆林市	608	2 120	-44%	-1%	2 728

分城市看，2020年陕西省各城市皮卡车对长/短货箱需求以短货箱为主（见表4-110）。其中，安康市、汉中市、商洛市、西安市和榆林市的短货箱皮卡车销量同比增长，其他城市销量同比有所下降；而长货箱皮卡车除宝鸡市、铜川市和渭南市的销量有所下降外，其他城市销量都同比增长。

表4-110 2020年陕西省长/短货箱皮卡车销量（保险数）

城市	销量/辆 货箱长≤1.68米	销量/辆 1.68米<货箱长≤1.85米	销量/辆 货箱长>1.85米	同比增长 货箱长≤1.68米	同比增长 1.68米<货箱长≤1.85米	同比增长 货箱长>1.85米	总计
安康市	522	308	24	287%	616%	100%	861
宝鸡市	145	101	3	-54%	-48%	-93%	257
汉中市	354	266	31	247%	885%	244%	655
商洛市	96	56	1	104%	115%	-89%	154
铜川市	43	34	0	-83%	-74%	-100%	78
渭南市	275	232	10	-82%	-52%	-83%	521
西安市	1 616	878	43	479%	1 103%	438%	2 578
咸阳市	313	144	10	-76%	33%	-86%	477
延安市	1 066	267	63	-64%	28%	-10%	1 401
榆林市	2 294	390	29	239%	8%	53%	2 728

分城市看（见表4-111），2020年陕西省各城市对宽/窄体皮卡车需求差异不是很明显，宽体皮卡需求多一些。窄体皮卡车除宝鸡市销量同比微增1%外，其他城市销量都同比下降；而宽体皮卡车各城市销量都同比增长，其中宝鸡市、商洛市、铜川市、渭南市、西安市、咸阳市、

延安市和榆林市增速较快,同比增长69%、44%、50%、62%、62%、87%、52%和43%。

表4-111 2020年陕西省宽/窄体皮卡车销量(保险数)

城市	销量/辆 外廓宽≤1.8米	销量/辆 外廓宽>1.8米	销量同比增长 外廓宽≤1.8米	销量同比增长 外廓宽>1.8米	总计
安康市	219	642	-46%	30%	861
宝鸡市	96	161	1%	69%	257
汉中市	147	508	-13%	28%	655
商洛市	66	88	-14%	44%	154
铜川市	15	63	-63%	50%	78
渭南市	160	361	-12%	62%	521
西安市	717	1 861	-29%	62%	2 578
咸阳市	178	299	-12%	87%	477
延安市	732	669	-31%	52%	1401
榆林市	1 872	856	-29%	43%	2 728

4.24 上海市2020年皮卡车市场分析

4.24.1 市场整体概况

2020年上海市皮卡车市场销量达到了1 409辆,同比增长22%(见图4-116)。从2015—2020年数据来看,2016—2020年上海市皮卡车销量呈现W型走势,这主要与当地限行和上牌政策有关。

从月度销量看(见表4-112),2020年12个月上海市皮卡车销量保

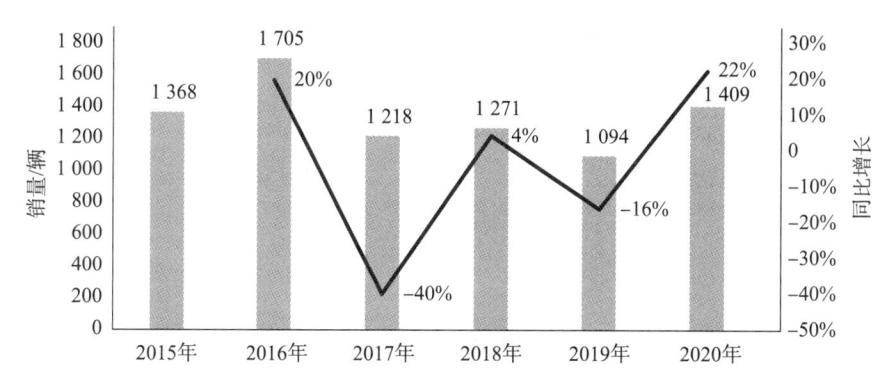

图 4-116 2015—2020 年上海市皮卡车销量（保险数）

持相对稳定，前 6 个月受新冠肺炎疫情影响销量稍差，后 6 个月皮卡车销量维持在每月 130 辆以上。这几年上海市皮卡需求不是很旺盛，这主要和上海市的政策有密切的关系。

表 4-112 2015—2020 年上海市皮卡车分月度销量（保险数）

年份	1月	2月	3月	4月	5月	6月	7月	8月	9月	10月	11月	12月	总计
2015	111	36	116	94	92	86	153	82	134	132	142	190	1368
2016	117	74	150	87	99	248	127	140	96	116	250	201	1 705
2017	88	74	67	85	104	92	112	165	113	92	114	112	1218
2018	89	49	98	85	100	116	89	111	191	83	122	138	1271
2019	88	43	125	90	106	122	119	22	65	79	104	131	1094
2020	48	11	75	89	80	78	140	136	241	140	159	212	1 409

4.24.2 车型结构

从车型结构看（见图 4-117~图 4-120），2020 年上海市消费者对柴油和汽油皮卡车的需求比为 1.5:1，对四驱和两驱皮卡车的需求比为 1:5.4；对长货箱和短货箱皮卡车的需求比为 1:2；对宽体和窄体皮卡车的需求比为 10:1。上海市消费者对柴油、两驱、短货箱、宽体皮卡车有明显的需求偏好。

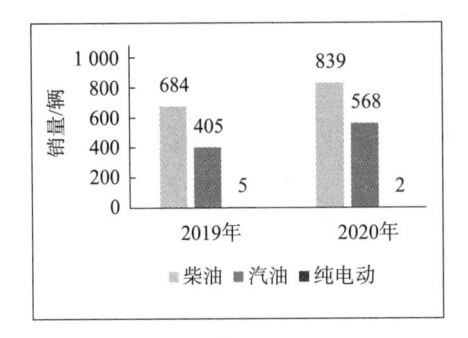

324　中国皮卡汽车产业发展报告（2020—2021）

图4-117　2020年上海市不同动力类型皮卡车销量

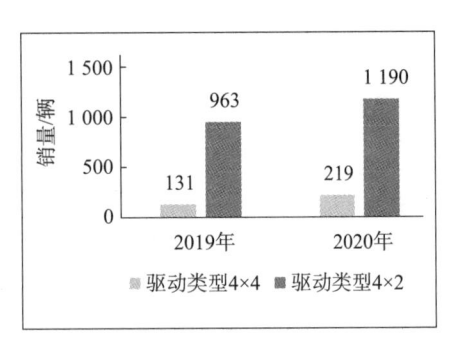

图4-118　2020年上海市两/四驱皮卡车销量

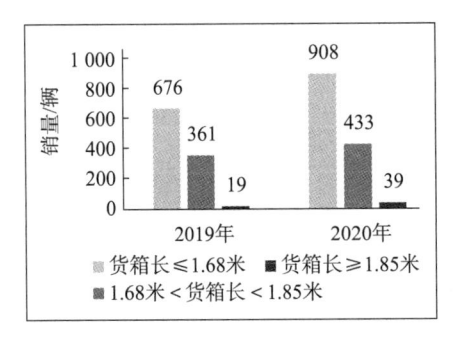

图4-119　2020年上海市长/短货箱皮卡车销量

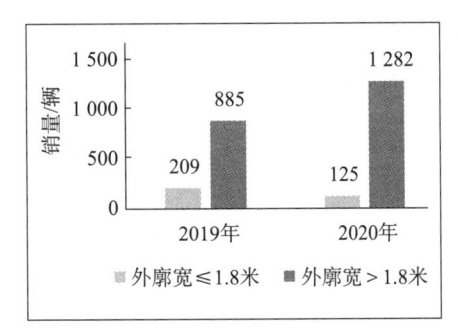

图4-120　2020年上海市宽/窄体皮卡车销量

4.25　四川省2020年皮卡车市场分析

4.25.1　市场整体概况

2020年四川省皮卡车市场销量达到了27 666辆，同比增长8%（见图4-121）。从2015—2020年数据来看，四川省皮卡车销量逐年增加。

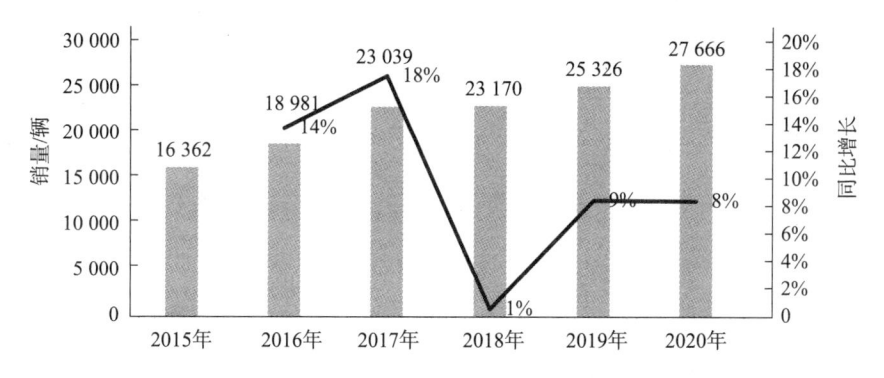

图 4-121　2015—2020 年四川省皮卡车销量（保险数）

从月度销量看（见表 4-113），2020 年 12 个月四川省皮卡车销量保持相对稳定，除了前两个月受新冠肺炎疫情影响销量不是很亮眼，其他月份皮卡车销量都维持在每月 2 000 辆以上。

表 4-113　2015—2020 年四川省皮卡车分月度销量（保险数）

年份	1 月	2 月	3 月	4 月	5 月	6 月	7 月	8 月	9 月	10 月	11 月	12 月	总计
2015	1 411	1 273	1 867	1 463	1 201	1 064	1 109	1 299	1 471	1 294	1 287	1 623	16 362
2016	1 476	1 444	2 054	1 402	1 479	1 375	1 322	1 405	1 619	1 576	1 860	1 969	18 981
2017	1 844	2 176	2 328	1 804	1 836	1 679	1 698	1 916	1 807	1 684	2 064	2 203	23 039
2018	1 840	1 676	2 977	2 104	1 935	1 721	1 734	1 735	1 838	1 768	1 835	2 007	23 170
2019	2 425	2 160	2 718	2 343	1 901	2 310	1 784	1 636	1 828	1 755	2 072	2 394	25 326
2020	1 718	717	3 153	2 840	2 267	2 483	2 448	2 282	2 611	2 062	2 348	2 737	27 666

4.25.2　车型结构

从车型结构看（见图 4-122～图 4-125），2020 年四川省消费者对柴油和汽油皮卡车的需求比为 4.5:1，对四驱和两驱皮卡车的需求比为 1.6:1，对长货箱和短货箱皮卡车的需求比为 1:1，对宽体和窄体皮卡车的需求比为 2.3:1。四川省消费者对柴油、四驱、宽体皮卡车有明显的需求偏好，对长/短货箱皮卡车需求偏好并不明显。

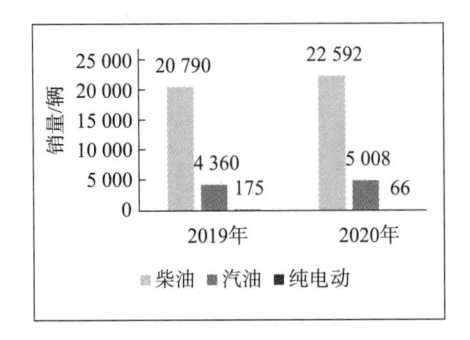

图 4-122　2020 年四川省不同动力类型皮卡车销量

图 4-123　2020 年四川省两/四驱皮卡车销量

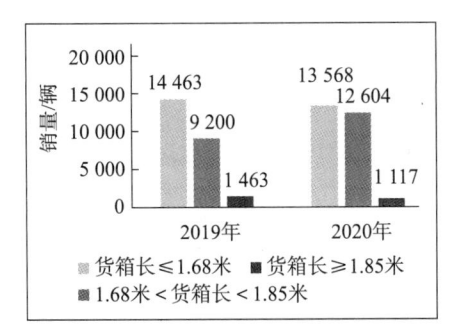

图 4-124　2020 年四川省长/短货箱皮卡车销量

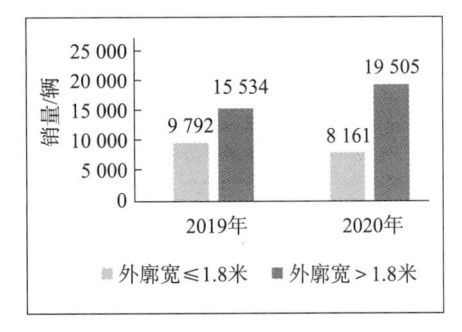

图 4-125　2020 年四川省宽/窄体皮卡车销量

2020 年四川省柴油和汽油皮卡车销量同比都呈现增长趋势，柴油皮卡车同比增长 9%，汽油皮卡车同比增长 15%（见表 4-114）。分州市来看，四川省各州市对皮卡车动力类型需求以柴油为主。柴油皮卡车除阿坝藏族羌族自治州、巴中市、甘孜藏族自治州、南充市、攀枝花市、遂宁市和宜宾市的销量同比下降外，其他城市销量呈现同比增长趋势；甘孜藏族自治州、广元市、乐山市、眉山市、绵阳市、南充市、遂宁市和雅安市的汽油皮卡车销量同比下降，其他城市同比增长，尤其是阿坝藏族羌族自治州、德阳市、凉山彝族自治州、宜宾市、资阳市和自贡市的销量同比增幅较大，分别增长 134%、74%、77%、54%、63% 和 93%。

表 4-114 2020 年四川省柴/汽油皮卡车销量（保险数）

州市	销量/辆 柴油	销量/辆 汽油	销量同比增长 柴油	销量同比增长 汽油	总计/辆
四川省合计	22 592	5 008	9%	15%	27 600
阿坝藏族羌族自治州	72	96	-24%	134%	168
巴中市	565	49	-2%	4%	614
成都市	4 634	2 874	9%	16%	7 508
达州市	1 971	162	20%	17%	2 133
德阳市	615	193	4%	74%	808
甘孜藏族自治州	41	57	-16%	-5%	98
广安市	699	115	11%	19%	814
广元市	862	87	15%	-9%	949
乐山市	902	116	1%	-1%	1 018
凉山彝族自治州	3 292	189	18%	77%	3 481
泸州市	2 098	152	9%	29%	2 250
眉山市	517	95	5%	-1%	612
绵阳市	991	133	19%	-32%	1 124
南充市	861	147	-6%	-23%	1 008
内江市	384	50	6%	32%	434
攀枝花市	1 458	69	-1%	38%	1 527
遂宁市	491	97	-5%	-25%	588
雅安市	930	72	13%	-14%	1 002
宜宾市	628	126	-14%	54%	754
资阳市	278	75	72%	63%	353
自贡市	303	54	9%	93%	357

2020 年四川省两驱皮卡车同比下降 6%，四驱皮卡车同比增长 21%（见表 4-115）。分州市来看，四川省各州市对皮卡车驱动类型需求以四驱为主。阿坝藏族羌族自治州、达州市、德阳市、凉山彝族自治州、泸

州市、内江市和资阳市的两驱皮卡车销量同比增长,其他城市销量同比有所下降;对于四驱皮卡车来说,除宜宾市外,其他城市销量都同比呈现增长趋势。

表4-115 2020年四川省两/四驱皮卡车销量(保险数)

州市	销量/辆 两驱	销量/辆 四驱	销量同比增长 两驱	销量同比增长 四驱	总计/辆
四川省合计	10 247	17 419	-6%	21%	27 666
阿坝藏族羌族自治州	66	102	18%	28%	168
巴中市	258	356	-28%	33%	614
成都市	2 772	4 796	-7%	25%	7 568
达州市	910	1 223	5%	34%	2 133
德阳市	378	430	9%	22%	808
甘孜藏族自治州	17	81	-50%	8%	98
广安市	331	483	-3%	25%	814
广元市	402	547	-4%	28%	949
乐山市	424	594	-25%	11%	1 018
凉山彝族自治州	414	3 067	9%	22%	3 481
泸州市	1 389	861	5%	20%	2 250
眉山市	235	377	-20%	27%	612
绵阳市	451	673	-9%	26%	1 124
南充市	481	527	-19%	4%	1 008
内江市	232	202	9%	7%	434
攀枝花市	242	1 285	-29%	9%	1 527
遂宁市	264	324	-23%	7%	588
雅安市	248	754	0	15%	1 002
宜宾市	366	394	-7%	-6%	760
资阳市	173	180	47%	100%	353
自贡市	194	163	-5%	60%	357

分州市看（见表4-116），2020年四川省各州市对皮卡车长/短货箱需求相对均衡。成都市、达州市、德阳市、凉山彝族自治州、泸州市、南充市、攀枝花市、宜宾市和资阳市的短货箱皮卡车销量同比增长，其他州市同比下降；阿坝藏族羌族自治州、巴中市、甘孜藏族自治州、广元市、乐山市、眉山市、内江市、遂宁市和自贡市的长货箱皮卡车销量有所下降，其他州市销量同比呈现增长趋势。

表4-116 2020年四川省长/短货箱皮卡车销量（保险数）

州市	销量/辆 货箱长≤1.68米	销量/辆 1.68米<货箱长≤1.85米	销量/辆 货箱长>1.85米	同比增长 货箱长≤1.68米	同比增长 1.68米<货箱长≤1.85米	同比增长 货箱长>1.85米	总计
阿坝藏族羌族自治州	98	37	33	-72%	-81%	-55%	168
巴中市	320	248	46	-93%	-85%	-85%	614
成都市	4 792	2 256	303	443%	191%	142%	7 568
达州市	827	1 242	63	91%	442%	85%	2 133
德阳市	442	351	13	505%	1 070%	117%	808
甘孜藏族自治州	71	21	5	-84%	-91%	-91%	98
广安市	447	340	26	-7%	32%	-75%	814
广元市	400	445	104	-26%	-10%	46%	949
乐山市	504	489	23	-69%	-60%	-68%	1 018
凉山彝族自治州	1 384	1 881	77	116%	44%	-16%	3 481
泸州市	618	1 536	94	45%	959%	488%	2 250
眉山市	345	247	20	-43%	-26%	-77%	612
绵阳市	526	527	67	-3%	18%	-40%	1 124
南充市	423	530	52	61%	342%	189%	1 008
内江市	230	181	22	-73%	-67%	-80%	434
攀枝花市	671	777	78	132%	160%	30%	1 527
遂宁市	251	319	18	-53%	-7%	-42%	588
雅安市	454	528	20	-4%	73%	-31%	1 002
宜宾市	381	364	14	176%	574%	-13%	760
资阳市	206	130	15	28%	13%	-50%	353
自贡市	178	155	24	-84%	-54%	-61%	357

分州市看（见表4-117），2020年四川省各州市对宽/窄体皮卡车需求以宽体皮卡车为主。对于窄体皮卡车来说，除阿坝藏族羌族自治州和资阳市的销量同比增长外，其他城市销量都呈现同比下降趋势；而宽体皮卡车则呈现截然相反的趋势，各城市销量都呈现同比增长趋势，其中以德阳市、广安市、眉山市、内江市和资阳市的增速较快，分别增长55%、62%、54%、56%和158%。

表4-117 2020年四川省宽/窄体皮卡车销量（保险数）

州市	销量/辆 外廓宽≤1.8米	销量/辆 外廓宽＞1.8米	销量同比增长 外廓宽≤1.8米	销量同比增长 外廓宽＞1.8米	总计
阿坝藏族羌族自治州	64	104	64%	7%	168
巴中市	275	339	-20%	20%	614
成都市	2 868	4 700	-7%	25%	7 568
达州市	505	1 628	-3%	29%	2 133
德阳市	297	511	-20%	55%	808
甘孜藏族自治州	20	78	-43%	5%	98
广安市	366	448	-19%	62%	814
广元市	267	682	-27%	42%	949
乐山市	238	780	-30%	2%	1 018
凉山彝族自治州	460	3 021	-13%	27%	3 481
泸州市	440	1 810	-13%	18%	2 250
眉山市	237	375	-31%	54%	612
绵阳市	337	787	-30%	44%	1 124
南充市	352	656	-23%	2%	1 008
内江市	198	236	-21%	56%	434
攀枝花市	250	1277	-45%	20%	1 527
遂宁市	174	414	-27%	1%	588
雅安市	298	704	-18%	30%	1 002
宜宾市	216	544	-33%	11%	760
资阳市	157	196	19%	158%	353
自贡市	142	215	-12%	49%	357

4.26 天津市 2020 年皮卡车市场分析

4.26.1 市场整体概况

2020 年天津市皮卡车市场销量达到了 2 229 辆,同比增长 26%(见图 4-126)。从 2015—2020 年数据上来看,天津市皮卡车销量在 2016 年经历了一次低谷后,2018 年受中美贸易战影响,又一次下跌,2019 年和 2020 年都呈现比较好的反弹趋势。

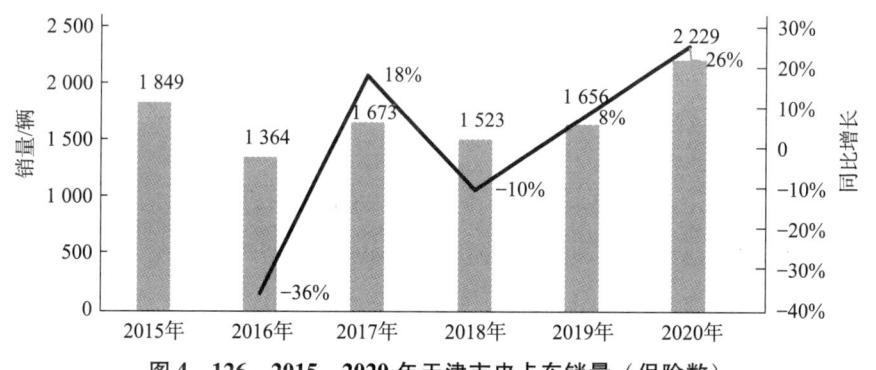

图 4-126 2015—2020 年天津市皮卡车销量(保险数)

从月度销量看(见表 4-118),2020 年 12 个月天津市皮卡车销量保持相对稳定,除了前 3 个月受新冠肺炎疫情影响销量稍差,其他月份皮卡车销量都维持在每月 160 辆以上。

表 4-118 2015—2020 年天津市皮卡车分月度销量(保险数)

年份	1月	2月	3月	4月	5月	6月	7月	8月	9月	10月	11月	12月	总计
2015	81	95	143	174	184	160	105	129	180	74	167	357	1 849
2016	85	47	115	90	93	86	91	106	200	107	217	127	1 364

续表

年份	1月	2月	3月	4月	5月	6月	7月	8月	9月	10月	11月	12月	总计
2017	143	72	197	143	117	130	120	108	151	88	150	254	1 673
2018	93	49	173	174	126	122	92	130	100	96	150	218	1 523
2019	205	69	205	184	157	166	91	132	120	78	94	155	1 656
2020	117	19	115	190	185	168	213	254	276	227	222	243	2 229

4.26.2 车型结构

从车型结构看（见图 4-127~图 4-130），2020 年天津市消费者对柴油和汽油皮卡车的需求比为 1:1，对四驱和两驱皮卡车的需求比为 1:1.3，对长货箱和短货箱皮卡车的需求比为 1:2.7，对宽体和窄体皮卡车的需求比为 2:1。天津市消费者对短货箱、宽体皮卡车有明显的需求偏好，对柴/汽油和两/四驱皮卡车的需求偏好并不是那么明显。

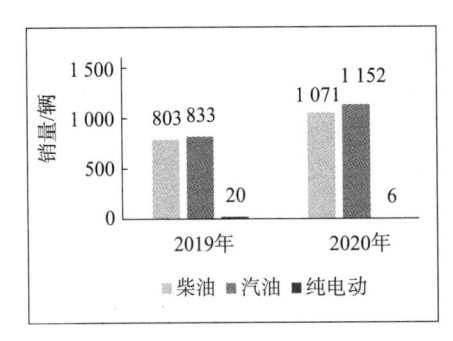

图 4-127 2020 年天津市不同动力类型皮卡车销量

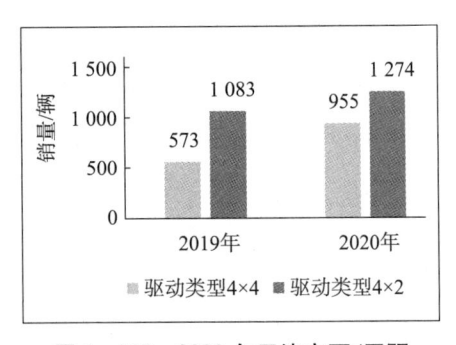

图 4-128 2020 年天津市两/四驱皮卡车销量

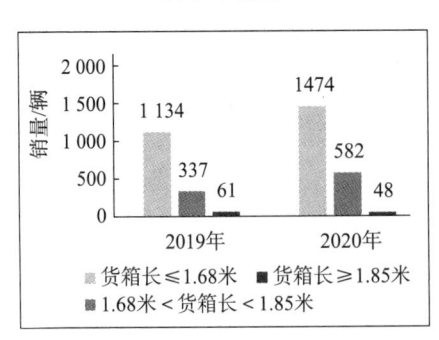

图 4-129 2020 年天津市长/短货箱皮卡车销量

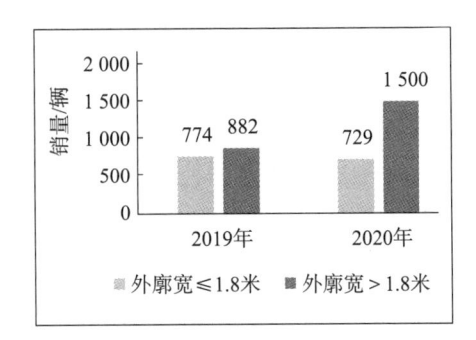

图 4-130 2020 年天津市宽/窄体皮卡车销量

4.27 西藏自治区 2020 年皮卡车市场分析

4.27.1 市场整体概况

2020 年西藏自治区皮卡车市场销量达到了 7 221 辆，同比下滑 13%（见图 4-131）。从 2015—2020 年数据来看，西藏自治区经历了 2018 年销量的高峰后，近两年销量呈现大幅下滑趋势，从最高峰的近 1 万辆降到 2020 年的 7 221 辆。

图 4-131 2015—2020 年西藏自治区皮卡车销量（保险数）

从月度销量看（见表 4-119），2020 年 12 个月西藏自治区皮卡车销量保持相对稳定，除了 2 月受新冠肺炎疫情影响销量稍差，其他月份皮卡车销量都维持在每月 450 辆以上。

表 4-119 2015—2020 年西藏自治区皮卡车分月度销量（保险数）

年份	1月	2月	3月	4月	5月	6月	7月	8月	9月	10月	11月	12月	总计
2015	767	409	668	593	475	451	544	412	480	379	427	624	6 229
2016	921	455	752	670	675	517	489	471	417	387	526	703	6 983

续表

年份	1月	2月	3月	4月	5月	6月	7月	8月	9月	10月	11月	12月	总计
2017	733	717	732	589	569	628	674	765	737	574	668	783	8 169
2018	1430	791	990	933	926	729	692	663	626	522	730	874	9 906
2019	1591	678	783	795	514	430	508	477	401	432	570	1 000	8 179
2020	924	61	698	828	566	501	517	565	450	478	611	1 022	7 221

4.27.2 车型结构

从车型结构看（见图 4-132~图 4-135），2020 年西藏自治区消费者对柴油和汽油皮卡车的需求比为 14:1，对四驱和两驱皮卡车的需求比为 1:1.5，对长货箱和短货箱皮卡车的需求比为 1:3.6，对宽体和窄体皮卡车的需求比为 3.8:1。西藏自治区消费者对汽油、两驱、短货箱、宽体皮卡车有明显的需求偏好。

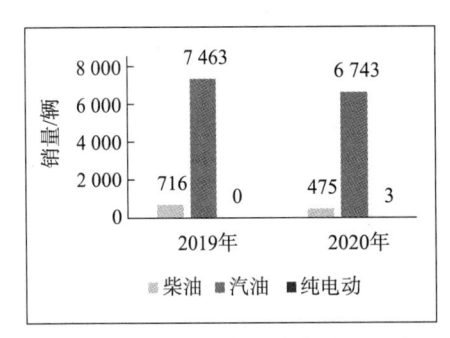

图 4-132 2020 年西藏自治区不同动力类型皮卡车销量

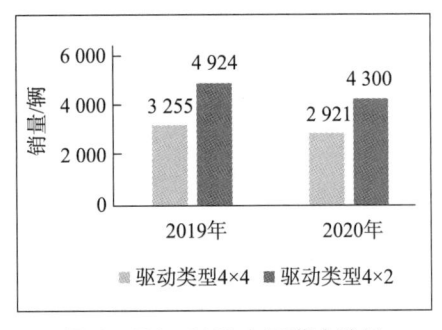

图 4-133 2020 年西藏自治区两/四驱皮卡车销量

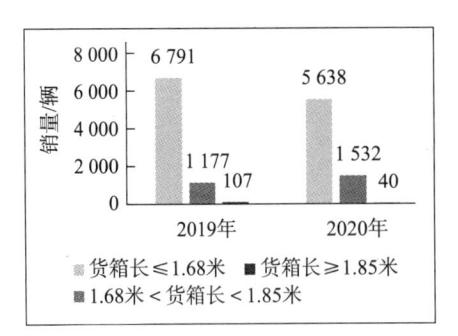

图 4-134 2020 年西藏自治区长/短货箱皮卡车销量

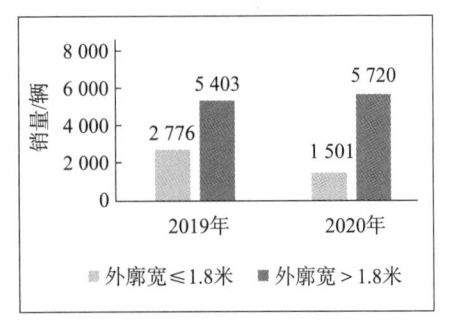

图 4-135 2020 年西藏自治区宽/窄体皮卡车销量

2020年西藏自治区柴油和汽油皮卡车销量都呈现下滑趋势,柴油皮卡车同比下降34%,汽油皮卡车同比下降10%(见表4-120)。分地市看,西藏自治区各地市皮卡车动力类型需求以汽油为主。除阿里地区外,其他地市柴油皮卡车销量呈现全线下降趋势;汽油皮卡车销量除林芝地区同比增长22%外,其他地区同比下降。

表4-120　2020年西藏自治区柴/汽油皮卡车销量(保险数)

地区	销量/辆 柴油	销量/辆 汽油	销量同比增长 柴油	销量同比增长 汽油	总计/辆
西藏自治区合计	475	6 743	-34%	-10%	7 218
阿里地区	10	115	0	-39%	125
昌都地区	46	172	-47%	-8%	218
拉萨市	309	4 349	-31%	-2%	4 658
林芝地区	69	339	-1%	22%	408
那曲地区	7	61	-22%	-72%	68
日喀则地区	25	1 584	-61%	-10%	1 609
山南地区	9	123	-68%	-67%	132

2020年西藏自治区四驱和两驱皮卡车销量都呈现下降趋势,两驱皮卡车同比下降13%,四驱皮卡车同比下降10%(见表4-121)。分地市看,西藏自治区各地市对皮卡车驱动类型需求以两驱为主。除林芝地区外,各地市无论两驱皮卡车还是四驱皮卡车,销量都呈现下降趋势。

表4-121　2020年西藏自治区两/四驱皮卡车销量(保险数)

地市	销量/辆 两驱	销量/辆 四驱	销量同比增长 两驱	销量同比增长 四驱	总计/辆
西藏自治区合计	4 300	2 921	-13%	-10%	7 221
阿里地区	48	77	-59%	-6%	125
昌都地区	36	182	-44%	-13%	218
拉萨市	2 823	1 838	-3%	-8%	4 661
林芝地区	120	288	0	27%	408
那曲地区	34	34	-79%	-49%	68
日喀则地区	1 160	4 49	-14%	-8%	1 609
山南地区	79	53	-64%	-71%	132

分地市看（见表 4－122），2020 年西藏自治区各地市对皮卡车长/短货箱需求以短货箱为主。无论短货箱皮卡车还是长货箱皮卡车各地市的销量或同比全增长或同比全下降。

表 4－122　2020 年西藏自治区长/短货箱皮卡车销量（保险数）

地市	销量/辆 货箱长≤ 1.68 米	销量/辆 1.68 米< 货箱长≤ 1.85 米	销量/辆 货箱长> 1.85 米	同比增长 货箱长≤ 1.68 米	同比增长 1.68 米< 货箱长≤ 1.85 米	同比增长 货箱长> 1.85 米	总计
阿里地区	106	19	0	－50%	－65%	－100%	125
昌都地区	154	63	1	－96%	－92%	－99%	218
拉萨市	3 508	1 110	33	1 332%	1 133%	1 000%	4 661
林芝地区	269	137	1	39%	471%	－91%	408
那曲地区	58	5	5	－96%	－97%	－55%	68
日喀则地区	1 429	180	0	315%	374%	－100%	1 609
山南地区	114	18	0	－88%	－98%	－100%	132

分地市看（见表 4－123），2020 年西藏自治区各地市对宽/窄体皮卡车需求以宽体皮卡车为主。窄货箱皮卡车各地市销量同比都下降，宽体皮卡车有拉萨市、日喀则地区实现销量同比增长。

表 4－123　2020 年西藏自治区宽/窄体皮卡车销量（保险数）

地市	销量/辆 外廓宽≤ 1.8 米	销量/辆 外廓宽> 1.8 米	销量同比增长 外廓宽≤ 1.8 米	销量同比增长 外廓宽> 1.8 米	总计
阿里地区	26	99	－63%	－22%	125
昌都地区	36	182	－33%	－17%	218
拉萨市	890	3 771	－44%	14%	4 661
林芝地区	41	367	－37%	30%	408
那曲地区	14	54	－81%	－65%	68
日喀则地区	475	1 134	－42%	13%	1 609
山南地区	19	113	－81%	－62%	132

4.28 新疆维吾尔自治区 2020 年皮卡车市场分析

4.28.1 市场整体概况

2020 年新疆维吾尔自治区皮卡车市场销量达到了 18 940 辆，同比增长 19%（见图 4-136）。从 2015—2020 年数据来看，新疆维吾尔自治区皮卡车销量整体保持了增长趋势，2020 年销量创出新高。

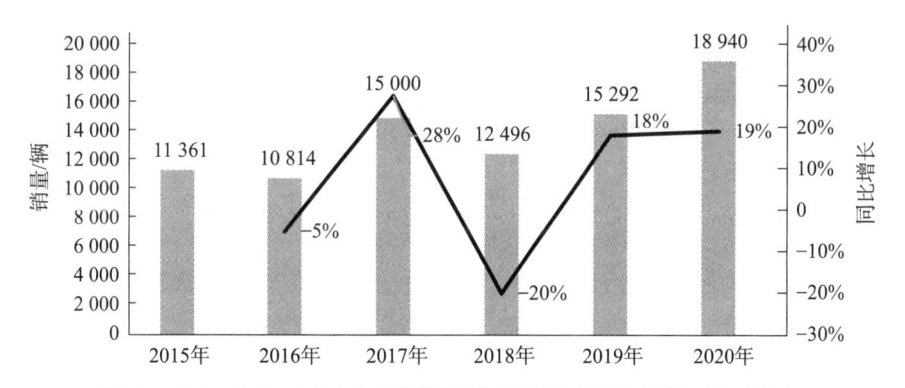

图 4-136 2015—2020 年新疆维吾尔自治区皮卡车销量（保险数）

从月度销量看（见表 4-124），2020 年 12 个月新疆维吾尔自治区皮卡车销量保持相对稳定，除了前两个月受新冠肺炎疫情影响和 8 月销售淡季的销量稍差，其他月份皮卡车销量都维持在每月 1 700 辆以上。

表 4-124 2015—2020 年新疆维吾尔自治区皮卡车分月度销量（保险数）

年份	1月	2月	3月	4月	5月	6月	7月	8月	9月	10月	11月	12月	总计
2015	995	746	1 538	1 395	1 060	866	815	800	799	756	768	823	11 361
2016	746	613	1452	1070	941	711	721	817	702	895	894	1 252	10 814

续表

年份	1月	2月	3月	4月	5月	6月	7月	8月	9月	10月	11月	12月	总计
2017	851	813	1 747	1 520	1 491	1 368	1 228	1 317	1 166	1 096	1 206	1 197	15 000
2018	1 023	725	1 883	1 295	988	805	806	795	1 041	1 021	985	1 129	12 496
2019	1 153	753	1 913	1 660	1 182	1 077	1 104	1 210	1 115	1 134	1 329	1 662	15 292
2020	954	0	1 716	2 354	1 826	1 823	1 320	54	2 135	2 045	2 051	2 662	18 940

4.28.2 车型结构

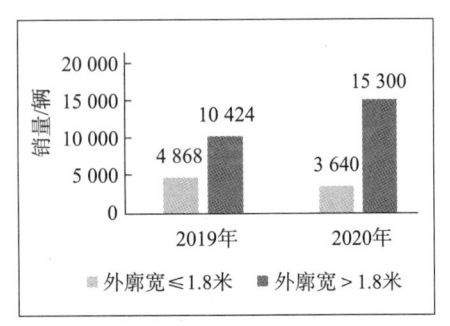

从车型结构看（见图4-137~图4-140），2020年新疆维吾尔自治区消费者对柴油和汽油皮卡车的需求比为2.4:1，对四驱和两驱皮卡车的需求比为3.2:1，对长货箱和短货箱皮卡车的需求比为1:1.2，对宽体和窄体皮卡车的需求比为4.2:1。新疆维吾尔自治区消费者对柴油、四驱、宽体皮卡车有明显的需求偏好，对长/短货箱皮卡车的需求偏好并不是那么明显。

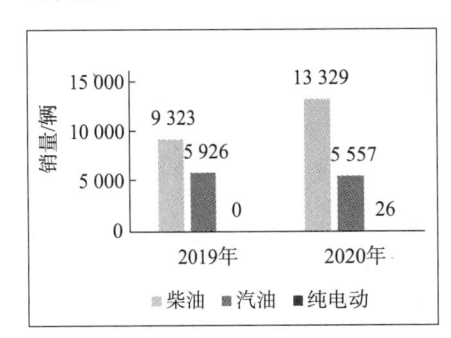

图4-137 2020年新疆维吾尔自治区不同动力类型皮卡车销量

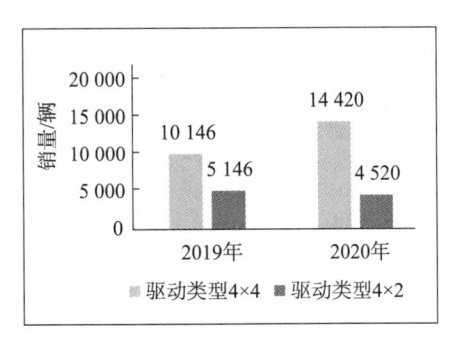

图4-138 2020年新疆维吾尔自治区两/四驱皮卡车销量

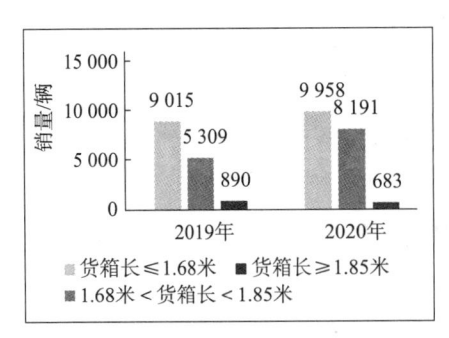

图4-139 2020年新疆维吾尔自治区长/短货箱皮卡车销量

图4-140 2020年新疆维吾尔自治区宽/窄体皮卡车销量

2020年新疆维吾尔自治区柴油皮卡车销量呈现增长趋势,同比增长43%,汽油皮卡车销量同比下降6%（见表4-125）。从地区看,新疆维吾尔自治区各地区对皮卡车动力类型需求以柴油为主。各地区柴油皮卡车销量都同比呈现增长趋势,尤其是阿克苏地区、阿勒泰地区、博尔塔拉蒙古自治州、昌吉回族自治州和伊犁哈萨克自治州增速较快,同比增长79%、111%、59%、58%和68%；汽油皮卡车销量除阿勒泰地区、巴音郭楞蒙古自治州、巴音郭楞蒙古自治州、昌吉回族自治州、和田地区、克孜勒苏柯尔克孜自治州和塔城地区同比增长外,其他城市同比下降。

表4-125 2020年新疆维吾尔自治区柴/汽油皮卡车销量（保险数）

地区	销量/辆 柴油	销量/辆 汽油	销量同比增长 柴油	销量同比增长 汽油	总计/辆
新疆维吾尔自治区合计	13 329	5 557	43%	-6%	18 886
阿克苏地区	1 131	894	79%	-26%	2 025
阿勒泰地区	1 147	183	111%	95%	1 330
巴音郭楞蒙古自治州	1 678	836	28%	9%	2 514
博尔塔拉蒙古自治州	499	49	59%	-37%	548
昌吉回族自治州	829	441	58%	46%	1 270
哈密地区	782	126	18%	-20%	908
和田地区	309	236	35%	4%	545
喀什地区	878	273	18%	-26%	1 151
克拉玛依市	501	285	29%	-12%	786
克孜勒苏柯尔克孜自治州	43	43	26%	105%	86
塔城地区	614	170	35%	28%	784
吐鲁番地区	75	35	47%	-3%	110
乌鲁木齐市	1 717	1 356	9%	-8%	3 073
新疆维吾尔自治区直辖	686	289	69%	12%	975
伊犁哈萨克自治州	2 440	341	68%	-27%	2 781

2020年新疆维吾尔自治区两驱皮卡车销量同比下降12%,四驱皮卡车销量同比增长42%（见表4-126）。分地区来看,新疆维吾尔自治区各地区对皮卡车驱动类型需求以四驱为主。阿勒泰地区、博尔塔拉蒙古

自治州、昌吉回族自治州和克拉玛依市、克孜勒苏柯尔克孜自治州的两驱皮卡车销量同比增长，其他城市同比下降，而各城市四驱皮卡车销量呈现全线增长趋势。

表 4-126 2020 年新疆维吾尔自治区两/四驱皮卡车销量（保险数）

地区	销量/辆 两驱	销量/辆 四驱	销量同比增长 两驱	销量同比增长 四驱	总计/辆
新疆维吾尔自治区合计	4 520	14 420	-12%	42%	18 940
阿克苏地区	773	1 274	-28%	59%	2 047
阿勒泰地区	132	1 198	31%	124%	1 330
巴音郭楞蒙古自治州	704	1 810	-3%	34%	2 514
博尔塔拉蒙古自治州	122	426	6%	54%	548
昌吉回族自治州	302	968	9%	76%	1 270
哈密地区	207	701	-16%	21%	908
和田地区	164	381	-14%	43%	545
喀什地区	500	653	-14%	22%	1 153
克拉玛依市	176	615	17%	10%	791
克孜勒苏柯尔克孜自治州	30	56	30%	75%	86
塔城地区	79	705	-31%	49%	784
吐鲁番地区	24	86	-38%	79%	110
乌鲁木齐市	624	2 470	-14%	6%	3 094
新疆维吾尔自治区直辖	204	774	4%	64%	978
伊犁哈萨克自治州	479	2 303	-18%	72%	2 782

分地区看（见表 4-127），2020 年新疆维吾尔自治区各地区对皮卡车长/短货箱需求差异不是很明显，短货箱需求稍多一些。阿勒泰地区、博尔塔拉蒙古自治州、和田地区、克孜勒苏柯尔克孜自治州、吐鲁番地区的短货箱皮卡车销量同比呈现下降趋势，其他城市呈现增长趋势；阿勒泰地区、和田地区、克孜勒苏柯尔克孜自治州和吐鲁番地区的长货箱皮卡车销量同比呈现下降趋势，其他城市则呈现增长趋势。

表 4-127 2020 年新疆维吾尔自治区长/短货箱皮卡车销量（保险数）

地区	销量/辆 货箱长≤1.68米	销量/辆 1.68米<货箱长≤1.85米	销量/辆 货箱长>1.85米	同比增长 货箱长≤1.68米	同比增长 1.68米<货箱长≤1.85米	同比增长 货箱长>1.85米	总计
阿克苏地区	855	1 078	113	171%	302%	113%	2 047
阿勒泰地区	606	647	68	-53%	-13%	31%	1 330
巴音郭楞蒙古自治州	1 438	1 042	26	575%	568%	13%	2514
博尔塔拉蒙古自治州	269	269	10	-50%	56%	-91%	548
昌吉回族自治州	687	461	121	30%	71%	365%	1 270
哈密地区	478	386	44	145%	64%	132%	908
和田地区	237	278	26	-55%	-43%	-69%	545
喀什地区	507	580	62	9%	166%	121%	1 153
克拉玛依市	476	293	20	1 970%	1 027%	233%	791
克孜勒苏柯尔克孜自治州	52	29	5	-88%	-82%	-64%	86
塔城地区	455	317	10	634%	3 422%	-38%	784
吐鲁番地区	52	43	14	-98%	-95%	-86%	110
乌鲁木齐市	2 084	903	56	557%	202%	37%	3 094
新疆维吾尔自治区直辖	458	463	34	-57%	-35%	-77%	978
伊犁哈萨克自治州	1 304	1 402	74	20%	111%	100%	2 782

分地区看（见表 4-128），2020 年新疆维吾尔自治区各地区对宽/窄体皮卡车需求以宽体皮卡为主。除阿勒泰地区和克孜勒苏柯尔克孜自治州的窄体皮卡车销量略有增长外，其他地区都呈现不同程度的下降；而对于宽体皮卡车来说，各地区都呈现全线增长趋势，尤其是阿勒泰地区、昌吉回族自治州和吐鲁番地区增速较快，同比分别增长 131%、114% 和 126%。

表 4-128　2020 年新疆维吾尔自治区宽/窄体皮卡车销量（保险数）

地区	销量/辆 外廓宽≤1.8 米	销量/辆 外廓宽>1.8 米	销量同比增长 外廓宽≤1.8 米	销量同比增长 外廓宽>1.8 米	总计
阿克苏地区	466	1 581	-44%	53%	2 047
阿勒泰地区	117	1 213	4%	131%	1 330
巴音郭楞蒙古自治州	518	1 996	-3%	29%	2514
博尔塔拉蒙古自治州	77	471	-21%	60%	548
昌吉回族自治州	330	940	-15%	114%	1 270
哈密地区	141	767	-28%	23%	908
和田地区	123	422	-22%	41%	545
喀什地区	229	924	-35%	21%	1 153
克拉玛依市	106	685	-35%	25%	791
克孜勒苏柯尔克孜自治州	17	69	55%	57%	86
塔城地区	51	733	-42%	47%	784
吐鲁番地区	24	86	-51%	126%	110
乌鲁木齐市	688	2 406	-23%	11%	3 094
新疆维吾尔自治区直辖	131	847	-27%	73%	978
伊犁哈萨克自治州	622	2 160	-23%	94%	2 782

4.29　云南省 2020 年皮卡车市场分析

4.29.1　市场整体概况

2020 年云南省皮卡车市场销量达到了 25 932 辆，同比增长 5%（见

图4-141）。从2015—2020年数据来看，云南省2018年皮卡车销量达到顶峰后，2019年销量有所下滑，2020年销量稍有增长。

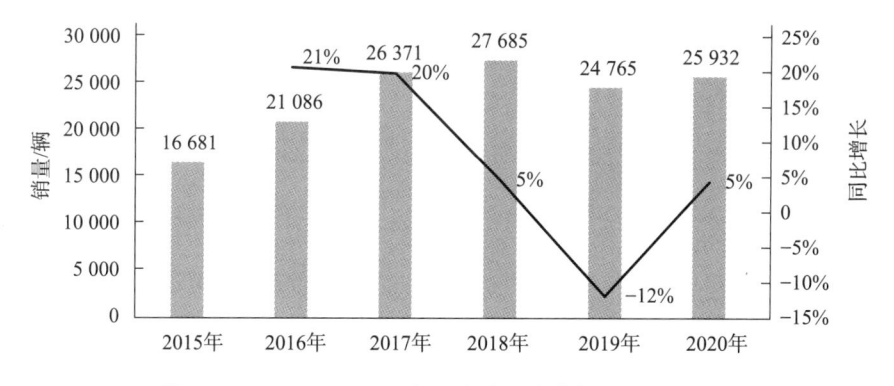

图4-141 2015—2020年云南省皮卡车销量（保险数）

从月度销量看（见表4-129），2020年12个月云南省皮卡车销量保持相对稳定，除了2月受新冠肺炎疫情影响销量不是很高，其他月份皮卡车销量都维持在每月1 900辆以上，12月更是突破了3 000辆。

表4-129 2015—2020年云南省皮卡车分月度销量（保险数）

年份	1月	2月	3月	4月	5月	6月	7月	8月	9月	10月	11月	12月	总计
2015	1 760	1 502	1 744	1 437	1 393	1 133	1 185	1 050	1 133	1 246	1 424	1 674	16 681
2016	2 016	1 540	1 989	1 593	1 760	1 530	1 509	1 419	1 639	1 865	2 010	2 216	21 086
2017	2 392	2 195	2 581	2 158	2 032	1 920	1 727	1 838	1 851	2 204	2 381	3 092	26 371
2018	2 437	2 028	2 700	2 226	2 171	1 677	1 674	1 812	2 632	2 945	2 827	2 556	27 685
2019	3 316	1 907	2 404	2 096	2 012	1 797	1 715	1 518	1 707	1 918	2 090	2 285	24 765
2020	2 172	679	2 700	2 344	2 181	2 126	2 139	1 974	2 122	2 213	2 257	3 025	25 932

4.29.2 车型结构

从车型结构看（见图4-142～图4-145），2020年云南省消费者对柴油和汽油的皮卡车的需求比为23∶1，对四驱和两驱皮卡车的需求比为3.8∶1，对长货箱和短货箱皮卡车的需求比为1∶1，对宽体和窄体皮卡车的需求比为6:1。云南省消费者对柴油、四驱、宽体皮卡车有明显的需求偏好，对长/短货箱皮卡车的需求偏好并不很明显。

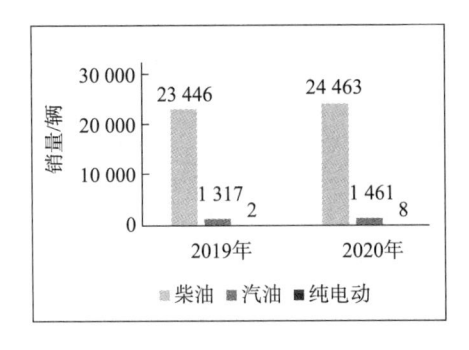

图4-142　2020年云南省不同动力类型皮卡车销量

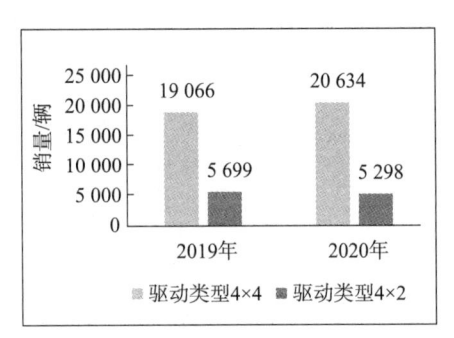

图4-143　2020年云南省两/四驱皮卡车销量

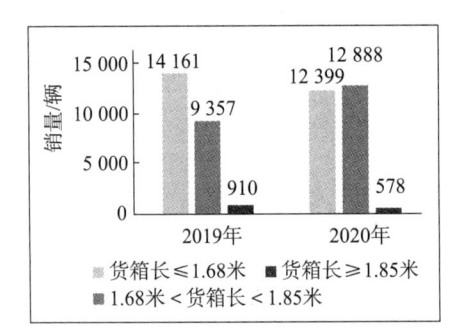

图4-144　2020年云南省长/短货箱皮卡车销量

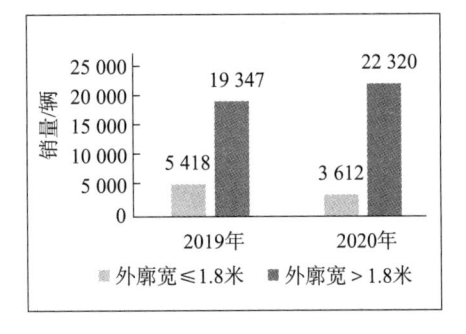

图4-145　2020年云南省宽/窄体皮卡车销量

2020年云南省柴油和汽油皮卡车的销量都表现较好，分别同比增长4%和11%（见表4-130）。分州市看，云南省各州市对皮卡车动力类型需求以柴油为主。怒江傈僳族自治州、曲靖市、文山壮族苗族自治州和西双版纳傣族自治州的柴油皮卡车销量同比下降，其他城市都呈现增长趋势；保山市、楚雄彝族自治州、德宏傣族景颇族自治州、迪庆藏族自治州、红河哈尼族彝族自治州、文山壮族苗族自治州、西双版纳傣族自治州和昭通市的汽油皮卡车销量同比有所下降，其他城市都表现较好，销量同比呈现增长趋势。

表 4-130 2020 年云南省柴/汽油皮卡车销量（保险数）

州市	销量/辆 柴油	销量/辆 汽油	销量同比增长 柴油	销量同比增长 汽油	总计/辆
云南省合计	24 463	1 461	4%	11%	25 924
保山市	1 819	63	8%	-33%	1 882
楚雄彝族自治州	1 134	31	23%	-52%	1 165
大理白族自治州	1 431	94	14%	11%	1 525
德宏傣族景颇族自治州	1 097	40	2%	-5%	1 137
迪庆藏族自治州	280	9	41%	-10%	289
红河哈尼族彝族自治州	1 929	92	0	-2%	2 021
昆明市	3 877	568	8%	55%	4 445
丽江市	499	38	19%	41%	537
临沧市	1 808	54	22%	69%	1 862
怒江傈僳族自治州	129	11	-40%	83%	140
普洱市	2 997	65	11%	55%	3 062
曲靖市	1 506	140	-2%	47%	1 646
文山壮族苗族自治州	2 121	35	-8%	-34%	2 156
西双版纳傣族自治州	1 503	107	-16%	-2%	1610
玉溪市	932	52	0	11%	984
昭通市	1 401	62	0	-59%	1 463

2020 年云南省两驱皮卡车销量同比下降 7%，四驱皮卡车销量同比增长 8%（见表 4-131）。分州市看，云南省各州市对皮卡车驱动类型需求以四驱为主。楚雄彝族自治州、迪庆藏族自治州、红河哈尼族彝族自治州、临沧市和普洱市的两驱皮卡车销量同比有所下降，其他城市都表现较好，销量同比增长；红河哈尼族彝族自治州、怒江傈僳族自治州、文山壮族苗族自治州、西双版纳傣族自治州和昭通市的四驱皮卡车销量同比下降，其他城市则同比增长。

表 4-131　2020 年云南省两/四驱皮卡车销量（保险数）

州市	销量/辆 两驱	销量/辆 四驱	销量同比增长 两驱	销量同比增长 四驱	总计/辆
云南省合计	5 298	20 634	-7%	8%	25 932
保山市	437	1 445	-6%	9%	1 882
楚雄彝族自治州	326	839	3%	26%	1 165
大理白族自治州	298	1 227	-19%	26%	1 525
德宏傣族景颇族自治州	191	946	-25%	10%	1 137
迪庆藏族自治州	45	244	137%	28%	289
红河哈尼族彝族自治州	411	1 611	10%	-2%	2 022
昆明市	901	3 548	-9%	19%	4 449
丽江市	70	467	-33%	37%	537
临沧市	326	1 536	16%	25%	1 862
怒江傈僳族自治州	28	112	-36%	-37%	140
普洱市	438	2 624	15%	12%	3 062
曲靖市	540	1 108	-9%	6%	1 648
文山壮族苗族自治州	523	1 633	-17%	-6%	2 156
西双版纳傣族自治州	272	1 339	-14%	-15%	1 611
玉溪市	278	706	-9%	5%	984
昭通市	214	1 249	-15%	-4%	1 463

分州市看，2020 年云南省各州市对皮卡车长/短货箱需求差异不明显（见表 4-132）。其中，楚雄彝族自治州、迪庆藏族自治州、红河哈尼族彝族自治州、丽江市、怒江傈僳族自治州、曲靖市、文山壮族苗族自治州、玉溪市和昭通市的短货箱皮卡车销量同比下降，其他城市同比增长；迪庆藏族自治州、红河哈尼族彝族自治州、丽江市、怒江傈僳族自治州、曲靖市、玉溪市和昭通市的长货箱皮卡车销量同比下降，其他城市同比增长。

表 4-132　2020 年云南省长/短货箱皮卡车销量（保险数）

州市	销量/辆 货箱长≤1.68 米	销量/辆 1.68 米<货箱长≤1.85 米	销量/辆 货箱长>1.85 米	同比增长 货箱长≤1.68 米	同比增长 1.68 米<货箱长≤1.85 米	同比增长 货箱长>1.85 米	总计
保山市	899	958	24	119%	100%	-62%	1 882
楚雄彝族自治州	329	766	64	-56%	56%	-2%	1 165
大理白族自治州	728	763	32	1%	111%	-6%	1 525
德宏傣族景颇族自治州	581	540	16	250%	1 321%	220%	1 137
迪庆藏族自治州	206	76	6	-81%	-91%	-85%	289
红河哈尼族彝族自治州	931	1 055	33	-58%	-26%	-78%	2 022
昆明市	2 222	2 099	83	708%	1 368%	196%	4 449
丽江市	270	260	7	-75%	-37%	-59%	537
临沧市	1 131	708	21	639%	989%	950%	1 862
怒江傈僳族自治州	82	50	6	-96%	-94%	-93%	140
普洱市	1 853	1 159	50	199%	33%	-58%	3 062
曲靖市	445	1 097	105	-56%	-12%	15%	1 648
文山壮族苗族自治州	660	1 456	40	-54%	262%	-46%	2 156
西双版纳傣族自治州	1 078	499	34	103%	33%	-44%	1 611
玉溪市	466	486	30	-37%	-36%	-38%	984
昭通市	518	916	27	-57%	-2%	-80%	1 463

分州市看，2020 年云南省各州市对宽/窄体皮卡车需求以宽体皮卡车为主（见表 4-133）。窄体皮卡车在云南省内各州市呈现全线下降趋势，而宽体皮卡车表现较好，大部分州市呈现不同程度的增长，只有怒江傈僳族自治州、文山壮族苗族自治州和西双版纳傣族自治州的销量有所下降。

表4-133 2020年云南省宽/窄体皮卡车销量（保险数）

州市	销量/辆 外廓宽≤1.8米	销量/辆 外廓宽>1.8米	销量同比增长 外廓宽≤1.8米	销量同比增长 外廓宽>1.8米	总计
保山市	228	1 654	-37%	16%	1 882
楚雄彝族自治州	161	1 004	-24%	30%	1 165
大理白族自治州	242	1 283	-29%	28%	1 525
德宏傣族景颇族自治州	198	939	-38%	18%	1 137
迪庆藏族自治州	13	276	-19%	43%	289
红河哈尼族彝族自治州	223	1 799	-39%	9%	2 022
昆明市	930	3 519	-32%	35%	4 449
丽江市	73	464	-29%	35%	537
临沧市	251	1 611	-23%	36%	1 862
怒江傈僳族自治州	33	107	-49%	-31%	140
普洱市	194	2 868	-41%	19%	3 062
曲靖市	249	1 399	-26%	8%	1 648
文山壮族苗族自治州	169	1 987	-41%	-4%	2 156
西双版纳傣族自治州	107	1 504	-52%	-10%	1 611
玉溪市	206	778	-23%	10%	984
昭通市	335	1 128	-34%	7%	1 463

4.30 浙江省2020年皮卡车市场分析

4.30.1 市场整体概况

2020年浙江省皮卡车市场销量达到了13 705辆，同比增长12%（见图4-146）。从2015—2020年数据来看，浙江省2015年皮卡车销量达到巅峰 16 741 辆后，2016 年销同比此大幅下滑 59%，之后销量逐步上升。

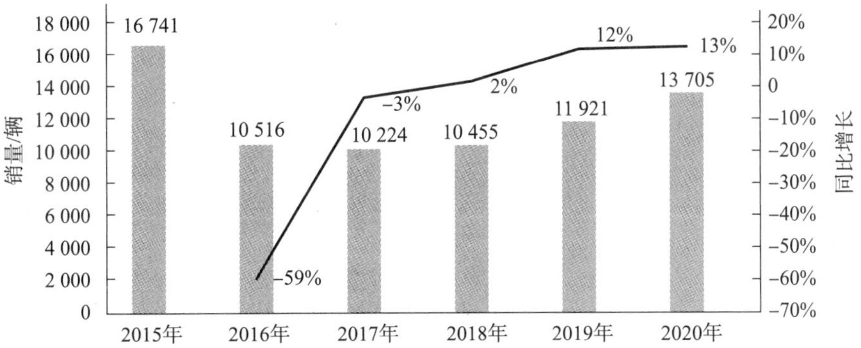

图 4－146 2015—2020 年浙江省皮卡车销量（保险数）

从月度销量看（见表 4－134），2020 年 12 个月浙江省皮卡车销量保持相对稳定，除了前两个月受新冠肺炎疫情影响销量稍差，其他月份皮卡车销量都维持在每月 1 100 辆以上。

表 4－134 2015—2020 年浙江省皮卡车分月度销量（保险数）

年份	1月	2月	3月	4月	5月	6月	7月	8月	9月	10月	11月	12月	总计
2015	1 658	931	1 799	1 392	1 244	1 417	1 271	1 307	1 468	1 256	1 514	1 484	16 741
2016	1 136	775	1 209	716	715	743	800	804	777	975	985	881	10 516
2017	652	903	1 003	735	721	705	829	796	830	743	1 040	1 267	10 224
2018	905	584	1 162	961	928	777	755	791	828	739	927	1 098	10 455
2019	1 059	824	1 249	1 049	995	1 266	819	648	838	706	1 131	1 337	11 921
2020	777	269	1 106	1 298	1 150	1 257	1 375	1 298	1 304	1 122	1 302	1 447	13 705

4.30.2 车型结构

从车型结构看（见图 4－147～图 4－150），2020 年浙江省消费者对柴油和汽油皮卡车的需求比为 1.5∶1；对四驱和两驱皮卡车的需求比为 1∶5，对长货箱和短货箱皮卡车的需求比为 1.3∶1，对宽体和窄体皮卡车的需求比为 5∶1。浙江省消费者对柴油、两驱、宽体皮卡车有明显的需求偏好，对长/短货箱皮卡车的需求偏好并不是那么明显。

图 4-147　2020 年浙江省不同动力类型皮卡车销量

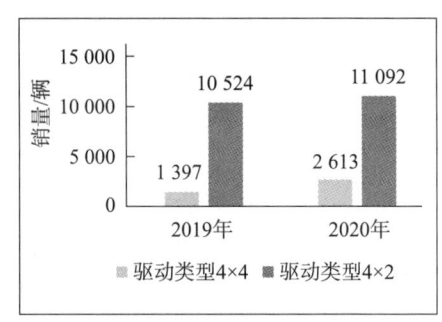

图 4-148　2020 年浙江省两/四驱皮卡车销量

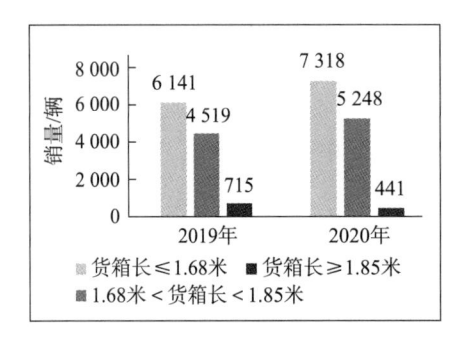

图 4-149　2020 年浙江省长/短货箱皮卡车销量

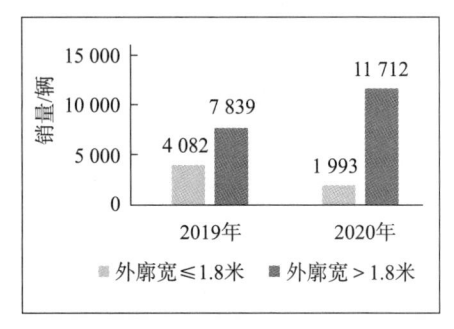

图 4-150　2020 年浙江省宽/窄体皮卡车销量

2020 年浙江省柴油和汽油皮卡车的销量同比都保持增长，柴油皮卡车同比增长 4%，汽油皮卡车同比增长 38%（见表 4-135）。分城市看，浙江省各城市对皮卡动力类型需求以柴油为主。湖州市、金华市、宁波市、衢州市、台州市和温州市的柴油皮卡车销量同比增长，其他城市柴油皮卡销量同比下降；而汽油皮卡车销量各城市表现都不错，呈现全线增长趋势，其中湖州市、金华市和绍兴市的销量同比增长较快。

表 4-135　2020 年浙江省柴/汽油皮卡车销量（保险数）

城市	销量/辆 柴油	销量/辆 汽油	销量同比增长 柴油	销量同比增长 汽油	总计/辆
浙江省合计	8 319	5 377	4%	38%	13 696
杭州市	1 426	1 274	-5%	40%	2 700

续表

城市	销量/辆 柴油	销量/辆 汽油	销量同比增长 柴油	销量同比增长 汽油	总计/辆
湖州市	556	328	2%	104%	884
嘉兴市	347	336	-11%	22%	683
金华市	1 042	546	15%	63%	1 588
丽水市	283	162	-1%	5%	445
宁波市	2 166	857	4%	44%	3 023
衢州市	569	186	28%	4%	755
绍兴市	418	412	-13%	68%	830
台州市	699	469	14%	46%	1 168
温州市	641	632	3%	6%	1 273
舟山市	172	175	-1%	47%	347

2020年浙江省两驱和四驱皮卡车销量同比都呈现增长趋势，两驱皮卡车同比增长5%，四驱皮卡车同比增长87%（见表4-136）。分城市看，浙江省各城市对皮卡车驱动类型需求以两驱为主。除嘉兴市、丽水市和温州市的两驱皮卡销量同比有所下降外，其他城市两驱皮卡车销量同比持平或增长；而四驱皮卡车各城市表现都比较亮眼，呈现百花齐放的趋势，尤其是宁波市、绍兴市、台州市和舟山市增速较快，同比分别增长102%、223%、116%和290%。

表4-136 2020年浙江省两/四驱皮卡车销量（保险数）

城市	销量/辆 两驱	销量/辆 四驱	销量同比增长 两驱	销量同比增长 四驱	总计/辆
浙江省	11 092	2 613	5%	87%	13 705
杭州市	2 131	577	3%	72%	2 708
湖州市	633	251	11%	85%	884
嘉兴市	604	79	-2%	61%	683
金华市	1 180	408	15%	86%	1 588
丽水市	325	120	-11%	60%	445
宁波市	2 756	268	9%	102%	3 024

续表

城市	销量/辆 两驱	销量/辆 四驱	销量同比增长 两驱	销量同比增长 四驱	总计/辆
衢州市	564	191	14%	49%	755
绍兴市	678	152	0	223%	830
台州市	976	192	16%	116%	1 168
温州市	937	336	−10%	91%	1 273
舟山市	308	39	9%	290%	347

分城市看（见表4-137），2020年浙江省各城市对皮卡车长/短货箱需求差异不是很明显，短货箱需求稍多一些。嘉兴市、丽水市、绍兴市、台州市和舟山市的短货箱皮卡车销量同比下降，其他城市同比增长。嘉兴市、丽水市、绍兴市和舟山市的长货箱皮卡车销量同比有所下降，其他城市都表现较好，销量同比呈现增长趋势。

表4-137 2020年浙江省长/短货箱皮卡车销量（保险数）

城市	销量/辆 货箱长≤1.68米	销量/辆 1.68米<货箱长≤1.85米	销量/辆 货箱长>1.85米	同比增长 货箱长≤1.68米	同比增长 1.68米<货箱长≤1.85米	同比增长 货箱长>1.85米	总计
杭州市	1 483	971	109	380%	185%	187%	2 708
湖州市	414	414	20	44%	60%	−23%	884
嘉兴市	340	254	18	−49%	−45%	−78%	683
金华市	882	592	56	215%	429%	211%	1 588
丽水市	268	139	4	−80%	−88%	−97%	445
宁波市	1 572	1 324	94	356%	582%	109%	3 024
衢州市	420	285	21	48%	6%	−83%	755
绍兴市	403	284	38	−13%	−22%	−33%	830
台州市	618	445	33	−22%	42%	−39%	1 168
温州市	729	421	23	301%	558%	−12%	1 273
舟山市	189	119	25	−96%	−96%	−94%	347

分城市看（见表4-138），2020年浙江省各地区对宽/窄体皮卡车需求以宽体皮卡车为主。浙江省各城市窄体皮卡车呈现全线下降趋势；

而宽体皮卡车销量同比则呈现完全相反的趋势,全线增长,其中杭州市、金华市、宁波市、衢州市、绍兴市和舟山市表现不错,销量同比增长分别为52%、52%、65%、54%、57%和94%。

表4-138 2020年浙江省宽/窄体皮卡车销量(保险数)

城市	销量/辆 外廓宽≤1.8米	销量/辆 外廓宽>1.8米	销量同比增长 外廓宽≤1.8米	销量同比增长 外廓宽>1.8米	总计
杭州市	302	2 406	-63%	52%	2 708
湖州市	100	784	-44%	49%	884
嘉兴市	91	592	-56%	30%	683
金华市	98	1 490	-63%	52%	1 588
丽水市	39	406	-68%	28%	445
宁波市	719	2 305	-44%	65%	3 024
衢州市	58	697	-66%	54%	755
绍兴市	93	737	-64%	57%	830
台州市	186	982	-30%	47%	1 168
温州市	189	1 084	-45%	24%	1 273
舟山市	118	229	-33%	94%	347

4.31 重庆市2020年皮卡车市场分析

4.31.1 市场整体概况

2020年重庆市皮卡车市场销量达到了11 567辆,同比增长26%(见图4-151)。从2015—2020年数据来看,重庆市皮卡车销量整体上呈现增长态势，2020年跨过万辆大关。

图 4－151　2015—2020 年重庆市皮卡车销量（保险数）

从月度销量看（见表 4－139），2020 年 12 个月重庆市皮卡车销量保持相对稳定，除了前两个月受新冠肺炎疫情影响销量稍差，其他月份皮卡车销量都维持在每月 1 000 辆左右。

表 4－139　2015—2020 年重庆市皮卡车分月度销量（保险数）

年份	1月	2月	3月	4月	5月	6月	7月	8月	9月	10月	11月	12月	总计
2015	989	881	1 021	755	611	536	746	673	705	620	641	721	8 899
2016	701	753	883	590	594	621	630	571	642	667	797	731	8 180
2017	771	808	842	640	668	648	650	685	716	753	800	959	8 940
2018	882	765	1 138	789	767	708	714	639	804	779	727	808	9 520
2019	811	753	956	711	579	595	578	579	687	633	855	823	8 560
2020	672	172	1 104	1 183	1 063	1 224	1 119	1 059	1 093	917	946	1 045	11 597

4.31.2　车型结构

从车型结构看（见图 4－152~图 4－155），2020 年重庆市消费者对柴油和汽油皮卡车的需求比为 10∶1，对四驱和两驱皮卡车的需求比为 1.5∶1，对长货箱和短货箱皮卡车的需求比为 1∶1，对宽体和窄体皮卡车的需求比为 1.8∶1。重庆市消费者对柴油、四驱、宽体皮卡车有明显的需求偏好，对长/短货箱皮卡车的需求偏好并不明显。

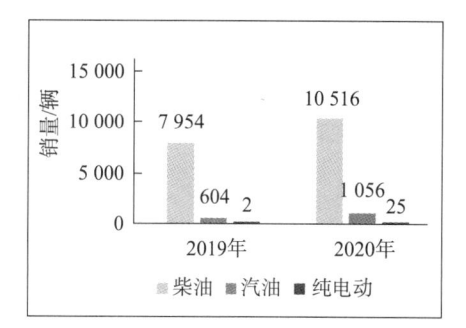

图 4 – 152 2020 年重庆市不同动力类型皮卡车销量

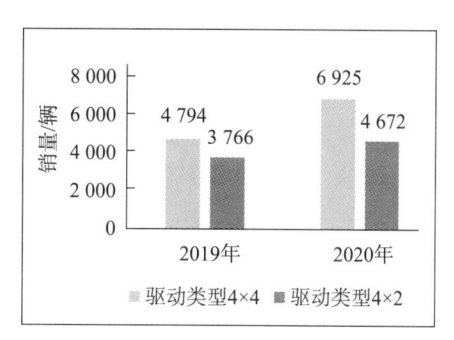

图 4 – 153 2020 年重庆市两/四驱皮卡车销量

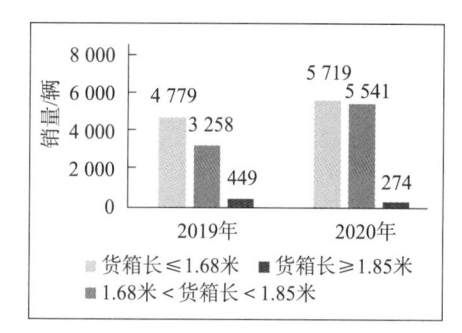

图 4 – 154 2020 年重庆市长/短货箱皮卡车销量

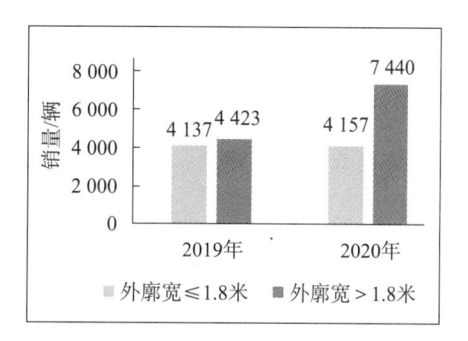

图 4 – 155 2020 年重庆市宽/窄体皮卡车销量

5 国际市场篇

5.1 海外皮卡车市场扫描

全球皮卡车市场规模相对稳定（见图5-1）。2020年全球皮卡车市场销量为507万辆，受到全球疫情的持续影响，同比大幅下滑，是近5年的最低水平。

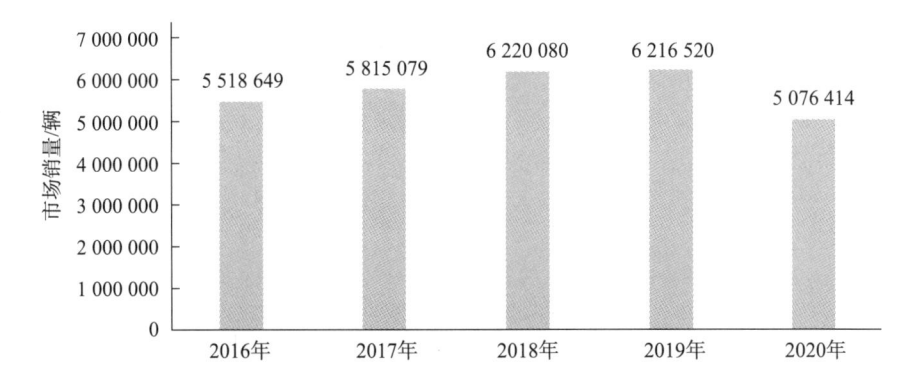

图5-1 2016—2020年全球皮卡车市场销量

从车型级别看（见图5-2），大型及紧凑型皮卡车占据绝对市场份额，当前来看规模相当，小型皮卡车保持平稳态势。中长期来看，紧凑型皮卡车市场规模持续增长并在2018年超越大型皮卡车，占据最大市场份额，成为未来皮卡车市场最大的增量点。

全球皮卡车的市场集中度非常高，市场容量差距悬殊。美国是皮卡车销量最大的国家，每年皮卡车销量将近300万辆，占据全球规模的一半，是当之无愧的皮卡车大国。中国目前皮卡车销量超过40万辆，全球排名第二，但是与美国的市场规模相差一个数量级。之后是加拿大、泰国、巴西、澳大利亚等国家。

全球前十家皮卡车企业销售483.6万辆。根据IHS数据显示，长城跻身全球皮卡车前十品牌销量榜，位列第八（见表5-1）。

	2016年	2017年	2018年	2019年	2020年
大型皮卡车	2 737 908	2 904 505	2 935 049	2 997 484	2 766 610
紧凑型皮卡车	2 511 331	264 209	2 987 399	2 945 237	2 528 150
小型皮卡车	242 418	230 694	247 512	233 628	190 612

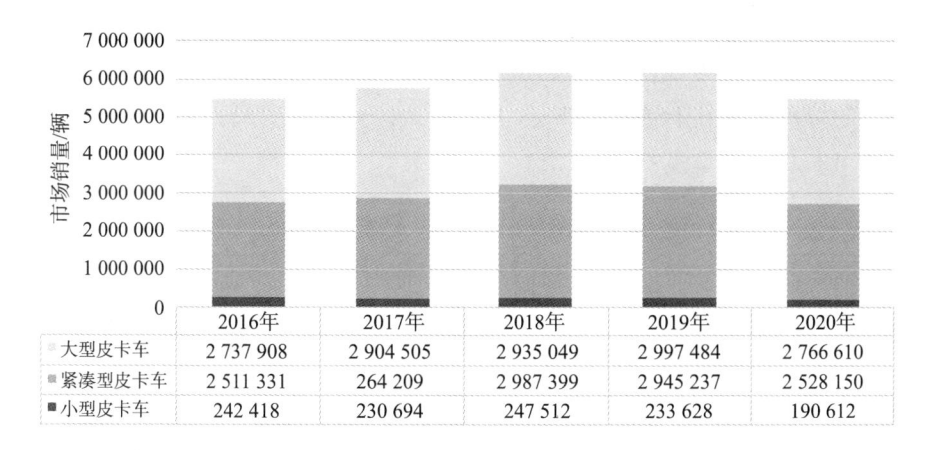

图 5-2　2016—2020 年全球皮卡车型市场销量

表 5-1　2020 年全球皮卡车前十销量排名（按品牌）

品牌	2018 年	2019 年	2020 年
福特	1 351 388	1 424 034	1 273 584
雪佛兰	925 489	876 250	825 732
丰田	928 792	918 877	786 302
Ram	649 842	767 621	681 118
GMC	321 858	333 610	328 057
五十铃	246 234	245 052	234 810
日产	386 791	343 381	226 877
长城	147 849	160 881	208 026
菲亚特	148 465	157 017	145 955
三菱	164 757	163 030	126 466

资料来源：根据 IHS 数据整理。

2020 年销量前十的车型主要还是全尺寸大型皮卡车，排名前三的车型均为全尺寸大型皮卡车（见表 5-2）。福特 F150 凭借其长期以来在北美市场的优势，继续占据全球皮卡车销量第一的宝座。丰田 Hilux 作为丰田的全球车型（除北美外），一直以结实可靠的品质得到各个国家的用户认可，虽然 2020 年销量出现大幅下滑，但是凭借其长期的基础，仍然是紧凑型皮卡销量最好的车型。

福特除了在北美市场凭借 F150 的销量收获颇丰，其另一款紧凑型皮卡 Ranger 的销量表现也是可圈可点，最近三年市场表现非常优异，已经超越老牌皮卡品牌五十铃，成为紧凑型皮卡车销量第二名。

老牌皮卡车五十铃的 D-MAX 虽然在全球销售历史最长，但是销量增长乏力，整体销量没有任何起色。

表 5-2　2020 年全球皮卡车前十销量排名（按车型）

车型	2018 年	2019 年	2020 年
福特 F150	769 622	776 864	658 491
雪佛兰 Silverado	505 828	504 065	488 999
道奇 1500	453 328	539 154	485 120
丰田 Hilux	529 682	524 806	413 545
福特 Ranger	272 290	357 351	320 442
F-250/350 Super Duty	308 338	289 036	294 606
五十铃 D-MAX	279 427	276 548	261 569
丰田 Tacoma	268 492	271 995	255 203
通用 Sierra	212 955	229 447	228 113
长城 Wingle	147 799	160 839	207 997

资料来源：根据 IHS 数据整理。

全球皮卡车市场主要分布在美洲和亚洲两大洲的多数地区，占市场份额的 80% 以上。2020 年皮卡车销售量达 20 万辆以上级别的有美国、中国、东南亚地区、大洋洲地区，以及中南美和西亚、北非等地区，其中大型和中型皮卡车主要集中在北美，小型皮卡车主要集中在东南亚、中南美、西亚、北非、大洋洲、中国和印度。

全球皮卡车数据显示，2016 年至 2020 年期间，全球皮卡车销量在 600 万辆左右。从车型来看，小型皮卡车稳定在 19 万辆左右，约占全球皮卡车市场份额的 3.4%；大型皮卡车销量缓慢增长，2020 年销售约 277 万辆，市场份额为 50%。

大型皮卡车主要以美系福特 F150、雪佛兰 Silverado、道奇 1500 为主；中型皮卡车主要以丰田 Tacoma、日产 Frontier、雪佛兰 Colorado 北美版为主；小型皮卡车主要以日系丰田 Hilux、五十铃 D-MAX、日产 Navara，美系福特 Ranger，中系长城风骏、江铃域虎、江铃宝典，印系马恒达 NC 为主。

紧凑型皮卡车在全球的市场分布均匀，多为功能性需求。与大型及小型皮卡车市场分布集中不同，紧凑型皮卡车市场分布相对均匀，覆盖全球多数国家。与北美大型及南美、欧洲的小型皮卡车不同，紧凑型皮卡车更多地承担了功能性属性。与大型皮卡车市场类似，紧凑型皮卡车市场同样由丰田、福特、日产等主流品牌主导，但竞争相对充分，垄断性弱于大型皮卡车市场，五十铃、三菱等二、三线品牌包括部分中国品牌在内同样可以取得一定市场份额。为满足市场需求，主销产品多为定位于功能性皮卡车的紧凑型产品。

产品投放上多数品牌均仅投放 1~2 款产品，凭借多用途特性来抢占规模最大的紧凑型细分市场份额，如丰田 Hilux、三菱 Triton、五十铃 D-MAX、马自达 BT-50 等（表 5-3）。

表 5-3　紧凑型皮卡车品牌产品

丰田		福特		日产		三菱		五十铃		大众		雪佛兰	
车型	销量	车型	销量	车型	销量	车型	销量	车型	销量	车型	销量	车型	销量
Hilux	341 519	Ranger	193 978	Navara	72 279	Triton	100 586	D-MAX	81 709	Amarok	64 820	S-10	34 724
Tacoma	3 246	Falcon	2 221	Frontier	35 025							Colorado	2 163

（1）丰田皮卡

丰田 Hilux 是全球畅销的皮卡车型，目前在售的第八代 Hilux 是 2015 年在泰国曼谷和澳大利亚悉尼同时推出的。到当年 10 月份，销售终端基本上才开始销售。东南亚一些市场（泰国、老挝、柬埔寨）也采用了新的命名方式"Toyota Hilux Revo"。第八代 Hilux 采用了"Keen Look"的设计语言，该设计语言在丰田卡罗拉上同样采用，其典型特征是修长的前大灯与日间行车灯。第八代丰田 Hilux 配备了自动紧急制动系统（AEB），在安全性能方面有了很大的提升。

第八代丰田 Hilux 同样与 Fortuner、Innova 共享相同的平台，三款车型都采用全新的 ESTEC 柴油发动机，该系列发动机包括 2.4 L 和 2.8 L 两个排量。上一代的 2.5 L 和 3.0 L 柴油发动机仅在个别低端市场采用。汽油发动机仍然沿用上一代的 2.0 L、2.7 L 和 4.0 L，但是也对该系列发动机的双 VVT 进行了更新升级，增加了动力和扭矩。

第八代的 Hilux 在 2017 年 9 月重新引入日本，距离上一款 Hilux 停产已经 13 年。由于 Hilux 是一款中型尺寸的皮卡，超过了日本关于车辆尺寸的规定，因此在日本购买 Hilux 要比一般乘用车缴纳更多的消费税。虽然这样，在上市销售的第一个月，该车辆的原始订单超过了 2000 辆，这样的表现也是非常优秀的。

日本市场的 Hilux 是从泰国工厂进口的，针对日本市场仅有双排四驱车型，而且只有 2.4 L 汽油发动机和 6 速自动变速器。

Hilux 在 2017 年 11 月的泰国车展上展示了首次改款车型，它采用了与北美 Tacoma 相似的前格栅式样，也采用了 LED 的雾灯。同时在泰国市场上还推出了一款特殊版本"Hilux Revo Rocco"，该车型采用特殊颜色的后保险杠，同时配备了 18 寸轮毂和全地形轮胎。

2020 年 6 月，丰田针对部分亚洲市场和欧洲市场推出了第二次改款的 Hilux。第二次改款的车型采用了全车 LED 灯光，同时对 18 寸轮毂造型进行了重新设计，安全配置方面也进行了提升，全系配备了 Toyota Safety Sense。

丰田最近也发布了其高性能版的 Hilux Mako 四驱双排皮卡车，直接与福特 Ranger Raptor 竞争。该版本通过升级后悬挂，从而达到更加强硬的越野性能，其中包括 ARB 可调悬挂，可实现先后悬挂 40 毫米和 50 毫米的升高。为了在与福特 Ranger Raptor 竞争中取得最大的优势，Hilux Maka 还升级了前杠，从而获得更大的接近角。升级前杠还集成了 LED 灯带、红色拖车钩、下护板等。Hilux Mako 的其他特殊越野套件还包括更大的制动器、带有"Mako"标识的侧踏板等。

丰田的 Hilux 在销量上一直是皮卡车的佼佼者，主要还是由于其通过三种不同的车身形式、两种柴油机和四种汽油机，形成了丰富的产品矩阵。同时针对不同市场还在配置上推出低端工具车型，满足工具车用途；还推出了配置更加丰富的 SR5 和 Rougue 配置版本，满足高端市场的家用需求。

丰田 Hilux 在除北美以外的所有国家销售，其中销量最大的是泰国市场，2019 年销量达到 16.5 万辆，创造了有史以来的新高。2020 年由于疫情的影响销量大幅下滑，仅有 10 万台。排在 2~5 位的国家分别是澳大利亚、巴西、南非和阿根廷。从全球地区分布来看，丰田 Hilux 的销量主要集中在东南亚，当然与泰国的销量密不可分，但是菲律宾、马来西亚等国家的销量也是非常可观的；其次是中东、北非地区，由于丰田在该地区进入时间长，有全球最大的丰田经销商集团安利捷，所以该地区的销量也是 Hilux 比较大的一个区域；另外一个比较大的销售区域是南美市场。这三个区域的销量总和占其整体销量的近八成。

丰田 Hilux 没有以官方的形式进口中国，只是有少量的中东平行进口车进入中国市场。但是随着国六排放标准升级，进口国内的平行进口渠道无法满足排放标准，所以目前国内已经没有进口的 Hilux。

（2）福特皮卡

目前在销售上紧随 Hilux 之后的是最近几年增长势头很猛的福特 Ranger。目前在售的福特 Ranger 是一款中型皮卡车，最初是由澳大利亚福特公司设计和制造的。福田这一代的 Ranger 皮卡车平台是与马自达共享的，马自达的 BT50 相当于它的孪生兄弟。福特 Ranger 最初不在美国和加拿大销售，北美地区中型皮卡车市场需求有明显增长趋势后，2019 年 1 月福特开始在这个两个市场销售 Ranger。由于 Ranger 属于中型皮卡车，所以在北美的定位自然在 F150 之下。

福特 Ranger 在全球范围也提供三种车身形式，标准配置是单排，货箱容积为 1.21 立方米。标准双排和排半车型虽然都是五座，但是后门和后排的乘坐空间是有差别的，货箱容积是相同的。无论是两驱还是四驱车型，双排和排半的离地间隙都是相同的。两门的单排皮卡是低底盘车型，但是它提供了 HI-rider 选装套件，可以使其达到四驱版本相同的离地间隙。Ranger 的额定牵引能力为 3 500 千克。

2019 年福特对 Ranger 进行了较大的外观升级，采用矩形中网取代原来的三杠式，而且内饰全新设计，这样使得其与同平台的 SUV 撼路者进一步区别。性能方面也进行了一定程度的升级，例如更新了前悬架的调校，猛禽版增加了 2.0 L 发动机、升级安全功能配置和 SYNC3 影音娱乐系统。

福特 Ranger 目前在全球有多个工厂，最大的是泰国罗勇府的 Autoalliance 工厂，其他还有阿根廷、尼日利亚和南非三个工厂，北美地区的工厂在美国的密歇根州。

福特 Ranger 遵循传统的福特卡车内饰级别命名法，提供 XL、XLS 和 XLT 内饰级别。福特基于其四驱版本，提供了 Ranger Sport，Ranger FX4，Ranger Wildtrak 和 Ranger Wildtrak X，并具有特定于配置的外观。北美版的 Ranger 与 XL、XLT 和 Lariat 具有相似的命名法。FX4 作为四驱车的选件包提供。

福特 Ranger Raptor 于 2018 年在泰国推出，是 2019 年的量产车型。与较大的 F150 Raptor 相似，Ranger Raptor 是为越野驾驶而优化的高性能卡车。2.0 L EcoBlue 双涡轮增压柴油发动机在 Ranger 上首次亮相，该发动机与 10 速自动变速器配对，配备了标准的四轮驱动系统以及升级的底盘和悬架。与 F150 Raptor 一样，Ranger Raptor 的格栅用大写字母"FORD"代替了福特蓝色椭圆形。福特在 2018 年 10 月证实，Ranger Raptor 不会在北美上市，理由是 Ranger Raptor 专为没有 F150 Raptor 的市场而设计；福特还指出，美国对 F150 Raptor 的需求超过了供应。

调研表明，国际皮卡车市场以美国和泰国较为典型，皮卡车渗透率较高。

皮卡车全球第一大市场为美国，2020 年销量 293 万辆，美国市场上汽车品牌销量前十的品牌中前三均为皮卡车品牌，美国皮卡车市场前五的皮卡车企业销量为 276 万辆。

皮卡车的热销与美国的文化也有密不可分的联系。在经历了漫长的汽车史变迁后，皮卡车型已经几乎成为"美国精神"的唯一象征，或者说是最重要的象征之一。在美国历史上，有一个专有词语叫作"Manifest Destiny"，翻译成中文叫作"昭昭天命"。昭昭天命为一个惯用措词，是 19 世纪美国人所持的一种信念，他们认为美国被赋予了向西扩张至的横跨北美洲大陆的天命。昭昭天命的拥护者们认为，美国在领土和影响力上的扩张不仅明显，而且本就是不可违逆之天数。后来所谓的"自由和民主美国梦"，也正是昭昭天命的延伸。从美国汽车发展史来看，这种昭昭天命的自信、乐观和豪迈将"二战"后的美国汽车工业推向了高潮，反映在采用航空风格流动设计的车型风靡，反映在"肌肉车"在那个时代的风靡。而后，随着石油危机和经济衰退，随着上述车型的消失殆尽，这种赋予在汽车上的精神意志开始转移，尤其以皮卡车型为主，当然也包括 Jeep Wrangler、Ford Mustang 和 Corvette 这样继承了"美国精神"的车型。

分析发现，美国皮卡车市场繁荣的主要原因有以下三方面：

第一，人口稀疏和交通便利。美国国土面积 937.3 万平方公里，人口 3.3 亿，人口密度与中国相比，较为稀疏。城市居住环境与中国一、二线城市较相似，但是美国的城市并不限制皮卡车进城，皮卡车既能满足载人需求又能满足进城购物、载货的需求，非常适合住在城市郊区和乡村的用户。并且，美国的交通网络发达，基础设施健全，皮卡车的载人功能、载货功能以及部分牵引功能满足大部分家庭和小企业的需求，如木材、建筑装修材料、小型机械以及农具、农作物的运输等。

得益于美国在 1956 年就开始搭建的高速公路网络和广袤的地域以及宜人多变的自然风光，"公路旅行"是美国人的一种重要的生活方式。这种生活方式的流行开来也间接地促进了皮卡车型的发展。公路旅行对旅途的舒适性提出了很高的要求，而皮卡车作为能运能拖的公路最强交通工具，毫无疑问成为家用出行的首选。所以，现在皮卡车变得越来越舒适，越来越豪华。

换个角度来看，皮卡车型虽然功能全面，但许多皮卡车主在有条件使用其他车型代步的情况下，也会使用油耗更高的皮卡车代步通勤，甚至出现一家几辆皮卡车的情况。这些使用功能上的冗余，就可以说明皮卡车型的受欢迎也不仅仅单一是使用需求的满足，还包括情感需求。

第二，在房屋修理以及工程承包方面，针对私人及小型个体户，皮卡车较其他车型具备更多优势。在美国，由于人工成本高昂，私人及个体户考虑性价比等经济因素之后，购买皮卡车成为最经济的选择方式。因此具备高强度牵引能力和载货量大的美国全尺寸皮卡车受到市场的极大欢迎。

第三，独特的皮卡车文化的发展。随着皮卡车的发展，已培育出成熟的皮卡车改装和皮卡车越野等市场，市场上的皮卡房车、皮卡牵引或者运输皮划艇、沙滩车等特色的改装车型，吸引郊游、水上娱乐等方面爱好者购买。中型皮卡车更偏向于功能型车，因此，中型皮卡车的消费者更看重可靠性、油耗和性价比，也使得日系皮卡车在这个市场占据了相当的市场份额。这个细分市场包括了一大批"刚需人群"，包括北美广大农村使用皮卡车进行农业活动的用户、学校、通信公司、电力公司用来保障维护基础设施的用户等。但这中型皮卡车的市场份额十分有限，约为全尺寸皮卡车的 1/7，换句话说，"刚需"是有限的。

全尺寸皮卡则偏向于豪华车的使用需求。美国消费者对于全尺寸皮卡有两大诉求：第一个是更强的多功能性，即更能拖和更能装；第二个是豪华与舒适，像福特 F450 车型的售价在 49 880 ~ 90 530 美元。

美国人对皮卡车的需求这么大，原因是多方面的。从价格来看，福特 F 系列皮卡车起售价为 22 670 美元，这个价位只能买到例如凯美瑞、雅阁等中型车。在用途方面，皮卡车可谓完胜凯美瑞等中型车。例如，皮卡车非常适合作为美国自建房主运送材料、拉割草机或铲雪机等的机械工具。另外对于爱好度假的美国人来说，皮卡车还能拖载移动房车、游艇或水上摩托等。总而言之，皮卡车几乎是美国车的代名词，轿车、旅行车、越野车、SUV、箱货、小型卡车能干的活，皮卡车都能代替。反观中国，介于政策限制、车位限制、昂贵地价等原因，皮卡车更多的是用于商务运输。

（3）泰国皮卡

泰国作为典型的皮卡车文化盛行的国家，同样值得研究和分析。

2020年泰国1T级别皮卡车销量361 139辆，位居世界第二，市场份额超过40%。相较于中国的面积和人口，泰国国土面积仅仅513平方公里，人口7 000万左右，相当于中国一个较大的省份，然而1T级别皮卡车销量已超过中国市场皮卡车销量（见表5-4）。

表5-4 2020年泰国皮卡车销量排名

品牌	车型	销量
五十铃	D-MAX	154 522
丰田	Hilux	131 151
三菱	Triton	26 213
福特	Ranger	23 415
日产	Navara	15 110
MG	Extender	4 828
马自达	B-Series	2 939
雪佛兰	Colorado	2 691
双龙	Xenon	270

资料来源：根据IHS数据整理。

近几年泰国皮卡车市场一直保持着增长趋势，并连续三年增长，2020年受到疫情的影响，泰国本土的支柱旅游产业受到大规模的影响，导致皮卡车销量大幅下滑。

泰国汽车工业的建立由外资主导，泰国政府以开放的态度与外商合作，欢迎他们到泰国设厂。在泰国政府的政策支持及日系车企的长期布局下，泰国汽车产业蓬勃发展，全球各大知名车企也相继到当地设厂。

目前丰田、日产、五十铃、福特等企业均在泰国当地建有生产线。从2019年泰国1T类型的皮卡车品牌份额来看，日系车型占据85%的市场，其他系品牌如福特、雪佛兰等分享剩余的市场份额。

泰国的皮卡车以日系车型为主，少量的美国皮卡车为辅，而日系皮卡车中又以丰田的Hilux数量最为众多，日产、五十铃、三菱紧随其后，不相上下。

泰国人眼里，皮卡车是他们生活中必不可少的一员，他们选择皮卡车的理由非常简单——实用。皮卡车不但具备了越野车的通过性，还兼具了货车的承载能力，又不失轿车的美观。

泰国流行皮卡车有其特殊原因：一方面，泰国的国土地形较为复杂，冲积平原、丛林、山地等地形互相交叉，再加上泰国的产业结构主要是制造业、城市服务业与旅游业，并且不少制造工厂和旅游景点都集中在道路条件比较差的地方，既可以走烂路又耐用的皮卡车型就获得了泰国人的一致认可，皮卡车成为部分泰国人的刚性需求；另一方面，得益于泰国政府对于皮卡车的税费收取低廉，同时对皮卡车的限制管理也较为宽松，并不限制古董车与改装车的上路，所以相应的皮卡车文化与改装文化非常发达。泰国皮卡车经过简单的改装后，便能载人拉货无所不能，甚至取代了出租车与公交车的功能，经过简单的实用性改装就能使皮卡车型在各行各业发光发热。从中可以看出泰国汽车文化与美日存在明显差别，泰国更注重实用性改装。

除美国、泰国和中国这类典型的皮卡车市场外，国际上还有其他众多特色的皮卡车市场，诸如亚洲的印度、西亚地区，非洲的北非地区和大洋洲的澳大利亚和新西兰，以及南美洲地区，此类地区中、小型皮卡车占据市场主流，这些国家2020年皮卡车市场销量在175万辆左右（见表5-5）。

表5-5　2020年部分国家皮卡车销量

序号	国家	销量/辆
1	加拿大	351 714
2	巴西	284 761
3	澳大利亚	168 798
4	墨西哥	139 938

续表

序号	国家	销量/辆
5	南非	87 493
6	阿根廷	66 890
7	印度	53 072
8	伊朗	50 428
9	智利	42 036
10	菲律宾	40 776
11	韩国	40 153
12	英国	37 224
13	沙特阿拉伯	37 150
14	新西兰	28 675
15	马来西亚	28 109
16	埃及	25 173
17	越南	19 406
18	德国	19 347
19	阿联酋	18 360

5.2　中国皮卡车海外市场表现

相比国内的销量水平，中国皮卡车在海外市场的销量还是一个非常小的体量。最近几年销量有所起色，2020年皮卡车出口量为31 191辆（见表5-6）。

表 5-6　中国皮卡车海外近三年销量

品牌	2018 年	2019 年	2020 年
长城汽车	9 663	11 751	11 104
郑州日产	2 567	2 384	9 179
大通	6 535	7 202	5 539
江淮	2 679	4 239	3 453
福田	4 125	2 600	1 648
中兴	1 336	283	208
江铃	39	126	60
黄海	342	178	0
总计	27 287	28 763	31 191

数据来源：根据 IHS 数据整理。

（1）长城皮卡

长城皮卡的海外销量同样是国产皮卡车企业中最优秀的，始终是国产皮卡车海外销量第一名。近年来，长城汽车全球化步伐走得很快。从此前的俄罗斯图拉工厂投产到 2020 年陆续收购通用的印度与泰国工厂，急速的版图扩张一方面体现出长城汽车进军海外市场的决心，另一方面也是其强大实力的体现。而长城皮卡也正在用日益更新的数据，向全世界表态，表达其将进一步深耕全球市场的野心。

从 1998 年第一辆长城皮卡出口非洲以来，风骏皮卡出口国家既有以伊拉克、利比亚、古巴等为代表的发展中国家汽车市场，也有包括意大利、澳大利亚等在内的发达国家高端汽车市场。据统计，长城风骏皮卡已出口到全球 100 多个国家或地区，是中国皮卡品牌中出口量最大、出口国家最多的车型。

欧洲是我国汽车出口重要的战略市场，能出口到这一地区对汽车品牌影响意义非凡。而早在 2009 年，风骏皮卡就通过 ELV 环保等国际标准认证，成为首款获得欧盟 WVTA 整车认证的中国皮卡车，并在当地广受好评，曾连续数月在意大利夺得单月销量冠军。2012 年，在意大利销售的除了风骏汽油车型，风骏柴油皮卡车也已开始进军该市场。早在 2011 年，长城风骏便批量出口意大利，2 000 台风骏皮卡订单中，其中 1 700 台为风骏柴油车型，全部搭载柴油发动机，达到欧Ⅳ标准，具备欧Ⅴ标准潜力。这次出口，体现了长城汽车自主研发实力得到国际认可，尤其是得到高端汽车市场的认可，标志着风骏皮卡已经能够凭借着良好的性能参与到欧盟主流皮卡车的竞争，意味着长城汽车在进军欧盟的道路上迈出了关键一步。

不仅在意大利，在另一高端的海外市场——澳大利亚，风骏皮卡同样做得相当出色。2009年6月，风骏皮卡进入澳大利亚，使长城汽车成为第一个进入澳洲市场的中国汽车品牌。2010年4月份，风骏皮卡单笔订单量突破1 000台；2010年8月，风骏单排车型成功在澳大利亚上市，销量稳步提升。而继风骏3车型后，长城汽车于2011年3月份又推出了时尚大气的风骏5，进一步丰富了在澳大利亚的车型。此外，在新西兰也有风骏皮卡的身影。在澳大利亚市场，风骏皮卡多为个人采购，主要用于拖拽游艇、拉载个人生活休闲用品等，契合了澳大利亚人自由开放休闲的生活方式。

同国内皮卡车消费者的需求一样，皮卡车在中东、非洲地区主要用于生产资料运输或者军队，因其载人拉货于一体的多功能备受欢迎。在中国的新闻报道中，频频曝光的皮卡车也证实了这一点。风骏皮卡采用日本莫托曼焊接机械手、瑞士著名ABB公司所承接的全自动化生产线等工艺，品质可靠耐用，得到了这一地区消费者的广泛认可，曾获利比亚3 300辆批量采购大单。2011年年初，风骏皮卡再次获得阿尔及利亚油气公司136辆批量采购大单。目前，伊拉克、利比亚、叙利亚、埃及等国家都是风骏皮卡的重要出口地，销量不断攀升。

中、南美洲市场也是长城汽车早期海外开拓的重要市场之一。据悉，2008年风骏皮卡就进入了智利，更获得了古巴政府4 500台采购大单，风骏皮卡的形象还被印制到了古巴当地的货币上，并在乌拉圭、厄瓜多尔、秘鲁等国家都受到消费者的喜爱。在2011年达喀尔拉力赛上，作为哈弗SUV龙腾车队工作车，风骏皮卡从阿根廷的布宜诺斯艾利斯穿越到达智利的最北端，在2012年达喀尔拉力赛场上，风骏皮卡再次陪同哈弗出征，经受严酷的考验。由于风骏皮卡皮实耐用的产品特性，在这些国家，皮卡更多的是作为拉货的致富工具，如参加乌拉圭农业展，备受当地用户的欢迎。

除此之外，在俄罗斯、南非、埃及、毛里求斯、马来西亚、菲律宾等国家或地区，风骏皮卡也获得当地消费者的广泛认可。在南非，风骏皮卡曾在其权威杂志评选中，与丰田、福特一同荣膺"世界三大皮卡"的称号。

"满足当地政策法规是实现出口的最关键出入证",如澳大利亚、意大利对产品品质要求非常严格,汽车出口到这些国家就需要满足 ADR 认证、欧盟 WVTA 认证等各项标准的要求。所以,要从根本上保证产品品质符合当地政策法规要求。而国内皮卡产品从设计之初就秉承全球同步标准设计、开发的产品理念。

长城炮上市后稳居国内皮卡车第一,不仅如此,其在海外的销量也与日俱增,表现同样出色。在澳大利亚,长城炮月销量市场份额为 3%,环比增长 50%,整体排名第八,成为在澳大利亚市场的中国皮卡车销量赢家;值得一提的是,长城炮刚登陆澳大利亚就未售先火,订单一到港,就被消费者和经销商预订一空,在 3 个月时间内意向订单破千。在新西兰,长城炮销量更是高歌猛进,挺进前十,今年 4 月销量同比增长 186%,成为新西兰用户的心头之好。

集高性能、多功能于一身的高端皮卡长城炮在全球市场销量持续攀升,超过了同样在海外上市的上汽大通 T90,稳居中国皮卡车海外销量冠军。而以长城炮为代表车型的长城皮卡,已经连续 23 年取得国内销量、出口销量第一。作为全球化乘用大皮卡,长城炮不但连续多月蝉联中国皮卡车销量冠军,更依托其强劲的产品实力以及对全球市场需求的精准把握,在海外上市短短几个月即获得外媒认可,拿到了多项海外权威媒体大奖。

2021 年 1 月 20 日,长城炮在智利上市仅一个月时间,便斩获素有智利汽车界"奥斯卡"之称的权威大奖——"年度最佳皮卡"。该奖项由智利国家汽车协会主办,是智利汽车界最具含金量的大奖。长城炮凭借其抓人眼球的设计、丰富的安全配置和强大的产品力脱颖而出,创造了首个中国皮卡获得该奖项的历史。

长城炮在澳大利亚参加了权威媒体 Autocar 的年度车型评选活动,击败众多国际皮卡车劲敌对手,获得了挑剔的澳媒的诸多溢美之词,并荣获权威媒体 Autocar 评选的皮卡品类年度最佳车型奖项。Autocar 称赞长城炮是"多功能皮卡的不二之选",并展现出了"令人惊喜的驾驶感受"。

长城炮凭借霸气硬朗的外观设计、出色平顺的动力传动系统以及卓越的智能安全性和技术性能,通过了海外权威媒体的严苛把关,已经具备足够的实力和自信同强劲的国际大牌皮卡车角逐奖项。

长城炮的出现,不仅让挑剔的海外媒体频频点赞,更为海外消费者提供了更多可能,赢得了海外消费者的一致好评,可谓是人气爆棚。长城炮肌肉感十足的车身线条,威猛大气,颇有美式风范,消费者第一眼看到便被其外观惊艳。有用户在试驾过长城炮之后被其科技感和安全性所征服立马下单,他觉得相比其他皮卡车长城炮更显安静舒适。

澳洲当地消费者提车之后就迫不及待地去当地的越野路况一试究竟,不换 AT 胎,直接开启四驱模式。还有消费者认为,即使和朋友的 Range 一起出来越野,长城炮也毫不逊色,福特 Ranger 和日产 Navara 车主对长城炮的性能都感到很惊喜,拖拽重物也是轻而易举,更重要的是在自驾出游途中全家人都有舒适的乘坐体验。

(2)郑州日产皮卡

郑州日产 2020 年的销量增速迅猛。郑州日产海外事业一直秉承着"不做外贸做市场"的理念,联合日产汽车全球销售服务网络,坚持"据点式"网络发展策略,积极铺设其分销网络,建立稳定的分销商合作机制,在前期将更多精力放在网络的培养与售后的保障中,逐步形成了一个健康稳定的全球分销网络。目前,郑州日产已经在全球 20 多个国家(地区)建立了分销商、售后服务网络。

郑州日产依靠自身产品积极开拓海外市场,并且保持稳定的增长。在东风大自主战略中,郑州日产的地位被表述成"尤为重要"。郑州日产将通过自身的实力和不懈的努力,坚持双品牌战略,建立更加完善的海外销售网络,在日产的 LCV 战略和东风的大自主战略中,郑州日产将前所未有地凸显其重要性。

(3)上汽大通皮卡

在我国皮卡车出口市场,早年提前布局的车企虽然能够占据先行优势,但后来居上者也不在少数。其中,有这样一家企业,成立时间只有 10 年,在海外布局时间更短,但旗下皮卡产品自 2017 年上市以来,在海外市场扩张迅速,并且成果斐然,已实现在 48 个国家或地区同步销售。2021 年 1 月份其海外市场销售超 2 000 辆,2020 年海外年度销量更是达到 12 383 辆,彰显了"生而全球"的本色与魅力。它就是上汽大通。

2021 年 1 月,上汽大通 T60 皮卡在澳新和智利市场终端零售销量都在 1 000 辆左右,在当地市场份额分别为 8.6% 和 3.7%,形成新的行业突破。目前,上汽大通皮卡已形成了澳新、美洲、欧洲、东盟、中东的五大核心市场，并在各个市场不断刷新销量纪录，为中国品牌扬帆出海树立新标杆。

面向拥有全球"最高准入门槛、最严苛标准"的澳新市场，上汽大通深知只有高品质的产品和优质的服务才能取胜。因此，上汽大通步步为营，深耕市场，在提升产品品质的同时，不断提高服务能力。努力终有回报，自 2017 年上汽大通皮卡在澳新市场上市以来，连续三年销量蝉联中国皮卡车品牌第一。

与澳新市场的严苛要求不同，中东市场由于特定的地理因素以及战乱等原因，汽车制造业相对而言比较落后，但又需要大量的汽车作为代步工具。此时，皮实耐用、价格低廉并且改装空间大的皮卡车成为当地人的主要需求产品。上汽大通洞悉这一市场需求，凭借高性价比、澎湃的动力性能、强大的越野性和承载能力，迅速抢占发展机遇。2020 年 8 月，发运卡塔尔的 400 辆上汽大通 T60 已在 2020 年 10 月正式交付卡塔尔 Point Junction Company，这是有史以来中国品牌皮卡于卡塔尔市场的最大单一车型订单。而且，达喀尔拉力赛冠军车主 Francisco Lopez 还携手上汽大通 T60 征战 2021 年 1 月沙特达喀尔拉力赛。

除了澳新和中东市场，上汽大通在其他海外市场也取得了令人瞩目的成绩。尤其在智利市场，上汽大通仅进入 3 年时间，累计销量便蝉联中国品牌第一，远超国内进入智利市场 10 年之久的其他中国皮卡车品牌。此外，在美洲市场，全球著名的能源和化工公司壳牌集团也采购了上汽大通 T60 作为服务车。

每个国家和地区的市场都有自己的特点，外来汽车品牌想要站稳脚跟，产品品质、商业模式、产品策略都要符合当地的实际情况。上汽大通皮卡在海外市场能多地开花，离不开"因地制宜"这四个字。

品价比是上汽大通拿下大多数市场的重要因素之一。相比其他品牌，上汽大通车型的品价比更高，品质好、价格低是其核心竞争力。因此，海外市场对上汽大通车型的需求量激增。

如今，上汽大通已获得海外市场 48 个国家或地区用户的认可，也得到了当地媒体的肯定。2020—2025 年，上汽大通计划加速海外市场开拓，持续打造国际化团队、国际化生产、国际化品牌、国家化服务等，重点建设海外区域性产品战略高地，在海外打造出中国汽车品牌新典范。

（4）江淮皮卡

2019年，江淮汽车实现皮卡车出口将近6 000辆，较上年同期增长26%，位居中国品牌出口前三。节节攀升的销量是用户认可的表现，江淮皮卡以高质量的产品力助推品牌向上，进一步提升了在国际市场上的竞争力。

目前，江淮汽车已建立了覆盖南美洲、非洲、中东、东南亚、中亚和东欧130余个国家和地区的营销网络，在巩固和开拓传统优势市场和重点市场的同时，积极布局战略新兴市场，各个细分领域均取得不俗业绩。其中，轻型商用车不断开拓高端市场，皮卡产品形成T6＋T8的产品组合，覆盖柴汽油、左右舵细分市场，在墨西哥、智利、厄瓜多尔、哥伦比亚、委内瑞拉、玻利维亚等多个国家取得了优异的市场表现，规模效益贡献明显。

帅铃T6沿袭了"国际先进、国内领先"的世界级技术动力，在动力科技、智能科技、安全科技、舒适科技等方面有着绝佳的市场表现。帅铃T8集江淮汽车的意大利、日本国际设计中心最新设计元素于一身，作为江淮汽车高端皮卡的主力车型，整车以"高大威猛"为设计诉求，同时增加"电子科技化"配置，气场十足，彰显了高端皮卡车品位。

从国内到海外，江淮汽车能博得广大用户的喜爱，除了有产品技术的支撑，还有对"敬客经营"理念的一贯坚持。为了让当地消费者更好地体验江淮皮卡的优秀产品力，江淮汽车持续开展不同场合、不同形式、不同规模的试乘试驾活动，获得了当地媒体及试乘试驾人员的高度赞赏。

5.3 中外皮卡车产品对比

5.3.1 汽车污染排放标准对比

近期，全球环保问题突发，环保压力加大，全球各国和地区的政府越来越重视对汽车污染物排放的管理，并对汽车在污染排放标准方面的管理上持续加严。2019年，部分地区已出台并实施第六阶段的排放标准要求，同时也开始对第七阶段排放标准的技术条款进行研究。

目前，从各国家和地区实施排放标准的节点和进度看，美国、欧盟、日韩等在2016年已经开始实施第六阶段排放标准要求，其中欧盟、日本、韩国排放要求仍在持续加严，2021年欧盟将升级欧Ⅵ-D。澳大利亚、智利、阿根廷、巴西和伊朗等国家在2016年均已经实施欧Ⅴ，预计将在2022年实施欧Ⅵ；墨西哥2020年实施欧Ⅴ，欧Ⅳ及以下的有泰国、哥伦比亚、秘鲁、菲律宾、越南、马来西亚、印尼、海湾地区、阿尔及利亚、南非、肯尼亚、埃及等国家和地区（见表5-7）。

表5-7 主要国家或地区排放水平实施时间（不包括中国）

现排放水平	市场	2016年	2017年	2018年	2019年	2020年	2021年	2022年	备注
欧Ⅵ	欧盟	欧Ⅵ-B		欧Ⅵ-D TEMP			欧Ⅵ-D		升级欧Ⅵ-D
	美国	US EPA Tier 3（2017—2025）/California LEV Ⅲ							无升级趋势
	日本	JC08（欧Ⅵ）		WLTP		WLTP			
	韩国	欧Ⅵ-B			欧Ⅵ-D（2018.09）				升级欧Ⅵ-D
欧Ⅴ	澳大利亚	欧Ⅴ					欧Ⅵ		升级欧Ⅵ
	俄罗斯	欧Ⅴ					欧Ⅵ（全面实施）		升级欧Ⅵ
	智利	欧Ⅴ					欧Ⅵ		升级欧Ⅵ
	阿根廷	欧Ⅴ							无升级趋势
	巴西	L6（欧Ⅴ）			L7				升级L7
	伊朗	欧Ⅴ（CBU欧Ⅴ，KD欧Ⅳ）			欧Ⅵ-B（CBU欧Ⅵ-B，KD欧Ⅴ）				无升级趋势

续表

现排放水平	市场	2016年	2017年	2018年	2019年	2020年	2021年	2022年	备注
欧Ⅳ	泰国	欧Ⅳ							无升级趋势
	墨西哥	欧Ⅳ				欧Ⅴ			升级欧Ⅴ
	哥伦比亚	欧Ⅳ							无升级趋势
	菲律宾	欧Ⅳ							无升级趋势
欧Ⅲ	秘鲁	欧Ⅲ		欧Ⅳ					升级欧Ⅳ
	阿尔及利亚	欧Ⅲ							无升级趋势
欧Ⅱ及以下	越南	欧Ⅱ		欧Ⅳ			欧Ⅴ		升级欧Ⅴ
	海湾地区	欧Ⅳ							无升级趋势
	马来西亚	欧Ⅱ		欧Ⅳ					升级欧Ⅳ
	南非	欧Ⅱ				欧Ⅳ			升级欧Ⅳ
	印尼	欧Ⅱ				欧Ⅳ			升级欧Ⅳ
	肯尼亚	欧Ⅱ							无升级趋势
	埃及	无排放要求							无升级趋势
	其他国家	欧Ⅱ							无升级趋势

中国皮卡车企业出口市场主要是东南亚、海湾地区、南美洲、澳洲和非洲部分国家或地区，这些区域排放水平普遍为第四阶段和第五阶段标准要求，多数地区采用的欧盟的排放标准，东南亚部分国家如越南等地也承认中国的排放标准。

受全球温室效应影响，各国开始在制定污染物排放标准的同时，启动了碳排放标准的制定，逐步加强对温室气体排放源的控制。

欧盟最早制定汽车碳排放标准，随后各国也开始制定。从表5-8中的数据看，欧盟、韩国、泰国、南非、澳大利亚、海湾地区等均出台了有关碳排放的政策，并与税费关联，原则上对超出标准限值要求的车辆征收超额的税费。如在阿尔及利亚销售的柴油车型，2.5 L 及以上排量的柴油车的税额是 2.5 L 排量以下的 3 倍，因此，小排量汽车和新能源汽车在这些地区更具竞争优势。

受碳排放政策影响，全尺寸皮卡车在已出台碳排放标准的地区受到很大的限制，中小型皮卡车则成为当地更具优势的产品，如在泰国、澳大利亚等地，以日系为代表的中小型皮卡车成为当地市场的主流。

表 5-8 部分国家或地区 N1 类（皮卡车）燃油限值对比

国家/地区	2015 年	2016 年	2017 年	2018 年	2019 年	2020 年	对车企影响
欧盟	100% 满足 175 g/km（6.7 L/100 km）					147 g/km（5.6 L/100 km）	增收税费
欧盟	欧盟考核企业平均 CO_2 排放量，2020 年前是 175 g，之后是 147 g，超出则增收税费，其计算方法是（超出值 × 95 欧元）× 销量						
韩国	在销售时贴碳排放标签					待定	影响销售
韩国	5 级	4 级	3 级	2 级	1 级	待定	影响销售
韩国	≤9.3 km/L	11.5~9.4 km/L	13.7~11.4 km/L	15.9~13.8 km/L	≥16 km/L	待定	影响销售
泰国	限值为 200 g/km（7.6 L/km），超出限值双排按泰国终端售价多征收 3% 消费税					待定	增收税费
南非	双排 CO_2 税：排量≥3 000 cc，（175 + 0.05 × 排量 - 120）× R90；排量 < 3 000 cc，（120 + 0.05 × 排量 - 120）g × R90；单排皮卡商业运营用途，可向 SARS 税务局申请返还 CO_2 税					待定	增收税费
澳大利亚	在销售时贴碳排放标签，184 g/km 为平均值					待定	影响销售
海湾地区	粘贴油耗标签并以车队为单位计算燃油消耗量					待定	影响销售
海湾地区	差	及格		良	优	待定	影响销售
海湾地区	≤9.99 km/L	10.5~11.09 km/L		11.6~12.09 km/L	≥12.1 km/L	待定	影响销售

中国汽车标准主要分为强制性国家标准（GB）、推荐性国家标准（GB/T）、汽车行业标准（QC/T）。强制性国家标准主要分为主动安全、

被动安全、一般安全、节能与环保（见表 5-9）。

表 5-9 国内汽车强制性标准明细

分类	主要项目
主动安全	照明与光信号装置、操控、制动、转向、轮胎
被动安全	约束系统、碰撞、防火
一般安全	视野、指示器、结构与防盗
节能与环保	排放、噪声、燃料经济性、电磁兼容、回收再利用再制造

与国外先进国家相比，中国汽车尾气排放标准起步较晚、水平较低。中国从 20 世纪 80 年代初期开始采取了先易后难分阶段实施的具体方案，其具体实施共分 6 个阶段（见表 5-10）。

表 5-10 中国汽车尾气排放标准

排放阶段	实施时间
第一阶段：GB 18352.1—2001《轻型汽车污染物排放限值及测量方法（Ⅰ）》	2001 年 4 月 16 日
第二阶段：GB 18352.2—2001《轻型汽车污染物排放限值及测量方法（Ⅱ）》	2004 年 7 月 1 日
第三阶段：GB 18352.3—2005《轻型汽车污染物排放限值及测量方法（中国Ⅲ、Ⅳ阶段)》	2007 年 7 月 1 日
第四阶段：GB 18352.3—2005《轻型汽车污染物排放限值及测量方法（中国Ⅲ、Ⅳ阶段)》	2012 年 7 月 1 日
第五阶段：GB 18352.5—2013《轻型汽车污染物排放限值及测量方法（中国第五阶段)》	2017 年 1 月 1 日（汽油） 2018 年 1 月 1 日（柴油）
第六阶段：GB 18352.6—2016《轻型汽车污染物排放限值及测量方法（中国第六阶段)》	2021 年 1 月 1 日

国六排放标准 a 阶段于 2021 年 1 月 1 日开始实施，重点地区已于 2019 年 7 月 1 日实施，b 阶段将于 2023 年 7 月 1 日开始实施。"国六 a"相当于"国五"与"国六 b"的过渡阶段，而"国六 b"是真正国六排放标准。"国六 a"相比"国五"标准限值仅 CO 下降，增加了 N_2O 项，其他均无变化；"国六 b"的排放标准比"国六 a"更加严格，"国六 b"

相比"国五"标准限值除了 PN 和 N_2O，其他指标均有下降。新标准的实施主要是为了改进催化转化器中的催化剂，改进燃油系统密封性等（见表 5-11）。

表 5-11 "国五"与"国六"限值对比

项目	CO/(mg/km)	THC/(mg/km)	NMHC/(mg/km)	NO_x/(mg/km)	N_2O/(mg/km)	PM/(mg/km)	PN/(个/km)
国五	1 000	100	68	60	无此项	4.5	6×10^{11}
国六 a	700	100	68	60	20	4.5	6×10^{11}
国六 b	500	50	35	35	2	3.0	6×10^{11}
国六 a 与国五比较	下降 30.00%	无变化	无变化	无变化	新增	无变化	无变化
国六 b 与国五比较	下降 50.00%	下降 50.00%	下降 48.53%	下降 41.67%	新增	下降 33.33%	无变化

对于汽车企业而言，国六排放标准成为史上最严格的排放标准，主要表现在 8 个方面：

a. 测试循环不同。对车辆冷起动、加减速度以及高速负荷状态下的排放进行全面考核，覆盖了更大的发动机工作范围，对车辆的排放控制性能进行更严格的要求。

b. 测试程序要求不同。用更加严格的测试要求，避免实验室测试数据与实际使用不一致，但是在实际使用中却有不尽人意的现象发生。

c. 限值要求加严。相比国五排放标准，国六排放标准的限值更加严格；"国五"阶段汽、柴油车采用不用的限值，而国六排放标准根据燃料中立原则，对汽、柴油车采用相同的限值要求。

d. 新增加实际道路行驶排放。首次将排放测试转移至实际道路，要求汽车既要在实验室测试达标，还要在市区、郊区和高速公路上以正常行驶状态利用便携式排放测试设备进行尾气测试，能够有效避免排放作弊行为。

e. 加严蒸发排放控制要求。国五排放标准下，估测汽油车单车年平均汽油挥发 8.8 千克左右，国六排放标准对汽油蒸发排放控制提出了严格要求，同时还要求车辆安装油气在线回收装置，增加对加油过程的油气控制。

f. 增加排放质保期的要求。在 3 年或 6 万公里内,如果车辆的排放装置出现故障,导致排放超标,由汽车生产企业承担相应的维修和更换零配件的所有费用,保障车主权益。

g. 提高了低温试验要求。国六排放标准较国五排放标准的一氧化碳和碳氢化合物限值更加严格,同时还增加了对氮氧化合物的控制要求,有效控制冬天车辆冷起动时的排放。

h. 引入了严格的美国车载诊断系统控制要求,全面提升对车辆排放状态的实时监控能力,能够及时发现车辆排放故障。

5.3.2 "国六"与欧Ⅵ标准对比

中国实施排放标准的进程比其他发达国家要滞后,但国六排放标准是基于全球技术法规并引入了欧盟标准和美国标准制定的一个全新的技术标准。"国六 b"比"国五"严苛了近 50%,也是国内排放标准第一次超越欧盟排放标准。

在汽车排放污染物中,"国六 b"除了 CO 限值与欧Ⅵ标准持平以外,THC、NO_x 和 PM 排放限值均低于欧Ⅵ标准(见表 5-12)。

表 5-12 "国六 b"与欧Ⅵ排放限值对比

标准	CO/(mg/km)	THC/(mg/km)	NO_x/(mg/km)	PM/(mg/km)	PM/(个/km)
国六 b	500	50	35	3.0	6.0×10^{11}
欧Ⅵ	500	100	60	5.0/4.5	—

除了排放限值,"国六"相比欧Ⅳ标准在试验方法上也不同,主要体现在欧Ⅳ汽油车使用老式的 NEDC 测试方式(问题测试排放结果会比实际排放结果低),欧Ⅳ柴油车使用新式的 WLTP(测试结果更为精准),而"国六"柴、汽油车均同欧Ⅳ柴油车使用同样严格的测试方法。

在全球汽车燃料消耗量法规不断严格的背景下,轻型商用车燃料消耗量的控制也势在必行。国内,最新版《轻型商用车辆燃料消耗量限值》进一步强化了排放标准,并于 2018 年 1 日起开始实施,只针对新认证车型、在产车型 2020 年 1 月 1 日开始实施。新标准的发布与实施将有助于实现我国 2020 年轻型商用车新车燃料消耗量水平比 2012 年至少下降 20% 的目标。

新修订的标准分别对以汽油、柴油为燃料的不同类型的轻型商用车按整车整备质量设定了64个燃料消耗量限值,其中,N1类(轻型货车)汽油车型燃料消耗量限值最低为5.5 L/100 km,柴油车型燃料消耗量限值最低为5.0 L/100 km(见表5-13)。

表5-13 轻型商用车第三阶段单车燃料消耗量值

整车整备质量 (CM)/kg	汽油/(L/ 100 km)	柴油/(L/ 100 km)	整车整备质量 (CM)/kg	汽油/(L/ 100 km)	柴油/(L/ 100 km)
CM≤750	5.5	5.0	1 540 < CM≤1 660	8.3	7.3
750 < CM≤865	5.8	5.2	1 660 < CM≤1 770	8.7	7.6
865 < CM≤980	6.1	5.5	1 770 < CM≤1 880	9.1	7.9
980 < CM≤1 090	6.4	5.8	1 880 < CM≤2 000	9.6	8.3
1 090 < CM≤1 205	6.7	6.1	2 000 < CM≤2 110	10.0	8.7
1 205 < CM≤1 320	7.1	6.4	2 110 < CM≤2 280	10.6	9.1
1 320 < CM≤1 430	7.5	6.7	2 280 < CM≤2 510	11.1	9.5
1 430 < CM≤1 540	7.9	7.0	2 510 < CM	11.7	10.0

我国的燃料消耗量测试方法主要参照欧盟排放标准的方法,由4个城市循环和1个高速循环组成,整个过程历时20分钟,市区的最高车速是50 km/h,高速路上最高速度是120 km/h。

据能源与交通创新中心介绍,中国、欧盟及日本的燃料消耗量标准都是基于车重,标准随着车重增加而降低。而美国燃料消耗量标准是基于脚印面积(四车轮之间的面积),标准随着车身变大而降低。欧盟于2015年后开始向以脚印面积为基础的标准过渡,后续中国也有可能改变标准。

美国燃料消耗量法规的评价方法是CAEF(Corporate Average Fuel Economy,企业平均燃油经济性)法,包括55%的城市道路循环(FTP75)和45%高速公路行驶巡航(HFET)。以每个制造企业每年各车型的销量占其总销量的百分比作为加权系数,乘以该车型车辆的燃油经济性,再将各车型的加权燃油经济性总和加起来,得到该企业的平均燃油经济性,此值应满足当年相应的CAEF限值要求(见表5-14)。

表 5-14 美国 CAEF 限值

年份	CAEF 限值/(g/mile)	年份	CAEF 限值/(g/mile)
2012	346	2019	277
2013	337	2020	268
2014	326	2021	249
2015	312	2022	237
2016	298	2023	225
2017	295	2024	214
2018	285	2025	203

欧盟燃料消耗量法规的评价方法是消减 CO_2 排放，目前皮卡车燃料消耗量指标 CO_2 限值为 147 g/km。汽车燃油经济性计算方法如下式所示：

$$FE = \frac{0.866 \times HC + 0.429 \times 0.429 \times CO + 0.273 \times CO_2}{K}$$

公式中 FE 为车辆燃油经济性；汽油车 K = SG/0.1154，柴油车 K = SG/0.1155（SG 为燃油的实测比重，单位为 g/ml）；HC、CO 和 CO_2 的单位为 g/km。

国内汽车安全标准主要对标欧盟的 ECE 汽车标准进行制定，欧盟 ECE 汽车标准具有严谨全面的特征，同时又根据我国实际现状以及道路和车辆的实际情况进行制定（见表 5-15）。

表 5-15 中国与欧盟、美国、澳大利亚的碰撞安全标准项目清单

国家/地区	主要碰撞安全项目（强制性）
中国	GB 11551—2014 汽车正面碰撞的乘员保护（100%） GB 20071—2006 汽车侧面碰撞的乘员保护（90°） GB 11557—2011 防止汽车转向机构对驾驶员伤害的规定
欧盟	ECE R94 正面碰撞乘员保护（40%） ECE R95 侧面碰撞乘员保护（90°） ECE R127.02 机动车辆对行人碰撞保护 2019/2144/EU 前部保护系统 ECE R12.04 碰撞中转向装置对于驾驶员的保护 ECE R29.03 商用车驾驶室强度
	预计后期实施项目： ECE R135.01 侧面柱碰乘员保护（75°） ECE R127 扩大的头部碰撞区域 ECE R34 后碰 2019/2144/EU 倒车检测

续表

国家/地区	主要碰撞安全项目（强制性）
美国	FMVSS 203 驾驶员免受转向控制系统伤害的碰撞保护 FMVSS 204 转向控制装置的向后位移 FMVSS 208 正面碰撞乘员保护（100%，40%，±30°） FMVSS 214 侧面碰撞乘员保护（27°）、侧面柱碰撞乘员保护（75°）、侧门静压强度 FMVSS 21 六 a 车身顶板抗压强度 FMVSS 219 风窗玻璃区的干扰 FMVSS 226 弹出缓解 FMVSS 301 燃料系统的完整性（正碰、侧碰、后碰、静态翻滚后考核） FMVSS 305 电动车辆电解液的溅出和电击保护（正碰、侧碰、后碰、静态翻滚后考核） 预计后期实施项目：行人保护
澳大利亚	ADR 72/00 动态侧碰（90°） ADR 85/00 侧面柱碰（75°） ADR 10/02 转向保护

目前中国关于皮卡车的主要碰撞安全标准包括：《汽车正面碰撞的乘员保护（100%）》《汽车侧面碰撞的乘员保护（90°）》《防止汽车转向机构对驾驶员伤害的规定》。预计 2024 年《汽车对行人碰撞保护》《商用车驾驶室乘员保护》也将纳入碰撞安全标准要求。目前最新版《C-NCAP 中国新车评价规程》只针对乘用车有要求，并未提到皮卡车。

GB 11551—2014《汽车正面碰撞的乘员保护》主要参考 ECE 汽车标准制定，其中速度 56 km/h 下的 40% 偏置碰撞没有采用，而是采用的美国 56 km/h±2 的 100% 重叠正面碰撞。碰撞车辆行驶路线与壁障夹角为 0°，Hybird Ⅲ 50 百分位男性假人放置在前排驾驶位及其外侧位置，Hybird Ⅲ 5 百分位女性假人放置在驾驶员座位之后的后排座位的左侧位置，P 系列儿童假人放置在后排座位最右侧，车辆行驶速度为 50 km/h，规定的碰撞伤害指标如下：

a. 头部性能指标 HPC 应不大于 1 000，并且头部合成加速度大于 80 g 的时间累计不应超过 3 ms，但不包括头部反弹；

b. 胸部压缩指标 Thcc 应不大于 75 mm；

c. 大腿性能指标 FPC 不大于 10 kN。

《汽车正面碰撞的乘员保护》同样对汽车的结构、整备质量、乘员舱的空间尺寸、汽车制作工艺及材料等各方面做进行了严格的规定，同时也规定了安全带的安装使用规则和安全气囊在身材矮小乘员及妇女儿童身上的使用规则。

ECE R94《正面碰撞乘员保护（40%）》相对于中国的《汽车正面碰撞的乘员保护（100%）》更加科学与谨慎，主要体现在以下几方面：

a. 碰撞方式：我国碰撞试验是完全性的刚性壁面碰撞，欧盟是各种材料堆层碰撞，由上到下各部分的碰撞壁面的硬度不同，更好地模拟实际过程中汽车与汽车的碰撞。此外欧盟的正面碰撞还包括环柱碰撞和斜面碰撞，而这些在我国正面碰撞安全法规中未提到。

b. 碰撞伤害指标：我国规定的腿部指标为大腿压缩力指数 FPC 不大于 10 kN，而在欧盟法规里规定的是小腿压力指标不超过 8 kN，且膝关节滑移不超过 15 mm。

c. 儿童乘坐安全：我国法规对于儿童乘坐安全，只提到安全气囊在儿童身上的使用规则，其他并未进行说明；在欧盟法规中，非常详细地规定了对于儿童安全座椅的安装方式及相关注意图标不可缺少。

d. 车辆合格认证要求：我国车辆在对于车辆正面安全碰撞只要求有国家出示的安全保证书即可，欧盟法规中不仅要对车辆进行定期抽检，一旦发现相关的安全隐患，必须出示相关的证明。

GB 20071—2006《汽车侧面碰撞的乘员保护》参考欧盟标准制定，主要区别在于欧盟安全法规相比中国更全面一些，更多地考虑到非对称的车型应该额外增加侧面安全碰撞。《汽车侧面碰撞的乘员保护》主要的性能指标如下：

a. 头部性能指标 HPC 应小于或等于 1 000；当没有发生头部接触时，则不必测量或者计算 HPC 值，只记录"无头部接触"。

b. 胸部性能指标：肋骨变形指标 RDC 应小于或等于 42 mm；黏性指标 VC 应小于或等于 1.0 m/s。

c. 骨盆性指标：耻骨结合点力峰值 PSPF 应小于或等于 6 kN。

d. 腹部性能指标：腹部力峰值 APF 应小于或等于 2.5 kN 的内力（相当于 4.5 kN 的外力）。

美国的 FMVSS 214《侧面碰撞乘员保护（27°）》与 ECE R95《侧面碰撞乘员保护（90°）》主要通过以下几个方面进行对比（见表 5 – 16）。

表 5-16　FMVSS 214 与 ECE R95 对比

项目	FMVSS 214	ECE R95
碰撞方式	移动变形壁障运动方向与静止的试验车辆横向成 27°角，碰撞表面与试验车辆纵向中心面垂直	移动变形壁障运动方向及碰撞表面均垂直于试验车辆纵向中心面
碰撞速度	53.9 km/h	(50±1) km/h
移动变形壁障	1 356 kg	(950±20) kg
假人类型和位置	在撞击侧的前后排座椅上各安放一个 SID 侧面碰撞假人，均系安全带	在驾驶员侧的撞击侧前排驾驶员座椅上安放一个 Euro SID 侧面碰撞假人，系安全带，推荐使用 ES-11 型假人
伤害指标	胸部伤害指标 TTI≤85 g（适用于有四个侧门的乘用轿车，任何多功能乘用车、卡车和公共汽车）或 TTI≤90 g（适用于有两个侧门的乘用轿车）；骨盆峰值横向加速度≤130 g/s	同上述 20071—2006《汽车侧面碰撞的乘员保护》指标相同
试验车重	空载质量 + 136 kg	空载质量 + 100 kg

5.4　中国皮卡车出海形势分析

随着全球大力推广新冠疫苗接种，各国经济活动复苏在即，包括皮卡生产企业在内的中国企业出海也迎来全新的形势。在 2021 年 5 月 19 日举行的"加速提升中国企业国际软实力"研讨会上，来自中国国际贸易促进委员会和领英中国的专家对中国企业出海的三大挑战、海外人才招聘趋势和后疫情时代的机遇进行了解读。

中国贸易促进委员会研究院副院长路鸣对界面新闻等媒体表示，尽管中国企业参与全球化的深度在不断提高，但与西方国家的企业相比还存在三大不足：第一是经验不足；第二是创新能力还有待提高；第三是国际化人才短缺。在人才方面，路鸣强调，中国的民营企业早先大都由老一代创始人创办，他们在早期没有国际经验，都靠自己摸索，如何培养、锻炼并引进新一代国际化人才成为新的难题。

而对于人才本土化的挑战，中国企业可以从在中国的外资企业身上学习。路鸣指出："改革开放以来，外资企业在中国发展非常迅猛。现在中国的外资企业负责人已经大多是中国人了。这也意味着西方一些企业善于利用本土人才从事企业的经营管理。中国企业在这方面还做得不够，中国公司在海外，绝大部分还是中国派过去的高管。"小企业应在前期选准渠道；一些外国政府，特别是州政府设有中国办公室，还有专业的投资机构，这样的机构是企业获取信息，对外开展投资"走出去"接洽的第一步。

海外人才的新趋势，领英中国人才解决方案总经理王茜在研讨会上强调，中企在海外人才方面的主要挑战就是打造雇主品牌，让对方知道"你是谁"。人才进来后，企业有没有了解当地文化，完成价值观融合，打造具有包容性的文化，也是留用人才的关键。

根据调查发现，中企出海招聘方面出现三大趋势：

一是需求量最大的还是技术性人才。新冠肺炎疫情期间，更多海外华人和外籍人士希望加入中国企业，特别是自动驾驶领域，中国的人才聚集可排在全球第一。

二是企业出海当地的管理人才实现加倍增长，说明中国企业越来越能够用当地的人才管理当地的企业。

三是语言类人才需求大量减少，原因是企业招募了更多当地人才，不再需要语言类人才进行交互，同时企业也拥有了更多科技手段克服语言难题。

中企最急需的是了解不同国家法律法规的人才，帮助中企出海时规避法律法规政策带来的风险。

从具体行业来看，高科技企业以及高端制造业、能源或者电子仪器这样的传统企业都开始布局数字化转型。疫情之后与之前相比，更多人工智能、机器人、医疗健康领域的企业也开始加大出海步伐。

关于外界所警惕的后疫情时代逆全球化的思潮，以及全球化和逆全球化的关键，在于企业是不是关注打造品牌公信力。不论上层政治如何变化，品牌信誉度都是在国际化市场运行的根本。很多企业已经从过去的单纯做产品、卖产品和服务宣传，转移到如何使企业的产品和品牌更加可信赖。

5.5 中美关系对皮卡车出海的影响分析

中美贸易战发生的背景非常复杂，从短期来看，近年来中国在大数据、人工智能、互联网等众多高端产业方面有迎头赶上的趋势。以互联网企业为例，在全球前 20 的互联网公司中，美国 8 家，中国 7 家，中美两国占据整个互联网产业的半壁江山。在全球前 10 的独角兽企业中，中国和美国各占一半。美国的 5 家独角兽企业主要集中在汽车交通、旅游、航空航天、企业服务领域，而中国的 5 家独角兽企业主要集中在汽车交通、金融、智能硬件、本地生活领域。特别是"中国制造 2025"的制定与发布，让美国感觉到自己在制造业尤其是技术创新领域的龙头地位岌岌可危，甚至霸权地位也可能因此而摇摇欲坠。因此，遏制中国的技术进步，尽力阻止中国技术、经济的全面崛起成为美国的战略选择。2017 年 10 月在美国举行的 301 调查听证会上，被提及最多的就是"中国制造 2025"。

从长期来看，美国对中国商品贸易常年表现为逆差。以 2017 年为例，美国对中国的商品贸易逆差为 3 752 亿美元，比 2016 年上升 8.1%（282 亿美元）。美国对中国的商品出口为 1 304 亿美元，比前一年增长 12.8%（148 亿美元）。同期，美国自中国的进口额为 5 056 亿美元，增长了 9.3%。2017 年，中国是美国第三大商品出口市场，美国对中国服务出口额约为 560 亿美元，自中国的服务进口额为 176 亿美元，美资控股公司在中国的服务销售额为 552 亿美元，中资控股公司在美国的服务销售额为 57 亿美元。

根据历史经验，中美两国间贸易争端的直接原因是两国间贸易的不平衡，而贸易不平衡主要由以下原因造成：一，美元的"特里芬难题"是导致美国贸易逆差的内在原因。如果美国不放弃美元国际货币功能，仅仅依靠削减从其他国家的进口规模和本国的再工业化战略，美国贸易平衡问题仍然难以从根本上得到化解。二，美国的贸易赤字与其自身"制造业空心化"密切相关。目前造成中国对美国商品贸易巨大顺差的根源之一在于中国还处于工业化时期，而美国已经进入后工业化时期。美国经济逐渐向金融和服务业转型，制造业岗位不断向海外转移，而美国本土只保留研发与设计等价值链上游产业。三，美国贸易逆差是国民低储蓄文化、高消费习惯长期累积的必然结果。四，全球价值链和产业链的垂直分工和横向转移加大了中国对美国贸易顺差。美国对中国逆差实质上反映的是对出口产品整个价值链和产业链相关的所有国家和地区的逆差。五，现行国际贸易统计制度和中美两国在统计方式上的差异在一定程度上夸大了中国对美国的贸易顺差。六是美国对中国实行高新技术产品出口限制也扩大了美国对中国的贸易逆差。这是长期存在的问题，由全球价值链上两国的分工格局决定，只要分工格局不变，则贸易不平衡的局面不会改变，无法通过单纯的贸易政策调整消除。

因此，本次美国发动贸易战还有其他更本质的原因。首先，让更多的资金回流美国。增加美国工人就业自然是美国前总统特朗普的目的之一，也是其兑现竞选口号"美国优先""Make America Great Again"的主要步骤，但他的目的并非仅限于此。他清楚地知道，由日益庞大的"双赤字"导致的巨额负债不仅使美元资金回流困难，而且再度触发金融危机的风险也非常大。因此，美国必须缩减资产负债表，并极力促使美元资金回流。通过打击国际资本对中国投资的方式促使近期、远期的美元资金回流，这在很大程度上可以迫使那些迄今为止对减税等措施反应并不积极的跨国企业重新思考其投资方向。

实际上，特朗普首次提出的总值500亿美元对中国加征关税的领域，不再是中国具有传统比较优势的中低端制造业产品，而主要是"中国制造2025"中计划发展的高科技产业，包括航空、新材料、新能源汽车、精密机械等等。显然，挑起贸易争端不过是手段，其真实目的在于遏制中国产业结构的优化和产业调整升级，遏制中国高端制造业的发展，以延缓、打击中国崛起的进度。

其次，迫使中国更大程度地开放，尤其在资本市场向美国资本开放，扩大资本在全球范围内更加自由地流动。在2017年美国提出的"百日计划"清单早期的十项内容中，一半以上涉及货币金融领域或者服务贸易领域，如信用评级服务、跨境结算、电子支付服务、银行业、债券结算等等。迫使中国更大规模地开放货币金融市场，在获取巨额收益的同时，继续牢固美元在国际货币体系中的霸主地位，将中国的货币金融发展控制在美元体系当中，这也是美国对中国竞争战略的核心目标。

本次贸易战有三个显著特点：第一是全面性。与往年中美贸易纠纷不同，本次中美贸易战具有强烈的全面性特征，并且集中体现在2018年3月22日美国贸易代表处发布的《对中国关于技术转让、知识产权和创新行为与政策的301调查结果》中，农业、制造业和服务业三大产业在美方报告中均有涉及，具体包括畜牧业、采掘业、金属冶炼、车辆制造、电子支付服务、银行服务业、保险服务业、证券和资产管理服务、电讯服务、法律服务、云计算服务、网络过滤和屏蔽以及数据隐私加密等众多领域。在以往贸易摩擦中，美国一般只针对某一产业或者某一类产品，根据历史数据来看，主要选择农业、国防工业和国内的幼稚产业等，而现在则针对任何对美国可能产生威胁的产业领域，比如数字经济、创新技术产业等。

第二是深入性。"提高额外关税的可能税率，旨在为政府提供额外的选择，以鼓励中国改变其有害政策和行为，同时采取政策，为所有公民带来更公平的市场与繁荣。"（源自2018年8月2日美国贸易代表罗伯特·莱特海泽关于301条款行动的声明）在产品贸易和服务进口方面，美方指责中方对其产品提出了不切实际的标准要求，并通过行政手段严格控制美方优势产品进入中国市场，限制进口美方产品和服务的种类、数量及市场份额，阻碍美方企业同中国国内企业的正常市场竞争，违背WTO承诺。

其中在政策实施方面，美方指责中国政府进行了广泛的国家干预行为：一是强制和未经授权地利用国外知识产权和技术以谋取商业利益；二是对降低外资市场准入门槛的承诺并未兑现，仍然存在对外资的歧视性政策。例如在限制外资股本上限和合资要求、对大量的投资延续逐案行政审批制度和执行过于宽泛的国家安全审查机制的同时，给予国有企业格外宽松的政策环境和优先权，对美资企业的产品和服务造成不便。在法律制度方面，一方面对相关法律及执行过程中的可预见性、公平性和透明度表示担忧,与贸易有关的法律、规定和其他措施的发布缺乏公开渠道,在制定新的贸易相关法律时缺乏符合 WTO 标准的通知—评议程序。另一方面,除了透明度问题,这份报告也对包括行政许可、竞争政策、非政府组织的待遇、商业争议解决、劳动法以及土地使用等方面的法律提出了强烈不满。在长期战略方面,美方认为,"中国制造 2025"是表面上为了通过更先进科技来提高社会生产力,象征着中国对"自主创新"采取的不断发展和日渐成熟的做法,但是最终目标是通过一切可能的手段,包括以损害外国产业及技术为代价在中国市场上用中国取代外国的技术、产品和服务,以便为中国公司主导国际市场做好准备。

自中美建交以来,虽然合作是中美经贸往来的主流,但贸易摩擦也从未缺席。中美建立经贸关系之初,两国便围绕纺织品贸易展开博弈。综合本次贸易战美方观点,从 301 调查报告来看,很显然中美双方贸易和经济纠纷不是主要问题,真正的核心是技术、服务业和"中国制造 2025"。美国 301 调查报告非常清楚、明显地表明,美国要改变的是影响中国战略发展的制度性层面因素。随着中美实力对比发生变化及双边经贸摩擦增加,美国对中国的不满更加集中在中国不充分的自由市场经济体制问题上,具体包括中国的产业政策、国企政策以及不完善的知识产权保护体系等方面,特朗普政府寻求中国在体制上发生根本性改变。从对中国的影响范围上看,这一次贸易战远超以往任何一次贸易纠纷,不仅仅局限于经济领域,而扩展到政治领域和社会制度领域,涉及中国的生产资料所有制结构、政治体制和国家主权。在时间框架上看影响更加深远,会影响中国未来数十年的发展道路和方向。因此,本次中美贸易战具有前所未有的深入性。

第三是长期性。从近期贸易战发动者的立场来看,美国主动降低高关税停止贸易战的概率非常低。关税作为政府干预市场的手段,体现出既得利益集团的集中利益,而实施后所产生的经济成本则需要几乎全社会成员分散承担,因此提高关税容易而降低关税十分困难。美国前总统特朗普于 2018 年 8 月 13 日签署《2019 财政年度国防授权法案》,军费总额达 7 163 亿美元,再创阿富汗和伊拉克战争以来各年新高,这被外界视为拉开对华冷战大幕的标志性法案。其中针对中国的内容包括:扩大对台军售和军事援助规模,协调日本、澳大利亚和印度的军事合作,对中国对美国直接投资 FDI 的更加严格的安全背景审查,禁止政府采购中国厂商提供的电子产品以及孔子学院提供的中文课程服务。从长期两国经济和贸易结构来看，中国与贸易伙伴在某行业全球价值链分工地位越接近，中国与该贸易伙伴发生贸易摩擦的频率越高，体现在相关行业的贸易摩擦数量越多；中国某行业的相对全球价值链参与度越高，该行业的相关贸易摩擦越容易得到解决，体现在贸易摩擦的持续时间越短。因此，随着中国制造业在全球价值链上的赶超与攀升，中国与美国贸易摩擦的加剧有着内在的必然性，并且这个摩擦将呈现常态化、长期化、复杂化的趋势。从未来货币走势看，美元仍处于自 2014 年以来的加息进程之中，近期美联储重申加息以一步提振美元。同时，受全球情绪影响，资金继续流入美元，助力美元指数持续走高并达到 13 个月以来高点。历史上每一次的美元大幅走高都会紧接着新兴市场的崩盘，而这一次从本质上来说与以往并无区别。为避免基础设施投资断崖式下滑，支持政府债券发行，中国国内需要有充足的债券市场流动性，因此加息难度较大。因此美联储加息与美元走强使中国等新兴市场面临控制资本外流和保住本币汇率的两难选择：从历史经验看，在不采取其他措施的前提下，若采取资本管制，仅能在短期内降低资本外流的速度，但是在长期内无法改变甚至反而会加强资本外逃的预期；如果采取紧缩政策以保住汇率，又会导致本国经济活力下降、经济增速放缓，甚至在特定时刻使资本市场面临明斯基时刻，导致本国资产价格暴跌的严重后果。

中美贸易战主要手段还是关税和限制出口两个手段。由于中国皮卡车基本上是紧凑型的，与美国的全尺寸大皮卡车的需求差异巨大，所以中国皮卡车没有将美国作为出口市场，关税问题不会对皮卡车的出口有影响。

6 自主研发篇

6.1 中国皮卡车技术应用现状

当前,新一轮科技和产业变革方兴未艾,引发新一代信息技术与制造技术的深度融合。在此过程中,汽车正由百余年前典型的机械产品,逐步演变为机电一体化、智能网联化的高科技产品,呈现出与能源、材料、电子、信息等相关产业紧密相连、协同发展的趋势。未来汽车产业和技术将发生深刻变革,其中低碳化、信息化、智能化技术的不断进步,将催生全新的产品形态与商业模式,进而推动整个汽车产业格局和生态的重构。

汽车产业和产品涉及的技术种类繁多、异常复杂,且各种技术相互交织、彼此影响,必须通过综合研究和深入分析,进行系统梳理和准确识别,才能确定具体的关键技术领域,明确细分技术的发展目标和优先级,为汽车技术的发展指明方向,进而形成集中优势资源重点攻关、加快推进核心技术的良好态势。

近20年来,中国汽车产业发展迅猛,总体技术水平有了很大的提升,同时仍有明显的不足。经过多年发展,中国汽车产业的整体技术水平显著提升,自主研发能力不断提高,汽车产品取得了长足的进步。总体上我国汽车技术水平呈现稳步提升的态势,业已基本形成了不断取得各领域的重点突破,初步掌控了部分关键技术,对前沿技术也有所布局的格局。当然,我国汽车技术仍有不足,如自动变速器技术尚在攻关,汽车电子电气技术还有很大提升空间,整车集成优化能力需要进一步提升,新能源汽车技术也无国际优势等。整体技术水平的提升,与各关键技术领域的进步密不可分,其中,在先进动力总成、动力电池及动力电机、燃料电池动力系统和整车轻量化等关键技术领域,近年来我国都在不同程度上取得重大突破,部分技术接近或达到了国际先进水平。当然,我国仍在诸多核心技术领域或几项关键技术上相对落后,如发动机新型燃烧技术应用不足，能量管理技术尚待突破，自动变速器尚待大规模产业化检验，电子电气关键零部件与核心技术多为外资掌控，混合动力技术尚需系统性整体提升，三元电池先进技术多由日本企业把持，智能网联技术有待实质性突破且关键部件还受制于人等。

我国汽车工业起步较晚、基础薄弱，我国尚不是汽车强国，汽车技术与世界先进水平相比还有明显差距，具体体现在研发能力、创新体系和工业基础等方面。

（1）技术研发能力明显进步但仍存差距

经过几十年的努力，特别是改革开放以来的快速发展，我国汽车技术的自主研发能力已有明显提升。但是，总体来看，与国外先进水平相比仍有一定差距，表现在科技人才、研发投入、知识积累等方面。从科技人才方面来看，随着汽车产业的蓬勃发展，国家及行业对汽车科技人才培养的重视程度日益提升，中国汽车科技人才的数量和质量都有很大进步，汽车行业工程技术人员的人数及其在行业从业者总数中的占比连年增长。但是，由于汽车人才培养周期长、中国汽车产业起步晚，目前中国汽车产业的科研人员和工程师仍然以中青年为中坚力量。与国外相比，经验丰富的资深工程师数量严重不足，整体人才结构偏向年轻化，经验普遍欠缺，"科技人才的差距仍是制约行业整体研发能力的突出问题之一。

从研发投入方面来看，中国汽车产业的研发投入总量连年提高，研发投入在营收中的占比总体上也呈增长态势，但无论从研发投入总量还是其占营收的比例上看，中国与汽车强国相比都还有一定差距。

从知识积累方面来看，目前多数主流自主品牌车企已经初步建立较为完善的汽车技术基础数据库，既包括大量的技术参数与数据，也包括丰富的技术标准与规范等，同时也基本形成了较为完整的产品开发流程。但必须清醒地看到，自中国汽车产业第一轮合资起，中国现代化汽车技术积累不过20年，而西方汽车产业发展自工业革命以来已经有100多年的历史和积累，双方的差距仍很明显。

（2）技术创新体系初步形成但有待完善

汽车技术需要前瞻性的创新研究，更需要面向产业化的开发应用，因此多领域、多学科和多方面的协同创新至关重要，而分工明确环环相扣的技术创新体系是支撑核心技术不断突破的动力源泉，也是把握历史机遇、实现后来居上的关键因素。

目前，中国汽车产业初步形成了包括政府、行业、企业以及高校等研究机构在内的技术创新体系。在国家层面，以"中国制造2025"及相关落实文件为指导纲领，以不断完善中的汽车产业标准法规与政策体系为亟须保障，以"互联网+"和"大众创新、万众创业"营造创新环境，以国家科技计划和产业技术创新工程为支撑，围绕重大战略需求，逐渐形成创新体系。在行业层面，多行业的跨界合作与行业内的交流协同也呈现日趋紧密的态势，产业技术创新联盟和共性技术研发平台等创新机制正在发挥越来越大的作用。在企业层面，创新主体地位得到充分肯定，加强技术攻关成为多数主流企业的共识。在研究机构层面，高等院校和科研院所的学术成果数量也明显增加。

然而，汽车强国的技术创新体系更为完善，整体上仍先于我国。例如：美国汽车研究理事会创新平台分为公共、行业和企业三级，通过合理的管理架构有效联通产、学、研、用各方力量；德国的国家科技创新体系通过政府的有效引导和行业组织、科技中介的纽带作用，广泛联通了科研系统、企业、高校等各方面资源，使技术从基础研究、应用研究到产业化研究真正连接成为一个完整的链条。

经济社会可持续发展要求汽车技术协调发展。当前，汽车产业在中国经济社会发展中的地位越来越重要，建设汽车强国的需求日益迫切，急需汽车技术的有力支撑。同时，汽车保有量的增长也带来了能源、环境、交通、安全等问题，这些问题又倒逼汽车技术必须加快发展。首先，汽车产业在中国经济社会发展中具有重要地位，这一战略定位要求汽车技术必须加速发展，以支撑产业的可持续发展，具体体现在四个方面。第一，汽车产业是中国国民经济的重要支柱产业。如果汽车技术始终滞后，中国无法建成汽车强国，难以实现汽车产业的可持续发展，势必动摇汽车产业的支柱地位，对国民经济发展造成严重影响。第二，汽车产业是中国工业化与信息化深度融合的重要交汇点。规模庞大的汽车产业涉及面广，集成度高，资金、技术、人才高度密集，是未来中国两化深度融合的最强需求、最佳载体和最大平台，也是中国推进"中国制造2025"、建设制造强国的龙头和抓手，具有带动、引领整个制造业抢占未来战略制高点的核心地位。信息化技术的全面介入及其与工业化技术的深度融合使汽车技术有了全新内涵，也给汽车技术的发展提出了新的需求。第三，汽车是未来中国高端制造业输出的重要支点。中国未来的工业产品输出将从劳动密集型的轻工业制品逐渐向技术密集型的高端制造业产品转变，在不断进步的汽车技术支撑下，日益增强的汽车产业有望成为中国输出高端制造业的又一战略选项。第四，汽车是中国城镇化进程的重要战略支撑。汽车作为可以自由移动的交通运载工具，能够真正实现全"面"联通，这与未来中小城镇星罗棋布于若干中心大都市周围的城市集群规划相得益彰。在此前景下，汽车技术亟须加快发展，持续完善产品性能和质量并不断提升信息化、智能化程度，方能适应未来智能交通体系和智慧城市规划的需求，有效发挥自身在城镇化进程中的重要作用。

6.2 中国皮卡车新能源技术

（1）节能汽车技术

推动汽车低碳化方向发展进程，通过技术进步和重点产品的推广，汽车产业碳排放总量先于产业规模，在2028年提前达到峰值。新车油耗水平达到国际先进水平，形成自主、可控、完善的节能汽车产业链，具有知识产权的自主产品份额不断提升。掌控包括先进动力系统、高效传动系统，多种混合动力以及轻量化、低阻等共性技术在内的节能汽车关键技术。至2020年，乘用车新车平均油耗达到5 L/100 km，商用车新车油耗接近国际先进水平；2025年，乘用车新车平均油耗达到4 L/100 km，商用车新车油耗达到国际先进水平；2030年，乘用车新车平均油耗达到3.2 L/100 km，商用车新车油耗与国际领先水平同步。

（2）新能源汽车技术

在稳步提升的新能源汽车技术支撑下，新能源汽车逐渐成为市场上的主流产品，汽车产业初步实现电动化转型。全面掌握高能量密度动力电池、高效驱动电机、先进电控系统、全新整车平台以及低成本燃料电池等新能源汽车关键技术，并达到国际先进水平。以技术突破为支撑，推动新能源汽车销量不断提升，助力中国汽车产业低碳化进程。至2020年，新能源汽车销量占比达到7%以上；2025年，新能源汽车销售占比达到15%以上；2030年，新能源汽车销量占比达到40%以上。

在可预期的未来，传统内燃机汽车仍将占据汽车产品的主要份额，因此节能汽车仍是未来汽车产品的重要形态之一。提高节能汽车在传统动力汽车中所占比例，推广先进节能技术在汽车上的应用，推动其不断向低碳化方向发展，也是汽车产业降低能源消耗、减轻环境污染、最终实现低碳目标的重要保障。

（3）纯电动和插电式混合动力技术

新能源汽车有助于国家能源结构调整，最终确保汽车产业的绿色、和谐发展，代表了汽车的发展方向。当前，纯电动和插电式混合动力汽车已经是产业化推广的重要产品，也是未来10~15年内新能源汽车逐渐成为汽车产品主流的关键所在。

（4）燃料电池汽车技术

燃料电池汽车具有零排放、零污染的特点，是氢能清洁能源应用的重要领域之一，代表着人类能源结构"脱碳入氢"的发展方向。

6.3 中国皮卡车智能化技术

中国智能网联汽车技术不断发展，产生一系列原创性科技成果，并有效普及应用，使中国在该领域能够逐渐引领全球趋势。逐步掌握智能网联汽车领域内的车辆感知、决策及控制关键技术，信息交互关键技术，以及高精度地图与定位等基础支撑关键技术，依托我国较为强大的信息产业实力和全球最大的汽车产业规模，加速在汽车领域实现信息化与工业化的深度结合，有效形成发展合力，推动汽车技术信息化、智能化发展。至2020年，实现以自主环境感知为主、网联信息服务为辅的部分自动驾驶，驾驶辅助/部分自动驾驶车辆市场份额约占 50%；2025 年，实现 V2X 协同控制、高度/完全自动驾驶功能，高度自动驾驶车辆市场份额约占 15%；2030 年，完全自动驾驶车辆市场份额接近 10%。

智能网联汽车在新一轮技术变革和产业重构的前景下，打造全新智能汽车生态圈的核心，这也是实现汽车产业与技术转型升级的重要支撑。

中国皮卡汽车产业发展报告
(2020—2021)

7 企业访谈篇

（按照企业首字母排序）

7.1 安徽江淮汽车集团股份有限公司轻型商用车营销公司皮卡营销公司总经理助理储昭庆

1. 江淮皮卡有着扎实的技术积累和市场表现，请问对于 2021 年的销量目标是如何计划和定位的？

2021 年，江淮皮卡销量目标确保 2 万辆，持续巩固中国中高端皮卡领军品牌地位。

2. "十四五"开局之年，国家对于乡村振兴和新基建的扶持和推动力度很大，江淮皮卡针对这一变化，在营销策略和布局上会有哪些调整？

皮卡是未来汽车行业风口业务，更是江汽集团重点战略业务，是江汽集团大力发展并全力实现突破的业务。今年以来，国家对于乡村振兴和新基建的扶持力度越来越大，江淮皮卡将全面转型，以用户为中心，基于用户思维开发产品并开展营销活动，提高用户满意度；通过组织变革和加大渠道建设与网络下沉力度，重点在云、贵、川、渝等为代表的重要农村市场实现发力；着力打造悍途高端品牌，形成高、中、低端全面出击。

3. 悍途作为高端品牌，是否预示着江淮皮卡将进一步向高端化、乘用化迈进，包括产品在内，未来有什么具体计划吗？

悍途品牌，是江汽集团在和德国大众深度合资合作赋能背景下，基于江淮汽车 56 年造车经验和品牌向上的战略规划，以中国皮卡消费群体的升级需求为导向，倾力打造的高端皮卡品牌。未来，江汽皮卡在合适的时机，不排除将悍途升级为子品牌，作为江淮皮卡的专属品牌。另外，悍途车型涵盖商用版、乘用版、越野版，目前上市的是商用版车型，今年将推出越野版车型——悍途山猫版，年底自动挡车型正式量产，2022年还会推出乘用版车型和大排量车型。通过完善悍途高端化、乘用化、定制化、智能化产品矩阵，持续打造悍途高端品牌形象。

4. 江淮皮卡今后在产品"新四化"上会有哪些创新？

①高端化：动力高端化，主要是柴油大排量和柴汽油高功率车型两年内量产投放，满足高端用户使用场景需求；

②智能化：实现 L2＋级别的智能驾驶，通过搭载 ADAS（高级驾驶辅助系统），满足用户智能驾驶需求；

（3）定制化：实现大规模定制化生产交付，用户通过江淮悍途专属 App 定制下单，工厂专属生产交付，满足用户多样化需求。

5. 请您预测一下 2021 年皮卡行业销量会呈现怎样的增长态势？有何依据吗？

2021 年皮卡行业销量预计将稳步增长，达到 45 万辆规模。主要依据是：

①全国 20 多个地区先后发布皮卡解禁政策，皮卡解禁城市不断增多，解禁版图范围扩大；

②2021 年上半年以来，国家对于乡村振兴和新基建的扶持不断加码，对于经济型工具皮卡市场形成利好；

③皮卡产品乘用化、智能化、高端化趋势越来越明显，皮卡商乘两用，良好的越野性能使得皮卡的使用场景进一步扩大，原来的工具车形象得到一定程度的颠覆，潜在用户群体得以拓宽，对部分轻卡、微卡、微面甚至是 MPV 和 SUV 都有一定的替代作用；

④国内皮卡文化越来越浓厚，皮卡消费理念和消费环境不断趋于利好。

7.2 长城汽车皮卡品牌总经理崔晓辉

1. 国内皮卡车市场呈现持续增长的态势，请您预测一下 2021 年皮卡市场会向什么方向发展？

从 2016 年开始，皮卡解禁试点工作的逐步铺开激活了皮卡车市场。当前，国家相关政策的调整、新基建力度的加大、人们消费习惯的改变，特别是一些特殊场景的应用需求，促进了皮卡车市场向利好的方向发展。所以说 2021 年的皮卡市场应该是呈现向好的趋势，产销量预计在 50 万辆左右，销售数据预计在 42 万辆左右。作为长城皮卡车，今年依然还是确保不低于 50% 市场占有率的目标。

2. 长城皮卡在业内起到引领作用，请问在自主创新的大潮中，长城皮卡当前和未来会有哪些创新举措？

首先，长城皮卡拥有在皮卡车行业中的地位，离不开技术的支持和创新。长城皮卡一直致力于通过核心技术在皮卡车行业中发挥引领者的作用，推动国内皮卡车行业的发展。为了持续实现这一目标，我们在技术的研发和储备上一直没有停止脚步。比如全新的动力总成，包括 2.4 L 的柴油发动机、3.0 L 的汽油发动机，已经迭代为现在的 2.0 L 升级产品；变速器方面，我们自主研发的 9HAT 变速箱，包括未来的混动路线相关成果都会应用到长城皮卡上；另外在全新的非承载平台上，我们会对后续产品进行优化和迭代。

其次是长城皮卡在产品造型上的创新。这点可以说在皮卡车行业中有一定的竞争力和创新力。通过我们不断与外部资源的沟通与合作，加上和用户之间的共创，我们的皮卡车产品更贴近用户，更适合用户的使用场景。

再次是服务体系的创新。比如我们现在在致力打造 7 天×24 小时的服务体系，在我们全国的各个 4S 店以及销售网点都在持续地推动这项服务，让我们的用户可以在全国范围内都可以享受到无忧的服务。

3. 在 2021 年上海国际车展上，长城皮卡有几款改装（加装）车非常受欢迎。请问推出这类皮卡的初衷是什么？对于皮卡车定制化的未来您怎么看？

在今年的上海国际车展上，我们与外部资源合作推出了几款改装（加装）皮卡车，主要源于在和用户的交流和沟通中发现，很多人都有这种需求，但用户自行改装后没有合法的路权。所以针对这一问题我们和包括运良在内的外部资源进行交流和尝试，做一些合法性的改装（加装），同时又可以满足用户的个性化需求和用车场景。据我们了解，皮卡的定制化在用户中还是有需求的，包括货箱在内的车体，经过定制化的处理，可以满足不同的用车场景。虽然我们在不断探索，但毕竟改装会有一定的风险，所以我们不会进行无限制的改装，而是根据用户的使用场景和需求，在高端化产品上进行一些定制化处理，形成个性化、定制化的一类皮卡产品。

4. 长城皮卡对于类似越野赛事的参与，更关注哪些方面？

我们都知道，皮卡车会经常参加越野赛和拉力赛，因为这类赛事可以体现皮卡车的性能和动力，对于品牌传播有很大帮助。实际上我们所关注的汽车文化要看欧美汽车发展史，它有很多不同级别、不同等级的赛事，体现车辆的各种性能，并且起到社交的作用。其实在汽车的赛事中，用户真正能参与其中并不容易。如果是长城汽车参与相关赛事，更为关注三点：首先，我们要考虑到能不能实现用户之间的传播；其次，用户在参与活动中是否会得到身心的愉悦，以及实现皮卡文化的传承；再次，用户参与其中，能不能通过体验皮卡车，感受到皮卡车是一种好玩、有趣的车型，从而关注和喜欢皮卡车。

5. 请问您对皮卡车行业主管部门有什么建议吗？

其实，我们希望各地方政府能够给予皮卡车相应的鼓励政策，同时长城汽车也会助力解决地方政府的一些担忧，比如皮卡车与乘用车、普通客车、货车如何区分的问题。我们当前也在积极地响应国家号召，积极推进皮卡车标准的建立。一旦标准推出，也有利于各地政府对皮卡车的道路管理和相关政策制定。我们认为，皮卡车属于汽车行业的增量市场，特别是疫情过后人们对于休闲、娱乐等需求和消费习惯也发生了变化，而皮卡车既能载货又能载人的特性，可以满足出行出游的需求，对于整个行业的发展还是有一定的推动作用的。

7.3 长城皮卡风骏营销总监崔明

1. 2021 年，从国家层面将对乡村振兴和新基建加大投入力度。那

么，长城皮卡针对这一变化，在营销布局和策略上会有哪些变化？

日前，全国已有 27 个省市区公布了 2021 年重点项目的投资规划，总投资额超 19 万亿元。投资方向主要集中在两新一重，两新是指新型基础设施建设、新型城镇化建设；一重是指交通、水利等重大工程建设。拥有多用途属性的皮卡车将是不二之选，其不仅可以轻松运载各类工具、燃料以及人员，而且还具有全路况的适应能力和皮实耐用的产品特性。

长城皮卡针对这一变化，坚持以冠军品质铸就冠军产品，在同等价位的车型中无论从配置、动力、还是品质上都更具优势，这也让风骏皮卡常年位于皮卡车销量榜前列，成为创业载货最实惠的选择。在基建行业，长城风骏皮卡同样拥有良好口碑。未来，将联动新基建行业，以长城皮卡强大产品力助力大型基建项目建设，为国家发展贡献力量。

另外，在促进乡村振兴方面，长城皮卡继续推行服务下乡，切实解决乡镇、农村用户购车、用车、养车难题，让农村朋友放心用好车。同时还将开展一系列下乡活动，联动当地政府、龙头企业等，开展民营企业帮扶行动，让长城皮卡服务于民生，助力当地经济发展。

2. 长城皮卡在自主品牌阵营中的知名度和地位很高，在自主创新上有哪些成果？

大家都知道，长城传奇，始于皮卡。长城皮卡自诞生以来，已连续 23 年获得国内、出口销量第一。我认为长城皮卡的创新成果表现在三方面：

第一，产品的创新。助推皮卡车行业发展，在以拉货运输为主的 1.0 工具车时代，长城诞生迪尔车型；在乘商兼用的 2.0 时代，长城皮卡进行产品革新，相继上市风骏 5、风骏 7 等车型；2019 年，长城炮诞生，开启中国皮卡 3.0 乘用化时代。

第二，技术的创新。风骏及长城炮搭载发动机为长城自主研发，并获得"中国心"十佳发动机，同时长城皮卡也是国内首家同时拥有柴、汽油"国六"产品的皮卡品牌。

第三，服务的创新。依托于全球 2 500 多家销售服务网点，长城皮卡一直致力于打造全球乘用化服务新标准。同时，开展无忧服务中国行活动，上门服务，解决用户用车问题。

3. 长城皮卡的风骏系列会有哪些新品推出？

长城风骏，始终致力于打造中国民生第一车和中国商用皮卡领导者，一直响应政策打造真正满足用户需求，而且皮实耐用的专业产品。未来，长城风骏也将根据用户的需求推出多款车型。比如可以拉更多货物的长货箱版本，以及可以使货箱得到更充分利用的平槽货箱版本。同时我们还将在产品上进行更新升级，并且针对具体的行业，打造更适合某一行业的优质产品，比如针对新基建、农林牧副渔等行业打造相应的产品，满足各种不同需求的用户。

4. "自主创新车魂"是在 2011 年提出的，如今已有十年时间，您对于这六个字作何理解？

我认为，这六个字含义颇深。作为自主品牌引领者，长城汽车一直在创新，引领行业发展。以长城皮卡为例，23 年销量第一、"中国每卖出两台皮卡，就有一台是长城"、开创乘用皮卡新品类、全球前五、全球累计用户突破 190 万等等成绩，都是我们自主创新的成果。正如魏总之前所说，"未来的理念在变，从关心造好车，到更关注人和关注用户的出行体验；未来的格局在变，走向全球的不仅是产品，不仅是价值，更是新的价值观"。在这个随时在变的时代，如果不创新，被颠覆的可能就是我们。所以，自主创新是一个永恒的话题。

我觉得，只有保持自主创新，我们才能真正掌握话语权，真正带领中国皮卡品牌走向全球，真正跟国际的主流皮卡品牌进行正面竞争，让世界看到中国皮卡的力量；未来，我们将不忘初心，以用户为中心，进行自主创新，为全球用户带来更优质的产品。

5. 您针对《中国皮卡蓝皮书》的内容方面有哪些建议吗？

首先，我对《中国皮卡蓝皮书》表示肯定，这是一部实用的学术成果和工具书。另外，借此机会，对于皮卡车行业我也有以下的一些建议：

首先，共同推动皮卡的全面解禁，让皮卡这种多用途车型满足更多用户的需求。长城汽车近年积极推动中国皮卡文化发展、促进皮卡协会成立、皮卡分类标准制定，并发起多场皮卡解禁活动。

其次，我认为专业的皮卡产品才是用户真正需要的，所以未来的皮卡产品应该是皮实可靠的，包括动力、底盘、通过性、实用性等。

再次，皮卡乘用化是大势所趋，呼吁行业共同推进皮卡乘用化发展，遵循市场规律打造符合用户需求的产品，形成良性的市场秩序，共同推动皮卡乘用化发展，反哺皮卡解禁政策的推进。

最后，厂商携手媒体共同打造良好的舆论环境，共同普及皮卡文化，让用户真正爱上皮卡车。

7.4 长城皮卡长城炮营销总监程辉

1. 长城炮名字的由来是什么？

长城炮的命名，其精神内核在于三个单词：第一个单词是 Power，代表力量，也代表着动力性能非常好，也可以理解为长城炮开起来很有 Power；第二个单词是 PK，我们希望对于产品会有更多的用户、粉丝关注和参与，为品牌注入更多的精神内核，与已有的观点和精神内核进行 PK，迸发出更深层次、更创新的精神内核；第三个单词是 Perfect，我们倡导一种城镇化的、极致的生活方式。

因此，长城炮并不是一个单纯的定义解读，而是综合性的品牌内涵，代表着一种全新的品类。另外，长城炮本身的名字就利于大家的传播，其精神内核更是与用户的内心诉求产生了同频和共鸣，进而扩大品牌的影响力和口碑，让更多的用户和消费者关注、喜欢和认可品牌和价值。

2. 2020 年全国皮卡销售超过 40 万辆，而长城皮卡的销量占据了近一半，咱们是如何做到的？

大家都知道，2020 年的中国汽车市场受到了国内外多重因素和大环境影响，但是皮卡车市场相对而言还是比较好的。比如说去年国内皮卡车市场上险量有 40 多万辆，而长城皮卡取得了 22.5 万辆的业绩，也印证了业内常说的一句话：中国每卖出两台皮卡就有一台是长城。

2020 年，长城皮卡取得了近 50% 的市占率，今年前几个月的市占率已经超过了 50%。这也说明了用户对长城皮卡的信赖和信任。之所以有这样的业绩有很多方面的因素。以长城炮举例，长城炮的推出开创了中国皮卡 3.0 多用途时代。而提到 3.0 时代，就需要简单说一下中国皮卡车市场大概经历的三个阶段。1.0 时代比较代表性的包括长城迪尔，属于纯工具车；2.0 兼用时代，主要以商用和工具车为主，会兼顾部分乘用的功能；中国皮卡的 3.0 时代，我认为是多用途时代，而长城炮就是在 3.0 时代开创了一个全新的品类，这个品类也可以理解为乘用化皮卡品类。所以说，2020 年长城皮卡有着高销量和市占率，长城炮作为全新的品类也对业绩起到了支撑的作用，从而带动了长城皮卡市场份额从 30% 左右提升到 50%。

3. 长城炮作为新品类，"新"在哪里？

目前，长城皮卡基于两大系列同步发展，分别是风骏系列和长城炮系列，以满足不同的消费需求和不一样的用车场景。特别是炮系列，推出了越野炮、商用炮、乘用车等细分品类。比如越野炮，就是针对越野爱好人士而设计的，配置和功能都可以满足这类用户的需求；针对家用、出行的需求，推出全球化智能大皮卡乘用炮；再如商用炮，所偏向的人群就有所不同。除了品类细分，在配置上，炮系列搭载的"中国心"十佳发动机、8AT 的变速器、两驱和四驱、柴油动力和汽油动力、长轴和短轴、长货箱和短货箱等，从产品序列上都可以满足用户对用车的多种诉求，将产品进行细分。

长城炮既然开创了新品类，在很多方面也是全新的。首先是乘用化智能化。我们有 L2 级别的自动驾驶，首次在皮卡车上量产应用；在驾驶模式上，越野炮有 7 种驾驶模式可以切换。当然，我们还有更多全新配置应用在皮卡上。像高端 SUV 的一些电子化设备在长城炮上都有所应用和体验，以超强的产品实力来赢得用户的信赖。

第二，就是媒体和用户的自传播。用户对我们的产品喜爱之后形成良好的口碑，老用户就会自然而然地带来新用户，形成裂变和联谊的传播。

第三，高销量也离不开完善的售后服务。长城皮卡在全球的服务网络有 2 500 多家一级网点，如果加上国内的二级网点覆盖面会更广。用户的购车、保养、维修等服务都非常的方便，打造了完全乘用化的服务标准，在业内也树立了比较好的标杆作用。以长城炮举例，围绕我们的用户创立了车主的联盟、驭炮而行 App、炮火联盟线下组织。其中炮火联盟作为自发形成的组织已经覆盖到每个省。用户既作为消费者，也作为联盟成员，让厂家与用户之间心连心，玩在一起。此外，用户也会给我们厂家提出很多好的建议和意见，进一步推动我们在产品、营销、服务等各个方面进行升级，去满足更多的用户需求，也会加快包括产品、服务标准等在内的迭代速度。可以说，长城皮卡在搭建一套自成长体系。

长城炮从 2019 年开始新车不断，2021 年也会有更多的惊喜。比如 3

月上市的长城炮乘用皮卡全球版,我们就征集了用户喜欢的两种颜色,发布了全球首款皮卡流行色"型蓝"。同时,推出了"真橙"的颜色。这些都是我们在与用户的交流中得到的启发,赋能到产品上。我相信,未来随着用户的更多参与,包括长城炮在内的长城皮卡将以共创、共赢的心态,同用户一起,加快产品的迭代速度、服务的迭代速度,进一步提升品牌的价值和知名度。

4. 长城皮卡在自主创新成果上有哪些?

第一是产品的创新。目前长城炮产品非常丰富,2020年在量产的基础上又进一步探索。比如在北京车展上推出的黑弹,这种改装就是源于我们对用户的洞察所做的一些改变。这也是与用户互动的过程中得到的对产品创新的一些启发,以确保在量产车的基础上,可以满足小部分用户群体的诉求,比如去年的旅装炮旅弹、用于越野的这种强有力的产品黑弹。当然,我们也为了竞技场地用车推出了产品,比如短轴版的这种类似赛车的车型。同时,会与知名的改装厂去做一系列的尝试,以满足用户对个性化产品的需求。这些做法,可以说在创新方面我们不仅走在了自主品牌的前列,甚至在全球目前包括合资企业在内的产品共创上也处于靠前的位置。

第二是品类创新。如刚才所说的,我们开创了一些新的品类。乘用化皮卡作为新品类,会随着产品的升级不断创新。比如在北京车展上推出的电装炮,将智能化和高效能的一款皮卡推向了市场,也是满足用户未来对电动皮卡的诉求,以引领皮卡车行业开创新的电动化用车新品类。未来,我们会在品类创新方面加快步伐,不断推出新车,让长城皮卡始终站在行业的头部,引领品牌向上发展。

第三是营销创新。我们不仅和用户玩在一起,更要将共创、共赢融入其中,让用户参与到我们的营销过程中,也让更多的用户在产品设计之初就参与进来,包括产品的命名、颜色、配置,乃至产品功能,以用户的视角为自己造车,这也是长城皮卡一直在倡导的理念。当然,在营销创新中会对用户进行合理拆分。比如越野爱好者、旅游爱好者、房车、路亚(钓鱼)、越野跑、骑行、攀岩,等等。去年我们做了八大圈层,除了圈层之内的互动,这几年我们也在进行破圈,实现圈层之间的互融。举个简单例子,去年我们与路亚的活动,起到了非常好的效果。一方面让路亚这样一个高端的钓鱼运动人群了解到长城皮卡的实用性;另一方面，越野爱好者通过参加活动了解到路亚作为高端的钓鱼运动，不仅健康，而且很有趣，进而实现了两个圈层群体之间的互融。长城皮卡在营销创新中实现了不同圈层之间的破圈和相互融合，从而达到了用户之间的快速裂变和传播，形成了非常好的口碑。这也是为什么长城皮卡，以及长城炮的口碑越来越好的一个重要支撑点。

第四是渠道创新和传播创新。因为是和用户玩在一起，所以用户会自发地传播一些视频，用自己的视角和语言对我们的产品进行解读，以改传统的由厂家做统一宣发的模式，变成用户相互之间的传播。也就是说用户喜欢的车是用户"共创"出来的，产品和配置是用户"共创"出来的，产品的宣传也是用户"共创"出来的。因此，我们更加关注如何跟用户，以及用户的圈层进行合作和共融，从而形成大家的共赢。

7.5　重庆长安凯程汽车科技有限公司营销中心副总经理袁建荣

1. 自主汽车网预测，2021 年的皮卡容量有望突破 55 万辆。长安皮卡在技术上有着全球的技术支持，在海外也有着不错的口碑。请问，今年长安皮卡的销量目标是多少？主打产品也请您跟我们分享和介绍一下。

今年长安皮卡的凯程 F70 平台主要针对国内、国外进行销售，所以凯程 F70 这个平台的销量目标我们今年是计划在 3 万辆。当然，对于目标来讲，一方面我们会全力以赴去冲击，实现任务的达成；另一方面，我们也更会注重主机厂和经销商端的运营质量，这也是我们比较关注的重点。

从产品来看，我们现在这个凯程 F70 有汽油和柴油版本，有两驱和四驱、有长轴和短轴。从现在主要的销售趋势来看，主要集中在四驱豪华型，以及四驱的行政版。

另外，对于今年定下实现 3 万辆的销量目标，总体来讲我们是充满信心的，而信心主要是源于几个方面。首先，我们的凯程 F70 是一款中欧合作、全球化的产品。可能大家都知道，这个产品有三个标识，分别是长安凯程使用字母标，负责中国市场；PSA（标志雪铁龙）使用标致标，负责澳洲、非洲、东南亚、欧洲等市场；长安汽车使用"V"标，负责南美洲、中东、北非等市场。平台产品在全球 100 多个国家和地区进行销售。

其次，凯程 F70 可以说是世界级的品质。为什么这么说呢？第一，它是按照严苛的欧盟标准进行设计和开发的。另外，从供应链来看，主要的核心部件都采用了世界一流的供应链。比如博格华纳的四驱、日本索密克悬架系统、博世的电喷系统等。同时，F70 在沙特、摩洛哥、墨西哥、东南亚、中国进行高温、高原、高湿和高寒的验证，通过 32 种可靠路面、67 种特殊路面、20 余种工况累计 1000 万公里行驶充分验证，给全球皮卡用户呈现优质可靠的大皮卡产品。产品有 4 年 20 万公里的超长质保，而且也是首次把车架和车身的钣金纳入了质保的范畴。第二，大家都知道皮卡最核心的就是底盘，长安凯程 F70 全面融入世界汽车行业内非常著名的 PSA"底盘大师"核心技术，并在长安汽车美国底特律研发中心，由原有的福特猛禽、道奇的技术专家团队联合调校，底盘性能非常卓越。另外，凯程 F70 是目前中国皮卡市场中一款真正意义上的宽体大皮卡，它的车身净宽就有 1 930 毫米，其中驾驶舱就有 1 610 毫米，是目前同级皮卡中驾驶室最宽的产品；货箱内径长度达到 1 850 毫米、宽度 1 595 毫米、轮毂包间距达到 1 220 毫米，货箱尺寸在行业中领先。不仅如此，凯程 F70 还是一款会对话的"聪明"皮卡，其使用的是最新一代的 IN－CALL 3.0 车联网系统，这个智能互联系统可以实现人机对话、AI 语音互通、多媒互动、专属的手机 App、远程操控等功能。基于以上原因，我们对于凯程 F70 全年平台销量实现 3 万辆充满了信心。

2. 未来，长安皮卡在乘用化、高端化、智能方面会有哪些动作？

未来，我们将会进一步深入研究用户的使用场景，发展乘用、舒适、智能的多用途精品皮卡。同时，我们也会结合长安智能化技术的发展和应用，在产品上不断迭代，特别是在电动化、智能化、网联化方向做进一步的拓展和完善。

3. 包括自贸区在内的海南，在快速地发展和建设，长安皮卡对于海南市场是如何看待的？

总体来讲，我们对于海南皮卡车市场的发展前景是非常看好，也是充满信心的。我们的信心来源于几个方面：第一，目前随着海南自贸区战略部署的落地，我们认为无论是对于当地经济发展的拉动，还是基础设施建设所带来的帮助，对于提高皮卡车产品的销售无疑是一个利好的环境；第二，海南全岛对于皮卡路权的全面解禁，同样有利于皮卡车的销售和发展空间；第三，从长安凯程皮卡未来的布局和规划来看，我们的产品逐步向乘用化、高端化、智能化方向发展，也更能契合包括海南市场在内的全国市场需求。此外，我们现在在海南市场的整体渠道布局比较完善。所以说，对于海南整体的皮卡车市场前景，我们是比较乐观，也是比较有信心的。

4. 对于政府主管部门或者行业，您有什么想说的吗？

我认为，从行业发展来看，皮卡行业的潜力和机会巨大。2020年全球皮卡车达到50万~60万辆的市场规模，占全球整个汽车市场份额的7.2%~7.5%；反观目前国内皮卡车市场，2020年还不到50万辆，市场规模相对较低。所以从全球皮卡的市场容量来看，我认为中国的皮卡车市场潜力还是很大的。因此，对于政府主管部门，我有两个建议：首先，能够对皮卡产品的身份属性尽快明确；第二，希望各地方政府能够加快推动皮卡车解禁工作，特别是对皮卡车路权的限制，为皮卡车提供更宽松的使用环境，推动皮卡车行业的正向发展和有序增长。

7.6 成都大运汽车集团有限公司广州分公司常务副总经理吕明利

1. 大运汽车在商用车领域有着持续创新和研发的经验，皮卡作为大运汽车的产品序列之一，在2021年是如何规划营销策略和布局的？

农村市场对皮卡车厂家而言是一个大舞台，随着农村老百姓近几年收入的持续增长，一些果农、菜农、个体装修装饰等消费者开始更换运输工具，由于皮卡具有良好的操控性、承载性和舒适性，成为越来越多用户的选择。借助国家出台农村汽车消费的政策，大运皮卡在2021年已经进行战略布局和策略调整，主要体现在以下几点：

一是网络渠道下沉。2021年，我们将加大对中小城市和县级市场的开发，建立直供二网，全年目标在广东周边开发150个直供的二级网点，从销售团队到政策制定，都是围绕这些目标展开，这些网点开发后将会以更加高效、快捷的方式进入农村市场。

二是厂商合作，加强宣传。皮卡车以前都是工地、工程用车，随着皮卡车的不断升级，内饰和外观越来越乘用化，这些都不断扩展了皮卡的消费市场，但更多消费者的认识还没有升级。还停留在以前的观念和认识里，这就需要我们加强宣传和引导消费。我们将与商家联合起来，积极开展体验式营销，让老百姓先体验后购买；到各个乡镇开展定期巡展宣传活动，宣传产品，宣传国家汽车下乡的政策。

三是服务升级。大运服务走进乡镇、贴近农村。售后服务是我们2021年营销工作中至关重要的一环，销售网点开到哪里，服务网点就要建到哪里。对服务网点加强培训和配件储备，提升服务效率和技术能力。

2. "十四五"开局之年，国家对于乡村振兴和新基建的扶持和推动力度很大，为此，大运汽车在皮卡系列上有哪些新品推出？

2021年是中国实施"十四五"规划以及2035年远景目标的新起点，将开始建设社会主义现代化国家和实现"第二个百年"奋斗目标的新征程。同样大运汽车也对2021年及"十四五"进行了产品的规划。

比如大运皮卡大运星P30定位于货运级超能大皮卡，其满载最小离地间隙220毫米车架采用两横九纵结构、纵梁截面130毫米，技术类别是属于俗称的大皮卡。在此基础上，规划的产品主要是突出货运的实用性及场景的应用性，如在现有基础车型上推出平箱版、重载版、工程版、海鲜版、流动服务车等一系列改款改型产品，主要是突出功能性、适应特定的工作场景，对于乡村振兴和新基建是一种理想的工具车。

对于商乘两用的用户群体，规划开发一款新产品，主要是偏乘用，强调其功性能的开发，如自动挡、ESC、车联网、人机交互等，主要适用于跑工地、个体私营业主、农村购买力较强的群体。

另外，大运也在论证经济型小皮卡，替代部分微卡和微客用户，后续新能源皮卡也在计划之中。

3. 乘用化、高端化、智能化是当前皮卡车行业的发展方向，未来，大运皮卡在产品"新四化"上会有哪些创新？

当前大运皮卡主要定位于货运级皮卡，满足用户基本的用车需求，并适当提升用车体验。在未来 3~5 年内，适当发展智能化、电动化与乘用化，高端化不作为主要发展目标。另外，大运皮卡将适当发展皮卡改装市场，推动皮卡车文化的发展，这也符合商务部促进汽车消费的精神。

4. 请您预测一下 2021 年皮卡行业销量会呈现怎样的增长态势？有何依据？

2020 年皮卡车保险数销量 41.5 万辆，2021 年开年，皮卡增速迅猛，乐观预计全年同比增速 10%~15%，保险数口径在 46 万~48 万辆。提出这种看法主要是因为：

一是数据与政策层面。自 2016 年河北、辽宁、河南、云南放宽皮卡车进城限制之后，保险数的口径，2017 年即实现 13.2% 的增速。示范效应显现之后，随着皮卡车使用者及生产企业对进城解禁的呼吁及稳增长促消费的需要，国家政策逐渐向皮卡车政策宽松方向发展。2018 年至 2020 年皮卡车销量分别增长 3.4%、4.1%、6.4%，甚至 2021 年 1—2 月同比增长 96%，销量绝对量也为近 6 年来最高。

特别今年是"十四五"开局之年，政府将持续推动扩大内需、支持创新发展、改善营商环境，加上低基数因素，经济增速很可能恢复至正常增长水平以上，预计 2021 年 GDP 增长 7.5% 左右。宏观政策方面，未来将继续发挥积极财政政策作用，货币政策更加注重精确性和灵活性，推动消费转型升级与投资提质增效，加强创新和产业协同发展。

2021 年商务部办公厅 2 月印发的《商务领域促进汽车消费工作指引和部分地方经验做法的通知》中明确指出：要支持农村汽车消费。积极组织开展本地区"汽车下乡"活动，引导汽车生产企业、实力强信誉好的经销商和电商平台等下沉业务渠道，加快构建城乡一体化的汽车销售和售后服务网络，释放农村汽车消费潜力。而且还提出要加快取消皮卡车进城限制。

另外《多用途货车通用技术条件》的实施，也为之后的政策与管理提供了标准依据，为将来进城皮卡管理做好了标准储备，也势必推动皮卡的蓬勃发展。

二是企业层面。吉利、五菱、宇通、三一等企业已进入或将进入皮卡车行业，也必将为皮卡车的销量增长助力。

5. 请问大运汽车在自主创新上有哪些成果？

主要体现在整车集成方面，我们利用国内外现有资源，进行整合开发，一是减少大规模投入，二则缩短开发周期，目的是提高产品的品质及用户体验。这也符合大运皮卡目前发展阶段之路，其实这也是国内汽车开发将来必须要走的道路，即建立公共开发平台，各主机厂产品进行差异化开发，满足不同用户群体的需求。国内的长安汽车、一汽、二汽组建的 T3 科技平台公司也是此开发模式。

6. 您针对《中国皮卡蓝皮书》的内容方面有什么建议吗？

《中国皮卡蓝皮书》是皮卡车企业与皮卡用户深入了解皮卡环境、政策、用户与营销等的一个重要途径与媒介，对皮卡车行业的发展具有较为深远的指导意义。

个人建议集成行业专家意见、用户需求等整合成技术发展篇，以国外与国内的皮卡车文化、传播、改装、多用途等集合成皮卡车文化篇，对皮卡车企业的开发方向及推广皮卡车则会更具有进一步的指导作用。

7. "自主创新车魂"是在 2011 年提出，如今已有十年时间，您对于这六个字作何理解？

自主创新车魂，是时任国务院副总理邹家华的题字。我们的理解是国内汽车自主品牌，要做大做强只能走创新发展之路，不能总是走模仿、跟随策略，否则国内自主品牌永远发展不起来，而且自主汽车发展的灵魂也是自主创新。

经过十年的发展与沉淀，自主品牌车型已取得了长足的进步与发展，最起码普通老百姓买台车再也不是一个梦想。但我们也要清楚地意识到，自主品牌还有瓶颈、还有天花板没有突破，需要一代的汽车人继续不断地努力去打破。

7.7 福田汽车皮卡事业部营销副总裁兼营销公司总经理张微微

1. 随着乡村振兴建设的开展，行业对于皮卡下乡的呼声很大，在这方面，福田皮卡现在和未来会做哪些工作？

皮卡下乡对于我们来说非常重要。首先是我们的产品会更贴近于用户。因为国土面积大和各种路况比较多，福田皮卡除了有标准车型，针对不同地域、不同行业都推出了适用于不同场景的产品。比如我们的海鲜版，更加适用于东南沿海的用户群体，因为它的防腐防锈功能比较好；高原版车型，更加适合于云南、贵州这类区域。简言之，就是我们会根据不同区域、不同场景推出更加匹配的车型产品。当然，这也是基于我们整体的产品线覆盖度，希望为不同的用户提供生意上和生活出行上的解决方案。

其次，我们在持续坚持做渠道的下沉。除了线网，针对用户所处地理环境复杂等原因而导致的维修、保养车辆难问题，我们今年推出了福田皮卡七彩小镇。在为用户提供"一对一上门"等关怀活动的同时，在一部分区域的小镇上拓宽了销售渠道，更是将福田皮卡产品送到乡镇，让用户触手可及，可以亲身体验和感受产品力，以实现我们对农村市场的开发。

再次，在销售模式上，我们推出了金融免息、置换等政策，可以让用户体验多样、便利的体验购车服务，可以很快地拥有一台自己的皮卡。

2. 福田皮卡在创新成果方面有哪些亮点？

原来大家都在说"中国制造"，只是把产品生产出来；而现在更多的是在说"中国智造"，在制造的基础上进行创新。提到福田皮卡的创新，我想从几个维度来讲。

第一，产品的维度。福田皮卡作为福田汽车独立的事业部，是一个独立运营的法人个体，也是产、供、销、研一体化的组织框架。作为独立的责任体，我们在经营管理和销售渠道上都更加专注于皮卡，所以在产品上也在不断创新。比如我们推出的柴汽油双动力与手自动变速箱相匹配的产品线，在国内应该是处于领先水平。此外，福田皮卡的车型所使用的 P3 平台，可以满足 C-NCAP 五星安全碰撞标准。

基于此，我们的车型除了霸气的外观和内饰的设计，也坚持在细节上的创新。除了前面提到的柴油动力的 48 伏微混技术，以及今年将要推出的续航里程在 500 公里以上的纯电动皮卡，在细节上，福田皮卡货箱尾门的缓降功能、大将军皮卡即将匹配的电动后窗通风等功能，都体现了福田皮卡在细节上的创新。我们希望通过产品的细节处理和人性化的创新和举措，更加贴近用户和他们的使用场景。

当然，产品的创新得益于合理有效的组织框架，而这种架构和产品创新也是市场所需要的，更是我们在激烈的市场竞争中生存所需要的。持续专注于皮卡，不遗余力地在产品上不断创新，才是我们生存的根本。

第二，渠道的维度。除了产品，福田皮卡推出了"6421"的渠道战略。大家都知道，在大城市需要布局 4S 店，但我们认为，除此之外，我们的 4S 店，特别是省会城市的经销商还要具备另外两个功能：行业用户的开发能力、售后的精品改装能力。我认为，这是我们在渠道维度突破性创新的一个点。另外，还加入了一些容量比较小的销售加售后服务的功能，以及在一些县、镇销售网点的深入布局和扎根。正是因为产品和渠道上的创新驱动，奠定了我们销量的增长和未来持续增长的基础。

第三，品牌的维度。从去年开始，我们对品牌框架进行了重新的梳理和搭建。除了我们原来的征服者和拓陆者，我们又推出了大将军和小货郎，基本上就完成了福田皮卡四大产品的"拟人化"命名，这点在皮卡行业里是比较领先的做法。自主品牌近几年在营销模式上各有千秋，但在皮卡车行业中，像福田皮卡"拟人化"命名的推广模式，对于我们自身是一种突破，对于行业也是一个比较个性化的代表。再加上北京、上海国际车展这种 A 类车展的参与，包括短视频直播在内的新媒体应用，对于福田皮卡的品牌和渠道都注入了不少活力。

第四，技术的创新。目前福田皮卡基于德国工业 4.0+标准打造的智能工厂，在国内是比较领先的，在皮卡车行业中也是为数不多的。整条生产线基本上用的是德国的 KUKA 机器人、自动喷涂水性漆的喷涂线、阴极电泳技术等一系列的智能制造工艺，以此为我们的用户在品质和使用上提供了一个更为强大的保障。

3. 您对2021年中国皮卡市场的发展趋势如何看待？

我觉得今年皮卡车市场的发展有几个比较明显的利好。第一，是解禁政策对行业的持续利好。当前，很多城市开始对皮卡车放开或者放宽通行限制；其次，随着中国农村经济的发展、乡镇化向城镇化的推进，皮卡车的使用范围也会越来越广；第三，同东南亚和欧美的一些国家相比，实际上中国的皮卡车在整个汽车行业的收入占比相对较低，这就意味着皮卡车行业有极大的拓展空间。特别是"90后""00后"用户群体的崛起，他们对新鲜事物更容易接受，也更容易去尝试不同的车型所带来的体验感，而皮卡车作为一种不同的体验和生活方式，除了具备多用途性，改装的便捷性和多样性为这类消费群体提供了更多的想象空间。此外，随着近三四年中国皮卡车的品牌和产品竞争加剧，国内的各皮卡车厂家陆续推出全新的、更加乘用化的以及适应市场的高端产品和实用性产品，丰富了行业产品的矩阵。各皮卡车厂家在对皮卡推广上的大力投入，其实也对中国的消费群体产生了非常良好的引导作用。以往，很多消费者没有意识到可以购买皮卡车这类产品，但随着皮卡车厂家推出产品线更为丰富、功能更为强大的车型之后，更多消费者关注和购买，这点对于皮卡车市场的增长提供了更多的可能性和驱动力。

4. 您有没有想对政府主管部门说的话？

我希望让皮卡车解禁能够来得更加彻底一点。这种彻底不仅仅是皮卡车行驶区域和范围的扩大，我们更希望真正意义上能够把皮卡车解放出来，包括路权、报废年限、高速行驶限制、节假日的免费通行，等等。另外，为了让中国皮卡车文化更加多元化，我们也希望能够让解禁更多样化。据我们了解，很多皮卡车用户比较希望对车辆进行改装，如果能有更为明确的针对合法改装的标准，能够满足用户需求，让皮卡卖得越来越多，使用得越来越便捷，也能够让中国皮卡车文化变得更加丰富，更易传播。

5. 福田皮卡持续销量增长的秘诀是什么？请介绍一下2021年的销量目标。

今年1—4月，福田皮卡同比增长速度比较快，总体来说原因有几点：

首先，离不开我们的产品力，包括去年投放的小货郎，以及大将军、汽油自动挡等一系列产品序列的支撑。同时，针对不同的区域、不同行业、不同使用场景推出的全方位立体化产品和布局，应该是我们高速增长的一个根源。

其次，是渠道方面。2019 年，我们率先推出了柴油"国六"的产品，进行了第一轮的渠道布局。到去年为止，随着大将军上市和产品线的不断完善，今年 1—4 月在渠道层面完成渠道 1 网开发，使现有渠道的运营能力、整个渠道县级市场的下沉都有了非常明显的变化，为我们的销量增长奠定了非常坚实的基础。

最后，在品牌推广上，我们从去年开始进行了一系列的尝试，包括线上直播、车展的参与，以及公关事件对我们全新品牌的打造等。从产品的框架、产品的命名，甚至于包括我们终端的形象都进行了突破和创新，特别是在车型的命名上，比如大将军、小货郎，包括今年将要推出的招财猫、创富牛。在营销手段上我们也对以往的做法进行了挑战和推陈出新，进而在品牌的势能和声量上取得了一定的进步。

另外，国货国潮的兴起，给自主皮卡车带来了新的机遇。例如"90 后"和"00 后"群体会更钟爱于中国人自己的品牌，这对于福田皮卡来说也是一个非常好的机会。

从销量的目标上来看，我们年初订的是 3 万辆。目前除了零售，我们在行业用户上也取得了比较大的突破，包括电网、中石油、中石化等一系列的行业用户上的营销和服务。相信零售和大用户工作的同步开展，对今年的销售目标会起到非常大的推动和促进作用。

7.8 江铃汽车销售有限公司品牌事业部总经理赵芳成

1. 据我们了解，江铃皮卡实现了 11 个月的增长，请问是如何做到的？

江铃汽车作为中国轻型商用车的领导者，长期以来始终坚持以客户为中心的发展理念，同时，也践行着"成就客户"的使命。所以，在过去的 11 个月中，江铃汽车实现了业绩的同比大幅度增长。我认为以下三点是比较重要的。

第一，是基于卓越的产品品质。这也是我们接触用户的重要渠道和抓手。比如说，江铃皮卡是在行业中第一个提出发动机终身质保的皮卡车企业，既是对用户的承诺，也是对我们产品品质自信的体现。

第二，是基于用户对于江铃皮卡产品所反馈的良好口碑和信赖程度。其实，江铃汽车的用户对我们的产品满意度很高。根据调研发现，我们的用户大量存在着续购和转介绍的情况。俗话说"金杯银杯不如用户的口碑"，口碑和用户良好的体验感是促使销量持续增长的又一原因。

第三，是基于我们非常健全、强大的营销渠道和营销网络。其实，江铃汽车在全国所有的地级市甚至很多经济发达的县级城市中，都建立了非常完善齐备的服务渠道和服务能力，能够及时有效地为用户提供贴心、暖心、安心的服务。

以上三点应该是我们 11 个月大幅增长的主要因素。当然，企业成长背后的故事离不开我们跟用户之间的连接，离不开用户对我们的理解支持，用户与企业之间良好的互动。我想，这也是支撑我们 11 个月增长的源动力，也可以说是用户成就了我们，而我们也实现了相互的成就。

2. 今年是乡村振兴战略实施的元年，您认为乡村振兴和美丽乡村建设对于皮卡车市场会起到什么作用？

2021 年可以说中国进入了新的发展阶段，其中，乡村振兴不仅是中国当前发展的一个主题词，同时也是江铃皮卡发展的机会，更是中国皮卡发展的良机。乡村振兴战略对于促进皮卡车行业发展意义重大。江铃宝典其实一直在持续服务于乡村建设，包括很大很有特色的县、市、乡、镇，都可以看到江铃皮卡。其实在很多地方、很多城市的建设过程中，皮卡车都起到了不可忽视的重要作用。

皮卡车因为其多功能性、实用性、外观、内饰和技术上的不断更新，吸引了越来越多乡村用户群体的喜欢，特别是在乡村振兴过程中，皮卡是一个最主流的车型。

对于乡村振兴战略的提出，江铃皮卡也做出了积极的布局。

首先，江铃宝典在今年上半年推出一系列的低底盘、高货台车箱车型，完全满足了各类不同使用场景用户的用车需求。

其次，我们在大力建设包括乡镇在内的渠道窗口，并提高服务水平，这也是我们重要的指标之一。所以在服务方面我们要贴近用户，走进乡村，走近我们的用户。在一些经济发达的乡镇我们都会建立服务网点和服务窗口。

再次，接下来我们会和很多地方的乡村振兴局开展合作。通过合作一起联合把江铃汽车的品牌和产品推荐给所有乡村区域的用户朋友。

同时，通过江铃皮卡走进乡村，让我们在乡村振兴建设中的一系列成果得到共享，把乡村振兴一系列的故事讲得更加圆满，实现双赢的效果。所以，不管是产品、服务还是营销方面，江铃皮卡都将走在乡村振兴建设的前列，一起共享乡村发展的潮流和趋势。

3. 请您预测一下 2021 年皮卡车市场的发展趋势。

皮卡车市场在整个中国的商用车中体量并不是很大，但其有着广阔的前景。大家可以看到，近几年几乎所有的中国制造企业都纷纷进入皮卡车这个细分市场中，也说明了大家对于皮卡车市场前景的看法和态度。中国的皮卡车市场在去年整体批发量突破了 49 万辆，我想今年突破 50 万辆的概率非常大。我认为，皮卡车市场的快速发展主要有以下几个因素：

第一，国内很多城市不断地响应政府的政策号召，纷纷开放对皮卡车的通行限制举措，包括对于驾驶人员、对于购买资质的一些不合理的规定，促进了皮卡车的发展。

第二，基于国家宏观经济的调整，拓展了皮卡车使用场景的多元化，包括乡村振兴、新基建，对于皮卡车的场景和拉动作用会非常大。

第三，中国皮卡车文化正在逐步形成。以往，人们对于皮卡车文化没有太多了解，但现在在人们眼中，皮卡车已经不仅仅是简单的货车概念，而是仅次于 SUV 的一种新车型、新品类，尤其受到很多年轻人喜欢。未来的皮卡车市场会迎来更大的一波发展，让整个中国的皮卡车文化流行起来！

4. 每家皮卡车企业都有一些创新的成果和创新的亮点，请您介绍一下江铃皮卡在创新方面有哪些成绩。

江铃汽车其实一直以来坚持以用户为中心，致力于成为中国轻型车的领导者，跟福特高性价比产品的提供者。可以说，江铃皮卡在创意、创新方面的成绩还是非常多的。比如去年我们推出了江铃宝典皮卡，作为我们的创富宝典，在行业里第一个提出了终身质保的服务理念。大家都知道，终身质保在乘用车领域很常见，但在商用车行业，特别是皮卡车行业中我们是第一家提出的企业。

另外，江铃皮卡中的高端皮卡——域虎，结合了一系列先进的智能网联技术，搭载了飞鱼系统，在业内率先实现了人机交互、语音呼叫功能的产品概念和应用。

回顾一下江铃宝典的发展历史，我们可以发现在 2003 年推出的 03 款江铃宝典，在行业中第一个提出了耐磨胶这种新材料的应用，这也让江铃宝典深受所有工具类用户的喜爱。当然，所有的创新都离不开我们对用户需求的深刻洞察，都离不开我们对用户用车需求的深刻理解。我想，真正的以用户为中心的创新，以成就用户为目的的改进，才是我们真正所要坚持的，同时也是实现我们与用户之间产生良好互动的基础。

5. 江铃皮卡与其他品牌有哪些差异化？具体体现在哪些方面？

江铃汽车作为中国皮卡主流的企业品牌，其实很多人不知道江铃汽车实际上是与福特合资的一家公司，所以在营销上与其他企业会有差异化，主要体现在以下几个方面：

第一，是产品的差异化。具体而言是区域的差异化和用户使用场景的差异化。比如我们现在已经形成了江铃宝典、江铃域虎、江铃域虎 9 一系列不同层面、不同价格段的产品类别差异化。

第二，是营销的差异化。针对不同的用户我们使用了不同的营销沟通手段。像去年的创富宝典，就是对于所有工具类用户的深刻洞察。这部分人实际上是在为社会默默地贡献自己的力量，为社会的发展做贡献，像我们所看到的高楼大厦、基础设施建设，都是这类人群用辛勤汗水所铸就的，因此，"创富"在他们心目中是非常重要的核心词。也正是基于对这类用户的洞察和理解，推出了"创富"的营销理念。域虎系列用户，大部分是宜商宜家的群体，这类用户不仅希望能够享受到皮卡车的实用，又需要轿车或者 SUV 乘用化的用车需求，对于这类用户，我们采用了乘用车的营销和沟通模式。

第三，是售后服务的差异化。我认为这方面对于企业而言会越来越重要。比如江铃皮卡非常保值，对于用户可以保证我们的皮卡在一年中的使用效率比同类产品至少多出 3~5 天。让用户可以赚到更多的钱，尽快走上发家致富的道路，这也是我们坚持要做好售后服务的出发点。

其实大家可以关注到一个细节，就是江铃皮卡的核心理念就是省油耐用，比如江铃宝典在省油的特性上是非常突出的。通过用户的口碑，以及工信部的实际油耗都可以看到，我们的柴油皮卡在同级车型中是最低的。这些成绩，其实还是基于我们最大的原则，以用户为中心，以成就用户为我们的使命。

6. 据了解，江铃汽车与福特的合作非常紧密，今后双方合作会呈怎样的趋势呢？

江铃汽车实际上是一家国有合资上市企业，江铃汽车应该算是福特在中国第一个真正的合作伙伴。合作之初，江铃汽车就与福特建立了非常紧密的合作关系，不管是在人才、技术、制度等方面，双方都有着多方面的合作。其实我们在采购体系、制造体系、产品研发、营销服务方面，都实现了与福特的结合。可以说福特作为江铃汽车单一最大股东，对我们的影响很大，也让我们更好地借鉴了福特作为全球非常知名的皮卡车制造商优秀的经验。

比如江铃域虎9，就采用了福特发动机的技术。随着中国皮卡车市场不断快速的发展，基于原有与福特的合作伙伴关系，今后我们会在技术、营销模式等方面开展更多的合作。同时，我们会紧密结合福特的品牌资源，推出一系列的亲子版、越野版、钓鱼版等不同使用场景的系列车型，打造中国的皮卡车文化。

7. 海南自贸区建设和对皮卡车的宽松条件，使很多皮卡车企业在进军海南市场，您对于海南市场是如何看待的？

作为皮卡车销售基地，我们对海南市场一直非常关注，在海南省的地、县建立了销售服务的窗口。不仅如此，我们的用户满意度非常高，产品复购率也达到了50%左右。特别是今年，一方面，我们结合当地政府的要求，把工具皮卡车下沉到县、乡、镇中；另一方面，当前海南省在大力推广新能源产品，我们也希望通过江铃的技术，让新能源皮卡产品为海南的蓝天白云发挥价值和作用。此外，海南作为皮卡车企业必争的"热土"，我们也会持续在海南进行一系列的体验活动，希望把满足当地群体用车需求的产品进行展示，为中国皮卡车文化的传播做出贡献。

8. 您认为中国的皮卡车文化在未来会是什么样的？

中国的皮卡车文化，在未来会有明显的、强劲的发展趋势。第一，越来越多的年轻群体喜爱皮卡车。第二，皮卡产品呈多样化的发展趋势。

以前皮卡产品更多的是提供一种货车的产品或属性，近两年，各个厂家都推出了一系列的符合年轻人多场景化的乘用化皮卡产品。第三，我们的皮卡不仅仅有货车的功能，而且在技术上越来越先进，有的皮卡产品内饰做得比 SUV 还要漂亮。第四，大家开始逐渐接受皮卡这种概念，品牌化也在逐步加深。人们已经慢慢觉得，皮卡不再是商用车，或是货车属性，而是一种多用途、运动型的车型。

这种观念的转变，市场和主机厂针对用户需求而推出的主流产品，再加上政策上的鼓励和支持，我想皮卡车在中国一定是值得期待的品类。

9. 对于各家车企纷纷推出皮卡的定制化产品，您是如何看待的？

皮卡在之前是被划归为货车的范畴，所以在购买、使用上都受到了一些限制。这几年，各地政府纷纷调整、取消一些不合理的规定，也允许皮卡车进城。在这种转变的过程中，其实年轻用户的崛起，年轻用户对皮卡的喜爱，我觉得对皮卡车市场未来发展的趋势是非常重要的。对于年轻用户来说，皮卡不仅仅是一台车，更多的是一种新的生活方式。我想，这不仅是因为皮卡的实用性，而且每个人都希望有一个属于自己的、不同的生活方式。皮卡的加装或个性化改装，可以满足不同群体的需求，包括各家主机厂，也会根据用户需求，推出更多个性化皮卡产品，而这种趋势也会影响未来皮卡车发展的方向。其实我们主要观察一下这几年，多场景化、多用途已经成了皮卡车的发展趋势，而这也是年轻用户购买皮卡车的一个原因。也许中国汽车产业的下一个爆发点就是皮卡市场。

10. 现在包括乘用车企业在内的制造型企业都纷纷进入皮卡车行业，您认为原因是什么？

我们可以看到，中国现在有制造能力的企业大都进入了皮卡市场，虽说现在皮卡车市场的总量在 40 万~50 万台，但热度非常高。我想，不仅大家对于皮卡市场未来非常看好，而且皮卡市场确实值得期待！

我们回顾一下中国的车市会发现，中国的汽车产业一直在不断升级。以前大家都希望有一台代步车，而后更多的人希望有一台符合自己个性、身份、社会地位的汽车。再发展，人们希望有一台除了工作还可用作休闲出行的 SUV 车。那么，今后人们会不会希望有一台更符合自己个性的皮卡车呢？也许这会成为下一个车市，以及用户购车的聚焦点。我觉得这也是各个厂家看好皮卡车市场、看中中国车市下一个风口的原因。

11. 江铃皮卡在活动营销上有哪些亮点？

江铃汽车始终在按照"以客户为中心"的理念采取一系列的营销设计。比如在皮卡的推广过程中，我们一直要求要紧贴客户的需求，带给客户不一样的体验，包括能够长时间影响客户的体验活动，以及能够让客户见证产品实力、见证产品特性的活动，比如说测试活动、试驾活动、节油大赛，等等。

提到这里，给大家举个例子。江铃汽车一直有两个非常重要、有影响的传统活动。一个是节油大赛，这是对客户深度挖掘以后所形成的，非常有针对性和显著特点的体验活动。在十多年的坚持中，让更多的人见证了江铃汽车的产品实力，也不断树立了江铃汽车良好的口碑效应。

另一个就是江铃趣味体验营。我们希望有更多的江铃客户，通过活动体验到江铃皮卡的实用性，也让江铃皮卡带大家纵情山水，探索未曾到过的活动空间，让皮卡不仅是一台工作用车，更是生活中的好伙伴，在工作之余释放更多的乐趣。

12. 对于政府主管部门或行业，您有哪些建议？

我认为，中国皮卡车行业的春天一定会到来。关于建议，我想提几点：第一，希望可以更快、加大力度实现对于皮卡车身份的认定，可以让皮卡车进城无忧，客户用车安心；能够取消对于皮卡车的一些不太合理的规定，以及对于驾驶人员的一些要求。

第二，我们希望政府搭建平台，让车企能够有机会更多地展示产品，可以让更多的消费者感受和体验到我们最新的皮卡产品，逐渐让人们改变过去对于皮卡的货车印象，让皮卡真正地普及起来。

第三，希望让皮卡车更多地服务于中国发展的大局。比如在乡村振兴、走出国门等方面中发挥更多的作用，创造更多的展示皮卡车实力的机会和舞台。

13. 对于《中国皮卡蓝皮书》您有什么建议吗？

我认为，《中国皮卡蓝皮书》聚焦于整个行业的发展，关注于皮卡用户的需求，洞悉整个皮卡市场发展的趋势，应该说是中国第一部，也是非常完整系统地解析中国皮卡车市场产品、用户、技术等方面的一本大百科全书。我们希望这本书不仅仅可以成为行业人士的参考书，也能够为整个行业的发展提供更多新的思考，为行业和企业的决策、产品的研发提供更多的参考和依据，也希望这本书可以成为中国皮卡车文化普及、传播的载体。

14. 您对于自主品牌的未来如何看待？

可以说，汽车产业是一个国家非常重要的指标。江铃汽车作为中国的自主品牌，一定会坚信自己的产品实力，坚信自己的制造实力，坚信自己品牌的实力。我相信，自主品牌一定会走出国门，走向更加强大的明天。同时，我也相信，中国制造必会成为中国汽车产业的重要名片，走出国门，走向全世界！

7.9 江西五十铃汽车销售服务有限公司副总经理吴炜

1. 江西五十铃在技术上有着雄厚的实力，对于今年乡村振兴和新基建提速，会有哪些营销方面的调整和变化吗？

今年新基建提速以及振兴乡村，我觉得对传统的皮卡车工具市场以及商乘两用市场会有较大的促进。像工程建设、工程机械，包括农、林、牧、渔行业，一直是我们传统皮卡车市场份额较大的行业。

从产品层面看，今年会对经典瑞迈进行产品力的提升，这款产品我们定位也是创富大皮卡。在品牌传播层面，我们从去年开始就联合中国慈善总会等单位共同发起了点亮计划。针对目前相对还较为贫困的一些地区，给他们捐献路灯，点亮他们回家的路。另外，去年我们联合网通社发起了"探寻皮卡村"的活动，希望通过活动发掘乡村的一些产业特色，为当地产业的发展和传播做出我们应有的贡献。

其实，我们目前更看重的还是随着皮卡车解禁，皮卡车乘用化人群的拓展，以及年轻化用户的加入。这几年江西五十铃也会把更多的精力放在皮卡车乘用化的工作上，借着乡村振兴和新基建的春风，再创佳绩。

2. D－MAX受用户欢迎的原因是什么？

随着皮卡车解禁工作的不断推进，以及皮卡这种多功能车属性的进一步释放，我们更多的要去重视发展中的乘用化和年轻化的市场。在产品层面上，2014年我们将D-MAX作为国内第一款同步量产的国际化产品引入中国市场，也是国内第一款自动挡皮卡产品，可以说在中国皮卡车文化发展的进程中是比较浓重的一笔。伴随着D-MAX进入中国，我们成立了江西五十铃的车队，参加国内各种顶尖的长途越野拉力赛，也连续多年获得中汽协厂商杯长途拉力赛量产组的冠军。

另外，我们与中国国家地理联合发起了"牧行万里，探知神州"系列科考活动，希望通过活动可以吸引更多的户外爱好者关注到我们的皮卡产品。今年全新一代D-MAX上市，我们与时尚杂志联合发起了轻奢自驾路线，同时我们与国内顶尖的越野改装厂共同探索皮卡多功能货箱的改装。此外，我们还与一些涂鸦艺术家，比如俄罗斯的马丁先生共同研究探讨整个皮卡车身的涂鸦方案。这类工作我们会持续做下去，也是希望不断地探索皮卡的多功能车属性，为我们的用户探寻各种生活方式的可行性。

3. 请您预测一下2021年皮卡市场的销量是多少？相关依据是什么？

我认为今年皮卡车销量在50万辆左右，这个数据指的是终端销售量或上牌量。近两年，皮卡车市场销量一直维持在40万辆左右。特别是不断有新的厂商进入皮卡行业，推出新车型，对皮卡车市场起到了促进作用。近三年整个皮卡行业的厂商在高端产品上的总投入远超过去十年，对于皮卡车市场同样起到了积极的拉动作用。另外，最重要的是全国皮卡车解禁工作的推进对于市场销量增长起到了政策的支持。同时，基于皮卡多功能车的属性，以及皮卡车文化的传播也是比较重要的因素。所以，我认为今年国内的终端总销售量应该在50万辆左右。

4. 2021年江西五十铃皮卡车的销售目标是多少？

2021年，江西五十铃皮卡车的销售目标是4.6万台。其实我们公司从2013年成立以后一直保持着每年较大幅度的增长。这种持续增长我觉得来源于三个方面：第一，我们持续不断地提供符合用户需求的产品，不断地提升产品力；第二，我们一直不断推动渠道的扁平化和下沉，让整个渠道的销售服务能力提升；第三，我们一直坚持推动倡导皮卡车文化和皮卡车生活方式的传播。基于以上几点，才可以顺利实现销量的增长。

5. 对于皮卡车进行改装和加装您是如何看待的？

就目前现有的定义来看，皮卡这个产品品类实际上还是属于标准车。不过，随着全国皮卡车解禁的推进，包括城镇化进程的推进，用户对于皮卡，对于生活方式有更多样化的需求，比如说越野、钓鱼、自驾、拖拽游艇推进等。之所以皮卡车有较好的发展前景，是因为它跟 SUV 等品类比起来有很大的改造空间，这为不同的圈层、不同的用户群体带来了更多的可能性。

未来，结合用户需求和政策法规的调整，不管是个性化的定制，还是后续的用户加装，都存在着无限的可能，这与整个皮卡车市场的发展也是相辅相成的。

6. 请您介绍一下江西五十铃的历史，包括在产品上有哪些优势。

五十铃品牌是一个全球化的品牌，实际上五十铃在全球有很多基地和据点。基地是面向全球输出产品和技术，据点主要是针对本地化的市场布局。众所周知，我们在排放标准上是全球领先的，乘用化、智能化等方面在全球市场的用户口碑中也是领先的，底盘、发动机这些技术主要由日本本土以及泰国基地对全球进行输出。未来，江西五十铃也会结合本地市场的特点，包括企业合资的特点，立志在智能网联，包括乘用化等方面打造成全球的五十铃的基地，比如说智能座舱、自动驾驶辅助系统等配置的这种创新，我们的目标是成为五十铃全球的基地。

7. 您有什么想对政府部门要提的建议吗？

首先，我希望皮卡车解禁工作可以通过政府各个部门和皮卡行业厂家的共同努力加快推进速度。根据不完全统计，目前全国已经有 20 多个省市已经在推进皮卡车解禁工作。但实际上从我们的终端用户了解到，即使是解禁的省市也存在着解禁程度不一样的情况。皮卡作为多功能车，如果区域的解禁工作没有形成串联效应，对于皮卡车用户来说，心里还是存在一定的障碍，在选择上也会造成一些困难。所以还是希望国家各个部门，包括厂家、媒体一起，加速皮卡车解禁的进程，形成全国串联解禁的效应，这对于皮卡车行业的发展会大有裨益。

其次，江西五十铃一直在推崇皮卡车生活和皮卡车文化，所以希望各方一起推动中国皮卡车文化的传播。

7.10　五菱事业部品牌与市场总监张益勤

1. "人民需要什么，五菱就造什么"已经成为五菱汽车的标签，而五菱首款皮卡征途的上市，更是受到了广大消费者的关注。请分享一下在营销策略和布局上的成功经验。今年对于五菱皮卡的销量和市场是如何考量的？

就征途而言，五菱切实秉持的是"人民需要什么，五菱就造什么"的品牌理念，可以说这是历时 5 年的市场调研和用户需求洞察分析，打造出的一款"青春型皮卡"，并非单一局限在皮卡品类层面，为此成为新行业、新时代年轻创业人群的"新装备"。其实从 2016 年四省市皮卡车解禁以来，"解禁"已经成为皮卡行业关键词。特别是 2020 年，商务部首次提出"取消皮卡车进城限制"的建议，此后越来越多省市也加入了皮卡车解禁的行列，解禁风潮愈盛。而我们的"青春型皮卡"征途既可享受皮卡车的相关路权，又拥有皮卡车的时尚造型和舒适性能，同时具备微卡车强大的装载能力，形成"一卡两用"车型特色，充分满足新生代奋斗青年多样化用车需求。

在营销策略及布局方面，征途的上市依旧围绕用户需求为导向，持续关注用户的产品体验和反馈，通过有效的权益政策、跨界互动活动等营销方式，陪伴年轻用户奋斗征途。比如征途预售期间，五菱就给予用户购车创业奖励，开启"征途梦想计划"，为年轻人打造个性化五菱征途，助力实现奋斗梦想。随着用户掀起的改装热潮，五菱征途还专门举办线下"众创市集"活动，为用户提供创业上的交流、改装灵感的相互碰撞，获得更加美好、高效的奋斗生活体验。今后，五菱会始终坚持用户为先，将产品研发、营销创新、服务优化等落地于用户需求之中。

对于今年的销量和市场考量，征途也保持着积极突破向上的信心和活力。征途自 3 月 18 日上市以来，销量势能强劲，首月销量就突破了

6 000 辆，至今上市 3 个月累计销量已经突破 20 000 辆，销量处在稳步增长中。

现如今，越来越多的年轻奋斗者成为征途的车主，对此五菱对大家的支持表示诚挚感谢，并且将会一如既往地倾听广大用户心声，持续优化产品升级，提供更丰富、实用的营销互动及服务，力争销量的更大突破。

2. 未来，五菱皮卡有哪些新品推出？

从产品形态来看，五菱征途的问世，并不是以皮卡细分品类为唯一标准，而是以人民需求至上为原则打造的新型"青春型皮卡"。这款车结合了当代主流年轻奋斗人群的创业需求、新行业及新工作场景用车的痛点，实现了"一卡两用"，既拥有皮卡车的时尚造型和舒适性能，也具备微卡车强大的装载能力，可以说满足了当代年轻人创业奋斗及生活用车的多样化需求。

在未来皮卡品类的研发方面，五菱将依旧秉持"人民需要什么，五菱就造什么"的品牌理念，积极响应国家出台的皮卡车政策，并结合中国国情及用户实际皮卡用车需求来进行创造，进而推出更多适合当代年轻奋斗者的皮卡新品。

3. 五菱皮卡在产品乘用化上会有哪些创新？

五菱在打造征途过程中，在确保满足年轻奋斗者多元的载货需求前提下，进行乘用化方面的创新。比如说整车采用全新半承载式车身结构，实现乘用空间最大化，"2＋3"座椅的布局，就算是多人出行也能游刃有余；新车外观采用了"机械美学"设计理念，4 种车身颜色匹配了多处套色的点缀，满足年轻人个性化审美；舒适方面，五菱征途以轿车级 NVH 标准，营造了静谧空间；8 英寸的娱乐互联大屏，通过触屏或语音操控，实现在线导航、听歌等功能；乘坐区域采用笼式高强钢设计，还有倒车影像、胎压监测、安全气囊、ABS 和 EBD 系统，打造了全方位的安全座舱。

我认为，作为全新的"青春型皮卡"，征途"一卡两用"的车型特色将会陪伴年轻奋斗者的征途，成为工作生活兼顾的"新装备"。

4. 请您预测一下 2021 年皮卡车行业销量会呈现怎样的增长态势？有何依据吗？

从去年开始，随着疫情高效防控形势稳定，以及乘用化皮卡品类的增量，整个皮卡车市场销量呈现稳步增长态势。同时，在国家相继出台的皮卡车解禁、取消营运证、取消喷字限制等政策影响下，大家购买皮卡车的信心进一步增强，而且新兴行业、年轻创业人群崛起，都带给皮卡车市场更大的需求供应空间。

相关数据也显示，2021 上半年皮卡市场始终保持良好的运转态势，各家车企都推出了不少新产品，1—6 月销量近 22 万辆，整个国内皮卡车产业呈现了积极乐观的发展趋势。

综合来讲，在政策、消费需求及产品创新等多重利好因素驱动下，2021 皮卡车市场销量将会有更大的突破。五菱也会秉持人民需求至上的原则，拓展创新打造适合年轻奋斗者的新车型，希望能够贡献更多力量，为中国皮卡市场和皮卡车文化出力。

5. "自主创新车魂"是在 2011 年提出，如今已有十年时间，您对于这六个字作何理解？

我认为，"自主创新车魂"非常明确地指出了自主汽车产业的发展方向，没有自主创新，民族汽车品牌是没有未来的。尤其在近些年发展中，全球经济一体化、"新四化"趋势加速了汽车产业的升级变革，汽车产业高质量发展的关键就在于自主创新。

所谓的"车魂"正是民族汽车品牌的强大影响力，而影响力的建设依托强大自主创新实力。五菱汽车作为在共和国旗帜下成长起来的民族汽车企业代表，历年来正是坚守持续自主创新的原则，将创新切实融入技术、产品、工艺、知识产权、渠道及服务等各个层面之中，才能够不断取得新的突破。

经过持之以恒的自主创新，五菱汽车代表中国制造创造了一个个"全球第一"，比如第一家向海外输出知识产权的汽车企业，第一家将中国汽车标准变为世界汽车标准的汽车企业，第一家带领产业链共同走出去的中国汽车企业，这些"第一"充分体现了中国制造的自主创新硬核实力。

同时，在全体上下的创新攻坚道路上，五菱持续打造出了"人民的代步车"宏光 MINIEV、"大四座家用车"五菱凯捷，开创了全新家用车时代，满足中国多人口家庭用户多元出行用车场景。而新推出的"青春型皮卡"征途，更是形成了"一卡两用"车型特色，满足年轻奋斗人群的多样化需求。

如今，五菱已经具备上海前瞻设计中心、整车研发及试验认证中心，建成 14 个国内乃至国际先进的汽车整车和零部件试验室，建立和完善了自主核心技术的整车性能开发体系、正向开发能力，而这些成果正得益于不断加快自主创新步伐的实践。

今年是"十四五"发展的新起点，也是"自主创新车魂"十周年，五菱汽车将继续强化自主创新、力拓向上，以高质量发展打造竞争新优势，推动国内国际双循环，为中国自主汽车产业走向全球不断奋斗前行。

7.11 郑州日产汽车有限公司副总经理张小强

1. 今年年初，商务部明确提出"鼓励开展皮卡等汽车下乡"，可以说是继解禁政策之后再迎利好，您认为皮卡车型在农村地区发展潜力如何？

我个人认为农村市场未来将会是又一个蓝海市场，而且是皮卡车的又一个主战场。有此判断主要基于几个方面：

首先，是对于农村市场的用车需求判断。我个人认为农村市场用车经过了这么几个阶段，第一个阶段，是主要以解决农村物资运输为目的，以农用车为主的凸显工具属性的用车特征；随着农村经济的发展，用车需求的逐步升级，在原来物的移动基础上，开始兼顾人的出行需要，表现出来的就是五菱等微面的快速增长，我把它划分为第二个阶段；第三个阶段，在 2015 年前后，进入自主品牌的乘用车和自主品牌的 SUV 车型的需求释放阶段，进一步改善了农村出行的舒适性；目前处于新的发展阶段，从 2018 年开始，在农村市场会看到很多的中低端皮卡，这与农村用车的使用场景有关系，也与农村的道路基础设施建设不完善有关系。虽然人的出行需求更加旺盛，但也要兼顾物资的运输需求。皮卡作为一种多功能、横跨乘用和商用的车型，具备满足农村市场使用场景的先天条件，所以我判断，未来一段时间农村将作为皮卡车的又一个主战场。

其次，国家政策层面对于农村皮卡车市场也有利好的推动作用。中国 14 亿人口，大约 9 亿人在农村生活。2020 年，农村是脱贫攻坚的主战场，今年进入美丽乡村建设。农村的建设发展会涉及很多人口的回流，从城市生活回归到农村生活中，对于创业和美好生活的双重需求，皮卡车型就成为一种合适的载体。

同时，国家层面近几年不断地推出汽车下乡政策，特别是 2020 年几大部委提出的 3.5 吨以下的货运属性车辆，以及 1.6 升以下的乘用属性的汽车下乡政策。目前看来，未来一段时间国家相关的刺激政策应该还会持续不断地推动农村市场，包括皮卡车在内的购车需求进行释放。

再次，从皮卡车厂家的角度来看，以往对农业农村市场用车使用场景的研究还不够全面。随着皮卡车市场需求的释放，厂家也会投入越来越多的资源，提供越来越多元化的产品，来丰富和满足皮卡用户群体的多样化需求。

从以上三个层面来看，我对未来一段时间农村市场皮卡车的增量，持有非常乐观的态度。

2. 您对 2021 年以及未来国内皮卡车市场发展如何预判？您预判的依据是什么？

对于 2021 年，我个人基本的判断，皮卡车销量应该是在 55 万~58 万辆。不算海外出口的话，国内皮卡销量应该在 46 万辆左右，今年皮卡 TIV 将会同比上升。

这个判断主要依据有以下几个：

第一，基于 2020 年市场受到疫情的影响，在今年国内疫情控制向好的环境下，去年的一部分需求会得到释放。

第二，今年是"十四五"开局之年，从国家发改委、各个省的信息可以看到，有很多大型的基础建设项目将在今年落地，这也会促进皮卡车市场需求的释放。

第三，国家层面确定"十四五"期间"国内大循环"和"国内国际双循环"的基本定调，释放了非常明确的信号，就是国内消费市场需求加速升级。

从这三个层面来讲，皮卡车市场是一个利好趋势。

3. 作为皮卡车负责人，您有哪些建议想对政府主管部门提出的吗？

上个世纪，因为皮卡车的体量很小，所以就被划归为商用车。但我们都知道，皮卡是由轿车的前车身和卡车的后车体组成的，在很多国家皮卡也称为"轿卡"。目前国内的皮卡车行业受政策因素制约比较大，商用车属性阻碍了它的发展。在此，我们可以做一个简单的类比，比如与云南纬度相近的泰国，地形地貌很相近，泰国皮卡全口径的占比在60%左右，但是云南仅有2%左右。

所以我想提出的第一个建议是：要尽快对皮卡车身份进行重新定义。近几年国家相关单位、协会，以及我们企业界也都在努力推进，我们希望节奏可以加快。

第二，关于皮卡车禁行。目前很多城市都不同程度地存在对皮卡车的禁行限制。虽然从2016年开始国家也在致力于推动皮卡车解禁政策的落地，但实施节奏始终比较慢。同时，我们反观实施解禁的省份和城市，皮卡车的增长是远远高于未解禁城市的。

第三，回归到产品本身。汽车就是载人或载物的工具，皮卡作为多用途车型，既有轿车的载人能力，又有货车的载物属性，从使用场景上来讲更加多元化。

基于以上，作为皮卡车企业，我们希望加快皮卡车利好产业政策和皮卡车解禁的实施节奏，政策的支持会进一步激发皮卡车市场的需求。

4. 近年来，郑州日产坚持对皮卡车细分市场的洞察，并提出来体验式营销的思路，那么具体是怎么展开的？

皮卡是多功能的车型，横跨了乘用车和商用车。目前对于皮卡车的主流用户分类，业内把它分成三大类八小类，覆盖了从纯粹的工具属性用车到休旅市场的乘用属性用车。体验式营销是我们对于皮卡产品属性和目标用户群体使用场景的一种认知。

郑州日产有两个非常明显的标签：一个是我们行业车占比较大；另一个是我们在越野圈里面走得较早。

从行业用车角度来看，这是我们对于用户细分使用场景深度洞察的结果。为什么这样说呢？因为皮卡车与其他车型最大的区别是皮卡车的万能改装属性。作为主机厂来讲，我们需要去洞察用户的每一个使用场景需求。虽然说很难做到跟用户同吃、同住、同劳动，但是我们要做到对用户的使用场景以及痛点了然于胸。只有这样，才能通过我们产品的个性/定制化改装来满足用户的使用场景，更好地服务于用户。基于这种属性和特点，我们的营销和市场开发必须是场景化和体验式的。如果不能感受用户的用车场景，不能洞察用户用车中的痛点，是很难提供定制化产品的，这是皮卡产品属性决定的。

从越野角度来讲，皮卡车本身是一个小众化的产品，越野在中国的兴起也比较晚。我们从2004年开始参加达喀尔拉力赛，一直到现在，在越野的这条路上始终坚持。在这个过程中，我们希望把皮卡车越野文化以及越野赛事更多地带到中国，更多地展现给中国的用户。同时，我们坚持用"量产车+用户车手"的组合来参加国内、国际上的一些顶级越野赛事，意义和目的在于推动越野文化，推动越野赛事在中国的落地。

从这个层面来讲，体验式营销主要基于产品属性和我们对市场的洞察和判断，给出相应的解决方案。举个例子，最近我们正开展锐骐车型节油争霸赛。因为锐骐是一款中低端的产品，它的工具属性非常强，我们在与用户的交流过程中讲车型的高扭矩、低油耗，实际上用户是很难感同身受的，所以，我们需要做的是模拟用户的全工况，并举行类似的活动，把用户带入这样一个场景里，让用户去感知、体验我们的产品。以这样的方式跟用户产生连接，以这样的方式跟用户进行沟通，我觉得，这是我们当前正在做，以及未来要坚持做的事情。

实际上，皮卡产品受制于过去产业政策的影响，老百姓对皮卡产品了解得并不多，皮卡是一种多用途、多功能的车型，是一个万能改装的产品，既能满足用户在事业上的用车需求，同时也承载着对于美好生活的追求和向往。比如说，忙碌了一周，周末可以带着家人去周边的郊县进行短距离的穿越和游玩，皮卡车自然是非常好的载体。

5. 众所周知，郑州日产从帕拉丁征战达喀尔拉力赛开始，就一直通过赛事营销来检验产品的性能。刚才您也提到了，郑州日产刚刚成立了X-Driving赛事学院，想请张总谈一谈赛事学院成立的初衷和目的。

从2004年开始，郑州日产开始参加达喀尔拉力赛，国内、国际的知名拉力赛我们大都参加过，像穿越东方、丝绸之路、环塔拉力赛等，并且一直保持着量产组的冠军。这个过程中，也带动了一批人进入这个领域，刚开始是基于爱好，后来慢慢作为了事业，一起在不断推动皮卡车文化和越野文化在中国的落地生根。

随着国民经济收入水平的提升，以及老百姓生活水平的提升，有越来越多的年轻人开始追求张扬个性的极限生活。我们之所以持续参加赛事，源于长期坚持用量产车+用户车手去参赛的理念。我们希望让更多的普通人能有机会去接触和参与越野赛事，感受越野文化，体验越野所带来的这种激情与速度。

实际上，国内致力于推进皮卡越野文化落地的仍然还是一个相对比较小的圈层，而且这个圈层的门槛相对较高，对于普通用户来讲，很难真正走进越野赛事。所以基于普通用户有这样的需求，而我们又有这样的经验，就希望搭建一个平台，把车手、越野赛事、用户融入一起。这样做有几个目的：

第一，推广皮卡越野文化。通过 X-Driving 赛事学院更大化地去普及、传播皮卡越野文化，这是我们一直以来矢志不渝的努力方向。

第二，帮助用户圆梦。参加赛事学院的用户，都会心存一个越野梦想，偶尔会和朋友一起去沙漠或戈壁滩玩个穿越，来满足个人内心的一些对梦想的追求。

第三，提升用户驾驶水平。越野赛事对驾驶技术要求是非常高的。通过赛事学院集训，能提高用户在日常用车状态下的驾乘技术，增强安全性。

基于以上三点，今年我们举办了郑州日产 X-Driving 赛事学院暨驾控训练营。也希望可以联同各主机厂、相关单位一起推广越野文化，推动越野赛事以及皮卡车文化在中国的蓬勃发展。

参 考 文 献

[1]《中汽车工业发展年度报告》(2019)。
[2]《汽车工业蓝皮书：中国商用汽车产业发展报告（2020）》。
[3]《中国汽车工业：产销快讯》。

附 录

皮卡事业部介绍

中欧协会自主汽车行业分会皮卡事业部于 2020 年 4 月 25 日在北京成立。皮卡事业部联合自主汽车网、机械工业车辆产品质量监督检验中心、交通运输部汽车运输研究中心综合管理部、中国汽车工程研究院北京分院等部门共同开展工作,以推动中国皮卡车的健康有序发展为宗旨,在标准制定、认证体系建立、行业数据发布等方面开展工作,并接受中国欧洲经济技术合作协会自主汽车行业分会的指导和监督。

皮卡事业部主要工作职责包括:

1. 协助分会开展标准化委员会的筹建;

2. 拟订皮卡车安全标准、二手车标准等相关标准;

3. 提供包括汽车产业蓝皮书、皮卡车蓝皮书等方面的技术及学术支持,并由分会定期向有关部门进行汇报;

4. 推进认证体系建立,即皮卡车认证、二手车交易认证及二手车出口认证等;

5. 协助协会打造认证品牌,为皮卡车企业和政府之间搭建沟通平台。

免 责 声 明

北京博悦幕尚文化传媒有限责任公司温馨提示您：在阅读本书正文前，请您务必仔细阅读下列条款并同意本声明。

一、《中国皮卡汽车产业发展报告》由北京博悦幕尚文化传媒有限责任公司联系各撰稿人撰稿并汇编而成，面向汽车行业内部相关人士，为了非商业性的文化交流使用。书中刊载的所有文章是从国内外皮卡发展历史及相关环境进行切入，介绍了国内皮卡车的技术流派，对消费者及国内外市场进行了比较分析，由浅入深，通过真实的数据将自主品牌皮卡在新时代下的机遇与挑战进行了客观阐述，同时对皮卡车产业的标准化和管理政策从多个层面提出了建议与思考，并结合大量的分析结论对未来几年的市场进行了预测，可以说是一部具有里程碑意义的研究成果。本书不仅对于国人和消费者全面了解皮卡车产业提供了教科书式的普及作用，而且对于企业未来的战略决策、产品升级、营销定位、客群开发提供了方向和思路，让研究和投资机构有了一手的数据参考，同时有利于相关部门对皮卡车政策的调整与决策，并为其提供了智力支撑。

二、《中国皮卡汽车产业发展报告》著作权属本公司所有，任何媒体、网站或个人未经本公司协议授权不得转载、链接、转帖或以其他方式复制发表。已经本公司协议授权的媒体、网站，在下载使用时必须注明"稿件来源：《中国皮卡汽车产业发展报告》"，违者本公司将依法追究责任。

三、本书由撰稿人保证内容的原创性和真实性。如果因引用的网络相关图片、文字等行为导致抄袭、作假等法律后果，由撰稿人本人负责。

四、任何单位和个人认为本书包含的内容可能涉嫌侵犯其合法权益，应及时向本公司进行书面反馈,并提供其身份证明、权属证明及详细侵权情况的说明,本公司在收到上述法律文件后,将会立即移除被控侵权内容。

感谢各企业、机构为《中国皮卡汽车产业发展报告》提供的相关图片及数据。

北京博悦幕尚文化传媒有限责任公司